国家语委"十二五"科研规划重大项目"中国跨境语言现状调查研究"（ZDA125-6）

中央民族大学"985工程"创新基地"跨境语言研究系列丛书"

总主编◎戴庆厦

河内越语参考语法
——基于系统功能观

[越南]潘武俊英（PHAN VU TUAN ANH）◎著

戴庆厦◎审订

中国社会科学出版社

图书在版编目（CIP）数据

河内越语参考语法：基于系统功能观 / （越南）潘武俊英著 . —北京：
中国社会科学出版社，2015. 12
ISBN 978-7-5161-7197-4

Ⅰ. ①河… Ⅱ. ①潘… Ⅲ. ①越南语-语法-研究
Ⅳ. ①H444

中国版本图书馆 CIP 数据核字（2015）第 291013 号

出 版 人　赵剑英
责任编辑　任　明
责任校对　孙晓军
责任印制　何　艳

出　　　版　中国社会科学出版社
社　　　址　北京鼓楼西大街甲 158 号
邮　　　编　100720
网　　　址　http://www.csspw.cn
发 行 部　010-84083685
门 市 部　010-84029450
经　　　销　新华书店及其他书店

印刷装订　北京市兴怀印刷厂
版　　　次　2015 年 12 月第 1 版
印　　　次　2015 年 12 月第 1 次印刷

开　　　本　710×1000　1/16
印　　　张　29.75
插　　　页　2
字　　　数　558 千字
定　　　价　85.00 元

序

　　《河内越语参考语法——基于系统功能观》一书，以南亚语系孟高棉语族越芒语支的越语河内方言（以下简称"越语"）为研究对象，对越语语法的共时特点进行了较为全面、系统、深入的描写与分析。这是一部有特色、有见解、有内容的越语语法研究专著，可为参考语法的建设新添一朵奇葩。

　　参考语法（Reference Grammar）是描写语法的一种类型，它以单一语言的共时语言特征为研究对象，目的是为语法的理论和应用研究提供尽可能全面的知识和语料。参考语法的研究是一项基础工程，具有重要的理论价值和应用价值。

　　中国是一个多语种的国家，语言资源十分丰富，能为参考语法的描写和研究提供广阔的天地。为此，中国教育部领导下的中央民族大学"985 工程"创新基地，已于 2007 年专门设立了"中国少数民族语言参考语法研究"系列项目（包括跨境语言的参考语法），计划在近期内出版 30 部参考语法专著。目前，已有 10 部已完稿。这项系列工程的实施，将为语法研究提供大量新的语言事实，也必将推动语法理论的研究。

　　中国的京语与越南的越语是同出一源的跨境语言。越族是越南的主体民族，占全国总人口的 86%；越语是越族的母语，是越南的通用语和官方语言。越语独特的类型学特征和复杂的语源现象，使其在语言学研究中占有特殊的地位。长期以来，越南的语言学家在越语的研究上做了不懈的努力，取得了大量有价值的成果。如：Nguyễn Tài Cẩn 教授的《Giáo trình lịch sử ngữ âm tiếng Việt (sơ thảo)》（越语语音史教程初稿）和 Cao Xuân Hạo 教授的《Tiếng Việt: Sơ thảo ngữ pháp chức năng》（越语——功能语法初稿）。

　　语言现象是深奥的、复杂的，要认识它是很不容易的。这一认识，就决定了语言研究可以使用不同的理论与方法。不管是哪一种理论与方法，只要是被社会一部分人所认可，在描写、分析一种语言的语法时都会有其独到之处，都会发挥其不可替代的作用，都有存在和使用的价值。不同的理论和方法，不是完全对立的，而各有其可取之处。因此我主张，参考语法的写作可以任作者之所长或兴趣，选择使用恰当的某种理论、方法，或综合使用多种理论和方法，不必强求只使用一种理论、方法，只要能科学地揭示语言现象和规律，是什么都可以。潘武俊英的《河内越语参考语法》，主要借鉴参考语法的描写原则和系统功能语法的研究范式，并综合运用现代语言学的基本理论和方法，包括类型学的理论、方法，自成一家，有其特色。

如在第七章中，他从经验元功能角度对越语小句进行分类及归纳。书中详细介绍了过程、参与者、环境等各种经验成分，还将过程分成"物质、关系、言语及心理过程"等四大类型，并说明每个过程的参与者的性质。明确指出：物质过程的参与者是动作者、目标、受益者或范围；关系过程的参与者是存在物、被识别者、识别者、载体、属性、拥有者或占有物；言语过程的参与者是讲话者、受话者、讲话内容、引用语；心理过程的参与者是感觉者或现象。他还描写越语小句的时间表述、空间表述和态系统。

在第八章中，他从逻辑视野分析越语的小句复合体，分别从逻辑语义关系和排列关系对小句复合体进行分类及归纳。在逻辑意义上，指出小句与小句之间的关系可以是投射或扩展，扩展包括解释、延伸和增强等。解释关系包括说明、例证和总结；延伸关系包括附加、变化和选择等；增强关系包括时间、空间、方式、因果、条件、让步等小类。并认为，从排列的顺序看，小句复合体可以是并列或主从关系。

在第十章中，他专门描写"主位——述位"结构。对主位进行了界定和分类，描写了主位的标记，说明主位结构与信息结构的区别，还探讨了述位的复杂性。并进而将越语句首位置上的所有成分进行归纳，对主题主位、人际主位、篇章主位等进行了描写。

通过大量语料的描写和分析，潘武俊英博士对越语的特点有了新的认识。比如他认为：越语的构词法主要依靠附加形式，缺少形态变化，重叠式丰富，而且越来越发展；主位述位结构的概括性比主语谓语结构强大，可做为描写越语句子的基本手段之一；主题主位丰富多样，说明越语是话题优先的语言；越语是典型的话题优先的孤立语等。这些认识，都是有价值的。

潘武俊英是土生土长的越南河内人，会说一口纯正的河内越语。他在书中提供的语料，应该是可信的。

他到中国留学多年，先在云南师范大学攻读硕士，后又随我攻读博士。他已具有较好的汉语能力，能较顺利地使用汉语这一工具进行语言学研究。三年来，他勤奋学习，求知欲强，进步很大。潘武俊英思路敏捷，很有悟性，我预测他的前途无量，能在语言学领域为他的祖国做出重大贡献。

是为序。

戴庆厦

2010 年 7 月 8 日

于中央民族大学

LỜI TỰA

Cuốn sách *Ngữ pháp tham khảo tiếng Việt theo phương ngữ Hà Nội: Quan điểm Chức năng hệ thống* lấy tiếng Việt theo phương ngữ Hà Nội làm đối tượng nghiên cứu, mô tả một cách toàn diện và có hệ thống các đặc điểm đồng đại của ngữ pháp tiếng Việt, một ngôn ngữ thuộc nhánh Việt Mường, nhóm Môn Khmer, họ Nam Á. Đây là một cuốn sách nghiên cứu ngữ pháp tiếng Việt với những kiến giải đặc biệt, có thể nói là kỳ hoa dị thảo trong vườn hoa ngữ pháp tham khảo.

Ngữ pháp Tham khảo (Reference Grammar) là loại hình ngữ pháp miêu tả lấy đặc trưng ngữ pháp đồng đại của một ngôn ngữ làm đối tượng nghiên cứu, cung cấp thông tin và ngữ liệu một cách toàn diện cho công tác nghiên cứu lý luận và ứng dụng thực tiễn. Nghiên cứu ngữ pháp tham khảo là công việc mang tính cơ sở, có giá trị lý luận và ứng dụng cao.

Trung Quốc là một quốc gia đa ngôn ngữ, các loại hình ngôn ngữ vô cùng đa dạng, tạo điều kiện thuận lợi cho công tác nghiên cứu và biên soạn ngữ pháp tham khảo. Năm 2007, dưới sự chỉ đạo của Bộ Giáo dục Trung Quốc, Ban Chỉ đạo "Đề án 985" tại Đại học Dân tộc Trung ương đã triển khai một loạt các công trình nghiên cứu ngữ pháp tham khảo các ngôn ngữ dân tộc thiểu số Trung Quốc (bao gồm ngữ pháp tham khảo của các ngôn ngữ xuyên biên giới với Trung Quốc), với kế hoạch xuất bản 30 bộ ngữ pháp tham khảo trong vài năm tới. Hiện nay đã có 10 bộ hoàn tất bản thảo. Các chuyên khảo này góp phần làm phong phú và cập nhật các ngữ liệu thực tế, thúc đẩy công tác nghiên cứu lý luận.

Tiếng Kinh ở Trung Quốc và tiếng Việt ở Việt Nam là ngôn ngữ xuyên biên giới có cùng cội nguồn. Dân tộc Việt là dân tộc đa số ở Việt Nam, chiếm 86% dân số cả nước. Tiếng Việt là ngôn ngữ gốc của dân tộc Việt, là ngôn ngữ quốc gia và ngôn ngữ phổ thông ở Việt Nam. Việc nghiên cứu tiếng Việt có ý nghĩa đặc biệt vì các đặc trưng loại hình học đặc thù và hiện tượng xác định nguồn gốc phức tạp. Trong nhiều năm qua, các nhà nghiên cứu ngôn ngữ ở Việt Nam đã có nhiều cố gắng và thành tựu lớn trong việc nghiên cứu tiếng Việt, ví dụ như

"Giáo trình lịch sử ngữ âm tiếng Việt (sơ thảo)" của GS. Nguyễn Tài Cẩn, hay *"Tiếng Việt: Sơ thảo ngữ pháp chức năng"* của GS. Cao Xuân Hạo.

Hiện tượng ngôn ngữ vốn phức tạp, không dễ nhận biết. Sự nhận biết đó liên quan đến việc lựa chọn phương pháp và lý luận nghiên cứu. Dù là hệ thống lý luận hay phương pháp nghiên cứu nào, nhưng được một bộ phận xã hội công nhận, thì đều có chỗ đứng riêng, có tác dụng không thể thay thế, có giá trị tồn tại và sử dụng. Các lý luận và phương pháp khác nhau, không có nghĩa là đối lập nhau, vì mỗi thứ đều có tác dụng riêng. Nên tôi chủ trương việc biên soạn ngữ pháp tham khảo có thể lựa chọn một loại lý luận, một kiểu phương pháp hoặc kết hợp nhiều trường phái lý luận, nhiều kiểu phương pháp mà người viết cảm thấy phù hợp, thể hiện sở trường của người viết; không gò ép tất cả ngữ pháp tham khảo chỉ được theo một loại lý luận, miễn là thể hiện được một cách khoa học các hiện tượng và quy luật của ngôn ngữ đang nghiên cứu. "Ngữ pháp tham khảo tiếng Việt theo phương ngữ Hà Nội" của tác giả Phan Vũ Tuấn Anh chủ yếu dựa trên nguyên tắc miêu tả của Ngữ pháp Tham khảo và mô hình nghiên cứu của Ngữ pháp Chức năng hệ thống, ngoài ra còn vận dụng thêm lý luận cơ bản và phương pháp của Ngôn ngữ học hiện đại, bao gồm lý luận và phương pháp của Loại hình học, nên có nét riêng và tính đặc thù cao.

Ví dụ như trong Chương 7, tác giả tiến hành phân loại và quy nạp cú tiếng Việt dưới góc độ siêu chức năng kinh nghiệm. Chương này giới thiệu kỹ các loại thành phần kinh nghiệm như Quá trình, Tham thể và Chu cảnh, chia các loại quá trình làm 4 loại chính: Vật chất, Quan hệ, Phát ngôn và Tinh thần, còn nói rõ tính chất tham thể của mỗi quá trình, chỉ rõ: Tham thể của quá trình Vật chất là Hành thể, Đích thể, Lợi thể hoặc Cương vực; Tham thể của quá trình Quan hệ là Hiện hữu thể, Bị đồng nhất thể, Đồng nhất thể, Đương thể, Thuộc tính, Sở hữu thể hoặc Bị sở hữu thể; Tham thể của quá trình Phát ngôn là Phát ngôn thể, Tiếp ngôn thể, Ngôn thể hoặc Dẫn ngôn thể; Tham thể của quá trình Tinh thần là Cảm thể hoặc Hiện tượng. Tác giả còn mô tả phương thức biểu đạt thời gian, không gian và hệ thống Dạng trong tiếng Việt.

Trong Chương 8, tác giả phân tích cú phức tiếng Việt dưới góc nhìn lô gích, tiến hành phân loại và quy nạp cú phức theo hai tiêu chí, tiêu chí quan hệ ngữ nghĩa lô gích và tiêu chí quan hệ tương thuộc. Về mặt lô gích, quan hệ giữa cú với cú có thể là Phóng chiếu hoặc Bành trướng. Bành trướng bao gồm Chi tiết hóa, Mở rộng và Tăng cường. Chi tiết hóa bao gồm Làm rõ, Ví dụ và Tổng kết. Mở rộng bao gồm Bổ sung, Thay đổi và Lựa chọn. Tăng cường bao gồm các tiểu loại Thời gian, Không gian, Phong cách, Nguyên nhân, Điều kiện, Nhượng bộ. Về mặt tương thuộc, cú phức có thể là quan hệ Đồng đẳng hoặc Phụ thuộc.

Tác giả dành trọn Chương 10 để mô tả cấu trúc Đề Thuyết. Tiến hành phân định và phân loại Đề ngữ, miêu tả các phương tiện đánh dấu Đề ngữ, nói rõ sự khác biệt giữa cấu trúc Đề Thuyết và cấu trúc Tin, bàn về tính phức tạp của Thuyết ngữ. Chương này tiến hành quy nạp tất cả các thành phần có thể xuất hiện ở đầu cú, phân xuất thành Đề chủ đề, Đề liên nhân và Đề ngôn bản.

Sau khi phân tích một khối lượng lớn ngữ liệu, TS. Phan Vũ Tuấn Anh đã có vài nhận định mới về đặc điểm tiếng Việt, ví dụ như "Phương tiện tạo từ của tiếng Việt chủ yếu dựa vào phương thức phụ gia, thiếu phương thức biến hình, phương thức láy rất phong phú và ngày càng phát triển; Cấu trúc Đề Thuyết có tính khái quát cao hơn cấu trúc Chủ Vị, có thể coi Đề Thuyết là một trong những phương pháp cơ bản mô tả cú tiếng Việt; Đề chủ đề vô cùng đa dạng, chứng tỏ tiếng Việt là ngôn ngữ thiên chủ đề; tiếng Việt là ngôn ngữ đơn lập thiên chủ đề điển hình." Những nhận định này đều có giá trị.

Phan Vũ Tuấn Anh sinh ra và lớn lên tại Hà Nội, nói tiếng Hà Nội. Những ngữ liệu mà anh cung cấp trong sách là đáng tin cậy.

Anh đã du học nhiều năm tại Trung Quốc, đầu tiên học thạc sĩ tại Đại học Sư phạm Vân Nam, sau đó theo tôi học tiến sĩ. Với trình độ tiếng Hán tốt, anh hoàn toàn có thể sử dụng tiếng Hán để tiến hành các nghiên cứu ngôn ngữ học. Ba năm nay, anh miệt mài học tập, ham học hỏi, tiến bộ nhanh. Tôi đoán rằng với tư duy nhạy bén và nhận thức nhanh, Tuấn Anh sẽ có tiền đồ rộng mở, sẽ có nhiều cống hiến lớn cho Tổ quốc của anh trong lĩnh vực ngôn ngữ học.

Tựa là thế!

Đại học Dân tộc Trung ương, ngày 8 tháng 7 năm 2010
GS. Đới Khánh Hạ (Dai Qingxia)

摘　要

本文以南亚语系孟高棉语族越芒语支的越语河内方言（以下简称"越语"）为研究对象，借鉴参考语法的描写原则和系统功能语法的研究范式，综合运用现代语言学的基本理论，并兼顾类型学的归纳方法，对越语的语法结构及特点进行了较为全面、系统、深入的共时描写与分析。全文共分十一章，内容概括语音、词汇及句法。

第一章　绪论　主要介绍本文的研究对象、研究意义、研究宗旨及研究方法；简述越族（也称京族）的民族概况和语言使用状况；对本文的语料来源做说明。

第二章　相关研究与理论背景　首先回顾并简要评价迄今为止对越语语法的研究情况，然后简介最近兴起的系统功能语言学。陈述与本研究有关的一些核心问题。

第三章　语音　除了描写越语音系的声母、韵母、声调以及音节结构类型的问题以外，还使用实验方法对辅音、元音和音高进行声学方面的分析及归纳。

第四章　词汇　对越语构词法进行研究，对单纯词和合成词进行归类。

第五章　词类　对越语的名词、动词、形容词、单位词、类别词、数词、代词、冠词、副词、连词、助词和叹词进行详细的描述。主要介绍各类词的语法特征。本章主要是给词法和句法部分奠定基础。

第六章　词组　主要描写越语的四种词组类型。包括动词词组、名词词组、形容词词组以及介词短语。说明这些词组的前置和后置修饰成分。

第七章　从经验视野看越语小句　本章从经验元功能角度对越语小句进行分类及归纳。详细介绍过程、参与者、环境等各种经验成分。将过程分成四大类型：物质、关系、言语及心理过程。说明每个过程的参与者的性质不一样。物质过程的参与者是动作者、目标或受益者。关系过程的参与者是存在物、被识别者、识别者、载体、属性、拥有者或占有物。言语过程的参与者是讲话者、受话者、讲话内容、引用语。心理过程的参与者是感觉者或现象。本章还描写越语小句的时间表述、空间表述和态系统。

第八章　从逻辑视野看越语小句复合体　本章分别从逻辑语义关系和

排列关系对小句复合体进行分类及归纳。在逻辑意义上，小句与小句之间的关系可以是投射或扩展。扩展包括解释、延伸和增强等。解释关系包括说明、例证和总结。延伸关系包括附加、变化和选择等。增强关系包括时间、空间、方式、因果、条件、让步等小类。从排列的顺序看，小句复合体可以是并列或主从关系。

第九章　从人际视野看越语小句　本章从人际元功能角度对越语小句进行分类，将其分成陈述式、疑问式、祈使式等语气类型（感叹式属于陈述式的一种），并考察各种语气成分，即主语、谓语、补足语和附加语。本章还描写越语情态系统和评论系统。

第十章　从语篇视野看越语小句　本章专门描写"主位——述位"结构。首先对主位下定义、进行界定，对主位进行分类，探讨主位的性质、述位的复杂性，描写主位标记，最后说明主位结构与信息结构的区别。本章重点内容是将越语句首位置上的所有成分进行归纳，即描写主位各类型：主题主位、人际主位、篇章主位及句项主位等。每种主位都说明其句法成分。

第十一章　全文结语　归纳论题研究的成果和重点、研究的创新；指出研究的不足；明确后续研究中需要深化的问题。

论文的撰写是建立在大量丰富翔实和客观的语料基础之上的。通过描写分析，本文对越语的特点有了认识：语音方面，一些塞辅音开始有塞擦的特征，音高开头围绕中央点（五度法的三度）。词汇词法方面，名词性词组的语序类型表现为中心语名词前置于修饰语名词、形容词、被降级的嵌入句和指示词，只有数词、单位词和类别词才前置于中心语。越语还有不少来源于动词的介词。构词法主要依靠附加形式，缺少形态变化。重叠式丰富，越来越发展。句法方面，基本成分的顺序为 SVO，基本语序类型表现为方式副词前置于动词，程度副词前置于形容词，否定副词前置于动词、形容词，情态动词前置于动词。从经验角度看，经验过程主要分为物质、关系、言语、心理等四种。从逻辑角度看，从句可以前置或后置于主句。从语篇角度看，主位述位结构的概括性比主语谓语结构强大，可视为描写越语句子的基本手段之一。主题主位丰富多样，说明越语是话题优先的语言。

从以上语法特点来看，越语是典型的话题优先的孤立语，越语研究工作有助于世界诸语言类型共性和个性的认识。

本文在国家语委"十二五"科研规划重大项目（项目编号：ZDA125-6），中央民族大学"985"工程语言中心的框架下进行研究。

关键词　越语（京语），参考语法，系统功能语法，主位述位

TÓM TẮT

Ngữ pháp tham khảo tiếng Việt theo phương ngữ Hà Nội:
Quan điểm Chức năng hệ thống

Với đối tượng nghiên cứu là tiếng Việt theo phương ngữ Hà Nội (sau đây gọi tắt là "tiếng Việt"), chuyên khảo này mô tả các đặc điểm đồng đại một cách toàn diện, sâu rộng và có hệ thống trên cơ sở nguyên tắc miêu tả của Ngữ pháp Tham khảo và khung lý luận của Ngữ pháp Chức năng hệ thống, có kết hợp vận dụng lý luận cơ bản của ngôn ngữ học hiện đại và phương pháp quy nạp của Loại hình học. Nội dung bao gồm ngữ âm, từ vựng và cú pháp, chia làm 11 chương.

Chương một: Dẫn nhập. Giới thiệu đối tượng, ý nghĩa, tôn chỉ và phương pháp nghiên cứu; Nói rõ nguồn cứ liệu ngôn ngữ; Giới thiệu các nét khái quát về dân tộc Việt (còn gọi là "Kinh") và tình hình sử dụng ngôn ngữ.

Chương hai: Các nghiên cứu đi trước và Vấn đề lý luận. Liệt kê những nghiên cứu từ trước đến nay về ngữ pháp tiếng Việt, lược thuật trường phái Chức năng hệ thống và những vấn đề lý luận liên quan.

Chương ba: Ngữ âm. Ngoài việc miêu tả hệ thống âm vị của tiếng Việt theo góc độ truyền thống, tác giả còn sử dụng các phương pháp nghiên cứu của Ngữ âm học thực nghiệm để tiến hành phân tích các đặc điểm thanh học của phụ âm, nguyên âm và thanh điệu tiếng Việt.

Chương bốn: Từ vựng. Nghiên cứu các phương pháp cấu tạo từ của tiếng Việt, tiến hành phân loại từ đơn tố và từ đa tố.

Chương năm: Từ loại. Miêu tả danh từ, động từ, tính từ, đơn vị từ, loại từ, số từ, đại từ, quán từ, phó từ, liên từ, trợ từ và thán từ tiếng Việt. Chủ yếu giới thiệu các đặc điểm ngữ pháp của các loại từ trên, làm cơ sở nghiên cứu tiếp các chương sau.

Chương sáu: Cụm từ. Miêu tả bốn loại cụm từ chính trong tiếng Việt, gồm cụm động từ, cụng danh từ, cụm tính từ và giới ngữ. Đồng thời chỉ rõ các thành phần tu sức (phần phụ trước và sau) của các cụm từ.

Chương bảy: Cú tiếng Việt với siêu chức năng kinh nghiệm. Chương này phân loại và quy nạp cú tiếng Việt dưới góc độ siêu chức năng kinh nghiệm, giới thiệu các loại thành phần như Quá trình, Tham thể và Chu cảnh, chia quá trình làm 4 loại chính: Vật chất, Quan hệ, Phát ngôn và Tinh thần, chỉ rõ tính chất tham thể của mỗi quá trình. Tham thể của quá trình Vật chất là Hành thể, Đích thể, Lợi thể và Cương vực. Tham thể của quá trình Quan hệ là Hiện hữu thể, Bị đồng nhất thể, Đồng nhất thể, Đương thể, Thuộc tính, Sở hữu thể và Bị sở hữu thể. Tham thể của quá trình Phát ngôn là Phát ngôn thể, Tiếp ngôn thể, Ngôn thể và Dẫn ngôn thể. Tham thể của quá trình Tinh thần là Cảm thể và Hiện tượng. Cuối chương mô tả phương thức biểu đạt thời gian, không gian và hệ thống Dạng trong tiếng Việt.

Chương tám: Cú phức tiếng Việt với siêu chức năng lô gích. Chương này miêu tả mối quan hệ của cú phức dưới hai góc độ: Ngữ nghĩa lô gích và Quan hệ tương thuộc. Về mặt lô gích, quan hệ giữa cú với cú có thể là Phóng chiếu hoặc Bành trướng. Bành trướng bao gồm Chi tiết hóa, Mở rộng và Tăng cường. Chi tiết hóa bao gồm Làm rõ, Ví dụ và Tổng kết. Mở rộng bao gồm Bổ sung, Thay đổi và Lựa chọn. Tăng cường bao gồm Thời gian, Không gian, Phong cách, Nguyên nhân, Điều kiện, Nhượng bộ. Về mặt tương thuộc, cú phức có thể là quan hệ Đồng đẳng hoặc Phụ thuộc.

Chương chín: Cú tiếng Việt với siêu chức năng liên nhân. Chương này miêu tả cú tiếng Việt dưới góc độ liên nhân, phân loại cú theo các thức Trần thuật, Nghi vấn và Cầu khiến, khảo sát các loại thành phần thức như Chủ ngữ, Vị ngữ, Bổ ngữ và Gia ngữ, miêu tả hệ thống Tình thái và hệ thống Bình luận trong tiếng Việt.

Chương mười: Cú tiếng Việt với siêu chức năng ngôn bản. Chương này tập trung miêu tả cấu trúc Đề Thuyết. Đầu tiên phân định Đề và Thuyết, sau đó phân loại các loại đề, bàn về tính chất của đề, tính phức tạp của thuyết, miêu tả các phương tiện đánh dấu đề, cuối cùng chỉ rõ sự khác nhau giữa cấu trúc Đề Thuyết và cấu trúc Tin. Tác giả quy nạp tất cả các thành phần xuất hiện ở đầu cú tiếng Việt, quy về Đề chủ đề, Đề liên nhân, Đề ngôn bản hoặc Đề cú (ở cấp độ cú phức).

Chương mười một: Kết luận. Tổng kết những điểm chính và đóng góp mới của công trình, chỉ ra những điểm hạn chế và hướng nghiên cứu tiếp theo trong tương lai.

Với nguồn ngữ liệu phong phú và khách quan, chuyên khảo này đã tổng kết được một số đặc điểm của tiếng Việt: Về mặt ngữ âm, một số các âm tắc bắt đầu có đặc trưng tắc sát, đường nét thanh điệu có xu hướng bắt đầu từ mức trung bình. Về mặt từ pháp, trật tự cụm danh từ là danh từ trung tâm đứng trước danh từ phụ, tính từ, cú bị bao và đại từ chỉ định; chỉ có đơn vị từ và loại từ mới đứng trước danh từ trung tâm. Tiếng Việt có rất nhiều giới từ có nguồn gốc từ động từ bị hư hóa. Phương thức cấu tạo từ chủ yếu là phương thức phụ gia, thiếu phương thức biến hình. Phương thức láy rất phong phú và ngày càng phát triển. Về mặt cú pháp, trật tự cơ bản của từ là SVO, cụ thể là phó từ chỉ phương thức xuất hiện trước động từ, phó từ chỉ trình độ xuất hiện trước tính từ, phó từ phủ định xuất hiện trước động từ và tính từ, động từ tình thái xuất hiện trước động từ trung tâm. Từ góc độ kinh nghiệm, quá trình kinh nghiệm có thể chia thành 4 loại: Vật chất, Quan hệ, Phát ngôn và Tinh thần. Từ góc độ lô gích, cú phụ có thể xuất hiện trước hoặc sau cú chính. Từ góc độ ngôn bản, cấu trúc Đề Thuyết có tính khái quát cao hơn cấu trúc Chủ Vị, có thể coi là một trong những phương pháp cơ bản mô tả cú tiếng Việt. Đề chủ đề vô cùng đa dạng, chứng tỏ tiếng Việt là ngôn ngữ thiên chủ đề.

Với tất cả các đặc trưng ngữ pháp trên, tiếng Việt là ngôn ngữ đơn lập thiên chủ đề điển hình. Công việc nghiên cứu tiếng Việt có tác dụng hỗ trợ trong việc nhận biết tính phổ quát và tính đặc thù của các ngôn ngữ trên thế giới.

Chuyên khảo này được thực hiện trong khuôn khổ Đề tài nghiên cứu khoa học trọng điểm cấp nhà nước của Ủy ban Quốc gia về Ngôn ngữ và Văn tự (Mã số: ZDA125-6) và Đề án 985 tại Đại học Dân tộc Trung ương.

TỪ KHÓA: Tiếng Việt (tiếng Kinh), Ngữ pháp Tham khảo, Ngữ pháp Chức năng hệ thống, Cấu trúc Đề Thuyết.

ABSTRACT

Hanoi Vietnamese Reference Grammar:
A Systemic Functional Perspective

The aim of this study is to make a comprehensive, thorough and systematic research on the Vietnamese language, a member of the Viet-Muong branch of the Mon-Khmer subfamily of the Austro-Asiatic family. We explored the phonological, lexical and syntactic systems of Vietnamese from the point of view of Reference Grammar and within the framework of Systemic Functional Grammar (SFG). This study consists of eleven chapters.

Chapter One: Preface. Serving as an introduction, this chapter presents the subject of the dissertation, the aim of the study, its theoretical framework and methodology. A short description of the Vietnamese (also called Kinh) people is given, as well as a presentation of the use of the Vietnamese language among them.

Chapter Two: Previous researches and Overview of Systemic Functional Grammar. This chapter gives a review of previous researches on the Vietnamese language, and then attempts to explore some of the most important concepts of the Systemic Functional model that are related to this study.

Chapter Three: Phonological system. This part gives a description of consonants, vowels, tonic types and syllable canon of Vietnamese. We also used the method of Experimental Phonetics to analyse acoustic features such as Voice Onset Time, Formant distribution diagram, F0 contour, tone range, etc.

Chapter Four: Morphology. This part gives a presentation of word-formation processes in Vietnamese, namely compounding and affixation.

Chapter Five: Parts of Speech. This part focuses on the word-classes of the language, including nouns, verbs, adjectives, measurers, classifiers, numerals, pronouns, articles, adverbs, conjunctions, particles and interjections. Special attention is paid to their grammatical features.

Chapter Six: Groups and Phrases. This chapter explores the four main Vietnamese word group and phrase structures (Verbal group, Nominal group,

Adjective group and Prepositional phrase), putting a special emphasis on the relation between head and modifiers.

Chapter Seven: Description of Clauses from the point of view of Experiential metafunction. Processes are divided into four classes: Material, Relational, Verbal and Mental processes. Each process has its own participants, such as Actor, Goal and Beneficiary in Material processes; Existent, Carrier, Attribute, Identified, Identifier, Possessor and Possessed in Relational Processes; Sayer, Receiver, Verbiage, Quoting or Locution in Verbal processes; Senser and Phenomenon in Mental Processes. We then introduce the Temporal profile and the Locative profile. Voice system is also mentioned.

Chapter Eight: Clause complex. This chapter offers a description of Vietnamese clause complex from the point of view of Logical metafunction. There are two ways of combining clauses into clause complex: one is from Logico-Semantic resources; the other is from Interrelationship resources. In the first type, there are two main options: projection and expansion. Expansion includes Elaborative, Extensive and Enhancing options. Elaboration includes Clarifying, Exemplifying and Summarizing options. Extension includes Additive, Varying and Alternative options. Enhancement includes Spatial, Temporal, Manner, Cause-Condition and Concession. In the second type, there are also two options: Hypotaxis and Parataxis.

Chapter Nine: Description of Clauses from the point of view of Interpersonal metafunction. This chapter distinguishes Declarative, Interrogative and Imperative mood. Exclamative mood is regarded as one type of Declarative mood. We also point out the elements of Mood structure, such as Subject, Predicator, Complement and Adjunct. The system of Mood is related to the systems of Modality and Assessment.

Chapter Ten: Description of Clauses from the point of view of Textual metafunction. This chapter explores the Theme-Rheme structure. Firstly, we give a definition of the Theme and divide it into 4 types: Topical theme, Interpersonal theme, Textual theme and Clausal theme (in clause complex).. Then we observe the complexity of the Rheme and describe Theme markers. We also discuss the difference between Theme structure and Information structure.

Chapter Eleven: Conclusion. This chapter offers a recapitulation of the main points of the dissertation. It points out the innovations and limitations of the study and gives directions for further research.

Based on a large corpus, the descriptive method used in this study enabled us to make the following conclusions on the grammatical features of the Vietnamese language: Some stop consonants are gradually changing into Affricate consonants, tone pitch onset are always around middle level. The word order of the Noun Phrase is: the head comes before modifiers such as adjective, embedded clause, deictic pronoun. Articles, numerals, measurers and classifiers come before the head. Many prepositions and articles are from verbal origin. Word formation process is mainly based on affixation, derivation does not appear. There are many kinds of reduplicative compounds in the vocabulary. The basic word order in the language is SVO. The basic word orders are: adverb preceding verb; adverb of degree preceding noun; adverb of negation preceding verb and adjective. From the experiential point of view, there are 4 types of experiential processes: Material, Relational, Verbal and Mental processes. Behavioural process is regarded as one type of Material process. Existential process is regarded as one type of Relational process. In clause complex, subordinate clause may come after or before the main clause. From the textual point of view, Theme-Rheme structure is more widespread than Subject-Predicate structure. It may become one of the main methods for analyzing Vietnamese clauses. There are various types of Topical Theme, which means that Vietnamese is a topic-prominent language.

According to the above-mentioned grammatical features, Vietnamese can be regarded as a topic-prominent isolating language. Similar research on this field shall contribute to the study of Linguistic Universals.

KEYWORDS: Vietnamese language (Kinh language), Reference Grammar, Systemic Functional Grammar, Theme-Rheme.

缩略语及符号

THM	Theme Marker	主位标记
CON	Conjunction	连词
ASP	Aspect Marker	体标记
PHA	Phase Marker	相标记
EMP	Emphasise Particle	强调助词
MOD	Modality Particle	语气助词
CLS	Classifier	类别词
PLR	Plural	复数
DEF	Definite Article	有定冠词
IND	Indefinite Article	无定冠词
INT	Interjection	叹词
PRE	Prefix	前缀
SUF	Suffix	后缀
MAL	Male	阳性
FEM	Female	阴性
A～B	From A to B	从 A 至 B
A^B	A comes before B	A 先于 B
↘A	Realized by A	体现于 A
/	Conflation	重合
[ ]	Word's IPA	词的国际音标
[[ ]]	Embedded clause or group marker	嵌入句或降级短语标记
< >	Inserted projecting clause	被包围的投射小句
α, β, γ...	Hypotatic complex	主从关系
1, 2, 3...	Paratactic complex	并列关系
=	Elaboration	解释关系
+	Extension	延伸关系
x	Enhancement	增强关系

目 录

第一章 绪论

第一节 研究设计

一 研究对象、目的与研究意义

越语（京语）属于南亚语系孟高棉语族越芒语支（Viet-Muong Branch, Mon-Khmer Subfamily，Austro-Asiatic Family）[①]，是越族（也叫京族）使用的一种独立的语言。在同语支的语言中，越语与芒语比较接近。越语分为三个方言：北部方言、中部方言和南方方言。越语北部方言以河内话为代表，中部方言以顺化话为代表，南部方言以胡志明市（旧称西贡）话为代表。三个方言在语音和词汇方面均有一定差异，句法方面一致，因此彼此完全能够通话。越语既有口语又有文字。

本书以南亚语系孟高棉语族越芒语支的越语河内方言（以下简称"越语"）为研究对象，借鉴参考语法（Reference Grammar）的描写原则和系统功能语法（Systemic Functional Grammar）的研究范式，并兼顾类型学（Typology）的归纳方法，对越语的语法结构及特点进行了较为全面、系统、深入地共时描写与分析。本文着重解决以下几个问题：

➢ 越语现在的语音系统与 20 世纪的是否发生变化？

➢ 怎样从长篇语料角度分析越语句子？

➢ 对越语句子分析来说，主语分析法还是主位分析法更适合？

越语之所以是南亚语系的一种值得深入研究的语言，因为它既保留了孟高棉的基本特征，又有很多与汉藏语系汉语、泰语接触的特征。研究意义主要有：（1）从系统功能语言观重新认识越语，有助于加深对越语共时面貌的认识和了解；（2）建立越语的系统功能语法框架，为越语语法进一步的深入研究提供新角度的参照；（3）可以为南亚语系语法的类型学研究与比较研究提供真实文本和实用信息；（4）由于越语在语言接触中受到周边语言尤其是汉语的广泛、长久、深入的影响，因而这对于语言接触的研究及语言接触背景下语法结构特点的探究具有一定的价值；（5）对"主语—谓

[①] [法]A.G. Haudricourt (1953)。

语"分析法和"主位—述位"分析法进行比较，选出对越语句子最适合的分析法；（6）给越语语法寻找新的研究思路。

二　研究宗旨

研究宗旨[①]为尽量描写与解释。本书从语言实际出发，依据"参考语法"（Reference Grammar）的研究宗旨尽量描写越语语法的各种现象，在描写的同时吸收系统功能语法（Systemic Functional Grammar）的理论对越语进行分析与尽可能的解释。

"参考语法"这一术语译自英语的 Reference Grammar。Reference 本意为"参考"，即可为语法研究提供参考性的知识和语料。但后来"参考语法"的实际内涵已突破了"参考"的本意，指向能够为语法研究提供尽可能全面的知识和语料。

"参考语法"是语法研究的一种类型。语法研究因目的、要求的不同，而有不同的理论框架和研究方法，并随之产生了不同的研究类型，可以借用功能语法的理论、形式语法的理论、认知语法的理论，甚至类型学的理论对语法现象进行分类、描写或者解释。本文主要借用韩礼德模式的系统功能语言学理论，部分参考类型学的一些观点对越语进行研究。

从研究目的上来分，语法研究可以分为理论语法和应用语法两大类。理论语法探索语法的特点和研究方法，寻求语法的共性和个性的理论特征。应用语法是为现实应用服务的语法。教学语法、规范语法、计算机语法等都属于应用语法。从研究对象上来分，语法研究可以分为历时语法研究和共时语法研究两大类。历时语法研究语法的历史演变规律，是纵向的语法研究；共时语法又称"描写语法"，它研究语言某一时期系统的语法结构特点，是横向的语法研究。从研究方法上分，语法研究可分为功能语法、形式语法、类型学语法三大类。功能语法是从语言的功能来分析语法的变异；形式语法是从语法的形式来揭示人类语法的普遍规律；类型学语法是从语言的类型特点来寻求语法的共性和个性。从语种的多少上来分，语法研究可分为单一语法研究和语法比较研究两大类。

参考语法具有重要的理论价值和应用价值。它能为不同语言的比较研究（contrastive study）、语言类型学研究（typological study）、人类语言共性（linguistic universals）研究、普通语言学（general linguistics）理论和应用研究提供语言依据。在语言描写和分析方面，"参考语法"主张微观性原则（microscopically）、全面性原则（comprehensively）、系统性原则（systematically）和原创性原则（innovationally）。

---

① 本节吸收了导师戴庆厦教授关于参考语法的研究宗旨。

总之，参考语法强调的是语料丰富，系统功能语法强调的是系统性的解释。

三　研究方法

本书采用的主要研究方法有：田野调查法（field work）、归纳法（induction）和描写法（description）。

参考语法非常注重田野调查（field work）和真实语料（authentic data）的收集与整理，主张研究者深入语言社区（linguistic community），不仅以"观察者（observer）"的身份，更应该以"参与者—观察者（participator-observer）"的身份进行语料的收集与整理工作。所谓"参与观察（participation-observation）"，是指语言研究者不应该仅仅满足于观察和记录母语人的话语，更应该加入到母语人的生活中去，与他们一起生活、一起劳动，在参与的过程中接触、学习和感悟所要调查的语言。

归纳法是指对所采集到的语料进行语法现象的发掘和梳理。本文语音部分除了从传统语音学的角度描写以外，还借用实验语音学的手段进行梳理；词法与句法部分根据系统功能语法进行整理和描写。从而归纳出典型语法特征和语法规律。

描写法是指客观地、充分地、如实地描写语言的用法。描写是分析的结果，而分析必然以一组理论假设为基础。对描写语法学来说，理论只是手段而不是目的的。

四　语料来源

本文语料有两大来源：由作者以母语的身份自己生成的例句和越南著名文学家的长篇语料。这样做，材料既丰富又客观，完全可靠。本文的语料包括自然话语语料（natural data）和启发式话语语料（elicited data）。自然话语语料主要指长篇语料，如神话、传说、小说、短文等等，尤其是现代小说和短文。这类语料是越语有机的组成部分，真实性大，可信度高。该语料的采集方式是通过在越南已公开出版的书籍。这些书籍是由越南比较权威的出版社，如教育出版社、文学出版社出版。这些书籍的作者在越南非常有名，文章视为规范，被收集在中学的教科书。他们是 Nam Cao, Vũ Trọng Phụng, Kim Lân, Nguyễn Khải, Nguyễn Minh Châu, Lê Lựu。具体如下：

作者名字缩写	作者	作　品	字数
NC	Nam Cao	Chí Phèo（志飘）	12812 字
		Đôi mắt（一双眼睛）	5560 字
		Lão Hạc（鹤老）	3715 字
		Đời thừa（多余的生活）	4905 字

续表

作者名字缩写	作者	作　　品	字数
VTP	Vũ Trọng Phụng	Số đỏ（红运）	20000 字
KL	Kim Lân	Vợ nhặt（捡到的妻子）	4963 字
NK	Nguyễn Khải	Mùa Lạc（花生节）	7013 字
NMC	Nguyễn Minh Châu	Mảnh trăng cuối rừng（深林之月）	6634 字
LL	Lê Lựu	Chuyện làng Cuội（Cuoi 村的故事）	124400 字
	（民间）	神话、传说	10000 字
		合　计	200002 字

　　启发式话语材料主要包括分类词汇、短语结构和语法例句。发音人也是本书研究的调查者。因调查者本身是京族人，29 岁，母语为越语，在河内土生土长。调查者先行想出一些语法例词，自创相应的语境，然后再说出相应的词、短语和语法例句。这类语料的针对性比较强，但是在一定程度上会受到"主观闯入"（subjective intrusion）的干扰。这都是第一手语料。

　　本书所有语料均由作者本人采集和自己以母语者的身份创造、整理，由戴庆厦教授核实。

第二节　民族概况与语言使用情况

一　民族概况

　　在越南，越族人口 55900224 人[①]，占全国人口的 86.83%，是越南的主体民族。在中国，主要分布在广西壮族自治区东兴市江平镇的巫头、澫尾（万尾）、山心三个海岛，俗称"京族三岛"，2000 年有人口 2.25 万人，基本上能够通用粤语和汉字。中国境内的京族祖先是 16 世纪初开始陆续从越南北部的涂山等地迁徙而来。在美国、欧洲、澳洲等地方也有越族人，是近半世纪移民的结果。

　　语言与文字：越族人有自己的语言和文字记载。越语属于南亚语系孟高棉语族越芒语支。根据史料，自秦代末年，中原文化开始进入交趾郡（今越南），越族人从而接触和使用汉字。到 13 世纪，越族人自创和使用新一套文字，叫做"字喃"。字喃是在汉字的基础上模仿"六书"造字法创造出来的一种方块文字，看起来像汉字，但意思完全不同。16 世纪中叶开始，

---

　　① 参考越南民族委员会的网站，参考时间为 2009 年 11 月 24 日 18 点，http://cema.gov.vn/Modules.php?name=Content&op=details&mid=536。

欧洲的传教士来到远东传教，创造以拉丁字母为基础的拼音文字，到 1945 年就成为越南的正式文字，叫做"国语字"。

历史：越族祖先约四千年前已在现在的越南北部和北中部定居。

生产活动：水稻农业是越族人主要的生产方式。越族祖先早就总结出许多关于农业生产的经验，如 Nhất nước, nhì phân, tam cần, tứ giống "一水，二粪，三勤，四苗"。水坝系统非常有效。家禽喂养非常发达。水牛是农民的主要劳动工具，成为家家户户的 đầu cơ nghiệp "事业的开始"。工艺品产业非常发达，越族人有手艺，许多农村都因某种工艺品得名，全国著名。草市、集市非常热闹。

饮食：白米饭、茶水是越族人日常的食物和饮料。糯米以前只是在节日的时候才有，现在生活水平提高随时都能吃，但不能代替白米饭。每顿饭都比较讲究，尤其是各种鱼露和腌菜。辣椒、蒜头、生姜经常被用来煮菜，尤其在越南中部。吃槟榔、吸香烟、喝白酒在日常生活中很常见，尤其是每逢重要的节日，如婚礼、祝寿、新家，等等。但现在吃槟榔的习惯只保留在老年人之中。青年、中年人爱喝生啤酒。

服装：越族女人的传统服装是 áo dài "长袍"，男人传统服装是 áo the khăn xếp "薄纱长袍和盘斤"。此外，北部女人还有 áo tứ thân "四身袍"，中部和南部女人还有 áo bà ba "婆婆袍"。

房屋：房子一般朝南。农村人一般住平房，有院子、果园、鱼池。房子一般是两厢一屋或两厢三屋。最中间的屋子又是客厅用来接待客人，又有祭台用来祭祀祖先，也是全家进行集体活动的地方。最外边的两厢是卧室，是储存粮食的地方。厨房在家畜棚的旁边。城市人地皮小，一般住在又长又深像筒子似的楼房（tube-shape house），可有两三或四层楼。一般第一层是客厅和厨房，第三和第四层是主人的卧室。

交通运输：越族人的交通运输形式很丰富，可分两种：公路和水路。公路包括担的（箩筐）、背的、抬的、搭的、顶的、抗的、驮的，用自行车、拉车、推车、马车、黄牛车、水牛车，等等来驮人、驮屋。水路包括用船、轮、竹筏、机帆船等。

社会关系：农村人居住在村里面，几个村合成一个社。城市人居住在坊里面，几个坊合成一个郡。

家庭：大部分的家庭是小家庭，两代或三代同堂。家庭遵守父权体系，但妇女也占有重要地位，是家中管理经济的人。越族人有很多家族，最普遍的是阮族、陈族、黎族、范族、武族等。每个家族有自己的拜堂，每个家族下面又分若干个支系。父亲方的家族代代流传，父亲方和母亲方的亲戚互相都非常关心。

婚礼：越族人非常注重纯洁、有始有终的爱情。在封建社会，流行父母包办婚姻，现在年轻男女可以自由恋爱。传统的婚仪必须经过以下几个环节：

- Dạm "探"：拜托一个媒婆去女方家探问。
- Hỏi "问"：准备聘礼，到女方家正式谈话。
- Cưới "婚礼"：呈请祖先，拜见亲戚和邻居，接新娘到新郎家。
- Lại mặt "回面"：婚礼后的第三天，新娘、新郎一起回娘家回见。

丧事：越族人的丧事非常庄严、周到。有以下几个基本环节：装殓，入殓，执绋送灵柩，下葬，奠饭，复魂，七七（每逢七天祭一次、到第七个星期为止，共七个七）。每逢清明节或春节各家都去扫墓。

祭祀：祭拜祖先是越族最重要的信仰。祭台放在家里最庄重的位置，在忌日、节日、春节都放好吃的食物。土公（土地）、灶君的祭拜很普遍。祭拜城隍、佛祖、孔子等都有，此外，还有信仰天主教、新教、和好教、高台教等。

节日：春节是一年最重要的节日。春节后就是各种春天的庙会。此外，还有元宵节、清明、下田节、上调节、端午节、七月十五、中秋节、新米节，等等。虽然时间和叫法与中国的节日相同，但不少节日的意义却不同，比如，端午节不是用来纪念屈原，而是杀虫节，要吃糯米酒；中秋节不是团圆节，而是儿童节，晚上要给小孩水果和玩具。

历法：阳历是正式的历，但农历随着农业的生产活动早就走进越族的风俗习惯生活。农历用来算岁，算忌日，算农业生产的季节，算良辰吉日，以用于大事，如盖房子，婚礼，丧礼。

学习：越族人两千年前已会使用汉字，后改成字喃，再后用拼音文字，至今叫做国语字。在河内从1027年已立文庙国子监，被视为越南第一所大学。

文艺：民间文学非常丰富，神话故事、歌谣、民歌、俗语等民间文学对民族特色保护工作起着重要作用。书写文学在10世纪尤其是15世纪后取得巨大成果，有很多作家，如 Nguyễn Trãi "阮斋"，Nguyễn Bình Khiêm "阮平谦"，Nguyễn Du "阮优"，Hồ Xuân Hương "胡春香"，等等。越族的传统艺术形式是 hát quan họ "唱惯呵"（男女对唱，多流行在北宁省一带）、hát chèo "唱嘲戏"（也叫乔戏）、hát tuồng "唱瞪戏"（古曲戏剧）、hát cải lương "唱改良戏" 等。

二　语言使用情况

越语（京语）是越南的官方语言，越南从北至南各地都能通用。在越南，除了5590多万越族人使用越语以外，还有很多少数民族也使用。少数民族，尤其是年轻人，都是双语人，能说母语和越语。越语的各方言互相都能通话，句法一样，只是发音和词汇有点区别。

在中国广西，京族人也是双语人，会说自己的母语（京语）和汉语（普通话和白话）。在欧美和澳洲，京族人会说京语和当地的语言（英语或法语等），但年轻人的京语水平越来越低。

总之，据不完全统计，到 2009 年 4 月 1 日，全球使用越语（京语）的人数约 5600 万。

第二章　相关研究与理论背景

第一节　相关研究

根据我所掌握的资料，越语语法研究从 20 世纪已经开始，主要是传统功能的观点。到 90 年代初，《越语功能语法初稿》一书问世，提出新观点：越语话题结构存在，在越语语法体系中有独立的位置。但不少学者对此观点不置可否。到 2004 年和 2005 年，Thai Minh Duc、Diệp Quang Ban、Hoàng Văn Vân 的著作陆续公开出版后，越语语法研究的新方向开始形成：系统功能语法的方向。总之，功能上描写越语语法有以下阶段：

第一阶段：20 世纪 80 年代末以前（按照出版年排列）

这个阶段是萌芽阶段，开始用国外的理论描写越语语法。各种观点都有，如：Trần Trọng Kim, Bùi Ki, Phạm Duy Khiêm 1940《Văn Phạm Việt Nam》（越南文范）；Trà Ngân 1943《Khảo cứu về tiếng Việt Nam》（考究越语）；Bùi Đức Tịnh 1952《Văn phạm Việt Nam》（越南文范）；Nguyễn Lân 1956《Ngữ pháp tiếng Việt, Lớp 5, lớp 6, lớp 7》（越语语法第五、六、七班）；Jones, Robert B.Jr. & Huỳnh Sanh Thông 1960《Introduction to Spoken Vietnamese》；Hoàng Tuệ, Lê Cận & Cù Đình Tú 1962《Giáo trình về Việt ngữ》（越语教程）；Trương Văn Chình & Nguyễn Hiến Lê 1963《Khảo luận về ngữ pháp Việt Nam》（越语语法考论）；Nguyễn Kim Thản 1964《Nghiên cứu về ngữ pháp tiếng Việt》（越语语法研究）；Thompson, L.C. 1965《A Vietnamese grammar》；Lưu Vân Lăng 1970《Nghiên cứu tiếng Việt theo quan điểm ngữ đoạn tầng bậc có hạt nhân》（越语研究——基于有核心的层次与语段观点）；Nguyễn Kim Thản 1981《Cơ sở ngữ pháp tiếng Việt》（越语语法基础）；Nguyễn Tài Cẩn 1981《Ngữ pháp tiếng Việt: Tiếng – Từ ghép – Đoản ngữ》（越语语法：音、合成词、短语）；Uỷ ban Khoa học Xã hội 1983《Ngữ pháp tiếng Việt》（越语语法）；Dyvik, H.J.J. 1984《Subject or Topic in Vietnamese?》；Đinh Văn Đức 1986《Ngữ pháp tiếng Việt: Từ loại》（越语语法：词类）。

第二阶段：20 世纪 90 年代到 21 世纪初

这个阶段是停滞阶段，所谓的停滞阶段是指对话题这个概念的认识，开始有学者认为主语谓语结构不符合越语语法描写。Cao Xuân Hạo 先生认为越语有话题结构，可用话题分析法分析越语句子，完全可以取消主语谓语分析法。不少学者对此观点不置可否。持话题观点的有 Cao Xuân Hạo 1991《Tiếng Việt: Sơ thảo ngữ pháp chức năng》（越语——功能语法初稿）；Đào Thị Thanh Lan（2002）《Phân tích câu đơn tiếng Việt theo cấu trúc Đề-Thuyết》（根据主题结构分析越语单句）。持主语观点的有：Lê Xuân Thại 1995《Câu chủ vị trong tiếng Việt》（越语主位句）；黄敏中（1997）《实用越语语法》；

第三阶段：21 世纪初至今

这个阶段提倡多角度、多思维、宽视野看待越语语法的各种现象，是注重话题、主题、主位的阶段。除了主语分析法之外，大部分学者都开始承认并熟悉话题、主题分析法。如：Thai Minh Duc（2004）《Metafunctional profile of the grammar of Vietnamese》出版在 Alice Caffarel《Language typology: a functional perspective》；Cao Xuân Hạo（2004）《Tiếng Việt: Sơ thảo ngữ pháp chức năng》（越语——功能语法初稿）修订版；Diệp Quang Ban 2005《Ngữ pháp tiếng Việt》（越语语法）；Hoàng Văn Vân 2005《Ngữ pháp kinh nghiệm của cú tiếng Việt: Mô tả theo quan điểm chức năng hệ thống》（越语小句经验语法：系统功能观）；Hoàng Trọng Phiến 1980, 2008 修订版《Ngữ pháp tiếng Việt: Câu》（越语语法：句子）；Nguyễn Cao Đàm 2004，2008 修订版《Ngữ pháp tiếng Việt》（越语语法）。其中，与本文的研究思路相同的是 Thai Minh Duc，Diệp Quang Ban 和 Hoàng Văn Vân。因这三个学者都吸收了系统功能语法的指导思想。其实，Thai Minh Duc 1998 年在澳洲 Macquarie University 以《A systemic functional interpretation of Vietnamese grammar》得到博士学位，但这个博士论文是不公开的材料，所以我们只能找到它的摘要部分，而没有机会拜读全文。Hoàng Văn Vân 1997 年也在澳洲 Macquarie University 以《An Experiential Grammar of the Vietnamese Clause: A Functional description》获得博士学位，到 2002 年才在越南公开出版，2005 年进行修订。这位学者只研究经验元功能。Diệp Quang Ban 的《Ngữ pháp tiếng Việt》是比较有概括性的，从词汇的构词法谈起，到句法的单句、复句为止。这部著作可以说是传统功能观点和系统功能观点相交叉。

第二节　系统功能语法简介

系统功能语法（Systemic Functional Grammar，简称 SFG）或系统功能语言学（Systemic Functional Linguistics，简称 SFL）是由 M.A.K Halliday（韩礼德）在二十世纪六十年代开发的语法模式。这是功能语言学的一个新分支，采用社会符号学对语言学进行接近，称为系统语言学。"系统"这一术语是指将语言看成"一种包括多系统的网络，或相关规定的选择保证作出有意义的"。"功能"这一术语表明，该方法将语言与语境、实际使用等是有关的，与传统语法对立，其重点放在语义的成分，句法和词类。系统功能语法主要涉及说话者对合乎语法的选择。这些选择决定于说话者注意语言的具体形式。在 SFG，语言通过三种阶层进行分析：语义学，语音学和词汇语法。

语言学家 Mick O'Donnell 指出：While many of the linguistic theories in the world today are concerned with language as a mental process, SFL is more closely aligned with Sociology: it explores how language is used in social contexts to achieve particular goals. In terms of data, it does not address how language is processed or represented within the human brain, but rather looks at the discourses we produce (whether spoken or written), and the contexts of the production of these texts. Because it is concerned with language use, SFL places higher importance on language function (what it is used for) than on language structure (how it is composed).

系统功能语法是功能语法的一个分支。与传统功能语法相比，系统功能语法强调系统性，即语言是包含许多子系统的系统，每个子系统都是一组选择。系统功能语法强调语言的功能，把语言看成"是为交际目的而服务的"。系统功能强调语言与社会固有的密切联系，研究语言应该从社会入手（刘润清 2009：461）。

在系统功能语法中，有六个核心思想，分别是语境、层次、结构、系统、阶级、元功能。

一　结构与系统

结构是由各种成分组合而成，是阶—范畴语法的第二个范畴。如果我们将各单位之间的关系看作是一种纵向的关系，那么结构成分之间的关系就是一种横向的线性关系。结构主要用来解释结构成分的功能以及结构成分之间的关系。具有一定功能的成分按一定的顺序组成结构。

系统的底层是语言的聚合关系，结构的底层是语言的组合关系。形式语言学从组合关系入手去描写语言，而系统功能语法却更加侧重聚合关系（当然也研究组合关系）。结构是从潜势中衍生的。潜势可以用系统来表达。韩礼德把语言系统解释成一种可进行语义选择的网络，当有关系统的每个步骤一一实现后便可产生结构。这样，语言就是"系统的系统"。

二　语境与层次

语境：系统功能语言学是语境中的语言模式。从这个角度看，语境对语言本质的了解及解释显得非常重要。这个思想来源于 Malinowski，后来被 Firth 继承并发展成理论模式，体现于以下几个范畴：（1）参与者的适合特征：人物、人品，（2）适合的对象，（3）言语活动的效果。

层次：系统功能语言学认为语言是多层次的，至少包括语义层、词汇语法层和音系层。各个层次之间存在"体现"（realisation）的关系。语义层体现于词汇语法层，词汇语法层体现于音系层。具体说，意义的选择体现于形式的选择，形式的选择又体现于实体的选择。

体现（Realization）指的是语言系统在句法上的反映。同时解释语言是怎么组织的和说明此组织有什么功能，并不是一件容易的事情。它们之间的关系就是"A 体现 B"的关系。换言之，一个语言的系统是通过句法形式而得到"体现"的。

三　级阶与精密阶

级阶是系统功能语法的一个重要概念。一个有意义的语言单位可以在一个级上分出比它低一级的单位。每个级上的单位是由比它低一级的单位组成的。从原则上说，级的切分是穷尽的，每个成分都应属于一定的级，而不能成为"剩余物"而飘乎不定。每个单词在词组中都有一定的作用，每个词组在小句中也有一定的作用。在功能语法中，级阶由四级组成：小句、词组、单词、词素。

精密阶是表示范畴的区别或详细程度的阶。如果说阶是一种级的纵向关系，结构是一种横向的线性序列关系，那么精密阶可看作是一种横向的从属关系。该阶主要设定结构分析的精密阶。分析的精密阶越高，各成分之间关系分析得越细。

四　元功能

简单地说，"元功能"就是语境、语义、词汇及语法的共鸣现象。这是种种语言用途所固有的，是语言的普遍特征。韩礼德受到伦敦学派 Malinowki（1923）和布拉格学派 Buhler（1923）观点的影响，将元功能概括为三种：语篇功能、人际功能、概念功能（包括经验功能和逻辑功能）。G.Thompson（1996）将概念功能的经验部分和逻辑部分分开。本书赞成G.Thompson 的说法，语言的抽象功能可以归纳为四个元功能，分别是：

（1）经验功能指的是人们用语言来谈论他们对世界的经验（包括内心

世界），用语言来描述周围所发生的事件或情形。

（2）人际功能指的是人们用语言来和其他人交往，建立和保持人际关系，用语言来影响别人的行为，同时用语言来表达对世界的看法甚至改变世界。

（3）语篇功能指的是人们在使用语言是怎样把信息组织好，同时表明一条信息与其他信息之间的关系，而且还显示信息的传递与发话者所处的交际语境之间的关系。

（4）逻辑功能指功能语法中表明小句与小句（有时也指更小的单位）之间关系的机制，主要在小句复合体中起作用。（G.Thompson F19）

经验、人际、语篇这三个元功能主要涉及小句意义的表达，而逻辑功能则主要是表示小句意义之间的关联情况。本文在分析小句时，有时会侧重分析经验、人际或语篇功能，有时三者一起分析，因为三者是相辅相成的，是整体意义中的三个有机部分。

由此可见，系统功能语言学是一种以语义为主的语境中的语言模式。正因为这个原因所以我们选系统功能框架为理论框架。只从词汇语法层次出发就难以解释清楚命题的本质，而结合语义层次就更容易一些。语义层通到下面是词汇语法层，通到上面就是语境层（如图 2.1 所示）。对"主位—述位"结构进行分析时，我们不应该排除"主语—谓语"结构的存在。像戴庆厦教

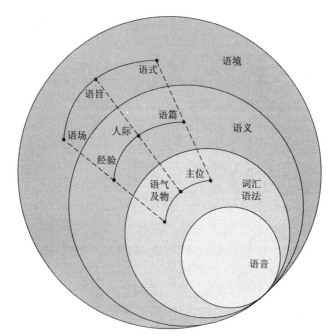

图 2.1　语法、语义和语境的关系

授所说的"电脑可以安装两个操作系统，这两者都同时存在，各有各的作用，每次启动可选其中之一，它们不互相排斥，而是互相补充"。这句话中还有第二个含义：分析小句时，根据不同的研究目标，可以选择不同的切入点。

第三章 语音

第一节 越语音系

与相近的亲属语言相比，越语语音系统有以下几个特点：（1）辅音系统主要靠清浊对立，送气音只有一个 th，其余都是不送气音。现代越语的复辅音脱落、合并，剩下的是单辅音。（2）元音有长短之分，严格来说是一般的元音和短一点的元音，短元音有音质变化的伴随特征。无松紧或鼻化的区分。（3）韵母非常丰富，除了单元音韵母之外，还有复合元音韵母、带半元音和辅音韵尾的韵母。辅音韵尾完整保留了中古的塞音韵尾和鼻音韵尾两种。（4）有六种声调，有高低之分和音律平仄之分。（5）变调不是语流音变而是构词的一种手段。

一 声母

标准越语声母共有 22 个。塞音、擦音有清浊对立。塞擦音只有清音，无浊音。只有一个送气音，其余都是不送气音。有唇齿音声母。无复辅音声母。河内方言的声母系统少了三个舌尖后音：清塞擦音tʂ、清擦音ʂ和浊擦音z̢。

发音方法 ＼ 发音部位			唇	舌尖前	舌尖中	舌尖后	舌面	舌根	小舌	喉
塞音	清	不送气	p		t			k		
		送气			th					
		浊	b		d					
塞擦音	清					tʂ	tɕ			
鼻音	浊		m		n		ɲ	ŋ		
边音	浊				l					
擦音	清		f	s		ʂ		χ		h
	浊		v	z		z̢		ɣ		

例词：

p	pa³³ zi³³	巴黎	b	bo²⁴	爸爸
m	mɛ³²	妈妈	f	fa²⁴	破
v	va²¹	和	s	sa³³	远
z	za³³	皮肤	t	tɔ³³	大
d	dem³³	夜	th	them³³	添加
n	nɔ²⁴	他	l	lɔ²¹	担心
tʂ	tʂăŋ³³	月亮	ʂ	ʂaŋ²⁴	明亮
ʐ	ʐăŋ³³	牙齿	tɕ	tɕɔ³³	给
k	kɔ²⁴	有	ɲ	ɲɔ³³	葡萄
ŋ	ŋɔn³³	好吃	ɣ	ɣa²¹	鸡
χ	χoŋ³³	不	h	hɔ³²	他们

说明：声母p出现少，只出现在外来词上。关于tɕ，有的学者认为是塞音。我们做实验时发现，语图上它们有冲值条，显示塞音的特征，在冲值条后面有乱纹，说明在发音过程中有摩擦（详看语音实验部分）。这个音有塞音的特征又有擦音的特征，应是塞擦音。塞声母音节前有喉塞音ʔ，是伴随现象，可以不标。例如：uk²⁴ "澳大利亚"。

二　韵母

韵母有 146 个。有长短对立，没有松紧对立。辅音韵尾丰富，有塞音韵尾和鼻音韵尾。与其他方言相比，河内话的ɯɣu与ieu合并读成ieu，例如 huɯɣu³³读成hieu³³ "长颈鹿"。韵母可分为单元音、复合元音、带辅音韵尾等三类。

单元音韵母：i、e、ɛ、ɛ̆、a、ă、ɔ、ɔ̆、o、ɣ、ɣ̆、u、ŭ、ɯ。[①]（14 个，其中ɛ̆、ă、ɔ̆、ɣ̆、ŭ不能自成音节）

复合元音韵母：ie、ɯɣ、uo、ai、ăi、ɔi、oi、ɣi、ɣ̆i、ui、ŭi、ɯi、uoi、ɯɣi、iu、eu、ɛu、au 、ău、ɣ̆u、ɯu、ieu、ɯɣu、uie、ue、uɛ、uɛ̆、ua、uă、uɣ̆、uai、uăi、uɣ̆i。（33 个，其中uɛ̆、uă、uɣ̆ 不能自成音节）

带辅音韵尾的韵母：

ip	it	ik	im	in	iŋ
ep	et	ek	em	en	eŋ
ɛp	ɛt	ɛk	ɛm	ɛn	ɛŋ
-	-	ɛ̆k	-	-	ɛ̆ŋ
ap	at	ak	am	an	aŋ

---

① ă是短元音，比a读快一点。ɛ̆、ɔ̆、ɣ̆、ŭ类推。

ăp	ăt	ăk	ăm	ăn	ăŋ
ɔp	ɔt	ɔk	ɔm	ɔn	ɔŋ
-	-	ŏk	-	-	ŏŋ
op	ot	ok	om	on	oŋ
ɤp	ɤt	-	ɤm	ɤn	-
ɤ̌p	ɤ̌t	ɤ̌k	ɤ̌m	ɤ̌n	ɤ̌ŋ
up	ut	uk	um	un	uŋ
-	ɯt	ɯk	-	-	ɯŋ
iep	iet	iek	iem	ien	ieŋ
-	uot	uok	uom	uon	uoŋ
ɯɤp	ɯɤt	ɯɤk	ɯɤm	ɯɤn	ɯɤŋ
uip	uit	uik	-	uin	uiŋ
-	-	uek	-	uen	ueŋ
-	uɛt	-	-	-	-
-	-	uɛ̆k	-	-	uɛ̆ŋ
-	uat	uak	-	uan	uaŋ
uăp	uăt	uăk	uăm	uăn	uăŋ
	uɤ̌t	-	-	uɤ̌n	uɤ̌ŋ
-	uiet	-	-	uien	-

例词:

1.	i	di³³	去	2.	e	te³³ 麻
3.	ɛ	mɛ³²	妈妈	4.	a	la²¹ 是
5.	ɔ	tɕɔ³³	给	6.	o	so³³ 桶
7.	ɤ	mɤ³³	梦	8.	u	tɕu²⁴ 叔叔
9.	ɯ	sɯ³³	和尚	10.	ie	bie³³ 碑、啤酒
11.	uo	muo³³	买	12.	ɯɤ	mɯɤ³³ 下雨
13.	ip	kip³²	及时	14.	it	it²⁴ 少
15.	ik	ik²⁴	有益	16.	im	im³³ 安静
17.	in	in³³	印	18.	iŋ	siŋ³³ 漂亮
19.	iu	thiu³³	发馊	20.	ep	sep²⁴ 老板
21.	et	tet²⁴	春节	22.	ek	ek²⁴ 蛙
23.	em	em³³	柔软	24.	en	ten³³ 名字
25.	eŋ	veŋ³³	相差	26.	eu	theu³³ 绣
27.	ɛp	ɛp²⁴	压	28.	ɛt	sɛt²⁴ 天雷
29.	ɛk	sɛk²⁴	支票	30.	ɛm	ɛm³³ 妹妹、弟弟

31.	ɛn	lɛn^{33}	毛线	32.	ɛŋ	kɛŋ^{33}	丁当
33.	ɛu	thɛu^{33}	跟随	34.	ĕk	sĕk^{24}	书
35.	ĕŋ	sĕŋ^{33}	青色	36.	ap	thap^{24}	塔
37.	at	hat^{24}	唱	38.	ak	ak^{24}	恶
39.	am	am^{33}	小庙	40.	an	an^{33}	安
41.	aŋ	maŋ^{33}	带	42.	ai	tai^{33}	耳朵
43.	au	au^{33}	池	44.	ăp	lăp^{24}	安装
45.	ăt	măt^{24}	眼睛	46.	ăk	zăk^{32}	敌人
47.	ăm	tăm^{33}	牙签	48.	ăn	ăn^{33}	吃
49.	ăŋ	măŋ^{33}	竹笋	50.	ăi	tăi^{33}	手
51.	ău	mău^{33}	快	52.	ɔp	bɔp^{24}	扼,卡住
53.	ɔt	sɔt^{24}	痛心	54.	ɔk	ɔk^{24}	脑
55.	ɔm	sɔm^{24}	村子	56.	ɔn	kɔn^{33}	孩子
57.	ɔŋ	mɔŋ^{33}	等待	58.	ɔi	ɔi^{33}	闷热
59.	ŏk	mŏk^{24}	挂车	60.	ŏŋ	bŏŋ^{33}	甲板
61.	op	hop^{32}	盒子	62.	ot	tɕot^{32}	独眼
63.	ok	mok^{32}	木	64.	om	om^{33}	抱
65.	on	hon^{325}	放肆	66.	oŋ	oŋ^{33}	爷爷
67.	oi	soi^{33}	糯米饭	68.	ɤp	lɤp^{24}	班
69.	ɤt	bɤt^{24}	减少	70.	ɤm	thɤm^{33}	香
71.	ɤn	hɤn^{33}	超过	72.	ɤi	hɤi^{33}	气
73.	ɤ̆p	ɤ̆p^{24}	邑	74.	ɤ̆t	tɤ̆t^{24}	全部
75.	ɤ̆k	ɲɤ̆k^{24}	提举	76.	ɤ̆m	thɤ̆m^{33}	深
77.	ɤ̆n	kɤ̆n^{32}	近视	78.	ɤ̆ŋ	nɤ̆ŋ^{33}	提高
79.	ɤ̆i	tɤ̆i^{33}	西	80.	ɤ̆u	sɤ̆u^{24}	丑
81.	up	zup^{24}	帮助	82.	ut	but^{24}	笔
83.	uk	duk^{32}	凿	84.	um	tum^{24}	抓
85.	un	bun^{24}	米线	86.	uŋ	duŋ^{24}	对
87.	ui	mui^{21}	鼻子	88.	ɯt	mɯt^{24}	果脯
89.	ɯk	sɯk^{24}	力气	90.	ɯŋ	lɯŋ^{33}	背
91.	ɯi	ŋɯi^{312}	闻	92.	ɯu	hɯu^{33}	退休
93.	iep	tiep^{24}	继续	94.	iet	tiet^{24}	节、血
95.	iek	tiek^{32}	宴席	96.	iem	tiem^{33}	打针
97.	ien	tien^{325}	送别	98.	ieŋ	mieŋ^{32}	嘴
99.	ieu	ieu^{33}	爱	100.	uot	suot^{24}	透明、整个

101. uok	thuok³²	属于	102. uom	ɲuom³²	染
103. uon	luon³³	经常	104. uoŋ	suoŋ²⁴	下去
105. uoi	muoi³²⁵	蚊子	106. ɯɤp	mɯɤp²⁴	丝瓜
107. ɯɤt	ɯɤt²⁴	湿	108. ɯɤk	kɯɤk²⁴	费用
109. ɯɤm	tɯɤm³³	周密	110. ɯɤn	ɯɤn³²⁵	伸出
111. ɯɤŋ	bɯɤŋ²⁴	不听话	112. ɯɤi	tɯɤi³³	新鲜
113. ǔi	kǔi²⁴	贵重	114. ue	kue³³	家乡
115. uɛ	kuɛ³³	条	116. ua	kua³³	过
117. uie	χuie³³	夜深	118. uip	tuip²⁴	管子
119. uit	kuit²⁴	橘子	120. uik	huik²⁴	碰撞
121. uin	tuin³³	一种蚊帐	122. uiŋ	huiŋ³³	兄
123. uek	tuek²⁴	空空如也	124. uen	kuen³³	忘
125. ueŋ	tɕueŋ²⁴	开始醉	126. uɛt	kuɛt²⁴	扫
127. uěk	uěk²⁴	威风	128. uěŋ	kuěŋ³³	周围
129. uat	thuat²⁴	脱身	130. uak	tuak²⁴	破开
131. uan	χuan³³	钻	132. uaŋ	χuaŋ³³	舱
133. uai	suai²¹	芒果	134. uăp	kuăp³²	弯
135. uăt	ŋuăt³²	拐弯	136. uăk	huăk³²	或者
137. uăm	huăm²⁴	很凹	138. uăn	kuăn³³	卷的
139. uăŋ	kuăŋ³³	扔掉	140. uăi	suăi³³	旋转
141. uɤt	suɤt²⁴	套餐	142. uɤn	kuɤn³³	军
143. uɤŋ	kuɤŋ²¹	黑晕、日晕	144. uɤi	kuɤi³¹²	油条
145. uiet	tuiet³²	绝对	146. uien	χuien³³	劝

三　声调

有六个声调，中平 33、低降 21、低折 312、高折 325、中升 24 和中降 32。越南人把中平调叫做 Ngang（或 Bằng）"横声"，低降调叫做 Huyền "玄声"，低折调叫做 Hỏi "问声"，高折调叫做 Ngã "跌声"，中升调叫做 Sắc "锐声"，中降调叫做 Nặng "重声"。其中，高折调不是连贯发出来，而中间突然有瞬间的间断。

古代越语没有声调，复辅音的音节占优势，后来才出现使用音高来区别词义的手段。到 6 世纪才有声调，开始只有三个，到 12 世纪后才分为六个，一直保留到现在（A.G. Haudricourt 1954）①。我们认为声调是越语语音发展过程中的一种转折，复辅音和一部分韵尾的脱落就是声调产生的条件。

① A.G. Haudricourt (1954), p23-31.

发展过程相当缓慢，经过几个世纪声调才得以完善，而不是从另一语言迁移过来的。

表 3.1 　　　　　　　　　　　　　声调系统简介

序号	声调	调值	越语名	汉语译名
1	中平	33	Thanh bằng	平声
2	低降	21	Thanh huyền	玄声
3	低折	312	Thanh hỏi	问声
4	高折	325	Thanh ngã	跌声
5	中升	24	Thanh sắc	锐声
6	中降	32	Thanh nặng	重声

中降调有伴随现象ʔ，但没有区别意义的作用，所以不标 32ʔ，只标 32。

经考察，越语声调与塞韵尾有制约的关系。塞音韵尾只能跟锐声和重声搭配，例如：mot²⁴ "时髦"、mot³² "一"。鼻音韵尾能跟所有的六个声调搭配。

越语声调有音域高低之分以及音律平仄之分，所以越族人民说话有音高协调现象。经实验，声调的音域如下[1]：

	平	仄	
		曲折	不曲折
高	平声 33	跌声 325	锐声 24
低	玄声 21	问声 312	重声 32

河内方言的声调最多，有六个。顺化方言只有五个，其中问声和跌声合并。义安方言的跌声和重声合并。下面，我们从实验语音学的角度来分析越语声调系统。

四　音节结构

有 11 种音节结构类型（V 表示元音或半元音，C 表示辅音）。

V：e²⁴ 卖不出　　　　　　　　　CV：kɔ³³ 缩

---

[1] 现在越语的跌声属于高音域，但历史资料（Nguyen Tai Can 1997: 225）表明以前属于低音域。问声情况相反，现在属低音域，以前属高音域。情况如下：

	平	仄	
高	平声	问声	锐声
低	玄声	跌声	重声

VV：ɯɤ³³ 喜欢　　　　　　　CVV：bie³² 编出来

VC：ǎn³³ 吃　　　　　　　　CVVV：ʐuoi²¹ 苍蝇

VVC：uan³³ 冤　　　　　　　CVC：het²⁴ 完了

VVVC：uien³³ 鸳　　　　　　CVVC：ɣɯɤm³³ 剑

　　　　　　　　　　　　　　　CVVVC：tuien²⁴ 线

第二节　越语语音实验

　　语音实验是借助于实验来研究语音的一种手段。有时人们又把它叫做"实验语音学"。它之所以被称为一种边缘学科，是因为它研究的对象是语言，而采用的方法却多种多样，它涉及生理学、物理学、数学、心理学和电子学、电子计算机等学科的理论和技术（朱川 1986）。实验语音学可以细致地描写音节的微观变化。为了更客观地描写越语的语音特征，本书对一些特殊的辅音、全部单元音和全部声调进行实验。

一　实验说明

　　录音对象是 20 位越南河内人，年龄在 18 到 30 岁之间。所有的录音材料都用电脑处理,用 Goldwave 或 Cooledit 软件将录音文件的 mp3 格式转换成 wav 格式，对于辅音和元音样本，使用 praat 软件进行测量辅音的 VOT（Voice Onset Time）和元音的共振峰数值。对于声调样本，我们使用 Speech Analyzer 软件进行声学分析，提出其基频、调形、起点、转折点、终点、时长及变化速率等声学数值。经过比较后，选出最有代表性的录音样本，以代表性的发音人为主，以其他发音人为参照。辅音和元音的录音样本取自一个发音人：男，29 岁，河内人，录音时间为 2008 年。因音高有男音和女音的区别，声调的录音样本取自两个发音人，一男一女。男性发音人 28 岁，女性发音人 26 岁，均为河内人。录音时间为 2007 年。录音地点主要在河内，部分在北京。

二　实验结果

（一）塞音的 VOT 测量

　　越语共有 22 个辅音，有清浊对立。不同学者对塞音进行记录不一样，有的用[t]、[c]来记音，有的就用[tʂ]、[tɕ]来记音。本文试图使用 VOT 的测量方式进行浊音考察及塞音描写。VOT（Voice Onset Time：声音起始时间）是指塞音除阻和声带颤动之间的时间关系，能比较精确地说明塞音和送气的情况（林焘 1992：86）。试验中，所有的辅音都跟元音[a]拼读。这些辅音分别是 [p]、[b]、[th]、[t]、[d]、[tɕ] 和[k]。

[pa]音的语图：VOT= 0

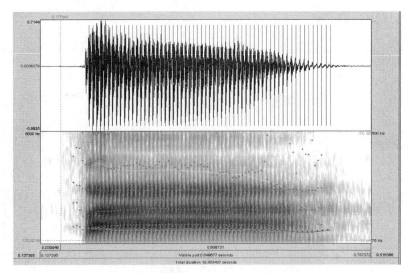

图 3.1　VOT= 0

结论：[p]是典型的不送气清音。

[ba]音的语图：VOT= –102ms

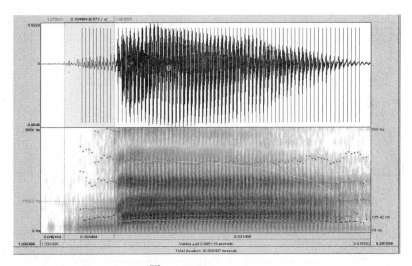

图 3.2　VOT= –102ms

结论：[b]是典型的全浊音。

[tha]音的语图：+40ms＜VOT＜+87ms

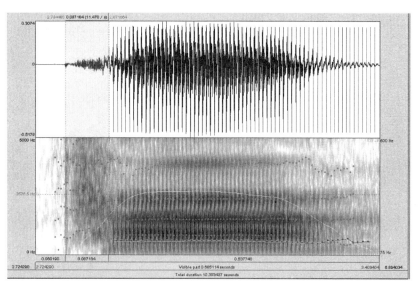

图 3.3　VOT= +87ms（第一发音人）

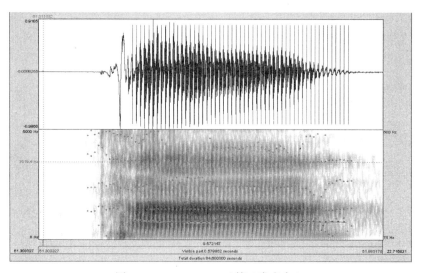

图 3.4　VOT= +40ms（第二发音人）

结论：[th]是弱送气清音。

[ta]音的语图：VOT= +8.5ms

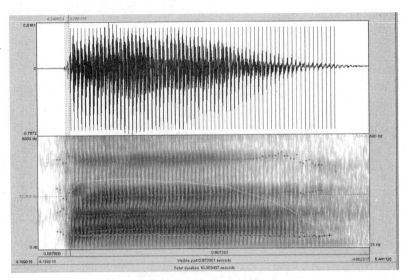

图 3.5　VOT= +8.5ms

结论：[t]的 VOT 只稍微略大于 0，算是不送气塞音。

[da]音的语图：VOT= –82ms

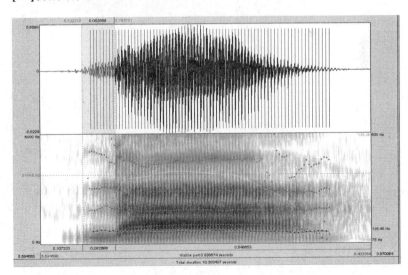

图 3.6　VOT= –82ms

结论：[d]是典型的浊音。

[tɕa]音的语图：+55ms < VOT < +60ms

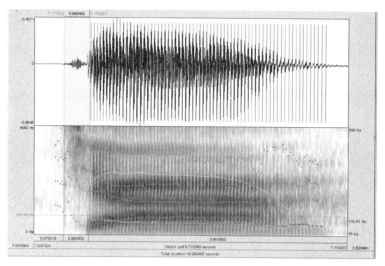

图 3.7　VOT= +60ms（第一发音人）

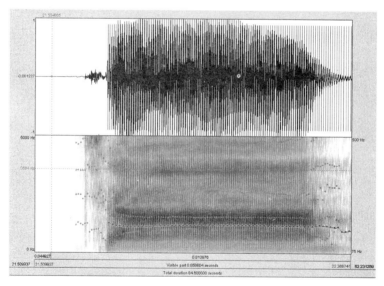

图 3.8　VOT= +55ms（第二发音人）

　　结论：VOT 数值不大，这个音是平气音。这个音在越南还有是舌面的塞音[c]还是塞擦音[tɕ]的争论。从上图看，它有冲直条，说明它是塞音；冲直条后面有乱文，说明它在发音过程中有摩擦。它又有塞音的特征，又有擦音的特征，所以它应该是塞擦音。

[ka]音的语图：VOT= +10ms

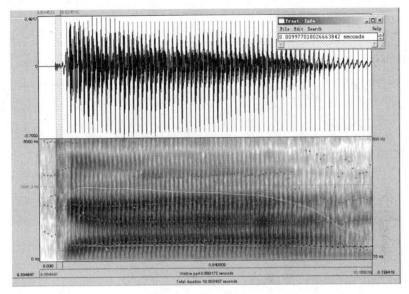

图 3.9　VOT=+10ms

结论：[k]的 VOT 略大于 0，可以看作不送气清塞音。

（二）元音的共振峰及二维坐标图
数据统计

元音	F1（赫兹）	F2（赫兹）
i	287	2318
e	457	2014
ε	617	2098
ɛ̆	812	1652
a	822	1617
ă	745	1456
ɔ	686	1085
ɔ̆	684	1100
o	475	800
ɤ	514	1166
ɤ̆	684	1100
u	353	716
ɯ	362	1181

数据演示

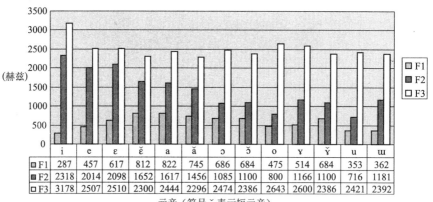

越南河内方言单元音共振峰模式图

元音	i	e	ɛ	ĕ	a	ă	ɔ	ŏ	o	ɣ	ɣ̆	u	ɯ
F1	287	457	617	812	822	745	686	684	475	514	684	353	362
F2	2318	2014	2098	1652	1617	1456	1085	1100	800	1166	1100	716	1181
F3	3178	2507	2510	2300	2444	2296	2474	2386	2643	2600	2386	2421	2392

元音（符号 ˘ 表示短元音）

图 3.10　越语单元音共振峰模式图

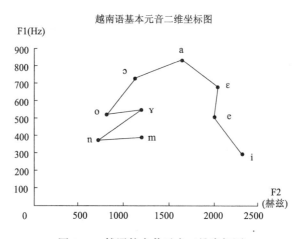

越南语基本元音二维坐标图

图 3.11　越语基本单元音二维坐标图

（三）声调的基频及调值转换

[ta]是一个比较容易发的清音，[ma]是一个很常见的浊音，儿童语音习得一般从 me 或 ma "妈妈" 这个音开始。因此，我们决定使用[ma]音和[ta]与六种声调（33，21，312，325，24 和 32）进行搭配，图示本文的观点。

1. 中平调：横声

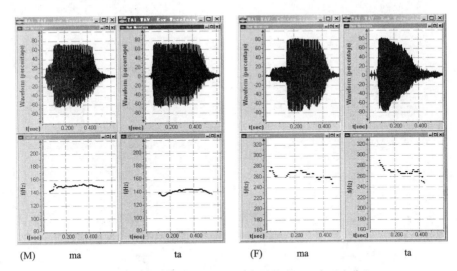

(M)　　　　　　ma　　　　　　　　ta　　　　　　(F)　　　　　ma　　　　　　　　ta

图 3.12　越语横声音高图（M 表示男声，F 表示女声）

表 3.2　　　　　　　　　　　　**越语横声音高数据表**

横声声学特征	男声		女声	
例音（越文书写形式）	ma	ta	ma	ta
基频（赫兹）	140—150	135—145—135	280—270—260	290—270—260
主调形基频（赫兹）	150	140—145	270—260	270
主调形频差（赫兹）	0	5	10	0
音长（毫秒）	550	450	400	400
主调形音长（毫秒）	320	300	280	280
主调形变化速率（赫兹/毫秒）	0	+0.016	−0.036	0
调形	先略升后平	先略升后平	先略降后平	先略降后平
调值	3.3	3.1—3.2	3.2—3.0	3.0

注：A—B 表示从 A 至 B。

　　男性的调域比女性的窄。男发音人的调域是 ma 音：225-85=140 赫兹，ta 音：225-85=140 赫兹。女发音人的调域是 ma 音：380-180=200 赫兹，ta 音：400-180=220 赫兹。我们可以说女性的调域常比男性的宽一倍。从频率数据来看，男横声的基频都在 150 赫兹左右，频差 5 赫兹，女横声的基频在 270 赫兹左右，频差 10 赫兹。男声和女声的基本没有频差，不超过 10 赫兹。若用五度标记法来折算，我们发现，横声的调值只在中间甚至偏下。男声调值在 3.1—3.3 之间，女声在 3.0—3.2 之间。横声的调形归为中平调，调值记为 33 会更适当一些。

　　2. 低降调：玄声

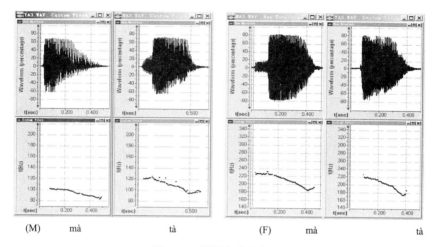

(M)　　　mà　　　　　　　tà　　　　(F)　　　mà　　　　　　　tà

图 3.13　越语玄声音高图

表 3.3　　　　　　　　　　　　越语玄声音高数据表

玄声声学特征	男声		女声	
例音（越文书写形式）	mà	tà	mà	tà
基频（赫兹）	105—85—90	120—90—100	225—180—195	220—180—190
主调形基频（赫兹）	105—85	120—90	225—180	220—180
主调形频差（赫兹）	20	30	45	40
音长（毫秒）	400	500	420	300
主调形音长（毫秒）	300	320	280	260
主调形变化速率（赫兹/毫秒）	−0.067	−0.09	−0.16	−0.154
调形	半低降	半低降	半低降	半低降
调值	1.9—1.0	2.4—1.2	2.2—1.0	2.0—1.0

　　从音长和频率数据来看，玄声基频起点较低，男声从 110 赫兹（±10 赫兹），女声从 220 赫兹（±5 赫兹）开始。终点很低，男声在 85 赫兹（±5 赫兹），女声在 180 赫兹（±5 赫兹）。频差一般也不宽，男声不超过 25 赫兹，女声不超过 45 赫兹。虽然频差窄但音长不短，男声音长 300 毫秒左右，女声音长 280 毫秒左右。玄声的变化速率非常缓慢，只有降速，没有增速，最慢只是−0.067 赫兹/毫秒，最快只是−0.154 赫兹/毫秒。其基频比较平稳下降。从调值来看，起点比较低，终点一般是调域中的最低点。男性的只从 2.4—1.2；女性的从 2.2—1.0。明显发现，玄声的调域很窄，在五度中从半低点

降到低点，一般有一度之差。我们认为玄声不是一种平调，标为 11 并不恰当，应该标为 21。

3. 低折调：问声

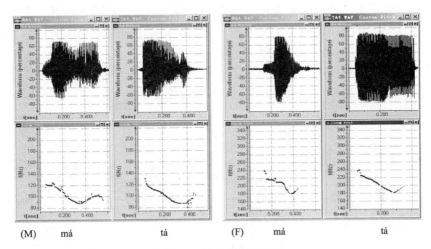

| (M) | må | tå | (F) | må | tå |

图 3.14 越语问声音高图

表 3.4	越语问声音高数据表			

问声声学特征	男声		女声	
例音（越文书写形式）	må	tå	må	tå
基频（赫兹）	120—85—105	130—85—100	240—210—180—195	240—180—200
主调形基频（赫兹）	120—85—105	120—85—100	220—180—195	240—180—200
主调形频差（赫兹）	35/20	35/15	40/15	60/20
音长（毫秒）	500	400	400	360
主调形音长（毫秒）	200/100	200/80	200/60	200/100
主调形变化速率（赫兹/毫秒）	−0.175/+0.2	−0.175/+0.19	−0.2/+0.25	−0.3/+0.016
调形	先降后升	先降后升	先降后升	先降后升
调值	2.4—1.0—1.9	2.4—1.0—1.7	2.1—1.0—1.3	2.4—1.0—1.5

　　就调形而论，问声是曲折调，大部分音节中都出现转折点。这个转折点将问声分为两个音段：降段和升段。但此转折点的位置不像汉语上声转折点的位置，而多为靠后。关于音长，降段比升段长得多。所以升段的终点常常没有降段的起点高。就频率数据而言，男性问声的频率浮动范围为 35 赫兹（±5 赫兹），例如 må 音和 tå 音在 120—85 赫兹之间。女性问声的频率活动范围 50 赫兹（±10 赫兹）。可以说问声的频差也窄。男声的起点常在 120 赫兹，降到 85 赫兹，然后在短时间内升到 100 赫兹或 105 赫兹。女

声的起点常在 220 赫兹或 240 赫兹，降到 180 赫兹，然后快速升到 195 赫兹或 200 赫兹。

我们建议问声的调值标为 2.5—1.0—1.5，为了简捷可标为 312。

这样看来，起点和终点的基频都不一样，终点比起点低。降段的频差虽不宽但也比升段的频差宽了一倍。再者，转折点比较靠后，有时非常靠后，例如上面的女声 mà 音：升段只有 60 毫秒的音长。关于问声的问题，越南中部一些地区的人发不出或不习惯发问声的升段，容易把问声发成重声。这个升段很短，但非常重要，有区别于重声的作用。

4. 高折调：跌声

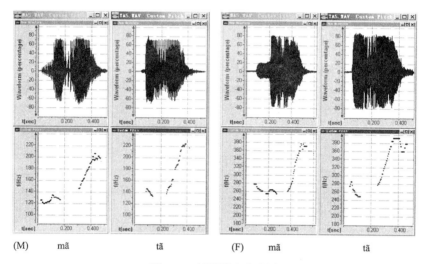

(M)   mã   tã   (F)   mã   tã

图 3.15   越语跌声音高图

表 3.5   越语跌声音高数据表

跌声声学特征	男声		女声	
例音（越文书写形式）	mã	tã	mã	tã
基频（赫兹）	120—135—125—145—225	150—130—138—225	280—265—252—260—380	280—250—280—400
主调形基频（赫兹）	135—125—145—225	150—130—138—225	265—252—260—380	280—250—280—400
主调形频差（赫兹）	10/80	20/87	13/120	30/120
音长（毫秒）	450	330	450	400
主调形音长（毫秒）	80/140	70/170	80/150	100/170
主调形变化速率（赫兹/毫秒）	−0.125/+0.57	−0.29/+0.51	−0.16/+0.8	−0.3/+0.7
调形	先降后升	先降后升	先降后升	先降后升
调值	2.9—2.6—3.2—5.0	3.3—2.7—3.0—5.0	3.1—2.8—3.0—5.0	3.2—2.6—3.2—5.0

从调形和频率来看，跌声的调形也是先降后升，但中间还有不到 100 毫秒的停顿。主调形是开始在极短时间内下降，然后又在短时间内停顿，最后才迅速上升，升得又快又高，常达到发音人音域中的最高点。例如：男声 mã 音开始在 80 毫秒之内从 135 赫兹降到 125 赫兹，停留约 100 毫秒，然后突然从 145 赫兹升到 225 赫兹。值得注意的是升段的变化速率远比降段的快，升 0.57 赫兹/毫秒、降 0.125 赫兹/毫秒。女声 tã 音开始在 100 毫秒之内从 280 赫兹降到 250 赫兹，停留 100 毫秒，然后突然又从 280 赫兹升到 400 赫兹，基频变化速率：升 0.7 赫兹/毫秒、降 0.3 赫兹/毫秒。因此，听感上我们很容易听出中间的停顿和升段的高频率收尾。

从调值来看，跌声起点于 2.9—3.3，然后下降到 2.6—2.8，突然间不见，最后又突然从 3.0—3.2 升到最高点 5.0。例如：女声 tã：3.1—2.8—3.0—5.0，男声 mã：2.9—2.6—3.2—5.0。因此，为了简洁，我们可以将跌声的调值记为 3.0—2.5—5.0 或 325。

跌声在越语六声中是一个比较特殊的声调，它不像其他声调发得有连续性，而中间一般都有停顿。其他学者认为中间可以不停顿，而有停顿的跌声只是跌声的一种变体。但根据我们所做的实验（除了上面的例音之外，还对 100 多个音进行分析后发现跌声中间有停顿的占 80%），认为中间有停顿的跌声不是该声的变体，应该是标准体，而中间不停顿的跌声才是变体。换言之，瞬间的停顿是跌声的重要特点。

5. 中升调：锐声

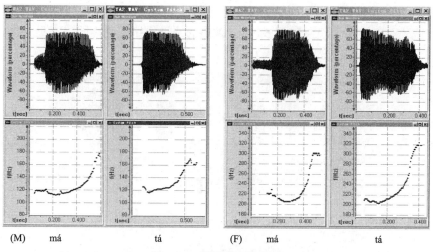

图 3.16　越语锐声音高图

表 3.6 越语锐声音高数据表

锐声声学特征	男声		女声	
例音（越文书写形式）	má	tá	má	tá
基频（赫兹）	120—110—180	125—120—170	220—205—300	210—200—320
主调形基频（赫兹）	110—180	120—170	205—300	200—320
主调形频差（赫兹）	70	50	95	120
音长（毫秒）	500	480	400	380
主调形音长（毫秒）	300	300	270	280
主调形变化速率（赫兹/毫秒）	+0.233	+0.167	+0.352	+0.429
调形	先略降后升	先略降后升	先略降后升	先略降后升
调值	2.1—4.1	2.4—3.8	1.7—3.7	1.5—3.9

从调形和频率数据来看，锐声中间都有一个转折点。基频不直接往上升，而稍微下降之后才能上升。起点到转折点的下降频差一般不超过 15 赫兹。主调形只在转折点之后，男声主调形基频常从 110 赫兹到 170 赫兹（±10 赫兹），女声常从 200 赫兹到 310 赫兹，（±10 赫兹）。频差对其调域来讲也相当宽，男声最宽达 70 赫兹，女声最宽达 120 赫兹。听感上，我们只能听到转折点后面的升段，因为频差和音长很明显。在开音节或鼻音收尾的音节中，锐声都先平后升。在塞音收尾的音节中，因塞音音长的关系，锐声直接上升。

越语锐声调形的特点是起点比较低，终点不是发音人调域中的最高点。从调值来看，男声最低能从 2.1 发起，最高能发到 4.1，女声最低却从 1.5 发到 3.9 或从 1.7 发到 3.7。由此可见，之前认为锐声终点能达到调域中的最高点是完全只凭人耳听感得来的，现在有实验记录证明，锐声只能达到半高点（4.0 度）或更低（3.5 度）。跌声的终点始终比锐声的终点高一些。

6. 中降调：重声

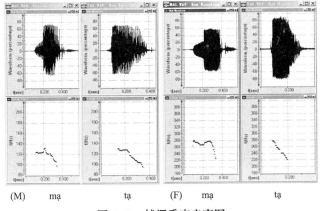

(M) mạ tạ (F) mạ tạ

图 3.17 越语重声音高图

表 3.7　　　　　　　　　　　　　　**越语重声音高数据表**

重声声学特征	男声		女声	
例音（越文书写形式）	ma	ta	ma	ta
基频（赫兹）	125—130—99	130—130—97	280—270—280—225	280—220
主调形基频（赫兹）	130—99	130—97	280—225	280—220
主调形频差（赫兹）	31	33	55	60
音长（毫秒）	250	200	230	130
主调形音长（毫秒）	150	150	120	130
主调形变化速率（赫兹/毫秒）	−0.21	−0.22	−0.49	−0.46
调形	降	先平后降	先平后降	降
调值	2.7—1.6	2.7—1.5	3.4—2.2	3.2—2.0

　　从频率数据来看，男性的重声一般从 130 赫兹降到 97 赫兹（±2 赫兹），女性的从 280 赫兹降到 220 赫兹（±5 赫兹）。男性频差为 30 赫兹（±3 赫兹），女性频差为 55 赫兹（±5 赫兹）。

　　从音长数据来看，重声发的时间很短，在越语六声中是最短的声调。主调形音长一般不超过 150 毫秒，女声比男声还短。由于辅音开头的原因，重声的整个音长不太短，但主调形音长却很短。所以重声也可以叫做"促降调"。

　　从调形来看，重声是一个降调，或先平后降的调。这是重声的两个变体。发音时出现的变体，完全是受浊辅音、清辅音开头或收尾的影响。但无论是哪种变体，重声还是一种降调，其主调形不是全平。在上面的实验中，我们用基频数据转换成调值数据之后发现，男发音人从 2.7 发到 1.6（ma音）或 2.7 发到 1.5（ta 音），女发音人从 3.4 发到 2.2（ma 音）或从 3.2 发到 2.0（ta 音）。这意味着我们完全可以将重声视为中降调，调值可标为 32。

　　三　实验结论

　　辅音方面，河内方言的塞音有清浊独立，又有送气和不送气的对立。河内方言的舌面塞音现在已经没有，在发音过程中已经带有摩擦（VOT=+55 毫秒），慢慢变成塞擦音。

　　元音方面，若与其他相近的语言相比，越语的元音丰富，有长短之分和松紧的特征。但短元音与长元音靠得较紧（如：[a]和[ɛ̌]的 F1 分别是 822 赫兹和 812 赫兹），有时不易辨清。

　　声调方面，越语的横声不是高平调，而是中平调，调值标为 33。低降调玄声下降速度非常缓慢，基频变化速率都很低，调值可标为 21。低折调问声的频差与玄声的频差相差不多，但调形不相同，玄声只是降调，问声就是降升调，且终点常常不比起点高，调值可标为 312。高折调跌声的调形也是先降后升，但中间还有约 100 毫秒的停顿。因此，听感上很明显感觉到转折时的停顿和上升时的高频率，而下降部分因频差狭窄、音长短促所以听得没有上升部分的清晰。但发音时必须有前面的下降部分和中间在瞬时的停顿，否则跌声只有上升部分就变成锐声的一种变体。为了简便，跌声调值可标为 325。中升调锐声的基频变化幅度较大，可算是典型的升调，调值可标为 24。中降调重声发音比较短促，其音长短于任何声调，常以憋气结束，有时候塞特征是重声的伴随现象。开头可以直接下降或先平后降甚至先略升后降。重声的主调形变化速率常比玄声的快，调值可标为 32。

第三节　越文的声母、韵母及声调与国际音标对应

方括号里面是国际音标。

声母：b[b], p[p], m[m], ph[f], v[v], x[s], d、gi[z], th[th], t[t], đ[d], n[n], l[l], tr[tʂ], s[ʂ], r[z], ch[tɕ], nh[ɲ], c[k], k[k], q[k], ng[ŋ], ngh[ŋ], kh[χ], g[ɣ], gh[ɣ]和h[h]。一个音位有多个书写形式，如 g[ɣ]和 gh[ɣ]是因为按照越语书写规则，声母[ɣ]与[i]、[e]或[ɛ]结合时必须写 gh，与其他韵母结合才写 g。声母[ŋ] 有 ng 和 ngh 两种书写形式。[ŋ] 跟[i]、[e]或[ɛ]结合时必须写 ngh，其余写ng。声母[k]有三种书写形式。[k]在介音[w]前写成 q，[k]用来拼西方外来词、汉语借词或与[i]、[e]、[ɛ]搭配时写成 k，其余写成 c。声母[z]有两种书写形式，[z]用来拼汉语借词时就写 gi，其余写 d（有例外）。例如：

pin	pin³³	电池	ba	ba³³	爸爸
me	mɛ³³	酸角	pha	fa³³	搅
va	va³³	撞	xa	sa³³	远
da	za³³	皮肤	to	tɔ³³	大
đêm	dem³³	夜	thêm	them³³	添加
no	nɔ³³	饱	lo	lɔ³³	担心
trăng	tʂăŋ³³	月亮	sang	ʂaŋ³³	贵族的
răng	zăŋ³³	牙齿	cho	tɕɔ³³	给
co	kɔ³³	缩	nho	ɲɔ³³	葡萄
kem	kɛm³³	冰淇淋	quen	kwɛn³³	习惯
ngon	ŋɔn³³	好吃	ga	ɣa³³	鸡
nghe	ŋɛ³³	听	ghi	ɣi³³	记
không	χoŋ³³	不	ho	hɔ³³	咳嗽

韵母：单韵母 i[i], ê[e], e[ɛ], a[a], ă[ă], o[ɔ], oo[ŏ], ô[o], ơ[ɤ], â[ɤ̆],

u[u], ư[ɯ]; 复韵母 iê/yê/ia/ya[ie], ươ/ưa [ɯɤ], uô/ua [uo], ai[ai], ay[ǎ]i,
oi[ɔi], ôi[oi], ơi[ɤi], ây[ǎi], ui[ui], uy[ǔi], ưi[ɯi], uôi[uoi], ươi[ɯɤi],
iu[iu], êu[eu], eo[ɛu], ao[au] , au[ǎu], âu[ǎu], ưu[ɯu], iêu[ieu], ươu[ɯɤu],
uyê[uie], uê[ue], oe/oê[uɛ] , oa[ua], oai/uay[uai], oay/uay[uǎi], uây[uǎi]。

韵尾：m[m], n[n], ng[ŋ], nh[ɲ], p[p], t[t], ch[k], c[k]。一般情况下，韵尾
[ŋ]写成 ng，若与[i]、[e]、[ǎ]结合写 nh（此韵尾不是声母 nh[ɲ]），如：[i]+[ŋ]
写成 inh，[e]+[ŋ]写成 ênh，[ɛ̌]+[ŋ] 写成 anh，不写成 eng 或 ang。韵尾[k]
一般写成 c，若与[i]、[e]、[ǎ]结合就写 ch，如：[i]+[k] 写成 ich，不写 ic，
[e]+[k]写成 êch，不写 êc，[ɛ̌]+[k] 写成 ach，不写 ac 或 ác.

介音：u、o[u]。[u]与[k]结合时就写成 u，其余写 o。

声调：无符号是[33]，"\" [21]，"?" [312]，"～" [325]，" / " [24]，
"." [32]。

例如：

1.	đi	di³³	去	2.	tê	te³³	麻
3.	mẹ	mɛ³²	妈妈	4.	là	la²¹	是
5.	cho	tɕɔ³³	给	6.	xô	so³³	桶
7.	mơ	mɤ³³	梦	8.	chú	tɕu²⁴	叔叔
9.	sư	sɯ³³	和尚	10.	bia	bie³³	啤酒
11.	mua	muo³³	买	12.	mưa	mɯɤ³³	下雨
13.	kịp	kip³²	及时	14.	ít	it²⁴	少
15.	ích	ik²⁴	有益	16.	im	im³³	安静
17.	in	in³³	印	18.	xinh	siŋ³³	漂亮
19.	thiu	thiu³³	发馊	20.	sếp	sep²⁴	老板
21.	tết	tet²⁴	春节	22.	ếch	ek²⁴	蛙
23.	êm	em³³	柔软	24.	tên	ten³³	名字
25.	vênh	veŋ³³	相差	26.	thêu	theu³³	绣
27.	ép	ɛp²⁴	压	28.	sét	set²⁴	天雷
29.	séc	sɛk²⁴	支票	30.	em	ɛm³³	妹、弟
31.	lên	lɛn³³	毛线	32.	keng	kɛŋ³³	丁当
33.	theo	thɛu³³	跟随	34.	sách	sɛ̌k²⁴	书
35.	xanh	sɛ̌ŋ³³	青色	36.	tháp	thap²⁴	塔
37.	hát	hat²⁴	唱	38.	ác	ak²⁴	恶
39.	am	am³³	小庙	40.	an	an³³	安
41.	mang	maŋ³³	带	42.	tai	tai³³	耳朵
43.	ao	au³³	池	44.	lắp	lǎp²⁴	安装

45.	mắt	măt²⁴	眼睛	46.	giặc	zăk³²	敌人
47.	tăm	tăm³³	牙签	48.	ăn	ăn³³	吃
49.	măng	măŋ³³	竹笋	50.	tay	tăi³³	手
51.	mau	mău³³	快	52.	bóp	bɔp²⁴	扼，卡住
53.	xót	sɔt²⁴	痛心	54.	óc	ɔk²⁴	脑
55.	xóm	sɔm²⁴	村子	56.	con	kɔn³³	孩子
57.	mong	mɔŋ³³	等待	58.	oi	ɔi³³	闷热
59.	moóc	mɔ̆k²⁴	挂车	60.	boong	bɔ̆ŋ³³	甲板
61.	hộp	hop³²	盒子	62.	chột	tɕot³²	独眼
63.	mộc	mok³²	木	64.	ôm	om³³	抱
65.	hỗn	hon³²⁵	放肆	66.	ông	oŋ³³	爷爷
67.	xôi	soi³³	糯米饭	68.	lớp	lɤp²⁴	班
69.	bớt	bɤt²⁴	减少	70.	thơm	thɤm³³	香
71.	hơn	hɤn³³	超过	72.	hơi	hɤi³³	气
73.	ấp	ɤ̆p²⁴	邑	74.	tất	tɤ̆t²⁴	全部
75.	nhấc	ɲɤ̆k²⁴	提举	76.	thâm	thɤ̆m³³	深
77.	cận	kɤn³²	近视	78.	nâng	nɤ̆ŋ³³	提高
79.	tây	tɤi³³	西	80.	sấu	sɤ̆u²⁴	丑
81.	giúp	zup²⁴	帮助	82.	bút	but²⁴	笔
83.	đục	duk³²	凿	84.	túm	tum²⁴	抓
85.	bún	bun²⁴	米线	86.	đúng	duŋ²⁴	对
87.	mũi	mui²¹	鼻子	88.	mứt	muut²⁴	果脯
89.	sức	sɯk²⁴	力气	90.	lưng	luŋ³³	背
91.	ngửi	ŋɯi³¹²	闻	92.	hưu	hɯu³³	退休
93.	tiếp	tiep²⁴	继续	94.	tiết	tiet²⁴	节、血
95.	tiệc	tiek³²	宴席	96.	tiêm	tiem³³	打针
97.	tiễn	tien³²⁵	送别	98.	miệng	mieŋ³²	嘴
99.	yêu	ieu³³	爱	100.	suốt	suot²⁴	整个
101.	thuộc	thuok³²	属于	102.	nhuộm	ɲuom³²	染
103.	luôn	luon³³	经常	104.	xuống	suoŋ²⁴	下去
105.	muỗi	muoi³²⁵	蚊子	106.	mướp	mɯɤp²⁴	丝瓜
107.	ướt	ɯɤt²⁴	湿	108.	cước	kɯɤk²⁴	费用
109.	tương	tɯɤm³³	周密	110.	ưỡn	ɯɤn³²⁵	伸出
111.	bướng	bɯɤŋ²⁴	不听话	112.	tươi	tɯɤi³³	新鲜
113.	quí	kui²⁴	贵重	114.	quê	kue³³	家乡

115.	que	kuɛ³³	条	116.	qua	kua³³	过
117.	khuya	χuie³³	夜深	118.	tuýp	tuip²⁴	管子
119.	quýt	kuit²⁴	橘子	120.	huých	huik²⁴	碰撞
121.	tuyn	tuin³³	做蚊帐的一种面料	122.	huynh	huiŋ³³	兄
123.	tuếch	tuek²⁴	空空的	124.	quên	kuen³³	忘
125.	chuếnh	tɕuen²⁴	开始醉	126.	quét	kuɛt²⁴	扫
127.	oách	uěk²⁴	威风	128.	quanh	kuěŋ³³	周围
129.	thoát	thuat²⁴	脱身	130.	toác	tuak²⁴	破开
131.	khoan	χuan³³	钻	132.	khoang	χuaŋ³³	舱
133.	xoài	suai²¹	芒果	134.	quặp	kuǎp³²	弯
135.	ngoặt	ŋuǎt³²	拐弯	136.	hoặc	huǎk³²	或者
137.	hoắm	huǎm²⁴	很凹	138.	quắn	kuǎn³³	卷的
139.	quẳng	kuǎŋ³³	扔掉	140.	xoay	suǎi³³	旋转
141.	xuất	suv̌t²⁴	套餐	142.	quân	kuv̌n³³	军
143.	quầng	kuv̌ŋ²¹	黑晕、日晕	144.	quẩy	kuv̌i³¹²	油条
145.	tuyệt	tuiet³²	绝对	146.	khuyên	χuien³³	劝

注意：有时[i]写成 y，习惯上越南人书写时 i 和 y 不分，尤其是音节开头。

nh 做声母时国际音标是[ɲ]，nh 做韵母时国际音标是[ŋ]。

ch 做声母时国际音标是[tɕ]，ch 做韵母时国际音标是[k]。

声母 qu 的国际音标是[ku]，gi 的国际音标是[z]而不是[ɣ] +[i]或[i]。

韵母 ang 的国际音标是[aŋ]，ăng 的国际音标是[ăŋ]，anh 的国际音标是[ěŋ]。

韵母 ai 的国际音标是[ai]，ay 的国际音标是[ăi]，ây 的国际音标是[v̌i]。

韵母 ui 的国际音标是[ui]，uy 的国际音标是[ǔi]。

第四节　小结

越语语音系统有东南亚诸语言语音的一些共同点：辅音有清浊对立，元音有长短之分，声调种类丰富。此外，经过实验手段，本文发现某些塞音已带有擦音的特征。这个现象说明越南北部语音系统将来还有变化。

第四章　词汇

越语的词可按照音节或语素的特点进行分类。按照语素可将词分为单纯词及合成词两类。单纯词由一个语素构成，包括大多数单音节词、少量双音节词以及少量多音节词。合成词由两个或两个以上的语素构成，包括绝大部分双音节词和多音节词。

第一节　单纯词

依据音节的数量，单纯词可分为单音节词、双音节词和多音节。以单音节和双音节的居多，多音节的较少。单音节多是名词，双音节多是形容词。

（一）单音节词：大多是固有的基本词。

trời [tʂɣi²¹]天	người [ŋɯɤi²¹]人	nước [nɯɤk²⁴]水
bò [bɔ²¹]牛	dốc [zok²⁴]坡	lúa [luo²⁴]稻
mũi [mui³²⁵]鼻子	tay [tǎi³³]手	chân [tɕɣn³³]脚
đuôi [duoi³³]尾巴	móng [mɔŋ²⁴]蹄	mồm [mom²¹]嘴
sừng [ʂɯŋ²¹]角	làng [laŋ²¹]村	thác [thak²⁴]瀑布
vợ [vɣ³²]老婆	chồng [tɕoŋ²¹]老公	ông [oŋ³³]爷爷
bí [bi²⁴]冬瓜	chuối [tɕuoi²⁴]香蕉	hành [hěŋ²¹]小葱
bướm [bɯɤm²⁴]蝴蝶	cáo [kau²⁴]狐狸	chuột [tɕuot³²]老鼠
gà [ɣa²¹]鸡	khỉ [χi³¹²]猴子	ngựa [ŋɯɤ³²]马
bẩn [bɣn³¹²]脏	cay [kǎi³³]辣	dài [zai²¹]长
ít [it²⁴]少	ngon [ŋɔn³³]好吃	nóng [nɔŋ²⁴]热
ăn [ǎn³³]吃	mua [muo³³]买	bán [ban²⁴]卖
bơi [bɣi³³]游泳	cày [kǎi²¹]犁	bóp [bɔp²⁴]握

但也有一部分是从中古汉语（甚至上古汉语）借来的。如：

thiên [thien³³]天	nhân [ɲɣn³³]人	thủy [thui³¹²]水
thượng [thɯɤŋ³²]上	hạ [ha³²]下	đông [doŋ³³]东
tây [tɣi³³]西	nam [nam³³]南、男	bắc [bǎk²⁴]北

đại [dai³²]大	tiểu [tieu³¹²]小	trường [tʂɯɤŋ²¹]长
giang [zaŋ³³]江	sơn [ʂɤn³³]山	hà [ha²¹]河
phòng [fɔŋ²¹]房	buồng [buoŋ²¹]房	cờ [kɤ²¹]旗
kì [ki²¹]旗	các [kak²⁴]阁	gác [ɣak²⁴]阁
kiều [kieu²¹]桥	cầu [kɤ̌u²¹]桥	che [tɕɛ³³]遮

（二）双音节词：双音节词可分谐音和非谐音两类。谐音包括：叠全音、叠声母和叠韵母。谐音词一般是形容词，是基本词。双音节词有的是借词（如：xá xíu 叉烧，ba lê 芭蕾，xà phòng 肥皂）

ba ba [ba³³ ba³³]甲鱼	đu đủ [du³³ du³¹²]木瓜
đủng đỉnh [duŋ³¹² diŋ³¹²]慢腾腾	nơm nớp [nɤm³³ nɤp²⁴]惴惴不安
dồi dào [zoi²¹ zau²¹]丰富	chắt chiu [tɕăt²⁴ tɕiu³³]节省
lí nhí [li²⁴ ɲi²⁴]特别小声	mồ hôi [mo²¹ hoi³³]汗水
thình thịch [thiŋ²¹ thik³²]扑通	bùn nhìn [bun²¹ ɲin²¹]草人
thình lình [thiŋ²¹ liŋ²¹]突然	xà phòng [sa²¹fɔŋ²¹]肥皂
ba lê [ba³³le³³]芭蕾	xá xíu [sa²⁴siu²⁴]叉烧
pê-đan [pe³³dan³³]脚踏板	ghi-đông [ɣi³³doŋ³³]方向盘

（三）多音节词：

ca-la-thầu [ka³³la³³thɤ̌u²¹]大头菜

câu lạc bộ [kɤ̌u³³ lak³² bo³²]俱乐部

vi-ta-min [vi³³ta³³min³³]维他命

ăm-pi-xi-lin [ăm³³pi³³si³³lin³³]氨苄西林

gác-đờ-bu [ɣak²⁴dɤ²¹bu³³]挡泥板

ki-lô-gam [ki³³lo³³ɣam³³]公斤

pi-gia-ma [pi³³za³³ma³³]睡衣

bóp-ba-ga [bɔp²⁴ba³³ɣa³³]后坐板

ma nơ canh [ma³³ nɤ³³ kɛ̌ŋ³³]模型模特

Liên hợp quốc [lien³³hɤp³²kuok²⁴]联合国

Thổ Nhĩ Kì [tho³¹²ɲi³²⁵ki²¹]土耳其

Mạc Tư Khoa [mak³² tɯ³³χua³³]莫斯科

多音节词一般都是借词。有借汉语的（如 ca-la-thầu 大头菜、Liên hợp quốc 联合国），法语（如：gác-đờ-bu 挡泥板、bóp-ba-ga 后坐板），也有通过汉语借自别的语言（如：câu lạc bộ 俱乐部、Thổ Nhĩ Kì 土耳其、Mạc Tư Khoa 莫斯科）

第二节　合成词

依构成成分性质的不同，合成词可以分为复合式合成词和附加式合成词。其中绝大部分是复合式合成词。附加式合成词很少。此外，合成词中还有部分四音格词。

一　复合式合成词

有并列式、修饰式、动宾式和多层式四个次类。

（一）并列式合成词

并列式合成词的音节数量一般都是双音节的。其词素构成主要有三种：名词性词素的并列、形容词性词素的并列和动词性词素的并列。其中，名词性词素的并列合成词最多。

1. 并列式合成词的结构搭配关系

"名＋名"式：

đất nước [dɤt²⁴ nɯɤk²⁴]国家
土　水

trời đất [tʂɤi²¹ dɤt²⁴]天地
天　地

bát đũa [bat²⁴ duo³²⁵]餐具
碗　筷子

bố mẹ [bo²⁴ mɛ³²]爸和妈
爸　妈

xăng dầu [săŋ³³ zɤu²¹]油的总称
汽油 石油

quần áo [kuɤn²¹ au²⁴]衣服
裤子 上衣

"动＋动"式：

ăn uống [ăn³³ uoŋ²⁴]吃喝
吃　喝

dạy học [zai³² hɔk³²]教学
教学

thay đổi [thai³³ doi³¹²]改变
换　换

chờ đợi [tɕɤ²¹ dɤi³²]等候
等　等

tìm kiếm [tim²¹ kiem²⁴]寻找
找　找

đi đứng [di dɯŋ²⁴]走
走　站

"形＋形"式：

tốt đẹp [tot²⁴ dɛp³²]美好
好　美

phải trái [fai³¹² tʂai²⁴]是非
对　错

giàu nghèo [zau²¹ ŋeu²¹]富裕和贫穷
富裕 贫穷

giàu sang [zau²¹ ʂaŋ³³]奢华
富裕 豪华

nghèo khổ [ŋeu²¹ χo³¹²]富裕和辛苦
富裕 苦

chật hẹp [tɕɤt³² hɛp³²]紧和窄
紧　窄

nhanh chóng [ɲɛ̌ŋ³³ tɕɔɲ²⁴]快
快　快

khỏe mạnh [χwɛ³¹² mɛ̌ŋ³²]健康
健康　猛

béo lùn [bɛu²⁴ lun²¹]胖而矮
胖　矮

may　rủi [mai³³ ʐui³¹²]走运和倒霉
红运　倒霉

此外，有些并列复合词（juxtaposed compound）是四音节的重叠形式。可以分为以下三类：

（1）"名＋名＋名＋名"式：

mưa mưa gió gió 风风雨雨
mɯɣ³³ mɯɣ³³ zɔ²⁴ zɔ²⁴
雨　雨　风　风

nhà nhà cửa cửa 房子、家庭
ɲa²¹ ɲa²¹ kɯɣ³¹² kɯɣ³¹²
家　家　门　门

（2）"形＋形＋形＋形"式：

vớ vớ vẩn vẩn 糊涂（瞎说）
vɣ²⁴ vɣ²⁴ vɣ̌n³¹² vɣ̌n³¹²
糊糊　涂涂

mừng mừng tủi tủi 高兴和激动
mɯŋ²¹ mɯŋ²¹ tui³¹² tui³¹²
高兴　高兴　激动

（3）"动＋动＋动＋动"式：

ra ra vào vào 进进出出
zạ³³ zạ³³ vau²¹ vau²¹
出　出　进　进

đi đi lại lại 来来去去
di di lai³² lai³²
去去来　来

2. 并列式合成词的词义搭配关系

从语义搭配关系上看，主要有以下两种方式：

（1）相关复合：并列的词素在意义或类别上相关。如：

tay chân [tăi³³ tɕɣ̌n³³]手脚
手　脚

trâu　bò[tʂɣu³³　bɔ²¹]牛（总称）
水牛　黄牛

nhà cửa[ɲa²¹ kɯɣ³¹²]房子
房　门

khỏe đẹp[χuɛ³²⁵ dɛp³²]健康和美丽
健康　美丽

cây cỏ[kɣi³³ kɔ³¹²]草木
木 草

học tập[hɔk³² tɣ̌p³²]学习
学　习

ùn tắc [un²¹ tăk²⁴]堵塞
堵 塞

tranh đấu[tʂɛ̌ŋ³³ dɣ̌u²⁴]争斗
争　斗

nghỉ ngơi [ŋi³¹² ŋɣi³³]休息
休　休

biến đổi[bien²⁴ doi³¹²]变化
变　换

xanh lơ [sɛ̌ŋ³³ lɣ³³]天蓝
蓝　blue

đen tối[dɛn toi²⁴]黑暗
黑　暗

cơm canh[kɣm³³ kɛ̌ŋ³³]饭食
饭　羹

đầu tóc[dɣ̌u²¹ tɔk²⁴]头和头发
头 头发

（2）反义复合：并列词素的意义相对或相反。如：

tốt xấu[tot²⁴ sɤ̆u²⁴]好歹　　　　cao thấp[kau³³ thɤ̆p²⁴]高低
好 坏　　　　　　　　　　　　高 低

gần xa[ɣɤ̆n²¹ sa³³]远近　　　　chua cay[tɕuo³³ kai³³]酸辣
近 远　　　　　　　　　　　　酸 辣

sớm　tối [sɤm²⁴　toi²⁴]旦夕　　chua ngọt[tɕuo³³ ŋɔt³²]酸甜
早晨 晚上　　　　　　　　　　酸 甜

trái phải[tʂai²⁴ fai³¹²]是非　　đỏ đen[dɔ³¹² dɛn³³]红运和倒霉
错 对　　　　　　　　　　　　红 黑

dài ngắn[zai²¹ ŋăn²⁴]长短　　　đen trắng[dɛn³³ tʂăŋ²⁴]黑白
长 短　　　　　　　　　　　　黑 白

kéo đẩy[kɛu²⁴ dɤ̆i³¹²]推拉　　đứng ngồi[dɯŋ²⁴ ŋoi²¹]坐立
拉 推　　　　　　　　　　　　站 坐

thắng thua[thăŋ²⁴ thuo³³]胜败
胜 输

（二）修饰式合成词

修饰名词的语素主要有名词、形容词和动词，也有数词、代词、拟声词。名词词素修饰名词词素时，修饰性的词素均在中心词素之后（借词除外）；形容词词素修饰名词词素时，修饰性词素均在中心词素之后；动词词素修饰名词词素时，修饰性的动词词素有时在前有时在后。

1. 名词素＋修饰词素：

名（中心）+名（修饰）＝名词。如：

nước mắt[nɯɤk²⁴ măt²⁴]眼泪　　nhà thơ[na²¹ thɤ³³]诗人
水 眼　　　　　　　　　　　　家 诗

giá dép [za²⁴ zɛp²⁴]鞋架　　　lọ hoa[lɔ³² hua³³]花瓶
架 鞋子　　　　　　　　　　　瓶 花

tủ　áo　[tu³¹² au²⁴]衣柜　　　xe ngựa[sɛ³³ ŋɯɤ³²]马车
柜子 衣服　　　　　　　　　　车 马

名（中心）+动（修饰）＝名词。如：

máy may[mai²⁴ mai³³]缝纫机　　phòng tắm[fɔŋ²¹ tăm²⁴]浴室
机 缝纫　　　　　　　　　　　室 浴

xe đạp [sɛ³³ dap³²] 自行车　　bàn　học[ban²¹　hɔk³²]学习桌
车 脚踏　　　　　　　　　　　桌子 学习

名（中心）+形（修饰）＝名词。如：

cà　chua[ka²¹ tɕuo³³]西红柿　　　cá vàng[ka²⁴ vaŋ²¹]金鱼

芥子　酸　　　　　　　　　　　鱼　黄金

mèo đen[mɛu²¹ dɛn³³]黑猫　　　　áo trắng[au²⁴ tʂăŋ²⁴]白衣服

猫　黑　　　　　　　　　　　　衣　白

名（中心）+数/代/拟声（修饰）=名词。如：

ngã　ba[ŋa³²⁵ ba³³]三岔路口　　　ngã　tư[ŋa³²⁵ tɯ³³]十字路口

路口　三　　　　　　　　　　　　路口　四

giường đôi [zɯɤŋ²¹ doi³³]双人床　　phòng ba[fɔŋ²¹ ba³³]三人房

床　　双　　　　　　　　　　　房　　三

năm nay[năm³³ năi³³]今年　　　　ngày kia[ŋăi²¹ kie³³]后天

年　今　　　　　　　　　　　　天　那

xe cút kít[sɛ³³ kut²⁴ kit²⁴]独轮车　pháo tép[fau²⁴ tɛp²⁴]一种很小的鞭炮

车　咕噜　　　　　　　　　　　鞭炮　啪啪

名（中心）+不自由语素（修饰）=名词。如：

dưa　hấu [zɯɤ³³ hɤu²⁴]西瓜　　　gà　ri [ɣa²¹ zi³³]短腿鸡

瓜　（无词汇意义）　　　　　　鸡（无词汇意义）

2. 动词素+修饰词素：

动（中心）+动（修饰）= 动词。如：

làm ăn[lam²¹ ăn³³]工作　　　　　đi　đứng[di³³ dɯŋ²⁴]行走

作　吃　　　　　　　　　　　　走　站

nghe ngóng[ŋɛ³³ ŋɔŋ²⁴]听　　　　hỏi thăm[hɔi³¹² thăm³³]打听、问候

听　盼望　　　　　　　　　　　问　看

动（修饰）+动（中心）=动词。如：

ăn nói[ăn³³ nɔi²⁴]说　　　　　　ăn　ở[ăn³³ ɣ³¹²]住

吃　说　　　　　　　　　　　　吃　住

suy　nghĩ[sŭi³³ ŋi³²⁵]考虑　　　　ăn mặc[ăn³³ măk³²]穿

推论　想　　　　　　　　　　　吃　穿

动（中心）+形（修饰）=形容词。如：

căng thẳng[kăŋ³³ thăŋ³¹²]紧张

张　直

动（中心）+不自由语素（修饰）=动词。如：

ôm chầm [om³³ tɕɤm²¹]拥抱　　　nhảy cẳng [ɲăi³¹² kăŋ³²⁵]雀跃

抱（无词汇意义）　　　　　　　跳（无词汇意义）

3. 形容词素+修饰词素：

形（中心）+形（修饰）=形容词。如：

tươi mát[tɯɤi³³ mat²⁴]新鲜
鲜　凉

đỏ hồng[dɔ³¹² hoŋ²¹]红红
赤　粉红

mềm mỏng[mem²¹ mɔŋ³¹²]委婉
软　薄

xanh đen[sĕŋ³³ dɛn³³]黑绿、黑蓝
青　黑

mệt mỏi[met³² mɔi³¹²]疲劳
累　酸

xanh lục[sĕŋ³³ luk³²]绿
青绿　绿

形（中心）+不自由语素（修饰）=形容词。如：

đắng　ngắt [dăŋ²⁴ ŋăt²⁴]非常苦
味苦（无词汇义）

mới toe [mɤi²⁴ tɯɛ³³]崭新
新（无词汇义）

ngán ngẩm [ŋan²⁴ ŋɤ̆m³¹²]烦恼
烦　（无词汇义）

cũ　rích [ku³²⁵ zik²⁴]非常旧
旧（无词汇义）

trắng phau [tʂăŋ²⁴ fau³³]纯白
白　（无词汇义）

non choẹt [nɔn³³ tɕɯɛt³²]年轻（贬义）
年轻（无词汇义）

形（中心）+名（修饰）=形容词。越语定中短语的语序与汉语的相反，即：是中心语在前，定语在后。所以"形+名"不构成定中短语，而构成一个词（合成词）。如：

vui　tính [vui³³ tiŋ²⁴]开朗
高兴　性格

tốt bụng[tot²⁴ buŋ³²]心肠好
好　肚子

cao tay [kau³³ tăi³³]高明
高　手

cứng họng[kɯŋ²⁴ hɔŋ³²]无话可说
硬　喉

dẻo mồm[zɛu³¹² mom²¹]油嘴滑舌
软　嘴

đẹp mặt[dɛp³² măt³²]有面子
美　脸

形（中心）+动（修饰）=形容词。如：

khó chịu[xɔ²⁴ tɕiu³²]难受
难　受

chăm học[tɕăm³³ hɔk³²]学习用功
努力　学习

ham chơi [ham³³ tɕɤi³³]贪玩
贪　玩

khó hiểu[xɔ²⁴ hieu³¹²]难懂
难　懂

tham ăn[tham³³ ăn³³]贪吃
贪　吃

（三）动宾式合成词

动+名（宾）=动词。如：

trả lời[tʂa³¹² lɤi²¹]回答
还　话

làm duyên[lam²¹ zuien³³]做点打扮
做　缘

biết ơn　[biet²⁴ ɤn³³]知恩
知　恩

góp　phần[ɣɔp²⁴ fɤ̆n²¹]参加
参加　份

动+名（宾）=形容词。如：

ra súc[zɑ³³ ʂɯk²⁴]努力

出 力

（四）多层式合成词

只有一种多层式：名词素＋动词素＋名词素＝名词。后两个为动宾关系，共同修饰前一个。如：

bàn làm việc[ban²¹ lam²¹ viek³²]办公桌

桌子 做 事

giá để dép[za²⁴ de³¹² zep²⁴]放鞋的架子

架子放鞋子

lọ cắm hoa[lɔ³² kăm²⁴ hua³³]插花的瓶子

瓶 插 花

bồn rửa bát[bon²¹ zɯɤ³¹² bat²⁴]洗碗盆

盆 洗 碗

người xuất gia [ŋɯɤi²¹ suɤ̆t²⁴ za³³]出家人

人 出 家

二 附加式合成词

在词根上加前缀/后缀（Prefix/Suffix）构成。前缀的意义虚泛，只能依附于词根。后缀多由实词语法化而来，但程度不一，语法化程度低的还带有一定的词汇意义，甚至能以词根构词。

（一）前缀（Prefix）

1. 前缀 sự-的构形功能是附加在动词或形容词前构成名词。

附加在动词前构成名词的，如：

sự ăn [ʂɯ³² ăn³³]吃的　　　　　sự mặc [ʂɯ³² măk³²]穿的

PRE 吃　　　　　　　　　　　　PRE 穿

sự sống [ʂɯ³² ʂoŋ²⁴]活的　　　　sự ở [ʂɯ³² ɤ³¹²]住的

PRE 生存　　　　　　　　　　　PRE 住宿

sự hi sinh [ʂɯ³² hi³³ ʂiŋ³³]牺牲的

PRE 牺牲

sự chịu đựng[ʂɯ³² tɕiu³² dɯŋ³²]忍受的

PRE 忍受

sự mất mát [ʂɯ³² mɤ̆t²⁴ mat²⁴]丢失的

PRE 丢失

sự nuối tiếc [ʂɯ³² nuoi²⁴ tiek²⁴]稀罕的

PRE 稀罕

附加在形容词前构成名词的，如：

sự　vất vả [ʂɯ³² vv̌t²⁴ va³¹²]辛苦的
PRE 辛苦

sự　gian khổ [ʂɯ³² zan³³ χo³¹²]艰苦的
PRE 艰苦

sự　cẩu thả [ʂɯ³² kv̌u³¹² tha³¹²]粗心的
PRE 粗心

sự　bần tiện [ʂɯ³² bv̌n²¹ tien³²]贫贱的
PRE 贫贱

2. 前缀 cái-的构形功能主要是附加在形容词前构成名词，个别可以附加在动词前构成名词。

附加在形容词前构成名词的，如：

cái　tốt [kai²⁴ tot²⁴]好的　　　　cái　đẹp [kai²⁴ dɛp³²]美的
PRE 好　　　　　　　　　　　　　PRE 美

cái　xấu [kai²⁴ sv̌u²⁴]坏的　　　　cái nhiêu khê [kai²⁴ ɲieu³³ χe³³]麻烦的
PRE 坏　　　　　　　　　　　　　PRE 麻烦

附加在动词前构成名词的，如：

cái　ăn [kai²⁴ ăn³³]好的　　　　　cái　mặc [kai²⁴ măk³²]美的
PRE 吃　　　　　　　　　　　　　PRE 穿

cái　chết [kai²⁴ tɕet²⁴]死的
PRE 死

3. 前缀 nỗi-的构形功能主要是附加在<u>消极色彩意义的心理状态形容词</u>前构成名词。

nỗi　lo [noi³²⁵ lɔ³³]担心的　　　nỗi　buồn [noi³²⁵ buon²¹]难过的
PRE 担心　　　　　　　　　　　　PRE 难过

nỗi　bực dọc [noi³²⁵ bɯk³² zɔk³²]生气的
PRE 生气

nỗi　uất ức [noi³²⁵ uv̌t²⁴ ɯk²⁴]愤怒的
PRE 愤怒

nỗi　đau đớn [noi³²⁵ dau³³ dɤn²⁴]痛苦的
PRE 痛苦

4. 前缀 niềm- 的构形功能主要是附加在积极色彩意义的心理状态形容词前构成名词，个别还可以附加在积极色彩意义的动词。

附加在形容词前，如：

niềm hạnh phúc [niem²¹ hɛ̌n³² fuk²⁴]幸福的

PRE 幸福

niềm vui [niem²¹ vui³³]高兴的

PRE 高兴

niềm sung sướng [niem²¹ ʂuŋ³³ ʂɯʌŋ²⁴]快乐的

PRE 快乐

附加在动词前。如：

niềm hi vọng [niem²¹ hi³³ voŋ³²]希望的

PRE 希望

niềm động viên [niem²¹ doŋ³² vien³³]安慰的

PRE 动员

5. 前缀 chúng- ：表多数。用在人称代词单数前，构成人称代词的复数形式。如：

chúng tôi [tɕuŋ²⁴ toi]我们

PRE-PLR 我

chúng ta [tɕuŋ²⁴ ta³³]咱们

PRE-PLR 我

chúng cháu [tɕuŋ²⁴ tɕau²⁴]我们（侄子们对长辈说话）

PRE-PLR 侄子

chúng con [tɕuŋ²⁴ kɔn³³]我们（儿子、女儿对父母说话）

PRE-PLR 儿子

chúng nó [tɕuŋ²⁴ nɔ²⁴]他们

PRE-PLR 他

（二）后缀（Suffix）

大多数的后缀尚未完全虚化，语义仍处在半实半虚的状态，严格地说，应该是"半后缀"，主要出现在表示"阴"、"阳"等义上。

1. 后缀-đực "雄"：加在动物名词之后，表示动物的雄性。如：

mèo đực [mɛu²¹ dɯk³²]公猫   bò đực [bɔ²¹ dɯk³²]公牛

猫 SUF-MAL   牛 SUF-MAL

chó đực [tɕɔ²⁴ dɯk³²]公狗

狗 SUF-MAL

2. 后缀-cái "雌"：加在动物名词之后，表示动物的雌性。如：

mèo cái [mɛu²¹ kai²⁴]母猫   bò cái [bɔ²¹ kai²⁴]母牛

猫 SUF-FEM   牛 SUF-FEM

chó cái [tɕɔ²⁴ kai²⁴]母狗

狗　SUF-FEM

3. 后缀-trai "男"：加在人称代词之后，表示人的雄性。如：

bác　trai [bak²⁴ tʂai³³]伯父　　　　con trai [kɔn³³ tʂai³³]儿子

伯伯 SUF-MAL　　　　　　　　　孩子 SUF-MAL

cháu trai [tɕau²⁴ tʂai³³]侄子　　　　em trai [ɛm³³ tʂai³³]弟弟

侄子 SUF-MAL　　　　　　　　　弟　SUF-MAL

4. 后缀-gái "女"：加在人称代词之后，表示人的雌性。如：

bác gái [bak²⁴ ɣai²⁴]伯母　　　　　con gái [kɔn³³ ɣai²⁴]女儿

伯　SUF-FEM　　　　　　　　　孩子　SUF-FEM

cháu gái [tɕau²⁴ ɣai²⁴]侄女　　　　em gái [ɛm³³ ɣai²⁴]妹妹

侄　SUF-FEM　　　　　　　　　妹　SUF-FEM

三　四音格词

四音格词(Tetra-syllables)由四个音节按照一定的组合关系（syntagmatic relation）搭配而成。在语音、语法、语义上具有不同于复合词或短语的特点。越语中有为数不少的四音格词。

（一）叠音类型

从叠音的情况看，可以分成叠音和非叠音两类。叠音的类型有 AABB，ABAb，abAB，ABab 四种。非叠音的类型是 ABCD。其中以 ABCD 和 ABAb 居多。如：

1. ABCD 型：非叠音类

dở　hơi　cám　hấp [zɤ³¹² hɤi³³ kam²⁴ hɤ̆p²⁴]　　　疯疯癫癫

疯　癫　饲料　蒸

cao to đẹp trai [kau³³ tɔ³³ dɛp³² tʂai³³]　　　　高大帅气

高　大　帅　男

chó treo mèo đậy [tɕɔ²⁴ tʂɛu³³ mɛu²¹ dɤ̌i³²]　　　狗就要挂上，猫就要盖上

狗　挂　猫　盖

mẹ tròn con vuông [mɛ³² tʂɔn²¹ kɔn³³ vuoŋ³³]　　　生育顺利、母子平安

妈　圆　子　方

cốc mổ cò xơi [kok²⁴ mo³¹² kɔ²¹ sɤi³³]　　　　做给别人享受

鹈鹕 抓　鹤　吃

khỉ ho cò gáy [χi³¹² hɔ³³ kɔ²¹ ɣǎi²⁴]　　　　狗鸟不拉屎（的地方）

猴　咳嗽　鹤　打鸣

sinh con đẻ cái [ʂiŋ³³ kɔn³³ dɛ³¹² kai²⁴]　　　　生孩子

生　子育 子

đầu trâu mặt ngựa [dɤu²¹ tʂɤu³³ mɐt³² ŋɯɤ³²]　　　牛头马面
头　牛　脸　马

lời　hay　ý　đẹp [lɤi²¹ hɐi³³ i²⁴ dɛp³²]　　　美好的文辞
话　好　意　美

đầu tắt　mặt tối [dɤu²¹ tɐt²⁴ mɐt³² toi²⁴]　…　连续工作不得休息
头　黑　脸　暗

tiền trao cháo múc [tien²¹ tʂau³³ tɕau²⁴ muk²⁴]　交钱提货（比喻干脆）
钱　给　粥　舀

ngậm đắng nuối cay [ŋɤm³² dɐŋ²⁴ nuoi²⁴ kɐi³³]　含辛茹苦、百口莫辩
含　苦　咽　辣

trẻ　người　non dạ [tʂɛ³¹² ŋɯɤi²¹ nɔn³³ za³²]　少不更事
年轻　人　小　肠胃

chứng nào tật nấy [tɕɯŋ²⁴ nau²¹ tɤt³² nɤi²⁴]　故态复萌
症状　哪　疾　那

thuận mua vừa　bán [thuɤn³² muo³³ vɯɤ²¹ ban²⁴]　公买公卖
顺　买　满意　卖

tay không bắt giặc [tɐi³³ χɔŋ³³ bɐt²⁴ zɐk³²]　空手抓贼
手　空　抓　贼

tay làm　hàm　nhai [tɐi³³ lam²¹ ham²¹ ɲai³³]　有工作就有吃的
手 工作 下颚 吃食

giận cá　chém　thớt [zɤn³² ka²⁴ tɕɛm²⁴ thɤt²⁴]　指桑骂槐
恨　鱼　砍　切板

đá thúng đụng nia [da²⁴ thuŋ²⁴ duŋ³² nie³³]　踢笊砸筐，生气而乱泄气
踢　笊　碰　簸箕

nhịn miệng　đãi　khách [ɲin³² mien³² dai³²⁵ χɐk²⁴]　自己节省留给客人吃
忍　嘴　接待　客人

nhẹ như lông hồng [ɲɛ³² ɲɯ³³ loŋ³³ hoŋ²¹]　轻如鸿毛，比喻事情容易成功
轻　如　毛　鸿

chạy rổng　　bãi　công [tɕɐi³² zɔŋ²⁴ bai³²⁵ koŋ³³]任意地跑
跑　（无词汇义）大场地　工

kín　cổng　cao　tường [kin²⁴ koŋ³¹² kau³³ tɯɤŋ²¹]　深宅大院，门禁森严
严密　大门　高　墙

lắm tiền nhiều bạc [lɐm²⁴ tien²¹ ɲieu²¹ bak³²]　很多钱
多　钱　多　银

ba đầu sáu tay [ba³³ dɤu²¹ ʂau²⁴ tăi³³]　　　三头六臂
三 头 六 手

ba chìm bảy nổi [ba³³ tɕim²¹ băi³¹² noi³¹²]　　　漂流不定，流浪不定
三 沉 七 浮

một mất mười ngờ [mot³² mɤt²⁴ mɯɤi²¹ ŋɤ²¹]　　　多疑，疑神疑鬼
一 失 十 疑

trăm công nghìn việc [tʂăm³³ koŋ³³ ŋin²¹ viek³²]　　很多事情
百 工 千 事

有一部分 AB/CD 的四音格词可以分开组成 CB/AD。例如：

tối lửa tắt đèn --> tắt lửa tối đèn 三长两短
toi²⁴ lɯɤ³¹² tăt²⁴ dɛn²¹　　　tăt²⁴ lɯɤ³¹² toi²⁴ dɛn²¹
暗 火 熄 灯　　　熄 火 暗 灯

sức cùng lực kiệt --> lực cùng sức kiệt 筋疲力尽
ʂɯk²⁴ kuŋ²¹ lɯk³² kiet³²　　　lɯk³² kuŋ²¹ ʂɯk²⁴ kiet³²
力气 穷尽 力 竭　　　力 竭 力气 穷尽

đá thúng đụng nia --> đụng thúng đá nia 踢箩砸筐，乱发脾气
da²⁴ thuŋ²⁴ duŋ³² nie³³　　　duŋ³² thuŋ²⁴ da²⁴ nie³³
踢 箩 碰 簸箕　　　碰 箩 踢 簸箕

2. AbAB 型（b 是 B 的谐音，b 没有词汇意义，b 音的韵母都是[a]）

hớt ha hớt hải [hɤt²⁴ ha³³ hɤt²⁴ hai³¹²]　　　慌里慌张
叠音 谐音 慌张

lung ta lung tung [luŋ ta³³ luŋ³³ tuŋ³³]　　　乱七八糟
叠音 谐音 乱

lụng thà lụng thụng [luŋ³² tha²¹ luŋ³² thuŋ³²]　　　衣冠超大
叠音 谐音 非常宽大

vớ va vớ vẩn [vɤ²⁴ va³³ vɤ²⁴ vɤn³¹²]　　　糊里糊涂
叠音 谐音 糊涂

lảm nhà lảm nhảm [lam³¹² ɲa²¹ lam³¹² ɲam³¹²]　　　啰啰嗦嗦
叠音 谐音 啰嗦

thì thà thì thầm [thi²¹ tha²¹ thi²¹ thɤm²¹]　　　低声说、私下说
叠音 谐音 低声说

hì hà hì hục [hi²¹ ha²¹ hi²¹ huk³²]　　　专心努力
叠音 谐音 努力

lủng cà lủng củng [luŋ³¹² ka²¹ luŋ³¹² kuŋ³¹²]　　　横七竖八
叠音 谐音 乱

bấp　　ba　　bấp bênh [bɤ̌p²⁴ ba³³ bɤ̌p²⁴ beŋ³³]　　　漂浮不定
叠音　谐音　漂浮

vất　　va　　vất vưởng [vɤ̌t²⁴ va³³ vɤ̌t²⁴ vɯɤŋ³¹²]　　　流浪不定
叠音　谐音　流浪

ú　　　a　　ú ớ [u²⁴ a³³ u²⁴ ɤ²⁴]　　　　　　　　　　语无伦次、傻乎乎
叠音谐音　说话有障碍

3. AABB 型

rụt　rụt rè　rè [ʐut³² ʐut³² ʐɛ²¹ ʐɛ²¹]　　　　　　缩手缩脚
缩　　害羞　小心

điên　điên dại　dại [dien³³ dien³³ zai³² zai³²]　　　疯疯癫癫
癫　　癫　疯　疯

hăm　hăm hở　hở [hăm³³ hăm³³ hɤ³¹² hɤ³¹²]　　　非常激奋
只要　激奋　（无词汇义）

hối　hối hả　hả [hoi²⁴ hoi²⁴ ha³¹² ha³¹²]　　　　　急急忙忙
急　　急（无词汇义）

hùng　hùng hổ　hổ [huŋ²¹ huŋ²¹ ho³¹² ho³¹²]　　　猛如虎
雄　　雄　虎　虎

nắn　nắn nót　nót [năn²⁴ năn²⁴ nɔt²⁴ nɔt²⁴]　　　得小心地写字
抓　　抓　（无词汇义）

mê　mê mẩn　mẩn [me³³ me³³ mɤ̌n³¹² mɤ̌n³¹²]　　　被迷惑
迷　迷　敏　敏

sắn　sắn sổ　sổ [sɤ̌n²⁴ sɤ̌n²⁴ ʂo³¹² ʂo³¹²]　　　　气势汹汹
快到　快到　本子　本子

lơ　lơ láo　láo [lɤ³³ lɤ³³ lau²⁴ lau²⁴]　　　　　呆痴
不注意　不听话

vênh　vênh váo　váo [veŋ³³ veŋ³³ vau²⁴ vau²⁴]　　骄傲，扬扬得意
差　骄傲　（无词汇义）

ngô　　　ngô nghê nghê [ŋo³³ ŋo³³ ŋe³³ ŋe³³]　　傻乎乎
（无词汇义）傻乎乎（无词汇义）

vội　vội vàng　vàng [voi³² voi³² vaŋ²¹ vaŋ²¹]　　急急忙忙
急　急　（无词汇义）

giấu　giấu giếm　giếm [zɤ̌u²⁴ zɤ̌u²⁴ ziem²⁴ ziem²⁴]　遮遮掩掩
藏　躲　（无词汇义）

4. abAB（a 是 A 的谐音。b 是 B 的谐音。）

lơ thơ lẩn thẩn [lɤ³³ thɤ³³ lǐn³¹² thǐn³¹²]   傻乎乎
淡而少   傻傻

bổi hổi bồi hồi [boi³¹² hoi³¹² boi²¹ hoi²¹]   徘徊，激动
（无词汇义）   徘徊

tần ngần tần ngần [tǐn³¹² ŋǐn³¹² tǐn²¹ ŋǐn²¹]   惘然，犹豫不决
愣一下   犹豫

loáng choáng loạng choạng [luaŋ²⁴ tɕuaŋ²⁴ luaŋ³² tɕuaŋ³²] 摇摇摆摆
（无词汇义）   摇摆

lừ đừ lừ đừ [lɯ³¹² dɯ³¹² lɯ²¹ dɯ²¹]   跌跌撞撞
（无词汇义）   跌撞

5. ABab（a 是 A 的谐音。b 是 B 的谐音。）

lôi thôi lếch thếch [loi³³ thoi³³ lek²⁴ thek²⁴]   衣冠不整
不整齐   （无词汇义）

lẩm cẩm lầm cầm [lǐm³¹² kǐm³¹² lǐm²¹ kǐm²¹]   糊里糊涂
糊涂   （无词汇义）

lẩm bẩm lầm bầm [lǐm³¹² bǐm³¹² lǐm²¹ bǐm²¹]   自言自语
自言   （无词汇义）

（二）结构分析

有复合构词、附属构词和连绵构词三种。

1. 复合构词

由两个或四个词性相同、语义相关（相近或相反）的词语构成。其语法结构主要是并列结构。两个并列成分（复合词或短语）中又分为并列结构关系、修饰结构关系和动补结构关系。复合构词一般是非谐音四音格词的构词手段。

各成分的语义相近的如：

ngậm đắng nuối cay [ŋǐm³² dǎŋ²⁴ nuoi²⁴ kǎi³³] 含辛茹苦、百口莫辩
含   苦   咽   辣

đá thúng đụng nia [da²⁴ thuŋ²⁴ duŋ³² nie³³] 踢箩砸筐，乱发脾气
踢箩   碰   簸箕

thuận mua vừa bán [thuǐn³² muo³³ vɯɤ²¹ ban²⁴]   公买公卖
顺   买 满意 卖

trẻ người non dạ [tʂe³¹² ŋɯɤi²¹ non³³ za³²]   少不更事
年轻人   小 肠胃

lắm tiền nhiều bạc [lǎm²⁴ tien²¹ ɲieu²¹ bak³²]   很多钱
多   钱 多   银

各成分的语义相反的如：

cốc　mổ　cò　xơi　　[kok²⁴ mo³¹² kɔ²¹ sɤi³³]　　做给别人享受

鹈鹕　抓　鹤　吃

chó　treo　mèo đậy [tɕɔ²⁴ tʂɛu³³ mɛu²¹ dɤ̌i³²]狗就要挂上，猫就要盖上

狗　挂　猫　盖

nói trước quên sau [nɔi²⁴ tʂɯɤk²⁴ kuen³³ ʂau³³]　　一说就忘

说　先　忘　后

tiền　mất　tật　mang [tien²¹ mɤ̌t²⁴ tɤ̌t³² maŋ³³]　　得不偿失

钱　丢　病　来

gieo gió　gặt bão [zɛu³³ zɔ²⁴ yǎt³² bau³²⁵]　　恶有恶报

种　风　收 台风

属于这类构词的，还包括一些主谓结构，及其他一些复合结构。如：

chó　ngáp　phải　ruồi [tɕɔ²⁴ ŋap²⁴ fai³¹² zuoi²¹]　　歪打正着

狗　打哈欠 中　苍蝇

chó cùng　rứt giậu [tɕɔ²⁴ kuŋ²¹ zɯt²⁴ zɤ̌u³²]　　狗急跳墙

够　穷尽 破　篱笆

lớn　bắt nạt　bé [lɤn²⁴ bǎt²⁴ nat³² bɛ²⁴]　　以大欺小

大　欺负　小

nhịn miệng　đãi　khách [ɲin³² mieŋ³² dai³²⁵ χǎk²⁴]　自己节省留给客人吃

忍　嘴　接待　客人

2. 附属构词

由实词加上附注音节构成。附注音节有的在前，有的居后。附注音节一般是无实在意义的配音音节，不是形容词的状貌成分。如：

hớt ha hớt hải [hɤt²⁴ ha³³ hɤt²⁴ hai³¹²]　　慌里慌张

（配音）急忙

lủng cà　lủng củng [luŋ³¹² ka²¹ luŋ³¹² kuŋ³¹²]　　横七竖八

（配音）　乱

thì　thà　thì thầm [thi²¹ tha²¹ thi²¹ thɤ̌m²¹]　　低声说、私下说

（配音）　低声说

lử đử lừ đừ [lɯ³¹² dɯ³¹² lɯ²¹ dɯ²¹]　　跌跌撞撞

（配音）跌撞

lôi thôi　lếch thếch [loi³³ thoi³³ lek²⁴ thek²⁴]　　衣冠不整

不整齐 （配音）

3. 连绵构词

由四个音节连缀而成，形成一个不可分割的整体。如：

lổm nhổm　loàm　nhoàm [lom³¹² ɲom³¹² luam²¹ ɲuam²¹]　囫囵吞枣
突　起　（拟声）（拟声）

tí　tị　tì　ti　[ti²⁴ ti³² ti²¹ ti³³]　　　　　　非常小
小　小　小　小

vênh　vênh váo　váo [veŋ³³ veŋ³³ vau²⁴ vau²⁴]　骄傲，扬扬得意
差　骄　傲　（无词汇义）

ngô　　　　　ngô nghê　nghê [ŋo³³ ŋo³³ ŋe³³ ŋe³³]　傻乎乎
（无词汇义）傻乎乎　（无词汇义）

giấu　giấu　giếm　giếm [zɤ̌u²⁴ zɤ̌u²⁴ ziem²⁴ ziem²⁴]　遮遮掩掩
藏　躲　（无词汇义）

第五章　词类

依据词的意义、构词特点和语法功能，越语的词汇可以分为名词（noun）、动词（verb）、形容词（adjective）、单位词（measurer）、类别词（classifier）、数词（numerial）、代词（pronoun）、冠词（article）、副词（adverb）、连词（conjunction）、助词（particle）和叹词（interjection）十二类。其中，名词、动词、形容词、代词、数词、单位词、类别词属于开放性词类（open class）；冠词、副词、连词、助词、叹词属于封闭性词类（closed class）。

第一节　名词

名词可分为专有名词、普通名词、时间名词、方所名词等类别。主要特点有：（1）名词前面可加数词，（2）名词后面可加指示代词，（3）一般不与 rất[$zɤt^{24}$]"很"、đừng[$dɯŋ^{21}$]"别"等副词结合。

名词的性：越语名词通过附加方式表示性，名词的性与自然界生物的性基本一致。但不是所有的名词都需要表示性。表动物的性别时，雄性名词后加 đực[$dɯk^{32}$]，雌性名词后加 cái[kai^{24}]。如：

ngựa đực [$ŋɯɤ^{32}$ $dɯk^{32}$]公马　　　　ngựa cái [$ŋɯɤ^{32}$ kai^{24}]母马

bò đực [$bɔ^{21}$ $dɯk^{32}$]公牛　　　　bò cái [$bɔ^{21}$ kai^{24}]母牛

khỉ đực [Xi^{312} $dɯk^{32}$]公猴　　　khỉ cái [Xi^{312} kai^{24}]母猴

还有其他语素表示雌雄对应。如：

gà trống [$ɣa^{21}$ $tʂoŋ^{24}$]公鸡　　　gà mái [$ɣa^{21}$ mai^{24}]母鸡

chim trống [$tɕim^{33}$ $tʂoŋ^{24}$]公鸟　　chim mái [$tɕim^{33}$ mai^{24}]母鸟

表人的性别时，男性名词前加或后加 nam，女性名词前加或后加 nữ。如：

nam sinh [nam^{33} $ʂiŋ^{33}$]男学生

học sinh nam[$hɔk^{32}$ $ʂiŋ^{33}$ nam^{33}]男学生

nữ sinh [$nɯ^{325}$ $ʂiŋ^{33}$]女学生

học sinh nữ[$hɔk^{32}$ $ʂiŋ^{33}$ $nɯ^{325}$]女学生

nam diễn viên [nam^{33} $zien^{325}$ $vien^{33}$]男演员

diễn viên nam[ziɛn³²⁵ viɛn³³ nam³³]男演员

nữ diễn viên [nɯ³²⁵ ziɛn³²⁵ viɛn³³]女演员

diễn viên nữ [ziɛn³²⁵ viɛn³³ nɯ³²⁵]女

nữ đạo diễn [nɯ³²⁵ dau³² ziɛn³²⁵]女导演

tác giả nữ [tak²⁴ za³¹² nɯ³²⁵]女作者

nhân viên nam [ɲʏn³³ viɛn³³ nam³³]男服务员

nhân viên nữ [ɲʏn³³ viɛn³³ nɯ³²⁵]女服务员

还有其他语素表示雌雄对应。如：

học sinh trai [hɔk³² ʂiŋ³³ tʂai³³]男学生　　học sinh gái [hɔk³² ʂiŋ³³ ɣai²⁴]女学生

bé trai [bɛ²⁴ tʂai³³]男孩　　bé gái [bɛ²⁴ ɣai²⁴]女孩

cháu trai [tɕau²⁴ tʂai³³]侄子　　cháu gái [tɕau²⁴ ɣai²⁴]侄女

专有名词与普通名词：特有名词是某人或事物的专有名称，即人名或地名。例如：Trần Hưng Đạo[tʂʏn²¹ hɯŋ³³ dau³²]"陈兴道"、Huế[hue²⁴]"顺化"。普通名词是指人或事物的共同名称。例如：đất nước[dʏt²⁴ nɯɤk²⁴]"国家"、nhà cửa[ɲa²¹ kɯɤ³¹²]"房子"。普通名词可分综合名词与非综合名词：综合名词是由许多同类事物形成集合体的词。例如：cây cối[kʏi³³ koi²⁴]"树木"、xe cộ[sɛ³³ ko³²]"车子"。非综合名词涉及具体的事物，事物有明显的界线。例如：bụi cây[bui³² kʏi³³]"树丛"、xe bò[sɛ³³ bɔ²¹]"牛车"。综合名词不能加类别词。非综合名词可以加类别词。例如：cái[kai²⁴]（表示非生命度的）加在xe bò[sɛ³³ bɔ²¹]"牛车"的前面，成为 cái xe bò[kai²⁴ sɛ³³ bɔ²¹]"牛车"。再如：con[kɔn³³]（表示有生命度的）加在 cá[ka²⁴]"鱼"的前面，成为 con cá[kɔn³³ ka²⁴]"鱼"。普通名词包括很多方面：

天文地理类的，如：

天	trời	tʂɤi²¹	云	mây	mʏi³³
天空	bầu trời	bʏu²¹ tʂɤi²¹	雷	sấm	ʂʏm²⁴
太阳	mặt trời	măt³² tʂɤi²¹	闪电	chớp	tɕɤp²⁴
光	ánh sáng	ɛŋ²⁴ ʂaŋ²⁴	风	gió	zɔ²⁴
月亮	mặt trăng	măt³² tʂăŋ³³	雨	mưa	mɯɤ³³
月食	nguyệt thực	ŋuiɛt³² thuɯk³²	虹	cầu vồng	kʏu²¹ voŋ²¹
（月）晕	quầng	kuʏŋ²¹	雪	tuyết	tuiɛt²⁴
星星	ngôi sao	ŋoi³³ ʂau³³	雹子	mưa đá	mɯɤ³³ da²⁴
流星	sao băng	ʂau³³ băŋ³³	霜	sương muối	ʂɯɤŋ³³ muoi²⁴
天气	thời tiết	thʏi²¹ tiɛt²⁴	露水	sương	ʂɯɤŋ³³

身体部位类的，如：

身体	cơ thể	kɤ³³ the³¹²	嘴	mồm	mom²¹

头（脑袋）	đầu	dɣu²¹	嘴唇	môi	moi³³
后脑勺	sọ khỉ	ʂɔ³² χi³¹²	酒窝	lúm đồng tiền	lum²⁴dɔŋ²¹tien²¹
头发	tóc	tɔk²⁴	胡子	râu	zɣu³³
头旋儿	xoáy đầu	suai²⁴ dɣu²¹	连鬓胡	râu quai nón	zɣu³³kuai³³nɔn²⁴
辫子	đuôi tóc	duoi³³ tɔk²⁴	发髻	búi tóc	bui²⁴ tɔk²⁴
额头	trán	tʂan²⁴	下巴	cằm	kăm²¹
眉毛	lông mày	lɔŋ³³ măi²¹	脖子	cổ	ko³¹²
眼睛	mắt	măt²⁴	后颈	gáy	ɣăi²⁴
眼珠	con ngươi	kɔn³³ ŋɯɣi³³	肩膀	vai	vai³³
睫毛	lông mi	lɔŋ³³ mi	背	lưng	lɯŋ³³
鼻子	mũi	mui³²⁵	腋窝	nách	nĕk²⁴
鼻孔	lỗ mũi	lo³²⁵ mui³²⁵	胸脯	ngực	ŋɯk³²
耳朵	tai	tai³³	乳房	vú	vu²⁴
耳洞	lỗ tai	lo³²⁵ tai³³	肚子	bụng	buŋ³²
脸	mặt	măt³²	肚脐	rốn	zɔn²⁴
腮	quai hàm	kuai³³ ham²¹	腰	eo	ɛu³³

人物民族类的，如：

越族	dân tộc Việt	zɣn³³ tok³² viet³²	老头儿	ông già	oŋ³³ za²¹
（京族）	(Kinh)	(kiŋ³³)			
芒族	dân tộc Mường	zɣn³³tok³²mɯɣŋ²¹	老太太	bà già	ba²¹ za²¹
傣族	dân tộc Tày	zɣn³³ tok³² tăi²¹	男人	nam giới	nam³³ zɣi²⁴
农族	dân tộc Nùng	zɣn³³ tok³² nuŋ²¹	女人	nữ giới	nɯ³²⁵ zɣi²⁴
华族	dân tộc Hoa	zɣn³³ tok³² hua³³	妇女	đàn bà	dan²¹ ba²¹
人	người	ŋɯɣi²¹	小伙子	chàng trai	tçaŋ²¹ tʂai³³
成年人	người lớn	ŋɯɣi²¹ lɣn²⁴	姑娘	cô gái	ko³³ ɣai²⁴
小孩儿	trẻ con	tʂɛ³¹² kɔn³³	百姓	trăm họ	tʂăm³³ hɔ³²
婴儿	em bé	ɛm³³ be²⁴	农民	nông dân	noŋ³³ zɣn³³
老人	người già	ŋɯɣi²¹ za²¹	兵	lính	liŋ²⁴

动物类的，如：

畜生	súc vật	ʂuk²⁴ vɣt³²	公牛	bò đực	bɔ²¹ duk³²
角	sừng	ʂɯŋ²¹	母牛	bò cái	bɔ²¹ kai²⁴
蹄	móng	mɔŋ²⁴	牛奶	sữa	ʂɯɣ³²⁵
皮	da	za³³	牛粪	phân bò	fɣn³³ bɔ²¹
毛	lông	lɔŋ³³	马	ngựa	ŋɯɣ³²
尾巴	đuôi	duoi³³	马驹	ngựa con	ŋɯɣ³² kɔn³³

牛	trâu, bò	tʂ̌ɣu³³, bɔ²¹		公马	ngựa đực	ŋɯɤ³² dɯk³²
黄牛	bò	bɔ²¹		母马	ngựa cái	ŋɯɤ³² kai²⁴
水牛	trâu	tʂ̌ɣu³³		马鬃	bờm ngựa	bɤm²¹ ŋɯɤ³²
牛犊	bê	be		马粪	phân ngựa	fɤn³³ ŋɯɤ³²

植物类的，如：

树	cây	ǩɣi³³		桃树	cây đào	ǩɣi³³ dau²¹
树梢	ngọn cây	ŋɔn³² ǩɣi³³		李子树	cây mận	ǩɣi³³ mɤn³²
树皮	vỏ cây	vɔ³¹² ǩɣi³³		梨树	cây lê	ǩɣi³³ le
根	rễ	ʐe³²⁵		杏树	cây hạnh	ǩɣi³³ hɤŋ³²
叶子	lá	la²⁴		柿子树	cây hồng	ǩɣi³³ hoŋ²¹
花	hoa	hua³³		石榴树	cây lựu	ǩɣi³³ lɯu³²
花蕊	nhụy hoa	ɲ̌ui³² hua³³		芭蕉树	cây chuối	ǩɣi³³ tɕuoi²⁴
果核	hột/hạt	hot³²/hat³²		柳树	cây liễu	ǩɣi³³ lieu³²⁵
芽儿	mầm	m̌ɣm²¹		松树	cây thông	ǩɣi³³ thoŋ³³
蓓蕾	nụ hoa	nu³² hua³³		柏树	cây bách	ǩɣi³³ b̌ɣk²⁴

食物类的，如：

米	gạo	ɣau³²		粥（稀饭）	cháo	tɕau²⁴
糯米	gạo nếp	ɣau³² nep²⁴		绿豆粉	bột đậu xanh	bot³²dɤ̌u³²sɛ̌ŋ³³
米汤	nước cơm	nɯɤk²⁴ kɤm³³		糍粑	bánh dày	b̌ɣŋ²⁴ žɣi²¹
饭	cơm	kɤm³³		米线	bún	bun²⁴
河粉	phở	fɣ³¹²		面包	bánh mì	b̌ɣŋ²⁴ mi²¹

衣着类的，如：

长袍	áo dài	au²⁴ zai²¹	围裙		tạp dề	tap³² ze²¹
斗笠	nón	nɔn²⁴	裙子		váy	v̌ɣi²⁴
硬帽	mũ cối	mu³²⁵ koi²⁴	薄纱长袍		áo the	au²⁴ thɛ
帽子	mũ	mu³²⁵	盘斤		khăn xếp	χ̌ɣn³³ sep²⁴
围巾	khăn	χ̌ɣn³³	北部女人的长袍		áo tứ thân	au²⁴ tɯ²⁴ tȟɣn³³
绸子	lụa	luo³²	南部和中部女人 的便服		áo bà ba	au²⁴ ba²¹ ba³³

时间名词：表示时间。如：

今天	hôm nay	hom³³ ňɣi³³		早晨	sáng sớm	ʂaŋ²⁴ ʂɣm²⁴
昨天	hôm qua	hom³³ kua³³		黎明	bình minh	biŋ²¹ miŋ³³
前天	hôm kia	hom³³ kie³³		上午	buổi sáng	buoi³¹² ʂaŋ²⁴
大前天	hôm kìa	hom³³ kie²¹		中午	buổi trưa	buoi³¹² tʂ̌ɯɣ³³
明天	ngày mai	ŋ̌ɣi²¹ mai³³		下午	buổi chiều	buoi³¹² tɕieu²¹

后天	ngày kia	ŋăi²¹ kie³³	白天	ban ngày	ban³³ ŋăi²¹
大后天	ngày kìa	ŋăi²¹ kie²¹	黄昏	hoàng hôn	huaŋ²¹ hon³³
今晚	tối nay	toi²⁴ năi³³	晚上	buổi tối	buoi³¹² toi²⁴
明晚	tối mai	toi²⁴ mai³³	夜里	buổi đêm	buoi³¹² dem³³
昨晚	tối qua	toi²⁴ kua³³	半夜	nửa đêm	nɯɤ³¹² dem³³

方所名词：表方向、位置。如：

方向	phương hướng	fɯɤŋ³³ hɯɤŋ²⁴	外（边）	ngoài	ŋuai²¹
东	đông	doŋ³³	里面	bên trong	ben³³ tʂɔŋ³³
南	nam	nam³³	角落	góc	ɣɔk²⁴
西	tây	tɤi³³	尖儿	đầu nhọn	dɤu²¹ ɲɔn³²
北	bắc	băk²⁴	边儿	cạnh	kɤŋ³²
东南	đông nam	doŋ³³ nam³³	周围	xung quanh	suŋ³³ kuɤŋ³³
西北	tây bắc	tɤi³³ băk²⁴	附近	gần	ɣɤn²¹
中间	ở giữa	ɣ³¹² zɯɤ³²⁵	界线	ranh giới	zɤŋ³³ zɤi²⁴
中心	trung tâm	tʂuŋ tɤm	对面	đối diện	doi²⁴ zien³²
旁边	bên cạnh	ben³³ kɤŋ³²	正面	mặt chính	măt³² tɕiŋ²⁴
左	trái	tʂai²⁴	上方（河流）	thượng du	thɯɤŋ³² zu³³
右	phải	fai³¹²	下方（河流）	hạ du	ha³² zu³³
前（边）	trước	tʂɯɤk²⁴	（桌子）上	mặt (bàn)	măt³²(ban²¹)
后（边）	sau	ʂau³³	（桌子）下	gầm (bàn)	ɣɤm²¹(ban²¹)

第二节　动词

动词的特点是能与副词结合，不能放在基数词和类别词之后，不能受指示代词的修饰，不能加表程度的副词（心理活动动词除外）。

一　动词的分类

可分为实动词、心理动词、能愿动词、言语动词、趋向动词、存在动词、判断动词、助动词、拥有动词、变化动词、比较动词等。

（一）实动词（Lexical verb）

包括：及物动词和不及物动词。如：

đào	dau²¹	挖	cấp	kɤp²⁴	拨给
cắt	kăt²⁴	切	phát	fat²⁴	发给
gặt	ɣăt³²	收割	trả	tʂa³¹²	还给

cuốc	kuok²⁴	锄		nộp	nop³²	交
chặt	tɕăt³²	砍，斩		đền	den²¹	赔偿
ăn	ăn³³	吃		dâng	zɤ̌ŋ	奉上
bắt	băt²⁴	抓		vay	vai³³	借
gánh	ɣɛ̌ŋ²⁴	担		mượn	mɯɤn³²	借
xách	sak²⁴	拎		đòi	dɔi²¹	讨回来
giết	ziet²⁴	杀		chiếm	tɕiem²⁴	占
đọc	dɔk³²	读		cướp	kuɤp²⁴	抢
đóng	dɔŋ²⁴	关		đoạt	duat³²	夺
kéo	kɛu²⁴	拉		ngủ	ŋu³¹²	睡
cắn	kăn²⁴	咬		nghỉ	ŋi³¹²	休息
tặng	tăŋ³²	送		rơi	zɤi³³	落下
cho	tɕɔ³³	给		quét	kuɛt²⁴	扫
biếu	bieu²⁴	赠送				

例如：

Chúng tôi tháng này là gặt lúa xong.

tɕuŋ²⁴ toi³³ thaŋ²⁴ năi²¹ la²¹ ɣăt³² luo²⁴ sɔŋ³³

我们　　这个月　是　收割　稻　完

我们这个月会把稻米收割完。

Cho tôi mượn quyển sách này nhé!　　　　给我借这本书吧！

tɕɔ³³ toi³³ mɯɤn³² kuien³¹² şak²⁴ năi²¹ ɲɛ²⁴

给　我　借　本　书　这　MOD

Nó đã ngủ ở đây cả ngày rồi.　　　他在这里已经睡一整天了。

nɔ²⁴ da³²⁵ ŋu³¹² ɤ³¹² dɤ̌i³³ ka³¹² ŋăi²¹ zɔi²¹

他　已　睡　在这儿　整天　了

（二）心理动词

包括认知、感知、情感、愿望等方面。

认知动词是 nghĩ[ŋi³²⁵] "想"，hiểu[hieu³¹²] "晓得"，biết[biet²⁴] "知道"，tin[tin³³] "相信"，nhớ[ɲɤ²⁴] "记得"，quên[kuen³³] "忘记"，phân biệt[fɤn³³ biet³²] "辨别"，tưởng lầm[tɯɤŋ³¹² lɤ̌m²¹] "以为"，nghi ngờ[ŋi³³ ŋɤ²¹] "怀疑"。

感知动词是 thấy[thɤ̌i²⁴] "觉得"，cảm thấy[kam³¹² thɤ̌i²⁴] "觉得"，nhìn thấy[ɲin²¹ thɤ̌i²⁴] "看到"，nghe thấy[ŋɛ³³ thɤ̌i²⁴] "听到"，quan sát thấy[kuan³³ şat²⁴ thɤ̌i²⁴] "观察到"。

情感动词是 yêu[ieu³³] "爱"，thích[thik²⁴] "喜欢"，ghét[ɣɛt²⁴] "讨厌"，sợ[şɤ³²] "怕"，hờ hững[hɤ²¹ hɯŋ³²⁵] "冷淡"。

愿望动词是 mong[mɔŋ³³] "望"，muốn[muon²⁴] "想要"，hi vọng[hi³³ vɔŋ³²] "希望"，quyết định[kuiet²⁴ diŋ³²] "决定"，dám[zam²⁴] "敢"，toan[twan³³] "打算"，xin[sin³³] "求"，cho phép[tɕɔ³³ fɛp²⁴] "允许"，nhường[ɲɯɤŋ²¹] "让"，bầu[bɤu²¹] "选"，chọn[tɕɔn³²] "选"，kén[kɛn²⁴] "选"。

例如：

Anh ý nghĩ chị　là　người tốt.　　　　他想你是好人。

ěŋ³³ i²⁴ ŋi³²⁵ tɕi³² la²¹ ŋɯɤi²¹ tot²⁴

他　　想 你 是　人　好

Anh ý nghe　thấy　tiếng của　chị.　　　他听到你的声音。

ěŋ³³ i²⁴ ŋe³³　thɤi²⁴ tien²⁴ kuo³¹² tɕi³²

他　听　到 声　的 你

Anh ý không　thích　ăn　kem.　　　　他不喜欢吃冰淇淋。

ěŋ³³ i²⁴ Xɔŋ³³　thik²⁴　ăn³³ kɛm³³

他　　不　喜欢吃　冰淇淋

Ai cũng　muốn bảo　vệ　hạnh phúc gia đình mình.

ai³³ kuŋ³²⁵ muon²⁴ bau³¹² ve³² hěŋ³² fuk²⁴ za³³ diŋ²¹ miŋ²¹

谁 也　想　保护　幸福　家庭　自己

谁都想保护自己的家庭幸福。

（三）能愿动词

词汇意义不强，后面要加实动词或形容词才能表示完整的意义。有两种：表示必要的。如：cần[kɤ̌ n²¹] "须"、nên[nen³³] "应该"、phải[fai³¹²] "必须"、buộc phải[buok³² fai³¹²] "必须"；表示可能的。如：có thể[kɔ²⁴ the³¹²] "能"。例如：

Chị phải bình tĩnh nghe tôi nói.　　　你要冷静听我说。

tɕi³² fai³¹² biŋ²¹ tiŋ³²⁵ ŋe³³toi³³ nɔi²⁴

你　要　冷静　听 我　说

Tôi thì　có　thể　khuyên được nó.　　　我就可以劝他。

toi³³ thi²¹ kɔ²⁴ the³¹² Xuien³³ dɯɤk³² nɔ²⁴

我 THM 能　　劝　得 他

（四）言语动词

是指跟说话有关的动词。如：nói[nɔi²⁴] "说"，kể[ke³¹²] "讲"，hỏi[hɔi³¹²] "问"，chửi[tɕɯi³¹²] "骂"，sai[ʂai³³] "叫"，bảo[bau³¹²] "告诉"，khuyên[Xuien³³] "劝"，thông báo[thɔŋ³³ bau²⁴] "通知"，mời[mɤi²¹] "请" 等。例如：

Chúng tôi　nói chuyện cả　một buổi　tối. 我们整个晚上都在聊天。

tɕuŋ²⁴ toi³³ nɔi²⁴ tɕuien³² ka³¹² mot³² buoi²¹³ toi²⁴

我们　　说　故事 EMP 一　晚上

Tôi khuyên nó　lấy chồng sớm.　　　　　　我劝她早点嫁人。

toi³³ χuien³³ nɔ²⁴ lǐi²⁴ tɕoŋ²¹ ʂɤm²⁴

我　劝　　她　嫁　老公　早

（五）趋向动词

有 lên[len³³]“上/起来”，xuống[suoŋ²⁴]“下”，vào[vau²¹]“进”，ra[zạ³³]“出”，về [ve²¹]“回”，qua[kua³³]“过”，xuyên[suien³³]“穿”等。例如：

Anh xuống đó ba ngày.　　　　　　　　我下那个地方三天。

ɛ̆ŋ³³ suoŋ²⁴ dɔ²⁴ ba³³ ŋǎi²¹

我　　下　那儿　三天

Tôi lên　Thái Nguyên nhiều lần　rồi.　　　我上泰原很多次了。

toi³³ len³³　thai²⁴ ŋuien³³ ɲieu²¹ lǐn²¹ zoi²¹

我　上　泰原　　多　　次　了

Con về　nhà là　tốt　rồi.　　　　　　孩子回家就好了。

kɔn³³ ve²¹ ɲa²¹ la²¹ tot²⁴ zoi²¹

孩子 回家　THM　好了

Chúng tôi vào nghỉ　ở　Nha Trang.　　　我们到牙庄度假。

tɕuŋ²⁴ toi³³ vau²¹ ŋi³¹² ɤ³¹² ɲa³³ tʂaŋ³³

我们　　进　休息　在　牙庄

Em ra　đến　đảo　thì　trời mưa.　　　　我到了岛上，天就下雨。

ɛm³³ zạ³³ den²⁴ dau³¹² thi²¹ tʂɤi²¹ mɯɤ³³

我　出　到　岛　THM　天　雨

Chúng tôi xuống thị　sát tình hình.　　　我们下来视察情况。

tɕuŋ²⁴ toi³³ suoŋ²⁴ thi³² sat²⁴ tiŋ²¹ hiŋ²¹

我们　　下　视察　情况

（六）存在动词

有 có[kɔ²⁴]“有”、còn[kɔn²¹]“还有”、biến[bien²⁴]“变”、mất[mǐt²⁴]“去世”、sinh ra[siŋ³³ zạ³³]“问世”等。例如：“有”、“还有”、“变”、“去世”、“问世”等。例如：

Có người tới.　　　　　　　　　　有人来。

kɔ²⁴ ŋɯɤi²¹ tɤi²⁴

有　人　来

Ở đây　đã　sinh ra　một　con người　vĩ đại.

ɤ̆³¹² dɤi³³ da³²⁵ siŋ³³ zạ³³ mot³² kɔn³³ ŋɯɤi²¹ vi³²⁵ dai³²

这里　已　生出一　个　人　伟大

这里已经有一个伟大的人物。

Hôm nay　có món　gì　mới không?　　　　今天有什么新的菜吗？

hom³³ nai³³ kɔ²⁴ mɔn²⁴ zi²¹ mɤi²⁴ χɔŋ³³

今天　　有　菜　什么　新　不

Con　mất　tiền rồi.　　　　　　　　　儿子丢钱了。

kɔn³³ mɤ̆t²⁴ tien²¹ zɔi²¹

儿子　丢　钱　了

（七）　判断动词

有 là[la²¹] "是"（或 làm[lam²¹] "为"）表示两个事物的同等关系，还兼做主题主位（话题）标记。例如：

Chúng tôi đều　là học　sinh giỏi.　　　　我们都是优秀的学生。

tɕuŋ²⁴ toi³³ deu²¹ la²¹ hɔk³² ʂiŋ³³ zɔi³¹²

我们　　都　是　学生　优秀

Cả　lớp　bầu tôi　làm　lớp trưởng.　　　全班选我为班长。

ka³¹² lɤp²⁴ bɤ̆u²¹ toi³³ lam²¹ lɤp²⁴ tʂɯɤŋ³¹²

全班　　选　我　做　　班长

là[la²¹]做话题标记：

Béo　là　dễ　mắc các　bệnh về　tim mạch.　胖容易患心脏病。

bɛu²⁴　la²¹ ze³²⁵ mᴀ̆k²⁴ kak²⁴ beŋ³² ve²¹ tim³³ mᴀ̆k³²

胖　THM 容易　得 DEF-PLR 病　关于心脏

（八）　助动词

有 bị[bi³²] "被" 和 được[dɯɤk³²] "得"。在被动句里，bị 表示不利、不如意的消极意义，được 表示如意的积极意义。被动句的语序是：受事格+ bị/được +谓语。若出现施事者，其语序是：受事格+ bị / được+施事格+谓语。例如：

Nó bị　mẹ mắng.　　　　　　　　　　他被妈妈骂了。

nɔ²⁴ bi³² me³² mᴀ̆ŋ²⁴

他　被　妈　骂

Tôi được nhà trường phát bằng khen.　　我获得学校发给的奖状。

toi³³ dɯɤk³² ɲa²¹ tʂɯɤŋ²¹ fat²⁴ bᴀ̆ŋ²¹ χɛn³³

我　得　学校　　发　奖状

Lần　này tôi　được　bố cho　rất　nhiều tiền　tiêu vặt.

lɤ̆n²¹ nᴀ̆i²¹ toi³³ dɯɤk³² bo²⁴ tɕɔ³³ zɤ̆t²⁴ ɲieu²¹ tien²¹ tieu³³ vᴀ̆t³²

这次　　我　得　爸　给　很　多　　零花钱

这次爸爸给我很多零花钱。

（九）拥有动词

có[kɔ²⁴] "有"。例如：

Tràng có vợ.　　　　　　　　　　　阿长有妻子。

tṣaŋ²¹ kɔ²⁴ vɤ³²

阿长　有　妻子

Cô　giáo có một　quyển　từ　điển　rất　dày.

ko³³ zau²⁴ kɔ²⁴ mot³² kuien³¹² tu²¹ dien³¹² zʂt²⁴ zai²¹

女老师　有　一　本　辞典　很　厚

女老师有一本很厚的词典。

（十）变化动词

有 thành[thĕŋ²¹] "成"、hóa[hua²⁴] "化"、trở thành[tʂɤ³¹²thĕŋ²¹] "成为" 等。
例如：

Anh ấy thành giám đốc　rồi.　　　　　　他成为经理了。

ĕŋ³³ ɤ̌i²⁴ thĕŋ²¹ zam²⁴ dok²⁴ zoi²¹

他　成　经理　了

Cô ta　trở　thành người　nổi　tiếng sau khi đoạt giải　trong cuộc　thi

ko³³ ta³³ tʂɤ³¹² thĕŋ²¹ ŋɯɤi²¹ noi³¹² tieŋ²⁴ ʂau³³ χi duat³² zai³¹² tʂɔŋ³³ kuok³² thi

她　成为　人　有名　之后　得奖　里　比赛

hoa　khôi　trường.

hua³³　χoi³³ tʂɯɤŋ²¹

花　学校

她在校花比赛之后就成为名人。

（十一）比较动词

giống[zoŋ²⁴] "一样"、khác[χak²⁴] "区别"、như[ɲɯ³³] "如"、tựa[tɯɤ³²]
"如"、hơn[hɤn³³] "比"、kém[kɛm²⁴] "差"、bằng[băŋ²¹] "平" 等。例如：

Anh ta　đã　khác xưa　nhiều.　　　　　他跟以前很不一样。

ĕŋ³³ ta³³ da³²⁵ χak²⁴ ʂɯɤ³³ ɲieu²¹

他　已　不同 以前　多

Công ty mình còn　hơn　đứt　công ty đó. 我们公司比那个公司好得多。

koŋ³³ ti³³ miŋ²¹ kɔn²¹ hɤn³³ dɯt²⁴ koŋ³³ ti³³ dɔ²⁴

公司　我们　还　比　公司　那

二　动词的态和体

（一）动词的态

包括主动态、被动态、使动态、互动态。主动态没有专门的态标记。
被动态的语法形式是动词前加 bị[bi³²] "被" 或 được[dɯɤk³²] "得"。如：bị

mắng[bi³² mǎ ŋ²⁴] "被骂"、được khen[dɯɣk³² χɛn³³] "得表扬"。表达使动态的语法形式只有分析式，加 làm[lam²¹] "做"、làm cho[lam²¹ tɕɔ³³] "使"、gây[ɣɣ̌ i³³] "使" 或 khiến[χien²⁴] "使"，如：làm vỡ[lam²¹ vɣ³²⁵] "弄碎"、làm cho chạy[lam²¹ tɕɔ³³ tɕai³²] "使跑"。互动态由动词加上互动助词 nhau[ɲau³³] "互相" 构成，如：cãi nhau[kai³²⁵ ɲau³³] "互相吵架"、hôn nhau[hon³³ ɲau³³] "互相接吻"。

主动态：　Mẹ　khen　em.　　　　　　　妈妈表扬我。
　　　　　me³²　χɛn³³　ɛm³³
　　　　　妈　表扬　我

　　　　　Nó　đánh　mèo.　　　　　　他打猫。
　　　　　nɔ²⁴　dĕŋ²⁴　mɛu²¹
　　　　　他　打　猫

　　　　　Mèo　ăn　cá.　　　　　　猫吃鱼。
　　　　　mɛu²¹　ăn³³　ka²⁴
　　　　　猫　吃　鱼

被动态：　Em　được　mẹ　khen.　　　　我被妈妈表扬。
　　　　　ɛm³³　dɯɣk³²　me³²　χɛn³³
　　　　　我　得　妈　表扬

　　　　　Mèo　bị　nó　đánh.　　　　猫被他打。
　　　　　mɛu²¹　bi³²　nɔ²⁴　dĕŋ²⁴
　　　　　猫　被　他　打

　　　　　Cá　bị　mèo　ăn　vụng.　　鱼被猫偷吃了。
　　　　　ka²⁴　bi³²　mɛu²¹　ăn³³　vuŋ³²
　　　　　鱼　被　猫　吃　偷偷

使动态：　Nó　làm　vỡ　cốc.　　　　他把杯子摔碎了。
　　　　　nɔ²⁴　lam²¹　vɣ³²⁵　kok²⁴
　　　　　他　使　碎　杯子

　　　　　Nó　gây　cười.　　　　　他逗（大家）笑。
　　　　　nɔ²⁴　ɣɣ̌i³³　kɯɣi²¹
　　　　　他　使　笑

互动态：　Chúng nó　đánh　nhau chảy　máu đầu.他们互相打得流头血。
　　　　　tɕuŋ²⁴　nɔ²⁴　dĕŋ²⁴　ɲau³³　tɕai³¹²　mau²⁴　dɣ̌u²¹
　　　　　他们　打架　互相　流血　头

　　　　　Mèo và chó　đuổi　nhau trong sân.　猫和狗在院子里互相追。
　　　　　mɛu²¹　va²¹　tɕɔ²⁴　duoi³¹²　ɲau³³　tɕɔŋ³³　sɣ̌n³³
　　　　　猫　和　狗　追跑　互相　里　院子

（二）动词的体

动词的"体"范畴可包括"完成"和"未完成"两类。完成类包括已行体（perfective）和曾行体（experiential）。未完成类包括进行体（progressive）、将行体（prospective）、即行体（instant prospective）和延续体（durative）。

表5.1　　　　　　　　　　　　　　　动词的体

类别	句法标记	语法意义
已行体	đã[da³²⁵] "已经"、xong[sɔŋ³³] "完"、rồi[ʐoi²¹] "了"、được[dɯɤk³²] "得"	表示动作行为已经完成
曾行体	từng[tɯŋ²¹] "曾经"	表示对动作行为或事件的回顾
进行体	đang[daŋ³³] "正在"	表示动作行为正在进行或状态正在持续
即行体	sắp[săp²⁴] "即将"	表示动作行为的迫近，即将发生
将行体	sẽ[sε³²⁵] "将"	表示动作行为将要进行
延续体	cứ[kɯ²⁴] "一直"	表示动作行为从过去开始、延续到现在和将来

体标记：有的附加在动词前面，有的附加在动词后面。

1. 已行体

表示动作行为已经完成。动词之后使用时间副词 xong[sɔŋ³³] "完"、rồi[ʐoi²¹] "了"、được[dɯɤk³²] "得"，或者动词之前使用时间副词 đã[da³²⁵] "已经"。注意：虚词 được "得" 有三种功能：(i) 被动标记，(ii) 可能标记，(iii) 体标记。做体标记的时候，được "得" 后面必须引出时间词，否则将被视为可能标记。有时两个标记甚至三个标记都能同时出现。例如：

Nó đã có vé xem phim tối nay.　　　　他已经有今晚的电影票。

nɔ²⁴ da³²⁵ kɔ²⁴ vε²⁴ sem³³ fim³³ toi²⁴ nai³³

他 已 有 票 看 电影 今晚

Con đã ăn cơm xong rồi.　　　　我已经吃完饭了。

kɔn³³ da³²⁵ ăn³³ kɤm³³ sɔŋ³³ ʐoi²¹

我 已 吃 饭 完 了

Em ở đây được hai năm.　　　　我已住这儿两年。

εm³³ ɣ³¹² dɤi³³ dɯɤk³² hai³³ năm³³

我 住 这儿 得 两 年

2. 曾行体

表示曾经有过动作行为（act）或事件（event）。动词前面加标记 từng[tɯŋ²¹] "曾经"。有时，曾行标记与已行标记一起使用，动词的意思还是曾经发生过的意思。例如：

Tôi từng làm　công việc　này.　　　　我曾经做过这个工作。

toi³³ tɯŋ²¹ lam²¹ koŋ³³ viek³² nǎi²¹

我　曾　做　工作　　这

Chí Phèo đã　từng đi　tù.　　　　　志飘曾经坐过牢。

tɕi²⁴ fɛu²¹ da³²⁵ tɯŋ²¹ di³³ tu²¹

志飘　已　曾　去　监狱

3. 进行体

表示动作行为正在进行或状态正在持续。这意味着越语进行体也包含持续体（durative）在内。动词前面加标记 đang[daŋ³³]"正在"。例如：

Cửa　hàng đang bán　đồ giảm　giá.　商店正在卖打折商品。

kuɤ³¹² haŋ²¹ daŋ³³ ban²⁴ do²¹ zam³¹² za²⁴

商店　　正　卖　货降　价

Cháu đang tìm　cuốn　sách về　nuôi dạy　trẻ. 我正找关于照顾儿童的书。

tɕau²⁴ daŋ³³ tim²¹ kuon²⁴ ʂak²⁴ ve²¹ nuoi³³ zai³² tʂɛ³¹²

我　正　找　卷　书关于　养　教儿童

Tối qua　lúc tôi　đến,　nó đang　ăn　cơm. 昨晚我来的时候，他正在吃饭。

toi²⁴ kua³³ luk²⁴ toi³³ den²⁴ nɔ²⁴ daŋ³³ ǎn³³ kɤm³³

昨晚　时候我　来　他　正　吃　饭

4. 即行体

表示动作行为的迫近，即将发生。动词前面加标记 sắp[ʂǎp²⁴]"即将"。有时，即行体标记和已行体标记一起使用，其意思还是动作即将发生的意思。例如：

Cháu sắp　sinh em　bé.　　　　　我快生孩子了。

tɕau²⁴ ʂǎp²⁴ ʂiŋ³³ ɛm³³ bɛ²⁴

我　即将生　小孩

Cháu sắp　được　làm bố　rồi.　　　我快要当爸爸了。

tɕau²⁴ ʂǎp²⁴ dɯɤk³² lam²¹ bo²⁴ zoi²¹

我　即将　得　当　爸爸　了

5. 将行体

表示动作行为将要进行。动词前面加标记 sẽ[ʂɛ³²⁵]"将"。例如：

Chúng cháu sẽ　kết hôn　trong năm　nay. 我们今年将结婚。

tɕuŋ²⁴ tɕau²⁴ ʂɛ³²⁵ ket²⁴ hon³³ tʂɔŋ³³ nǎm³³ nai³³

我们　　将　结婚　里　今年

Cháu sẽ　đi　làm　nuôi con.　　　我将去上班，来养孩子。

tɕau²⁴ ʂɛ³²⁵ di³³ lam²¹ nuoi³³ kɔn³³

我　将去　工作　养　孩子

6. 延续体

表示动作行为从过去开始延续到现在，还发展到将来。动词前面加 cứ[kɯ²⁴] "一直"。例如：

Nó cứ học thế   thì   trượt mất!   他一直这样学习就是考不上！
nɔ²⁴ kɯ²⁴ hɔk³² the²⁴ thi²¹ tʂɯɤt³² mʏt²⁴

他一直 学 这样 THM-CON 考不上

Cứ chơi bóng kiểu này thì thua mất. 球这样打下去就输定了。
kɯ²⁴ tɕɤi³³ bɔŋ²⁴ kieu³¹² nǎi²¹ thi²¹ thuo³³ mʏt²⁴

一直 打球 模样   这 THM-CON 输 丢

三　动词的名物化

加 cái[kai²⁴]、việc[viek³²]或 sự[ʂɯ³²]等前缀实现动词的名物化。例如：

cái ăn[kai²⁴ ǎn³³]吃的东西　　　　việc ăn[viek³² ǎn³³]吃的事

PRE 吃　　　　　　　　　　　　　PRE 吃

sự ăn[ʂɯ³² ǎn³³] 吃的　　　　　cái   ở[kai²⁴ ɤ³¹²] 住的

PRE 吃　　　　　　　　　　　　　PRE 住

việc ở[viek³² ɤ³¹²]住的事　　　　sự ở[ʂɯ³² ɤ³¹²] 住的

PRE 住　　　　　　　　　　　　　PRE 住

cái mặc[kai²⁴ mǎk³²]穿的东西　　　việc mặc[viek³² mǎk³²]穿的事情

PRE 穿　　　　　　　　　　　　　PRE 穿

sự mặc[ʂɯ³² mǎk³²]穿的

PRE 穿

việc đánh nhau 打架的事　　　　　sự đánh nhau 打架的

viek³² dǎŋ²⁴ ɲau³³　　　　　　　　ʂɯ³² dǎŋ²⁴ ɲau³³

PRE 打架 互相　　　　　　　　　PRE 打架 互相

việc đồng ý   打架的事　　　　　sự đồng ý 同意的

viek³² doŋ²¹ i²⁴　　　　　　　　　ʂɯ³² doŋ²¹ i²⁴

PRE 同意　　　　　　　　　　　　PRE 同意

việc chiếu sáng   照亮的事　　　sự chiếu sáng 照亮的

viek³² tɕieu²⁴ ʂaŋ²⁴　　　　　　　ʂɯ³² tɕieu²⁴ ʂaŋ²⁴

PRE 照 亮　　　　　　　　　　　PRE 照亮

việc cải tạo 改造的事　　　　　　sự cải tạo 改造的

viek³² kai³¹² tau³²　　　　　　　　ʂɯ³² kai³¹² tau³²

PRE 改造　　　　　　　　　　　PRE 改造

例如：

Việc đàm　phán với công ty　　N&N không dễ dàng gì.

viek³² dam²¹ fan²⁴ vɣi²⁴ koŋ³³ ti³³ ɛn³³ɛn³³ χoŋ³³ ze³²⁵ zaŋ²¹ zi²¹

PRE　谈判　与　公司　　NN　不　容易　什么

与 N&N 公司谈判并不容易。

Sự liên kết　đào tạo giữa　hai trường sẽ　được thực　hiện từ năm sau.

şɯ³² lien³³ket²⁴ dau²¹ tau³² zɯɣ³²⁵ hai³³ tʂɯɣŋ²¹ şe³²⁵ dɯɣk³² thuɯk³² hien³² tɯ²¹ năm³³ şau³³

PRE 连接　培训　之间 两　学校　将　得　实现　　从　明年

从明年起，两校联合培训的事情将开始实施。

Việc đi lại　giữa　hai thành phố　ngày càng thuận　tiện.

viek³² di³³ lai³² zɯɣ³²⁵ hai³³ thĕŋ²¹ fo²⁴ ŋăi²¹ kaŋ²¹ thuɣn³² tien³²

PRE 去 来　之间　两　城市　　越来越　　　顺便

两个城市之间的交通越来越方便。

Sự　giúp đỡ　của　anh　luôn là　cần　thiết.

şɯ³² zup²⁴ dɣ³²⁵ kuo³¹² ĕŋ³³ luon³³ la²¹ kĕn²¹ thiet²⁴

PRE　帮助　　的　你　常　　需要

（我们）常需要你的帮助。

第三节　形容词

一　形容词的结合功能

形容词能与副词结合；不能与数词和类别词结合。与副词结合的如：

时间副词+形容词：

đã nóng[da³²⁵ nɔŋ²⁴]已热

已　热

sẽ lạnh[şe³²⁵ lĕŋ³²]将冷

将 冷

cứ nghiêm khắc[kɯ²⁴ ŋiem³³ χăk²⁴]一直严格

一直严格

cứ　vui [kɯ²⁴　vui]一直高兴

一直高兴

đã thuận tiện[da³²⁵ thuɣn³² tien³²]已方便

已 方便

sắp　ấm[şăp²⁴　ɣm²⁴]快要暖和

即将 暖和

Thời tiết　sắp　sửa　ấm　lên　rồi.

thɤi²¹ tiet²⁴ săp²⁴ ʂɯɤ³¹² ˇm²⁴ len³³ ʐoi²¹

天气　　　即将　暖和　起　了

天气快要暖和起来了。

Giao thông ở　đây　đã　thuận　tiện　hơn trước.

zau³³ thoŋ³³ ɣ³¹² dˇi³³ da³²⁵ thuˇn³² tien³² hɤn³³ tʂɯɤk²⁴

交通　　在这儿　已　方便　　　比　以前

这里的交通已经比以前方便。

范围副词+形容词：

đều nhanh[deu²¹ ɲˇn³³]都快

都　快

chỉ buồn[tɕi³¹² buon²¹]只难过

只　难过

đều cao[deu²¹ kau³³]都高

都　高

cũng béo[kuŋ³²⁵ bɛu²⁴]也胖

也　胖

cũng đắt[kuŋ³²⁵ dˇt²⁴]也贵

也　贵

đều đẹp[deu²¹ dɛp³²]都美

都　美丽

Cái　áo　này cũng　đắt　như cái　kia.

kai²⁴　au²⁴　nˇi²¹ kuŋ³²⁵ dˇt²⁴ ɲɯ³³ kai²⁴ kie³³

DEF 衣服　这　也　　贵　如 DEF 那

这件衣服也像那件一样贵。

Hai　anh em đều　cao　như nhau.　　两个兄弟都一样高。

hai³³ ˇŋ³³ ɛm³³ deu²¹ kau³³ ɲɯ³³ ɲau³³

两　哥 弟　都　高　如 互相

程度副词+形容词：有一些程度副词可以放在形容词后面。

rất thẳng[ʐˇt²⁴ thˇŋ³¹²]很直

很　直

cực chua[kɯk³² tɕuo³³]非常酸

极　酸

đẹp lắm[dɛp³² lˇm²⁴] 很美

美　很

Em đẹp lắm. ɛm³³ dɛp³² lˇm²⁴

你美　很

hơi　ngọt[hɤi³³　ŋɔt³²]有点甜

有点 甜

quá nhẹ[kua²⁴ ɲɛ³²]太轻

太　轻

nặng quá[nˇŋ³² kua²⁴] 太重

重　太

你很美

Hành lý　của　anh nặng lắm.　　你的行李很重。

hˇŋ²¹ li²⁴ kuo³¹² ˇŋ³³ nˇŋ³² lˇm²⁴

行李　　的　你 重 很

归一性副词+形容词：

có đẹp[kɔ²⁴ dɛp³²]很漂亮
有　美

không sạch sẽ[χoŋ³³ ʂak³² ʂe³²⁵]不干净
不　　干净

chưa ấm[tɕɯɤ³³ v̆m²⁴]还没暖和
未　暖和

chẳng nhiệt tình[tɕǎŋ³¹² ɲiet³² tiŋ²¹]不热情
不　　热情

chưa thật thà [tɕɯɤ³³ thv̆t³² tha²¹]还没老实
未　老实

không loằng ngoằng[χoŋ³³ luǎŋ²¹ ŋuǎŋ²¹]不复杂
不　　复杂、缠绕

频率副词+形容词:

luôn ngoan[luon³³ ŋuan³³]常乖　　　　　luôn vui[luon³³ vui³³]　常开心
常　乖

thỉnh thoảng ồn ào[thiŋ³¹² thuaŋ³¹² on²¹ au²¹]偶尔吵闹
偶尔　　　吵闹

形容词+完成体标记:

to rồi[tɔ³³ zoi²¹]大了　　　　　　　xa rồi[sa³³ zoi²¹]远了
大　了　　　　　　　　　　　　远　了

tốt rồi[tot²⁴ zoi²¹]好了　　　　　　hỏng rồi[hoŋ³¹² zoi²¹]坏了
好　了　　　　　　　　　　　　坏　了

phiền rồi[fien²¹ zoi²¹]　麻烦了　　　sướng rồi[ʂɯɤŋ²⁴ zoi²¹]幸福了
麻烦　了　　　　　　　　　　　幸福　了

形容词+趋向动词:

đẹp lên[dɛp³² len³³]漂亮起来　　　　xấu đi[sv̆u²⁴ di]变丑
美　上　　　　　　　　　　　　丑　去

dài ra[zai²¹ za³³]变长　　　　　　　to ra[tɔ³³ za³³]大起来
长　出　　　　　　　　　　　　大　出

ngắn lại[ŋǎn²⁴ lai³²]变短　　　　　　thấp xuống[thv̆p²⁴ suoŋ²⁴]低下来
短　来　　　　　　　　　　　　低　下

二　形容词的重叠

A'A 重叠式表示程度减弱。A' 是 A 的轻读。

trắng　　　tʂǎŋ²⁴白　　　trăng trắng　　tʂǎŋ³³ tʂǎŋ²⁴白白
dễ　　　　ze³²⁵容易　　　dê dễ　　　　　ze ze³²⁵容易极了

đỏ	dɔ³¹²红	đo đỏ	dɔ³³ dɔ³¹²有点红
nóng	nɔŋ²⁴热	nong nóng	nɔŋ³³ nɔŋ²⁴有点热

AA'A' 重叠式表示程度增强。

sát	ʂat²⁴紧	sát sàn sạt	ʂat²⁴ ʂan²¹ ʂat³²紧靠
nhẽo	ɲɛu³²⁵松	nhẽo nhèo nhẽo	ɲɛu³²⁵ ɲɛu²¹ ɲɛu²¹很松
sạch	ʂak³²干净	sạch sành sanh	ʂak³² ʂɛ̆n²¹ ʂɛ̆n³³一干二清
cuống	kuoŋ²⁴急	cuống cuồng cuồng	kuoŋ²⁴ kuoŋ²¹ kuoŋ²¹急急忙忙

AB'B 重叠式表示程度增强。B' 是 B 的轻读。

đen sì	den ʂi²¹黑
đen sì sì	den ʂi²¹ ʂi²¹黑乎乎
xanh mởn	ʂɛ̆n³³ mʏn³¹²鲜绿
xanh mơn mởn	ʂɛ̆n³³ mʏn³³ mʏn³¹²绿油油
đỏ hỏn	dɔ³¹² hɔn³¹²赤红
đỏ hon hỏn	dɔ³¹² hɔn³³ hɔn³¹²赤红红
vàng ửng	vaŋ²¹ uŋ³¹²熟橘的黄
vàng ung ửng	vaŋ²¹ uŋ uŋ³¹²橘子过熟的黄

AABB 重叠式表示程度增强。

săng sái	ʂăŋ³³ ʂai²⁴ 热情
săng săng sái sái	ʂăŋ³³ ʂăŋ³³ ʂai²⁴ ʂai²⁴很热情
rụt rè	zụt³² zɛ̣²¹害羞
rụt rụt rè rè	zụt³² zụt³² zɛ̣²¹ zɛ̣²¹很害羞
hối hả	hoi²⁴ ha³¹²急忙
hối hối hả hả	hoi²⁴ hoi²⁴ ha³¹² ha³¹²急急忙忙
hùng hổ	huŋ²¹ ho³¹²猛
hùng hùng hổ hổ	huŋ²¹ huŋ²¹ ho³¹² ho³¹²猛如虎
vênh váo	veŋ³³ vau²⁴骄傲
vênh vênh váo váo	veŋ³³ veŋ³³ vau²⁴ vau²⁴洋洋得意
ngô nghê	ŋo³³ ŋe³³傻
ngô ngô nghê nghê	ŋo³³ ŋo³³ ŋe³³ ŋe³³傻乎乎
vội vàng	voi³² vaŋ²¹急
vội vội vàng vàng	voi³² voi³² vaŋ²¹ vaŋ²¹急急忙忙

A-aAB 重叠式表示强调。a 是 A 的谐音。

hớt hả	hʏt²⁴ ha³¹²急忙
hớt ha hớt hả	hʏt²⁴ ha³³ hʏt²⁴ ha³¹²急急忙忙
lụng thụng	luŋ³² thuŋ³²宽松

lụng thà lụng thụng	luŋ³²thà²¹luŋ³²thuŋ³²	宽宽松松
hì hục	hi²¹ huk³²	专心
hì hà hì hục	hi²¹ ha²¹ hi²¹ huk³²	专心努力
lủng cùng	luŋ³¹²kuŋ²¹	乱
lủng cà lủng củng	luŋ³¹²ka²¹luŋ³¹²kuŋ³¹²	横七竖八
bấp bênh	bɤ̆p²⁴beŋ³³	不定
bấp ba bấp bênh	bɤ̆p²⁴ba³³bɤ̆p²⁴beŋ³³	漂浮不定
vất vưởng	vɤ̆t²⁴vɯɤŋ³¹²	流浪
vất va vất vưởng	vɤ̆t²⁴va³³vɤ̆t²⁴vɯɤŋ³¹²	流浪不定

A'B'AB 重叠式表示强调。A'是 A 的轻读。B'是 B 的轻读。

lừ đừ	lɯ²¹ dɯ²¹	跌撞
lử đử lừ đừ	lɯ³¹² dɯ³¹² lɯ²¹ dɯ²¹	跌跌撞撞
bồi hồi	boi²¹ hoi²¹	徘徊
bổi hổi bồi hồi	boi³¹² hoi³¹² boi²¹ hoi²¹	徘徊
tần ngần	tɤ̆n²¹ŋɤ̆n²¹	惘然
tẩn ngẩn tần ngần	tɤ̆n³¹² ŋɤ̆n³¹² tɤ̆n²¹ ŋɤ̆n²¹	惘然

ABab 重叠式表示强调。a 是 A 的谐音。b 是 B 的谐音。

lôi thôi	loi³³ thoi³³	邋遢
lôi thôi lếch thếch	loi³³thoi³³lek²⁴thek²⁴	邋里邋遢
lẩm cẩm	lɤ̆m³¹² kɤ̆m³¹²	糊涂
lẩm cẩm lầm cầm	lɤ̆m³¹²kɤ̆m³¹²lɤ̆m²¹kɤ̆m²¹	糊里糊涂

三　形容词的名物化

一般的形容词都可以前加 cái [kai²⁴]或者 sự[ʂɯ³²]实现形容词的名物化。如：cái mới [kai²⁴ mɤi²⁴] "新的"、cái tốt[kai²⁴ tot²⁴] "好的"、sự nhanh nhạy[ʂɯ³² ɲɛ̆ŋ³³ ɲăi³²] "敏捷的"。颜色形容词还可以前加 mầu[mɤ̆u²¹]来表示颜色名。如：mầu xanh[mɤ̆u²¹ sɛ̆ŋ³³] "绿色"、mầu đỏ[mɤ̆u²¹ dɔ³¹²] "红色"。心理状态形容词可前加 nỗi[noi³²⁵]、niềm[niem²¹]、cuộc[kuok³²]、mối[moi²⁴]、cái[kai²⁴]、sự[ʂɯ³²]实现形容词的名物化。如：nỗi buồn[noi³²⁵ buon²¹] "难过的"、niềm hạnh phúc[niem²¹ hɛ̆ŋ³² fuk²⁴] "幸福的"、cuộc vui[kuok³² vui³³] "快乐的一场"、mối lo[moi²⁴ lɔ³³] "担心的"。

cái mới	kai²⁴ mɤi²⁴	新的
PRE 新		
sự nhanh nhạy	ʂɯ³² ɲɛ̆ŋ³³ ɲăi³²	敏捷的
PRE 敏捷		

nỗi buồn	noi³²⁵ buon²¹	难过的
PRE 难过		
niềm hạnh phúc	niem²¹ hĕŋ³² fuk²⁴	幸福的
PRE 幸福		
cuộc vui	kuok³² vui³³	快乐的一场
PRE 高兴		

四　形容词的态

包括自动态（resultative voice）和使动态（causative voice）。构成使动态的语法手段只有分析式（periphrastic）手段，主要通过在形容词的前面加用 làm[lam²¹]或 làm cho[lam²¹ tɕɔ³³]"使、弄"来实现。分析式是构成使动态的最主要的语法手段，如：

自动态		使动态	
trắng	tʂăŋ²⁴白	làm trắng	lam²¹ tʂăŋ²⁴弄白
ngắn	ŋăn²⁴短	làm ngắn	lam²¹ ŋăn²⁴弄短
ngắn	ŋăn²⁴短	làm cho ngắn	lam²¹ tɕɔ³³ ŋăn²⁴弄短

五　形容词的体

形容词的"体"基本上与动词的体相同，只是多了一种起始体。起始体属于未完成体，是指事物状态在某个参照点上开始出现或演变。在形容词后加上标记 lên[len³³]"上、起来"、ra[za³³]"出"、đi[di³³]"去"。起始体的标记是从趋向动词虚化而来的，色彩意义也不同。lên"上、起来"、ra"出"有积极意义，đi"去"有消极意义。

ấm lên	ʏm²⁴ len³³暖和起来	nặng lên	năŋ³² len³³重起来
暖　上		重　上	
lạnh đi	lĕŋ³² di³³冷起来	nhẹ đi	ɲɛ³² di³³轻下来
冷　去		轻　去	
to lên	tɔ³³ len³³大起来	sáng lên	ʂaŋ²⁴ len³³亮起来
大　上		亮　上	
bé đi	bɛ²⁴ di³³小下去	tối đi	toi²⁴ di³³开始暗
小　去		暗　去	
béo lên	bɛu²⁴ len³³胖起来	cao lên	kau³³ len³³高起来
胖　上		高　上	
gầy đi	ɣʏi²¹ di³³瘦下来	lùn đi	lun²¹ di³³开始矮
瘦　去		矮　去	

第四节　单位词

　　单位词（Measurer）是用来计量单位的词。其最突出的功能是与数词结合表示事物的数量。包括标准单位的度量衡单位词、集体单位词和以容器等作为借用单位的单位词。度量衡单位词如 lít[lit²⁴]"升"，đấu[dɤu²⁴]"斗"，mét[met²⁴]"米"，lạng[laŋ³²]"两"，cân[kɤn³³]"公斤"。集体单位词如 đôi[doi³³]"对"，bầy[bɤi²¹]"群"，tá[ta²⁴]"打"，vài[vai²¹]"些"，ít[it²⁴]"一点"，chút[tɕut²⁴]"一点"。借用单位词很多，凡是容器性名词都可以借来当单位词用。如：chậu[tɕɤu³²]"盆子"、xô[so³³]"桶子"、bàn[ban²¹]"桌子"、cốc[kok²⁴]"杯"、hộp[hop³²]"盒"、thùng[thuŋ²¹]"大桶"。例如：

Tôi muốn mua ba lít xăng.　　　　　我想买三升汽油。
toi³³ muon²⁴ muo³³ ba³³ lit²⁴ săŋ³³

我　想　买　三　升　汽油

Lấy hai đấu gạo là được rồi.　　　　拿两斗米就可以了。
lɤi²⁴ hai³³ dɤu²⁴ ɣau³² la²¹ dɯɤk³² zoi²¹

拿　两　斗　米　THM　得　了

Cân cho tôi hai lạng thịt.　　　　　给我称二两肉。
kɤn³³ tɕo³³ toi³³ hai³³ laŋ³² thit³²

称　给　我　二　两　肉

Một đôi chim bay đi.　　　　　　　两只鸟飞走。
mot³² doi³³ tɕim³³ băi³³ di³³

一　对　鸟　飞　去

Một bầy vịt cứ quang quác dưới đầm.
mot³² bɤi²¹ vit³² kɯ²⁴ kuaŋ³³ kuak²⁴ zɯɤi²⁴ dɤm²¹

一　群　鸭子一直　呱呱　下　水潭
一群鸭子一直在水潭里呱呱叫。

Vài trăm nghìn thì làm ăn được gì?　几百块钱能做什么？
vai²¹ tʂăm³³ ŋin²¹ thi²¹ lam²¹ ăn³³ dɯɤk³² zi²¹

几　百　钱　THM　做　得　什么

Cháu chỉ có một ít tiền lương.　　　我只有一点工资。
tɕau²⁴ tɕi³¹² ko²⁴ mot³² it²⁴ tien²¹ lɯɤŋ³³

我　只　有　一点　工资

Cho tôi xin một cốc trà.　　　　　给我一杯茶。
tɕo³³ toi³³ sin³³ mot³² kok²⁴ tʂa²¹

给 我 要 一 杯 茶
Một thùng   dầu thô   giá   50   đô.   一桶重油价格 50 美金。
mot³² thuŋ²¹ zỷu²¹ tho³³ za²⁴ năm³³muɤyi³³ do³³
一   桶   重油   价   50   美金

第五节　类别词

　　类别词（Classifier）是给后面名词进行分类、归类的词。类别词对名词有定量、定性的功能。其定量是指一个的意思。其定性功能决定于跟随的名词本身。因此越语类别词不能与综合名词搭配，只能跟非综合名词搭配。其语义半实半虚。

　　类别包括生命度、无生命度、动物、植物、器具、工具等等。更细的分类可以是树木、果、花、人、山、房屋等等。越语类别词对所有名词进行相当系统而均衡地多层分类。带类别词的名词可以不跟数词结合。（越语类别词的这个特点使之与汉语量词有所不同，但跟状语有些相似。）例如：

con gà 鸡   con bò 牛   con chim 鸟
kɔn³³ ɣa²¹   kɔn³³ bɔ²¹   kɔn³³ tɕim³³
只   鸡   只   牛   只   鸟

cây nho 葡萄树   cây vải 荔枝树   cây nhãn 龙眼树
kɤ̌i³³ ɲɔ³³   kɤ̌i³³ vai³¹²   kɤ̌i³³ ɲan³²⁵
树   葡萄   树   荔枝   树   龙眼

quả nho 葡萄   quả vải 荔枝果   quả nhãn 龙眼果
kua³¹² ɲɔ³³   kua³¹² vai³¹² 荔枝果   kua³¹² ɲan³²⁵ 龙眼果
果   葡萄   果   荔枝   果   龙眼

chùm nho 葡萄串   chùm vải 荔枝串   chùm nhãn 龙眼串
tɕum²¹ ɲɔ³³   tɕum²¹ vai³¹²   tɕum²¹ ɲan³²⁵
串   葡萄   串   荔枝   串   龙眼

　　上例的类别词 con[kɔn³³]“只”，对后面名词“鸡、牛、鸟”进行归类，显示这些名词属于“动物”类。类别词 cây[kɤ̌i³³]“树”，对“葡萄、荔枝、龙眼”进行归类，归属“树木”类。类别词 quả[kua³¹²]“果”和 chùm[tɕum²¹]“串”，对“葡萄、荔枝、龙眼”进行归类，显示这些名词属于“水果”类。quả 和 chùm 的“分等级”功能相同，但表示数量的功能不同，quả 表示“一个果”，chùm 表示“形成一串”的意思。

　　一个名词若与不同的类别词结合会有不同的色彩效果。比较：

vị họa sĩ 画家	vị giám đốc 经理
vi³² hua³² ṣi³²⁵	vi³² zam²⁴ dok²⁴
位　画家	位　经理
người họa sĩ 画家	người giám đốc 经理
ŋɯvi³² hua³² ṣi³²⁵画家	ŋɯvi²¹ zam²⁴ dok²⁴ 经理
人　　画家	人　　经理
thằng　họa sĩ 画家	thằng　giám đốc 经理
thăŋ²¹　　hua³² ṣi³²⁵	thăŋ²¹　　zam²⁴ dok²⁴
人（贬义）画家	人（贬义）经理

虽然 vị[vi³²]、người[ŋɯvi²¹]、thằng[thăŋ²¹]对 "画家"和 "经理"都进行了归类，归属 "人"一类，但 vị 带尊敬的积极色彩，người 带中性色彩，thằng 带 "鄙视"的消极色彩。

第六节　数词

可分为基数、分数、倍数、概数和序数等五大类。

有两大特点：表数目多少的数词作定语时放在名词前，表次序先后的数词放在名词后。

一　基数

采用十进位。单纯基数词有：

một	hai	ba	bốn	năm	sáu	bảy	tám	chín	mười
mot³²	hai³³	ba³³	bon²⁴	năm³³	ṣau²⁴	bʂi³¹²	tam²⁴	tçin²⁴	mɯvi²¹
一	二	三	四	五	六	七	八	九	十

trăm	nghìn	vạn	triệu	tỉ
tʂăm³³	ŋin²¹	van³²	tʂieu³²	ti³¹²
百	千	万	百万	十亿

合成数词由以上的单纯数词构成。如：mười một[mɯvi²¹ mot³²] "十一"。注意：在构成 20 以上的数量词时，một [mot²¹] "一"读锐声 mốt [mot²⁴] "一"，bốn[bon²⁴] "四"可以读 bốn [bon²⁴]，也可以变成汉语借词 tư [tɯ³³]，mười [mɯvi²¹] "十"读横生[mɯvi³³]。如：hai mươi mốt [hai³³ mɯvi³³ mot²⁴] "二十一"，hai mươi tư [hai³³ mɯvi³³ tɯ³³] "二十四"。数字的分位法是三位一分。一般说到 "万"的时候很少用 "万"，常用 "十千"。例如：10000 读 mười nghìn[mɯvi²¹ ŋin²¹] "十千"。

二　分数

先读分子，后读分母。例如：

1/3 读 một phần ba   mot³² fɤ̌n²¹ ba³³
     一 分 三

90% 读 chín mươi phần trăm   tɕin²⁴ mɯɤi³³ fɤ̌n²¹ tʂăm³³
     九 十 分 百

9,14 读 chín phảy mười bốn   tɕin²⁴ fɤ̌i³¹² mɯɤi²¹ bon²⁴
     九（小数点）十 四

三 倍数

用"gấp[ɣɤ̌p²⁴]+数"、"数+lần[lɤ̌n²¹]"、"gấp[ɣɤ̌p²⁴]+数+lần[lɤ̌n²¹]"来表示倍数。增加后的结果必须包括底数在内。例如：

gấp hai lần năm ngoái 去年的两倍／比去年增加一倍

ɣɤ̌p²⁴ hai³³ lɤ̌n²¹ năm³³ ŋuai²⁴

倍 两 次 去年

四 概数

用相邻的两个基数表示，例如：

tám chín người 八九个人

tam²⁴ tɕin²⁴ ŋɯɤi²¹

八 九 人

也可以用 ngót[ŋɔt²⁴] "不到"、gần[ɣɤ̌n²¹] "不到"、non[nɔn³³] "不到"、độ[do³²] "大概"、khoảng[χuaŋ³¹²] "大概"、chừng[tɕɯŋ²¹] "大概"、hơn[hɤn³³] "超过"、già[za²¹] "超过"、trên dưới[tʂen³³ zɯɤi²⁴] "左右"、hàng[haŋ²¹] "几个"等放在基数前面（hơn 放前后都行），例如：

chừng khoảng năm sáu hôm   大概五到六天

tɕɯŋ²¹ χuaŋ³¹² năm³³ ʂau²⁴ hom³³

大概 大概 五 六 天

五 序数

"名+thứ[thɯ²⁴]+数"，例如：

người thứ ba 第三个人

ŋɯɤi²¹ thɯ²⁴ ba³³

人 第 三

六 不定数

表示大量不定数常用 nhiều[ɲieu²¹]，lắm[lăm²⁴]，bao nhiêu[bau³³ ɲieu³³]，表示小量不定数常用 ít[it²⁴]，một ít[mot³² it²⁴]，một tí[mot³² ti²⁴]，một chút[mot³² tɕut²⁴]。例如：

nhiều người 多人	lắm người 多人	ít người 少人
ɲieu²¹ ŋɯɤi²¹	lăm²⁴ ŋɯɤi²¹	it²⁴ ŋɯɤi²¹
多 人	多 人	少人

七　多数

在名词前加上冠词 những[ɲɯɯŋ³²⁵]（不定冠词）或 các[kak²⁴]（有定冠词）。những 的后面一般有定语，các 可有可无，例如：

những　lẽ　phải không ai chối　cãi　được　　无人可以否认的真理，

ɲɯɯŋ³²⁵　lɛ³²⁵ fai³¹² χoŋ³³ ai³³ tɕoi²⁴ kai³²⁵ dɯɤk³²

IND-PLR 真理　不　谁　否认　得

các　bạn　tôi 我的朋友们。

kak²⁴　ban³²　toi³³

DEF-PLR 朋友我

八　全数

在名词前加 mọi[mɔi³²]所有，tất[tɤt²⁴]全（做补语），cả[ka³¹²]全，tất cả[tɤt²⁴ ka³¹²]全部，toàn[tuan²¹]全，toàn bộ[tuan²¹ bo³²]全部，toàn thể[tuan²¹ the³¹²]全体。

mọi　học sinh 所有的学生　　　　tất　cả　giáo viên 全部老师

mɔi³² hɔk³² ʂiŋ³³　　　　　　　　tɤt²⁴ ka³¹² zau²⁴ vien³³

所有　学生　　　　　　　　　　　全部　　　　教师

toàn　thể　công nhân 全体工人　　cả　lớp 全班同学

tuan²¹ the³¹² koŋ³³ ɲɤn³³　　　　ka³¹² lɤp²⁴

全体　　　工人　　　　　　　　　全　班

九　分配数

在名词前加 mỗi[moi³²⁵]每个，từng[tɯŋ²¹]逐个。如：

mỗi người 每个人　　　　　　　mỗi bông hoa tươi 每一朵鲜花

moi³²⁵ ŋɯɤi²¹　　　　　　　　moi³²⁵ boŋ³³ hua³³ tɯɤi³³

每　人　　　　　　　　　　　　每　花　鲜

từng ngày 每天　　　　　　　từng cô gái 每个姑娘

tɯŋ²¹ ŋǎi²¹　　　　　　　　tɯŋ²¹ ko³³ ɣai²⁴

每　天　　　　　　　　　　　每　姑娘

第七节　代词

包括人称代词、指示代词、疑问代词三大类。

一　人称代词

（一）基本人称代词：分单数和复数。复数可通过附加手段表示。主格与宾格同形。

	单数	多数
第一人称	tôi[toi³³], tao[tau³³], tớ[tɤ²⁴], ta[ta³³]	排除式: chúng tôi[tɕuŋ²⁴ toi³³], chúng tao[tɕuŋ²⁴ tau³³], chúng tớ[tɕuŋ²⁴ tɤ²⁴]; 包括式: chúng ta[tɕuŋ²⁴ ta³³], ta[ta³³]
第二人称	mày[mǎi²¹]	chúng mày[tɕuŋ²⁴ mǎi²¹], chúng bay[tɕuŋ²⁴ bǎi³³]
第三人称	nó[nɔ²⁴], hắn[hǎn²⁴], y[i³³]	chúng nó[tɕuŋ²⁴ nɔ²⁴], chúng[tɕuŋ²⁴], họ[hɔ³²]

反身代词: mình[miŋ²¹] "身体"。

（二）借用人称代词: 借用家族称谓。单数常有尊称和小辈。尊称包括同辈 anh[ɛŋ³³] "哥哥"、chị[tɕi³²] "姐姐"、em[ɛm³³] "妹/弟"、长一辈 bác[bak²⁴] "伯父母"、chú[tɕu²⁴] "叔叔"、cô[ko³³] "姑姑"、cậu[kɤu³²] 舅舅，长两辈 ông[oŋ³³] "爷爷"、bà[ba²¹] "奶奶"、长三辈 cụ[ku³²] "曾祖父母"，小辈 cháu[tɕau²⁴] "侄子/侄女"、con[kɔn³³] "儿子/女儿"。复数必须在单数代词上前加 các[kak²⁴] 或 chúng[tɕuŋ²⁴]。

社会职称也能作人称代词，尤其是作第二人称代词。例如:

Giám đốc gọi em?　经理叫我?

zam²⁴ dok²⁴ ɣɔi³² ɛm³³

经理　　叫　我

越族人也十分注重辈分和情感，称呼上必须带有辈分的信息。

（三）特殊的单数人称代词: 表示第一人称的有 đây[dɤi³³] "这儿"，表示第二人称的有 đằng ấy[dǎŋ²¹ ɤ̌i²⁴] "那儿"、người[ŋɯɤi²¹] "人"，表示第一、第二或第三人称的 người ta[ŋɯɤi²¹ ta³³] "人家"，要根据具体对话才能辨别出来。例如:

Mình chỉ biết thế thôi, đó là chuyện của người ta mà!

miŋ²¹ tɕi³¹² biet²⁴ the²⁴ thoi³³ dɔ²⁴ la²¹ tɕuien³² kuo³¹² ŋɯɤi²¹ ta³³ ma²¹

我　只　知　那样　而已　那　是　事　的　人家　MOD

我只知道这样而已，那是人家（别人）的事情嘛!

二　指示代词

时间指示代词有 bây giờ[bɤi³³ zɤ²¹] "现在"、này[nǎi²¹] "这时"、bấy giờ[bɤi²⁴ zɤ²¹] "那时"（表示过去或将来都可以）、qua[kua³³] "去"（表示过去）、trước[tʂɯɤk²⁴] "上"（表示过去）、ngoái[ŋuai²⁴] "前"（表示过去）、sau[sǎu³³] "下"（表示将来）、tới[tɤi²⁴] "下"（表示将来）; 空间指示代词 đây[dɤi³³] "这"、này[nǎi²¹] "这"、nọ[nɔ³²] "那"、đó[dɔ²⁴] "那"、đấy[dɤi²⁴] "那"、ấy[ɤ̌i²⁴] "那"、kia[kie³³] "那"等; 数量指示代词 bây nhiêu[bɤi³³ ɲieu³³] "这么多"、bấy nhiêu[bɤi²⁴ ɲieu³³] "这么多"; 方式指示代词 thế[the²⁴] "那么"、vậy[vɤi³²] "这么"、

thế này[the²⁴ nǎi²¹] "这么"、thế kia[the²⁴ kie³³] "那么"、thế nọ[the²⁴ nɔ³²] "那么"。指示代词一般放在名词之前。有一些空间指示代词可以兼用时间指示代词。

三　疑问代词

空间疑问代词 đâu[dɤu³³] "哪儿"；时间疑问代词 bao giờ[bau³³ zɤ²¹] "什么时候"、bao lâu[bau³³ lɤu³³]"多长时间"；数量疑问代词 bao nhiêu[bau³³ ɲieu³³] "多少[]"、mấy[mɤ̌i²⁴] "几个"；方式、情况疑问代词 thế nào[the²⁴ nau²¹] "怎么"、sao[ʂau³³] "怎么"；人或事物疑问代词 ai[ai³³] "谁"、gì[zi²¹] "什么"、nào[nau²¹] "哪个"。

第八节　冠词

冠词是在句子里对名词起限定作用的虚词。有两个特点：冠词后面必须有名词或类别词，没有篇章衔接功能。冠词 cái[kai²⁴] 和名物化标记 cái[kai²⁴] 是同音词。根据限定的标准，可把冠词分为有定冠词和不定冠词。

一　有定冠词

cái[kai²⁴]、các[kak²⁴]用来限定名词是讲话者明确指出的某个或某些特定的事物。cái[kai²⁴]是个体指称的单数，các[kak²⁴]是指称的复数。越语的定冠词一般跟指人的名词或抽象名词搭配。例如：các bác sĩ[kak²⁴ bak²⁴ ʂi³²⁵] "大夫们"，对话者都知道是前面刚提过或跟说话者有关的那些大夫。

Các	bác	sĩ	đều	rất	giỏi.	各位大夫都很好！
kak²⁴	bak²⁴	ʂi³²⁵	deu²¹	zɤ̌t²⁴	zɔi³¹²	
DEF-PLR	大夫		都	很	好	

Cái	lọ	hoa	bị	vỡ	rồi.	（那个）花瓶被打碎了。
kai²⁴	lɔ³²	hua³³	bi³²	vɤ³²⁵	zɔi²¹	
DEF	花瓶		被	碎	了	

二　不定冠词

một[mot³²] "一"、những[nɯɯŋ³²⁵] "一些"用来表示名词是指某一类特定事物中的一个或若干个，但具体是哪一个或哪几个并不重要。một[mot³²]是单数，những[nɯɯŋ³²⁵]是多数。例如：những người đó[nɯɯŋ³²⁵ ŋɯɤi²¹ dɔ²⁴] "那些人"，những[nɯɯŋ³²⁵]范围不明确，所以必须有 đó[dɔ²⁴] "那" 搭配。再如：

Cô	cho	tôi	mua	một	quyển	vở!	请你卖给我一个本子！
ko³³	tɕɔ³³	toi³³	muo³³	mot³²	kuien³¹²	vɤ³¹²	
姑姑	允许	我	买	一	CLS	本子	

这里的 một[mot³²] 是泛指作用，指任何一种或一个本子。

第九节　副词

有三个特点：不能作主语、谓语、宾语，能表示很强的感情色彩，数量丰富。以功能为主的标准，可把副词分成主观性副词和客观性副词。主观性副词分为语气副词和祈使副词，客观性副词再分为语篇功能副词和语义功能副词。语篇功能副词即关联副词，语义功能副词可再分为程度、范围、时间和否定等副词。

一　语气副词

用于表示反问、估量、肯定、转折、侥幸等各种语气，常用的有 chẳng lẽ[tɕăŋ³¹² lɛ³²⁵] "难道"、có lẽ[kɔ²⁴ lɛ³²⁵] "也许"、đương nhiên[dɯɤŋ³³ ɲien³³] "当然"、bỗng nhiên[boŋ³²⁵ ɲien³³] "突然"、nhất định[ɲɤt²⁴ diŋ³²] "一定"、rốt cuộc[zot²⁴ kuok³²] "到底"。

二　祈使副词

用于促使或否定的命令，常用的有 hãy[hăi³²⁵] "请"、cứ[kɯ²⁴] "请"、đừng[dɯŋ²¹] "别"、chớ[tɕɤ²⁴] "甭"。

三　关联副词

用于逻辑连接或篇章衔接，常用的有 cũng[kuŋ³²⁵] "也"、thì[thi²¹] "就"、cuối cùng[kuoi²⁴ kuŋ²¹] "究竟"、thật ra[thɤt³² za³³] "其实"。

四　程度副词

用于表示相对或绝对，经常修饰形容词，常用的有 rất[zɤt²⁴] "很"、lắm[lăm²⁴] "得很"、quá[kua²⁴] "太"、khá[χa²⁴] "很"、cực kì[kɯk³² ki²¹] "非常"、vô cùng[vo³³ kuŋ²¹] "非常"、càng[kaŋ²¹] "更"、hơi[hɤi³³] "有点"、nhất[ɲɤt²⁴] "最"。

五　范围副词

用于概括或限制实词，常用的有 cũng[kuŋ³²⁵] "也"、đều[deu²¹] "都"、cùng[kuŋ²¹] "一起"、cả[ka³¹²] "全部"、chi[tɕi³¹²] "只"。

六　时间副词

用于表时量或动量，主要修饰动词，常用的有 đã[da³²⁵] "已经"、sẽ[sɛ³²⁵] "将"、sắp[săp²⁴] "即将"、đang[daŋ³³] "正在"、rồi[zoi²¹] "了"、vừa[vɯɤ²¹] "刚"、mới[mɤi²⁴] "刚刚"、từng[tɯŋ²¹] "曾"、dần dần[zɤn²¹ zɤn²¹] "久而久之"、luôn[luon³³] "常"、mãi[mai³²⁵] "永远"、ngay[ŋăi³³] "马上"、lại[lai³²] "又"、nữa[nɯɤ³²⁵nɯɤ³²⁵] "再"、thường[thɯɤŋ²¹] "常"、thinh thoảng[thiŋ³¹² thuaŋ³¹²] "偶尔"。

七　否定副词

用于否定命题，常用的有 không[χoŋ³³] "不"、chưa[tɕɯɯ³³] "还没"、

chẳng[tɕǎn³¹²]"不"。

上面的分类法不是绝对的，有些副词可以兼类，表示不只一种意义，如：cũng[kuŋ³²⁵]又表范围又表关联，bỗng nhiên[boŋ³²⁵ ɲien³³]、rốt cuộc[ʐot²⁴ kuok³²]、vẫn[vɤ̆n³²⁵]又表语气又表时间。关于副词的例句，请看第七章的情态系统部分。

第十节　连词

连词的特点是不能单独做句子成分，不能单独用来回答问题，不能重叠。越语的连词较丰富，可将小句与小句连接起来，也可以将词组连接起来。根据语法关系，可以把连词分成主从和联合两类。

一　主从连词

是一种表示逻辑关系的连词。被连词连接的成分在语法关系上是主导与从属的关系。

（一）表示原因

vì[vi²¹]"因为"、do[ʐo³³]"由于"、bởi[bɤi³¹²]"由"、tại[tai³²]"因"、nhờ[nɤ²¹]"由"。表示结果：nên[nen³³]"所以"、cho nên[tɕo³³ nen³³]"所以"。

（二）表示条件假设

nếu[neu²⁴]"如"、nếu như[neu²⁴ ɲɯ³³]"如果"、nếu mà[neu²⁴ ma²¹]"如果"、hễ[he³²⁵]"一旦"、hễ mà[he³²⁵ ma²¹]"一旦"、giá như[za²⁴ ɲɯ³³]"假如"、giả dụ[za³¹² zu³²]"假如"。

（三）表示让步

tuy[tŭi³³]"虽"、tuy rằng[tŭi³³ zǎn²¹]"虽然"、dù[zu²¹]"虽"、rù rằng[zu²¹ zǎn²¹]"虽然"、mặc dù[mǎk³² zu²¹]"尽管"、dẫu[zɤ̌u³²⁵]"即使"、dẫu rằng[zɤ̌u³²⁵ zǎn²¹]"纵使"、thà[tha²¹]"宁可"、thà rằng[tha²¹ zǎn²¹]"宁可"。

（四）表示目的

để[de³¹²]"以"、để cho[de³¹² tɕo³³]"以便"、cho[tɕo³³]"为"。

（五）表示处所、时间

từ[tɯ²¹]"自"、đến[den²⁴]"至"。

（六）表示所属、来源

của[kuo³¹²]"的"、mà[ma²¹]"而"、do[ʐo³³]"由"。

（七）表示工具、材料、态度、方式

bằng[bǎn²¹]"用"、với[vɤi²⁴]"与"。

（八）表示相关联的对象

với[vɤi²⁴]"对"、đối với[doi²⁴ vɤi²⁴]"对于"、về[ve²¹]"关于"、cho[tɕo³³]"给"。

（九）表示行动的依据

theo[thɐu³³]“根据”、tùy theo[tiu²¹ thɐu³³]“随着”。

（十）表示排除

trừ[tʂɯ²¹]“除”、ngoài……ra[ŋuai²¹ ʐa³³]“除了……以外”、trừ……ra[tʂɯ²¹ ʐa³³]“除外”、ngoại trừ[ŋuai³² tʂɯ²¹]“除外”。

二　联合连词

是一种表示逻辑关系的连词。被连词连接的成分在语法关系上是平等的。

（一）表示并列

và[va²¹]“和”、với[vɤi²⁴]“与”、cùng[kuŋ²¹]“与”、cùng với[kuŋ²¹ vɤi²⁴]“与”。

（二）表示转折、相反

nhưng[ɲɯŋ³³]“但”、mà[ma²¹]“而”、còn[kɔn²¹]“而”、song[ʂɔŋ³³]“但”、chứ[tɕɯ²⁴]“但”。

（三）表示递进

mà[ma²¹]“而”、không những……mà còn[χoŋ³³ ɲɯŋ³²⁵　ma²¹ kɔn²¹]“不但……而且”。

（四）表示选择

hay[hăi³³]“还是”、hay là[hăi³³ la²¹]“还是”、hoặc[huăk³²]“或”、hoặc là[huăk³² la²¹]“或者”。

（五）表示承接

vậy[vɤi³²]“因此”、thì ra[thi²¹ ʐa³³]“原来是”、thế là[the²⁴ la²¹]“那么”、thế thì[the²⁴ thi²¹]“那么”、thảo nào[thau³¹² nau²¹]“怪不得”、ngoài ra[ŋuai²¹ ʐa³³]“此外”。

（六）表示比较

bằng[băŋ²¹]“平等”、như[ɲɯ³³]“如”、hơn[hɤn³³]“比”、huống hồ[huoŋ²⁴ ho²¹]“何况”、nữa là[nɯɤ³²⁵ la²¹]“何况”。

关于连词的例句，请看第八章。

第十一节　助词

一　语气助词

表示句子的某种语气或态度的词叫语气助词。其特点是附着性强，独立性差，不能单独使用，不充当句子成分。语气词常跟语调共同表达语气，所以不少语气词可以表达多种语气。

　　语气助词分为四种。（1）疑问语气词：à[a²¹]，ừ[ɯ²¹]，nhỉ[ɲi³¹²]，hả[ha³¹²]，hở[hɤ³¹²]，hử[hɯ³¹²]，chứ[tɕɯ²⁴]，chăng[tɕăŋ³³]，phỏng[fɔŋ³¹²]。（2）祈使语气词：hãy[hăi³²⁵]，đừng[dɯŋ²¹]，xin[sin³³]，đi[di³³]，nào[nau²¹]，với[vvi²⁴]，nhé[ɲɛ²⁴]，nhớ[ɲɤ²⁴]，nhá[ɲa²⁴]，đã[da³²⁵]。（3）表态语气词：表尊敬的有 ạ[a³²]，表委婉反对、夸张、责备、追问的有 cơ[kɤ³³]，kia[kie³³]；表句中陈述的意见是带有结论性的有 vậy[vɤi³²]；表无可奈何的有 thôi[thoi³³]；表事理本应、责备、否定对方意见的态度的有 mà[ma²¹]，đây[dɤi³³]，đấy[dɤi²⁴]，ấy[ɤi²⁴]，này[năi²¹]，nào[nau²¹]，cho[tɕɔ³³]，thay[thăi³³]，chứ[tɕɯ²⁴]，đây[dɤu³³]。例如：

Anh đi   hả?　　　　　　你去吗？

ĕŋ³³ di³³ ha³¹

你　去　MOD

Anh nhận chứ?　　　　　你收吗？

ĕŋ³³ ɲɤ̌n³² tɕɯ²⁴

你　收　MOD

Ăn đi!　　　　　　　　吃吧！

ăn³³ di³³

吃　MOD

Uống nào!　　　　　　　喝吧！

uoŋ²⁴ nau²¹

喝　MOD

Dùng thìa   cơ!　　　　　必须用勺子啊！

zuŋ²¹ thie²¹   kɤ³³

用　勺子　MOD

Dùng đũa thôi!　　　　　用筷子而已！

zuŋ²¹ duo³²⁵ thoi³³

用　筷子　MOD

Việc rõ   như ban   ngày mà!　事情很清楚嘛！

viek³² zɔ³²⁵ ɲɯ³³ ban³³ ŋăi²¹ ma²¹

事　清楚　如　白天　MOD

Chúng nó   chia nhau đấy!　他们互相分享的！

tɕuŋ²⁴ nɔ²⁴ tɕie³³ ɲau³³ dɤi²⁴

他们　分　互相　MOD

二　强调助词

　　附着在某一词或短语的前面或后面起强调作用的词叫强调助词。常见的有 mà[ma²¹]，những[ɲuŋ³²⁵]，chính[tɕiŋ²⁴]，cả[ka³¹²]，ngay[ŋăi³³]，đấy[dɤi²⁴]

等助词。此外，强调意外倒霉的有 phải[fai³¹²]。例如：

Nó mắng cả cấp trên.　　　　　他骂他的上级。

nɔ²⁴ măŋ²⁴ ka³¹² kɤ̌p²⁴ tʂen³³

他　骂　EMP　上级

Mỡ đấy mà húp!　　　　　　　哪有肥肉吃！（不容易得到的！）

mɤ³²⁵ dɤ̌i²⁴ ma²¹ hup²⁴

肥　EMP EMP　吸

Nó gặp phải đối thủ lớn.　　　他碰到强的对手。

nɔ²⁴ ɣăp³² fai³¹² doi²⁴ thu³¹² lɤn²⁴

他 遇　EMP　对手　大

第十二节　叹词

　　表示感叹或呼唤应答的词叫叹词，用来反映人心理生理现象的信号。叹词经常独立于例子之外，作独立语，有时单独成为一个句子。叹词分为十种。表喜悦、赞叹：a[a³³], a ha[a³³ ha³³], ái chà[ai²⁴ tɕa²¹], chà[tɕa²¹], ôi[oi³³]。表惊讶：ô[o³³], ô[o²¹], ô hay[o³³ hai³³], ơ kìa[ɤ³³ kie²¹], úi dà[ui²⁴ za²¹], úi chà[ui²⁴ tɕa²¹]。表疼痛：ái[ai²⁴], ái chà[ai²⁴ tɕa²¹], ối[oi²⁴], ối trời ơi[oi²⁴ tʂɤi²¹ ɤi³³]。表伤感、叹惜：ôi[oi³³], than ôi[than³³ oi³³], hỡi ơi[hɤi³²⁵ ɤi³³], ôi thôi[oi³³ thoi³³]。表突然想起来：à[a²¹], ờ[ɤ²¹]。表愤怒：hừ[hɯ²¹]。表劝阻：thôi[thoi³³], ấy[ɤ̌i²⁴]。表讽刺：ê[e³³]。表呼唤：hỡi[hɤi³²⁵], ơi[ɤi³³], này[năi²¹]。表答应：vâng[vɤ̌ŋ], dạ[za³²], có[kɔ²⁴], ừ[ɯ²¹]。例如：

Chà, cậu khá đấy!　　　　　你真棒！

tɕa²¹ kɤ̌u³² χa²⁴ dɤ̌i²⁴

INT 你 可以 MOD

Ô kìa, ai như cô Thắm!　　　哦，好像是阿 Tham！

ɤ³³ kie²¹ ai³³ ɲɯ³³ ko³³ thăm²⁴

INT　谁 如 姑姑 Tham

Ái, đau quá!　　　　　　　　啊，太疼了！

ai²⁴　dau³³ kua²⁴

INT 疼 太

Than ôi, giờ thì chả còn gì!　哎，现在就没什么了！

than³³ oi³³ zɤ²¹　thi²¹　tɕa³¹² kɔn²¹ zi²¹

INT　现在　THM 不 还有 什么

Này anh! Cái này được đấy!　　你啊，这个可以！

năi²¹ ěŋ³³ kai²⁴ năi²¹ dɯɤk³² dɤ̌i²⁴

INT 哥　这个　　得　MOD

Hỡi em yêu, xin em đừng buồn!　亲爱的，请你不要难过！

hɤi³²⁵ ɛm³³ ieu³³ sin³³ ɛm³³ dɯŋ²¹ buon²¹

INT 亲爱的　请　妹　不　难过

Vâng, em vẫn nghe.　　是，我还听着呢。

vɤ̌ŋ³³ ɛm³³ vɤ̌n³²⁵ ŋe³³

INT 妹　还　听

第六章 词组

　　系统功能语法明确区分词组与短语。词组指的是由词与词构成的更高一级的语法单位。短语指的是由小句降级以后构成的次一级的语法单位。越语的词汇有动词词组、名词词组、形容词词组等基本词组类别。本章逐一介绍这些语法单位的内部组合结构。

第一节　动词词组

　　从经验角度来讲，一个动词词组体现一种外形的过程。人际上，它体现了一种移动的谓语。篇章上，它体现了一条信息的述位部分。在第五、七、八章我们会逐一讨论这个问题。本章主要解剖动词词组的内部结构。动词词组的中心成分（Head）常由一个动词或动词复合体充当。围绕这个中心有各种修饰语。动词词组的常规结构为"前置修饰语^中心^后置修饰语"（PreModifier^Head^PostModifier）。中心成分是基本成分。两种修饰语是可选成分。

　　一　动词的前置修饰语

动词的前置修饰语常常与归一性、范围性、情态、体等系统有关。

（一）归一性系统

只有两个选择：肯定和否定。

　　在越语里，"肯定"是无标记选项，"否定"是有标记选项。总体上，"否定"有以下几个常用的标记：

Không[ɣoŋ³³]（或 Chẳng[tɕǎŋ³¹²]）：表示自然的否定意义。

Chưa[tɕɯɤ³³]：指出没有发生。

Đừng[dɯŋ²¹]（或 Chớ[tɕɤ²⁴]）：表示否定意义，是祈使系统的否定标记。

例如：

Tôi không làm việc đó.	toi³³ ɣoŋ³³ lam²¹ viek³² dɔ²⁴	我不做那件事。
我　不　作　事　那		
Tôi chưa ăn cơm.	toi³³ tɕɯɤ³³ ăn³³ kɤm³³	我还没吃饭。
我　没　吃　饭		
Đừng đội nón!	dɯŋ²¹ doi³² nɔn²⁴	别戴斗笠！
别　戴　斗笠		

Chớ ăn ở đó!　　　　tɕɤ²⁴ ăn³³ ɣ³¹² dɔ²⁴　　　　别在那儿吃！

别　吃　在　那儿

（二）范围性系统

有两种选择：限制和概括。限制的标记是 chỉ[tɕi³¹²]"只"。概括的标记是 cũng[kuŋ³²⁵]"也"、đều[deu²¹]"都"、cùng[kuŋ²¹]"一起"。

（三）情态系统

是"肯定"和"否定"中间的过渡区，包括很多不同的程度。越语中，它主要体现在能愿动词（详见第四章的动词部分）和一些语气副词（详见第三章的副词部分）。情态系统有两个选择：情态化（Modalization）和意态（Modulation）。情态化表现概率程度（degree of Probability）和惯常程度（degree of Usuality）。意态表现职责程度（degree of Obligation）和倾向程度（degree of Inclination）。

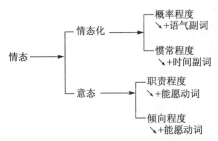

图 6.1　越语情态系统的选择

表 6.1　　　　　　　　　　　　**越语常用情态成分**

类别	情态附加语
概率程度	e rằng[ɛ³³ zăn²¹]"恐怕"，hình như[hiŋ²¹ ɲɯ³³]"好像"，dường như[zɯɤŋ²¹ ɲɯ³³]"好像"，đại khái[dai³² χai²⁴]"大概"，có lẽ[kɔ²⁴ lɛ³²⁵]"也许"，có thể[kɔ²⁴ the³¹²]"可能"，chắc hẳn[tɕăk²⁴ hăn³¹²]"肯定"，chắc chắn[tɕăk²⁴ tɕăn²⁴]"肯定"
惯常程度	đôi khi[doi³³ χi³³]"有时"，thỉnh thoảng[thiŋ³¹² thuaŋ³¹²]"偶尔"，thường thường[thɯɤŋ²¹ thɯɤŋ²¹]"常常"，bình thường[biŋ²¹ thɯɤŋ²¹]"平时"
职责程度	phải[fai³¹²]"必须"，buộc phải[buok³² fai³¹²]"必须"
倾向程度	cần[kăn²¹]"需要"，nên[nen³³]"应该"

否定标记和情态标记同时出现在动词词组的时候，常见次序是：否定标记^情态标记（语气^能源）^实动词。（详见第九章的情态系统部分）

（四）体（Aspect）

越语"体"系统有七种选择，但只有六种体的标记附加在动词前。它们是已行体标记 đã[da³²⁵]"已经"及 từng[tɯŋ²¹]"曾经"、进行体标记 đang[daŋ³³]"正在"、即行体标记 sắp[săp²⁴]"即将"、将行体标记 sẽ[sɛ³²⁵]"将"以及延续体标记 cứ[kɯ²⁴]"一直"。它们充当动词的前置修饰语。

1. 已行体

表示动作行为已经完成。只有 đã[da³²⁵]"已经"是附在动词前,其他已行体标记都附在动词后。例如:

Cháu nhà tôi　đã　tốt nghiệp đại　học.　　　我家孩子已经大学毕业了。

tɕau²⁴ ɲa²¹ toi³³ da³²⁵ tot²⁴ ŋiep³² dai³² hɔk³²

孩子 家 我 已 　毕业　　大学

2. 曾行体

表示对动作行为(act)或事件(event)的回顾。动词前面加标记 từng[tɯŋ²¹] "曾经"。有时,曾行标记与已行标记一起使用,动词意思还是曾经发生过的意思。例如:

Tôi từng　làm công　việc này.　　　　　我曾经做过这个工作。

toi³³ tɯŋ²¹ lam²¹ koŋ³³ viek³² năi²¹

Chí Phèo đã　từng đi　tù.　　　　　　　志飘曾经坐过牢。

tɕi²⁴ feu²¹ da³²⁵ tɯŋ²¹ di³³ tu²¹

志飘　　 已 曾 去 监狱

3. 进行体

表示动作行为正在进行或状态正在持续。这意味着越语进行体也包含持续体在内。动词前面加标记 đang[daŋ³³]"正在"。例如:

Cửa　hàng đang bán đồ　giảm　giá.　　　商店正在卖打折货。

kɯɤ³¹² haŋ²¹ daŋ³³ ban²⁴ do²¹ zam³¹² za²⁴

商店　　 正　卖 货 降 价

Cháu đang tìm cuốn　sách về　nuôi　dạy trẻ.我正找关于照顾小孩子的书。

tɕau²⁴ daŋ³³ tim²¹ kuon²⁴ ʂak²⁴ ve²¹nuoi³³ zăi³² tʂe³¹²

我　正 找　卷　书 关于 养 教 小孩子

Tối qua　lúc tôi　đến, nó đang ăn　cơm. 昨晚我来的时候,他正在吃饭。

toi²⁴ kua³³ luk²⁴ toi³³ den²⁴, nɔ²⁴ daŋ³³ ăn³³ kɤm³³

昨晚 时候 我 来 他 正 吃 饭

4. 即行体

表示动作行为为迫近,即将发生。动词前面加标记 sắp[ʂăp²⁴]"即将"。有时,即行体标记和已行体标记一起使用,其意思还是动作即将发生的意思。例如:

Cháu sắp　sinh em　bé.　　　　　　　　我快生孩子了。

tɕau²⁴ ʂăp²⁴ ʂiŋ³³ ɛm³³ bɛ²⁴

我　即将 生　小孩

Cháu sắp　được　làm　bố　rồi.　　　　　我快要当爸爸了。

tɕau²⁴ şăp²⁴ dɯɣk³² lam²¹ bo²⁴ zɔi²¹

我　即将　　得　当　爸爸　了

5. 将行体

表示动作行为将要进行。动词前面加标记 sẽ[şε³²⁵] "将"。例如：

Chúng cháu sẽ　kết　hôn　trong năm　nay.　　我们今年将结婚。

tɕuŋ²⁴ tɕau²⁴ şε³²⁵ ket²⁴ hon³³ tʂɔŋ³³ năm³³ năi³³

我们　　　将　结婚　里　　今年

Cháu sẽ　đi　làm　nuôi con.　　　　　　我将去上班养孩子。

tɕau²⁴ şε³²⁵ di³³ lam²¹ nuoi³³ kɔn³³

我　将　去　工作　养　孩子

6. 延续体

表示动作行为从过去开始，延续到现在，还发展到将来。动词前面加 cứ[kɯ²⁴] "一直"。例如：

Nó cứ　học　thế　này　thì　không ổn　　　他一直这样学习就不行。

nɔ²⁴ kɯ²⁴ hɔk³² the²⁴ năi²¹ thi²¹ χoŋ³³ on³¹²

他　一直学　这样　THM-CON　不行

Cứ　chơi　bóng kiểu　này　thì　thua mất.　　球这样打下去就输定了。

kɯ²⁴ tɕɣi³³ bɔŋ²⁴ kieu³¹² năi²¹ thi²¹ thuo³³ mˇɤt²⁴

一直　打球　模样　这　THM-CON 输　丢

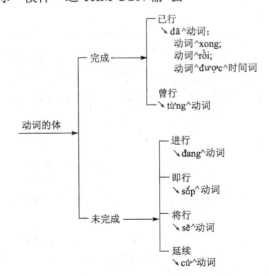

图 6.1　动词的体的选择

二　动词的后置修饰语

动词的后置修饰语与动词的体、相、助词等标记有关。

（一）体（Aspect）

已行体（perfective）的标记 xong[sɔŋ³³]"完"、rồi[zoi²¹]"了"、được[dɯɤk³²]"得"附加在动词的后面，是动词的后置修饰语。有几种次序："动词^xong"、"动词^rồi"、"动词^xong^rồi"、"动词^xong^名词^rồi"、"动词^名词^xong/rồi"、"动词^được^时间词"。

> Tôi làm　xong việc　rồi.　　　　　　　我做完事了。
>
> toi³³ lam²¹ sɔŋ³³ viek³² zoi²¹
>
> 我　做　完　事　了
>
> Tôi làm　việc xong　rồi.　　　　　　　我做完事了。
>
> toi³³ lam²¹ viek³² sɔŋ³³ zoi²¹
>
> 我　做　事　完　了

后置修饰语 xong/rồi 也可以与前置修饰语 đã 同时出现。例如：

> Tôi đã　làm xong việc　rồi.　　　　　我做完事了。
>
> toi³³ da³²⁵ lam²¹ sɔŋ³³ viek³² zoi²¹
>
> 我　已　做　完　事　了
>
> Em làm　ở　đây　được　hai năm.　　　我在这儿工作了两年。
>
> ɛm³³ lam²¹ ɣ³¹² dɤi³³ dɯɤk³² hai³³ năm³³
>
> 我　工作　在这儿　得　两年

（二）相（Phase）

越语的"相"包括：非完成（non-completive）和完成（completive）。"体"和"相"的区别是体注重动作的持续或完成与否，而相主要说明动作是怎么完成的。因此，非完成相是中性的相，不需要标记，而完成相是需要标记的。下面解释完成相的两个小类：方向性和结果性。

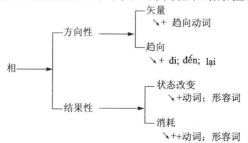

图 6.2　动词的相的选择

1. 方向性：方向性后置词一般是趋向动词。可分成两类：矢量和倾向。矢量后置词是：lên[len³³]"上"，xuống[suoŋ²⁴]"下"，vào[vau²¹]"进"，ra[zạ³³]

"出"，về[ve²¹]"回"，qua[kua³³]"过"，xuyên[suien³³]"穿过"等等。倾向后置词是：đến[den²⁴]"来"（倾向说话人）和đi[di³³]"去"（离开说话人）。矢量后置词和倾向后置词不能自由搭配。例如：

Ông thầy số đứng lên để thủ lễ một chút.
oŋ³³ thɤ̌i²¹ ʂo²⁴ duɯŋ²⁴ len³³ de³¹² thu³¹² le³²⁵ mot³² tɕut²⁴
算命先生　　站　起　以便　施礼　一点　-VTP
算命先生为了做一点礼就站起来。

Tức thì　cậu bé　đứng lên.　　　　　小男孩立刻站起来。-VTP
tuɯk²⁴ thi²¹ kɤ̌u³² be²⁴ duɯŋ²⁴ len³³
立刻　小男孩　　站　起

Thị giẫm chân xuống đất.　　　　氏若把脚踩在地上。-VTP
thi³² zɤ̌m³²⁵ tɕɤ̌n³³ suoŋ²⁴ dɤ̌t²⁴
氏若　踩　脚　下　地
更多的例句请看第七章。

2. 结果性：结果性完成标记表现在一些特殊的动词、变化动词、心理动词、状态形容词。有以下几类：

（1）状态的改变：đứt[duɯt²⁴]"断"，vỡ[vɤ³²⁵]"碎"，chết[tɕet²⁴]"死"，thành[thɤ̌n²¹]"成功"，tốt[tot²⁴]"好"，hỏng[hɔŋ³¹²]"坏"，lại[lai³²]"停止"，no[nɔ³³]"饱"，thắng[thɤ̌ŋ²⁴]"胜"，bại[bai³²]"败"，hiểu[hieu³¹²]"晓、懂"，thấy[thɤ̌i²⁴]"见"。例如：

Bố con　thằng Kiến nó đâm chết tôi!　阿健父子他们刺死我了！
bo²⁴ kɔn³³ thăŋ²¹ kien²⁴ nɔ²⁴ dɤ̌m tɕet²⁴ toi³³
父子　　阿健　他　刺　死　我

Chúng sẽ làm thành một cặp rất xứng đôi. 他们会成为很搭配的一对。
tɕuŋ²⁴ ʂɛ³²⁵ lam²¹ thɤ̌n²¹ mot³² kăp³² zɤ̌t²⁴ suɯŋ²⁴ doi³³
他们　将　作　成　一　对　很　搭配

（2）消耗、消失：mất[mɤ̌t²⁴]"失"，hết[het²⁴]"完"，cạn[kan³²]"完"，sạch[ʂɛk³²]"光"。

Nó đã lấy sạch tiền trong tủ.　　　　他已拿光柜子里的钱。
nɔ²⁴ da³²⁵ lɤ̌i²⁴ ʂak³² tien²¹ tʂɔŋ³³ tu³¹²
他已　拿　清　钱　里　柜子
更多例句请看第七章第三节。

相标记出现与否使否定标记的位置改变。若没有相标记出现，否定标记会位于动词前，构成"否定标记^动词"。若有相标记，否定标记会位于动词和相标记之间，构成"动词^否定标记^相标记"。例如：

nghe không hiểu　　　听不懂

ŋɛ³³　ɣoŋ³³ hieu³¹²

听　　不　　懂

nghe chưa hiểu　　　没听懂

ŋɛ³³　tɕɯɣ³³ hieu³¹²

听　没　　懂

　　总之，与动词搭配的成分一般是归一性、范围性、体、相、情态等系统。统计这些修饰成分，我们看出动词词组有以下若干个选择：

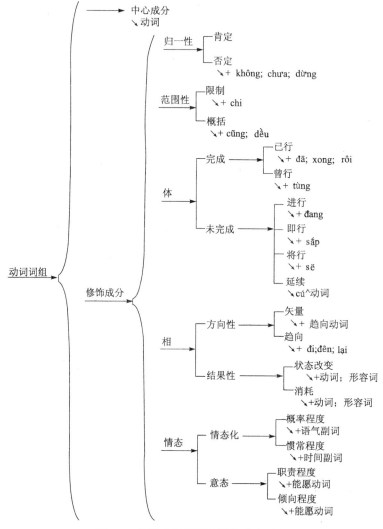

图 6.3　越语动词词组结构的基本选择

第二节 名词词组

从经验意义上讲，名词词组可以充当经验过程中的一种参与者。从人际意义上讲，它体现句子语气系统中的主语或补足语。从篇章意义上讲，它都可以出现在主位部分上或者成为述位的一部分。从结构上来讲，越语名词词组的中心成分可以在词组中间的位置，也可以在词组最后的位置。这决定于名词与什么词类搭配。例如：

Tất cả tɤt²⁴ ka³¹² 所有	những ɲɯŋ³²⁵ IND-PLR	người ŋɯɤi²¹ 人	chiến sỹ tɕien²⁴ ʂi³²⁵ 战士	pháo binh fau²⁴ biɲ³³ 炮兵	anh dũng ɛɲ³³ zuŋ³²⁵ 英勇	ấy ɤi²⁴ 那	của Tổ quốc kuo³¹² to³¹² kuok²⁴ 的 祖国
总数	不定	归类	事物	子类	质量、态度	指示	领属
前置修饰语		中心	后置修饰语				

"祖国的所有那些英勇炮兵战士"

总体来看，名词的前置修饰语主要表示数量，而后置修饰语主要表示质量。当然，因表示数量，前置修饰语还要负责体现名词的归类结果。除了表示质量之外，后置修饰语还能表示说话人对名词持有的态度和对名词进行进一步的限定（指示和领属）。更多的例子，请看下一部分。

一 中心

中心成分必须是指物的成分，一般是普通名词、专有名词或代词。普通名词带修饰语的时候，有些修饰语只能放在中心名词的前面，有些只能放在中心名词的后面。例如：

Tình hình chiến sự ở Kosovo rất căng thẳng.
tiɲ²¹ hiɲ²¹ tɕien²⁴ ʂɯ³² ɣ³¹² ko³³ʂɔ³³vɔ³³ zɤt²⁴ kăŋ³³ thăŋ³¹²
情况   战事 在 科索沃   很   紧张
在科索沃的战争情况很紧张。

Nhiều **người dân thường** vô tội đã   thiệt mạng.
ɲieu²¹ ŋɯɤi²¹ zɤn³³ thɯɤŋ²¹ vo³³ toi³² da³²⁵ thiet³² maŋ³²
多   CLS 平民   无罪 已   失命
很多无辜的平民已被杀害。

Những **người** còn lai đang cố gắng để sống.
ɲɯŋ³²⁵ ŋɯɤi²¹ kɔn²¹ lai³² daŋ³³ ko²⁴ ɣăŋ²⁴ de³¹² ʂoŋ²⁴
IND-PLR 人 剩下   正在 努力 以便 生活
其余的人正在试图活下去。

Có　　một **chàng trai**　đến tìm　chị.

kɔ²⁴　　mot³² tɕaŋ²¹ tʂai³³ den²⁴ tim²¹ tɕi³²

有　　一　　小伙子　　来　找　你

有一个小伙子来找你。

专有名词和代词一般不需要修饰成分，但因强调的需要也可以带修饰成分。例如：

Pu-tin cứng　rắn　đã không khoan nhượng với bọn khủng bố.

pu³³tin³³ kɯŋ²⁴ zǎn²⁴ da³²⁵ χɔŋ³³ χuan³³ ɲɯvŋ³² vɣi²⁴ bɔn³² χuŋ³¹² bo²⁴

普京　硬　　已　　不　　　宽容　　　与　CLS　恐怖

态度坚定的普京不对恐怖分子妥协。

Có　　một　　**anh Nam** đến　tìm chị.

kɔ²⁴　　mot³² ɛ̌ŋ³³ nam³³ den²⁴ tim²¹ tɕi³²

有　　一　　哥　南　　来　找　你

有一个阿南哥哥来找你。

二　前置修饰语

名词的前置修饰语是给中心名词说明数量和进行分类的成分，离中心越远越有概括性。前置修饰语主要由数词、冠词、类别词等充当。这些词结合在一起的时候，次序为"数词^冠词^类别词/单位词"。例如：

người　　　　　　　　　phụ nữ

ŋɯvi²¹　　　　　　　　fu³² nɯ³²⁵

人　　　　　　　　　　妇女

类别词　　　　　　　　中心名词

"妇女"

hai　　　　　　　quyển　　　　　　　truyện

hai³³　　　　　　kuien³¹²　　　　　　tʂuien³²

两　　　　　　　卷　　　　　　　　传/故事

数词　　　　　　类别词　　　　　　中心名词

"两本故事书"

ba　　　　　　　lít　　　　　　　　nước

ba³³　　　　　　lit²⁴　　　　　　　nɯɣk²⁴

三　　　　　　　升　　　　　　　　水

数词　　　　　　单位词　　　　　　中心名词

"三升水"

tất cả	các	dòng	sông
tɤ̌t²⁴ ka³¹²	kak²⁴	zɔŋ²¹	ʂɔŋ³³
所有	DEF-PLR	流	江
数词	冠词	类别词	中心名词

"所有的河"

三　后置修饰语

名词的后置修饰语是说明中心名词的质量，起限定作用，离中心越远越具体。后置修饰词可以由名词、形容词、指示代词、领属短语、方所短语以及降级小句等充当，次序为"限定名词^形容词^指示代词^领属短语/处所短语/降级小句"。例如：

học sinh	cấp 3
hɔk³² ʂiŋ³³	kɤ̌p²⁴ ba³³
学生	高中
中心	限定名词

"高中的学生"

những	học sinh	thông minh	đáng yêu
ɲɯŋ³²⁵	hɔk³² ʂiŋ³³	thoŋ³³ miŋ³³	daŋ²⁴ ieu³³
IND-PLR	学生	聪明	可爱
冠词	中心	形容词：质量	形容词：态度

"一些可爱和聪明的学生"

những	học sinh	rất xuất sắc	đó
ɲɯŋ³²⁵	hɔk³² ʂiŋ³³	zɤ̌t²⁴ suɤ̌t²⁴ ʂăk²⁴	dɔ²⁴
IND-PLR	学生	很 出色	那
冠词	中心	形容词短语	指示代词

"那些很出色的学生"

những	học sinh	thông minh	đó	của lớp	10D2
ɲɯŋ³²⁵	hɔk³² ʂiŋ³³	thoŋ³³ miŋ³³	dɔ²⁴	kuo³¹² lɤp²⁴	mɯɤi²¹de³³hai³³
IND-PLR	学生	聪明	那	的 班	10D2
冠词	中心	形容词	指示代词	领属短语	

"10D2 班的那些聪明学生"

những	công nhân	giỏi	ở	nhà máy	chúng tôi
ɲɯŋ³²⁵	koŋ³³ ɲɤ̌n³³	zɔi³¹²	ɤ³¹²	ɲa²¹ mai²⁴	tɕuŋ²⁴ toi³³
IND-PLR	工人	好	在	工厂	我们
冠词	中心	形容词	介词短语：处所		

"我们厂的一些好工人"

những	công nhân	giỏi		cậu gặp	hôm qua
ɲɯɯŋ³²⁵	koŋ³³ ɲɯˇn³³	zɔi³¹²		kɯˇu³² ɣăp³² hom³³ kua³³	
IND-PLR	工人	好		你　见　昨天	
冠词	中心	形容词		降级小句：限定	

"昨天你见过的一些好工人"

若修饰语是由降级小句充当，那么，中心名词与修饰语之间可以出现主从连词 mà[ma²¹]作为定语的标记。mà 把中心和修饰成分连接起来，使它们的"定中"关系更加明显。上面的例子也可以说成：

những	công nhân	giỏi	mà		cậu	gặp	hôm qua
ɲɯɯŋ³²⁵	koŋ³³ ɲɯˇn³³	zɔi³¹²	ma²¹		kɯˇu³²	ɣăp³²	hom³³ kua³³
IND-PLR	工人	好	CON		你　见　昨天		
冠词	中心	形容词	主从连词		降级小句：限定		

"昨天你见过的一些好工人"

cô gái	mà		con thích
ko³³ ɣai²⁴	ma²¹		kɔn³³ thik²⁴
姑娘	CON		我 喜欢
中心	主从连词		降级小句：限定

"我喜欢的姑娘"

此外，动词也可以修饰名词，指出事物的生成方式、调制的方式、使用目的等等。如：

trứng		rán
tʂɯŋ²⁴		zan²⁴
鸡蛋		煎
中心		动词：调制

"煎的鸡蛋"（区别于腌鸡蛋、茶鸡蛋、荷包蛋）

sách		tặng
ʂɛˇk²⁴		tăŋ³²
书		赠送
中心		动词：目的

"赠书"（区别于出售的书）

gỗ		ép
ɣo³²⁵		ɛp²⁴
木头		压
中心		动词：生成

"屑压板"（区别于原木、段木、胶合板）

　　如果我们将 trứng rán[tʂɯɳ²⁴ ʐan²⁴] "煎的鸡蛋"、sách tặng[ʂĕk²⁴ tăŋ³²] "赠书"、gỗ ép[ɣo³²⁵ ɛp²⁴] "屑压板" 的内部次序颠倒过来，那么，名词和动词的关系就不是名词和修饰语的关系，而是动词和修饰语的关系。换言之，它们就不是名词词组，而变成动词词组。rán trứng[ʐan²⁴ tʂɯɳ²⁴] "煎鸡蛋" 是拿鸡蛋去煎的意思，tặng sách[tăŋ³² ʂĕk²⁴] "送书" 是把书送别人的意思，ép gỗ[ɛp²⁴ ɣo³²⁵] "压木头" 是用木屑压成板的意思。

　　总之，与名词搭配的成分一般是数量、限定、归类、质量、指示、环境等修饰成分。统计这些修饰成分，我们看出名词词组有以下若干个选择：

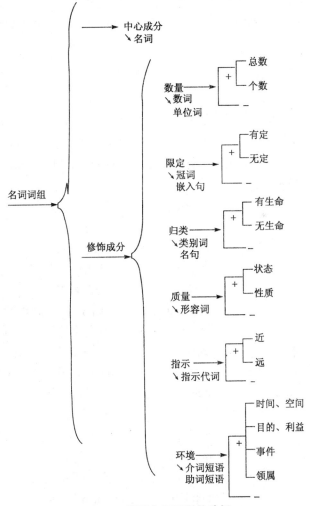

图 6.4　越语名词词组的选择

第三节　形容词词组

越语形容词词组的中心像名词词组的中心一样，都不在词组中的某一个固定位置。形容词有前置修饰语和后置修饰语。次序如下：

否定词	形容词
程度副词	
修饰语	中心

形容词	程度副词
	趋向动词
中心	修饰语

形容词的前置修饰语一般表示形容词的程度，由程度副词或否定词充当。常见的程度副词有 rất[zɤ̌t²⁴]"很"、hơi[hɤi³³]"有点"、khí[χi²⁴]"有点"、quá[kua²⁴]"太"、cực[kɯk³²]"极"、cực kì[kɯk³² ki²¹]"极"、tuyệt[tuiet³²]"绝对"、vô cùng[vo³³ kuŋ²¹]"无尽，非常"。例如：

đẹp	đɛp³²美	không đẹp	χoŋ³³ đɛp³²不美
		rất đẹp	zɤ̌t²⁴ đɛp³²很美
		hơi đẹp	hɤi³³ đɛp³²有点美
		cực đẹp	kɯk³² đɛp³²美极了
		tuyệt đẹp	tuiet³² đɛp³²绝对美
		vô cùng đẹp	vo³³ kuŋ²¹ đɛp³²非常美

形容词的后置修饰语表示形容词的程度或变化趋向。后置的程度副词常见的有 lắm[lǎm²⁴]"更"、quá[kua²⁴]"更"、cực[kɯk³²]"最"、cực kì[kɯk³² ki²¹]"更"、tuyệt[tuiet³²]"最"、hơn[hɤn³³]"更"、nhất[ɲɤ̌t²⁴]"最"。例如：

đẹp	đɛp³²很美	đẹp lắm	đɛp³² lǎm²⁴很美
		đẹp vô cùng	đɛp³² vo³³ kuŋ²¹非常美
		đẹp cực	đɛp³² kɯk³²美极了
		đẹp quá	đɛp³² kua²⁴太美
		đẹp tuyệt	đɛp³² tuiet³²绝对美
		đẹp hơn	đɛp³² hɤn³³更美
		đẹp nhất	đɛp³² ɲɤ̌t²⁴最美

后置趋向成分由趋向动词充当，表示形容词状态的变化趋向，一般是 ra[za³³]"出"、lên[len³³]"上"、đi[di³³]"去"、lại[lai³²]"来"。例如：

béo	bɛu²⁴胖	béo ra	bɛu²⁴ za³³胖起来
gầy	ɣˇi²¹瘦	gầy đi	ɣˇi²¹ di瘦下来
to	tɔ³³大	to ra	tɔ³³ za³³大起来
nhỏ	ɲɔ³¹²小	nhỏ lại	ɲɔ³¹² lai³²缩回来
thông	thoŋ³³聪明	thông minh	lên thoŋ³³ miŋ³³ len³³聪明起来
chậm	tɕˇm³²慢	chậm lại	tɕˇm³² lai³²慢下来
giàu	zau²¹富裕	giàu lên	zau²¹ len³³富裕起来

下面是一些关于形容词状态变化的例句：

Nét mặt　Huân **nghiêm trang** hẳn　lên　　阿珲的表情真的严肃起来。
nɛt²⁴ mặt³² huˇn³³ ŋiem³³ tʂaŋ³³ hˇn³¹² len³³

表情　阿珲　彦庄　　　EMP 起来　-NK

Em　hãy **vui** lên　đi !　　　　　你高兴起来吧！
ɛm³³ hˇi³²⁵ vui³³　len³³　di³³

你 MOD 高兴 起来 MOD

Thị **điên** lên　mất !　　　　　氏若开始疯了！
thi³² dien³³ len³³　mˇt²⁴

氏若 疯 起来 MOD　　　　　　　　-NC

总之，与形容词搭配的成分一般是归一性、程度、变化性等系统。统计这些成分，我们看出形容词词组有以下若干个选择：

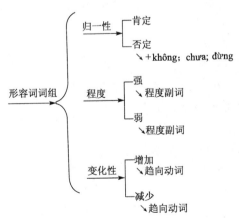

图 6.5　越语形容词词组结构的选择

第四节　介词短语

　　介词短语是由介词与名词性词组构成的短语。介词为介词短语的中心，名词性词组为后置修饰语。介词短语的次序一般是"介词^名词性词组"。D.Crystal[1]指出："介词是对词作语法分类的术语，指一般位于一个名词短语前并一起构成一个结构组构成分的一类词项。"从词类角度来讲，越语介词主要来源于主从连词（详看第三章）和虚化动词（降级动词coverb）。介词短语的中心就是介词，而不是名词性词组。这就是介词短语与名词词组的区别。

　　介词短语结构：

介词 （主从连词，虚化动词）	名词，名词词组
中心	修饰语

　　例如：

ở	Hà Nội	在河内
γ^{312}	ha^{21} noi^{32}	
在	河内	
虚化动词	名词	
bằng	ô tô	坐汽车
băŋ^{21}	o^{33} to^{33}	
凭	汽车	
虚化动词	名词	
ở	trong rạp hát	在剧场里
γ^{312}	tʂoŋ^{33} zạp^{32} hat^{24}	
在	里　　剧场	
虚化动词	名词词组（方位）	
tại	mẹ	因为妈妈
tai^{32}	mɛ^{32}	
由于	妈妈	
连词	名词	

---

① David Crystal 著，沈家煊译：《现代语言学词典》，商务印书馆 2004 年版，第 282 页。

vì	lợi ích của tập thể 因为集体的利益
vi²¹	lɤi³² ik²⁴ kuo³¹² tɤ̆p³² the³¹²
因	利益 的 集体
连词	名词词组

一 中心

越语的所谓介词一般来源于主从连词和一些虚化的动词。常见的有：

表6.2　　　　　　　　　　　越语常用介词

意 义		介 词
时间（时段、时点）		ở[ɤ³¹²]"在"，tại[tai³²]"在"，từ[tɯ²¹]"自"，vào[vau²¹]"在、到"，đến[den²⁴]"到"，đến tận[den²⁴ tɤ̆n³²]"一直到"，từ……đến……[tɯ²¹……den²⁴……]"从……至……"，cách[käk²⁴]"离"
空间（距离、地点）		ở[ɤ³¹²]"在"，tại[tai³²]"在"，từ[tɯ²¹]"自"，đến[den²⁴]"到"，từ……đến……[tɯ²¹……den²⁴……]"从……至……"，theo[theu³³]"沿着"，dọc theo[zɔk³² theu³³]"顺着"，ngang qua[ŋaŋ³³ kua³³]"经"，về[ve²¹]"往"，hướng về[hɯɤŋ²⁴ ve²¹]"往"，cách[käk²⁴]"离"
方式	工具	bằng[bă̆ŋ²¹]"凭"，qua[kua³³]"通过"，thông qua[thoŋ³³ kua³³]"通过"，với[vɤi²⁴]"与"
	比较	như[nɯ³³]"如"，giống như[zoŋ²⁴ nɯ³³]"同样"，so với[ʂɔ³³ vɤi²⁴]"比较"
原因	理由	vì[vi²¹]"因为"，bởi[bɤi³¹²]"由于"，do[zɔ³³]"由"，nhờ[ɲɤ²¹]"由于"，dựa vào[zɯɤ³² vau²¹]"以"
	目的	để[de³¹²]"以便"，nhằm[ɲă̆m²¹]"冲着"，nhằm để[ɲă̆m²¹ de³¹²]"为了"
	利益	cho[tɕɔ³³]"给"，hộ[ho³²]"替"，thay[thăi³³]"代替"
	条件（排除/包括）	với[vɤi²⁴]"与"，ngoài[ŋuai²¹]"除外"，ngoài……ra[ŋuai²¹……za³³]"除了……以外"，gồm[ɣom²¹]"包括"，bao gồm[bau³³ ɣom²¹]"包括"
陪伴	伴随	cùng[kuŋ²¹]"同"，với[vɤi²⁴]"与"，theo[theu³³]"跟随"
事件		về[ve²¹]"关于"，đối với[doi²⁴ vɤi²⁴]"对于"
角色	身份	như[nɯ³³]"如、像"，như là[nɯ³³ la²¹]"如、像"
	产品	thành[thĕŋ²¹]"变成"
角度	根据某人意见	theo[theu³³]"据"，dựa theo[zɯɤ³² theu³³]"根据"，dựa vào[zɯɤ³² vau²¹]"凭"
	根据某一标准	theo[theu³³]"据"，dựa theo[zɯɤ³² theu³³]"根据"，dựa vào[zɯɤ³² vau²¹]"凭"，chiếu theo[tɕieu²⁴ theu³³]"照"，căn cứ[kăn³³ kɯ²⁴]"根据"，căn cứ vào[kăn³³ kɯ²⁴ vau²¹]"根据"

二 后置修饰语

介词短语没有前置修饰语，只有后置修饰语。因为介词短语是由无主小句虚化而成。后置修饰语都是由名词、名词词组或名物化的成分构成。
例如：

bằng ô tô　　　坐汽车
băŋ²¹ o³³ to³³

凭　　汽车

về　việc dạy tiếng Việt　cho người nước ngoài 关于给外国人教越语的事情
ve²¹ viek³² zăi³² tieŋ²⁴ viet³² tɕɔ³³ ŋɯɤi²¹ nɯɤk²⁴ ŋuai²¹

回　事　教　越语　　给　人　　外国

theo quan　điểm　của　tôi　根据我的观点
thɛu³³ kuan³³ diem³¹² kuo³¹² toi³³

随　　观点　　的　我

若有方所名词出现，介词短语的次序为"介词＾方所名词＾名词性词组"。

ở　trong　rạp hát　在剧场里
ɤ³¹² tʂɔŋ³³ zạp³² hat²⁴

在　里　　剧场

ở　phía đông thành phố　在城市的东边
ɤ³¹² fie²⁴ doŋ³³ thĕŋ²¹ fo²⁴

在　东边　　城市

ở　trên　bàn　在桌子上
ɤ³¹² tʂen³³ ban²¹

在　上　桌子

一般的介词短语只需要一个介词出现，但有时因意义表达的需要，也
能出现两个介词的情况。

từ 3 giờ　đến 5　giờ 从三点到五点
tɯ²¹ ba³³ zɤ²¹ den²⁴ năm³³ zɤ²¹

从 3 点 到 5 点

từ　Hà Nội　đến thành phố Hồ　Chí Minh 从河内到胡志明市
tɯ²¹ ha²¹ noi³² den²⁴ thĕŋ²¹ fo²⁴ ho²¹ tɕi²⁴ miŋ³³

从　河内　到　城市　　胡志明

từ　nay　về　sau 从此以后
tɯ²¹ năi³³ ve²¹ său³³

从 现在 往 以后

总之，与介词搭配的成分很丰富，凡是名词性成分就可以。介词本身
就有很多类型，如时间、空间、方式、原因、陪伴、事件、角色、角度等。
下图示意介词短语的若干个选择：

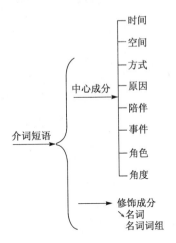

图 6.6　越语介词短语结构的选择

第五节　小结

　　从类型学的角度来看，越语词组的搭配顺序都符合 SVO 语言的蕴涵关系。因 V 在 O 的前面，所以动词的大部分修饰语都排在动词前面。如：归一性系统的否定副词、范围性系统的范围副词、情态系统的附加语和体系统的六种标记都出现在动词前面。例如：

归一性系统的成分^动词：

Tôi không ăn cơm.　　　　　　　我不吃饭。

toi³³ χoŋ³³ ăn³³ kɤm³³

我　不　吃　饭

范围性系统的成分^动词：

Anh cũng không ăn　cơm　　　　你也不吃饭。

ĕŋ³³ kuŋ³²⁵ χoŋ³³ ăn³³ kɤm³³

你　也　不　吃　饭

情态系统的成分^动词：

Tôi thỉnh thoảng　ăn　phở.　　　我偶尔吃河粉。

toi³³ thiŋ³¹² thuaŋ³¹² ăn³³ fɤ³¹²

我　偶尔　吃　河粉

体系统的成分^动词：

Tôi đã   ăn   cơm.   我已经吃饭。

toi³³ da³²⁵ ăn³³ kɤm³³

我 已   吃   饭

只有相系统的成分和体系统的两种成分排在动词后面。因为根据
时间的顺序，结果性成分和方向性成分一般都在动作发生之后才明确。
例如：

Tôi ăn   no   cơm.   我吃饱饭。

toi³³ ăn³³ nɔ³³ kɤm³³

我 吃 饱 饭

Tôi đi   lên   cầu thang.   我走上楼梯。

toi³³ di³³ len³³ kɤ̌u²¹ thaŋ³³

我 走 上   楼梯

关于名词词组的观点，有 VO 结构的语言一般都有"中心语——定语"
顺序的名词词组。名词的定语一般都在名词后面（表示数量和分类的成分
除外），若有若干个定语同时出现，那么它们也符合距离原则，例如：

tài   liệu của   mẹ   妈妈的材料

tai²¹ lieu³² kuo³¹² mɛ³²

材料   的 妈妈

tài   liệu mà   mẹ   viết   tối qua   昨天妈妈写的材料

tai²¹ lieu³² ma²¹   mɛ³² viet²⁴ toi²⁴ kua³³

材料 CON 妈妈 写   昨晚

tài   liệu về   chiến lược   kinh doanh mà   mẹ   viết tối qua

tai²¹ lieu³² ve²¹ tɕien²⁴ lɯɤk³² kiŋ³³ zueň³³ ma²¹ mɛ³² viet²⁴ toi²⁴ kua³³

材料 关于战略   经营   CON 妈 写 昨晚

昨天妈妈写的关于经营战略的材料

距离原则体现在数量和分类成分出现在中心名词前面，质量、指示、
领属等成分就排在名词后面。例如：

发 Tất cả	các	bản	tài liệu	bí mật	về kinh doanh	của công ty	mà mẹ viết
tɤ̌t²⁴ ka³¹²	kak²⁴	ban³¹²	tai²¹ lieu³²	bi²⁴ mɤ̌t³²	ve²¹ kiŋ³³ zueň³³	kuo³¹² koŋ³³ ti³³	ma²¹ mɛ³² viet²⁴
所有	几个	CLS	材料	秘密	关于经营	的公司	CON 妈 写
数量	有定	归类	中心	质量	指示	领属	领属

由妈妈写的关于经营的公司的所有秘密材料。

Tất cả tɤt²⁴ ka³¹² 所有	những ɲɯɯŋ³²⁵ IND-PLR	người ŋɯɤi²¹ CLS	chiến sỹ tɕien²⁴ ʂi³²⁵ 战士	pháo binh fau²⁴ biɲ³³ 炮兵	anh dũng ɛŋ³³ zuŋ³²⁵ 英勇	ấy ɤi²⁴ 那	của Tổ quốc kuo³¹² to³¹² kuok²⁴ 的 祖国
总数	不定	归类	中心	子类	质量、态度	指示	领属

祖国的所有英勇炮兵战士

总之，本章节已全面揭示越语词与词之间的搭配情况，并统计词组的结合方式，同时在词组的范围内说明词与词之间的先后排列顺序。

第七章　从经验视野看越语小句

第一节　及物性系统

及物性系统是一个语义系统，用来将经验世界中的所见所闻、所作所为、所想所思反映在句法上。换言之，我们需要通过此系统来研究经验视野下的小句问题。韩礼德将英语的及物性系统分成物质、行为、心理、言语、关系及存在六种过程。对越语语料进行归纳之后，我们觉得越语的及物性系统只需分成四种过程。总体上四种大过程就可以概括所有小句种类（就经验视野而言），即：物质过程、关系过程、心理过程及言语过程。这些过程中还可继续分成更小的子过程。

一　物质过程

物质过程有两种选择：及物和不及物。

（一）不及物物质过程

一个不及物物质过程小句只包含一个核心参与者，叫做"动作者"（从及物的角度看）或 Medium（从作格的角度看）。该过程的自然顺序是"动作者^过程"。由于动作者与过程之间的语义形态不同，不及物物质过程小句可体现"动作"的三种子形态，即"发生"（happening）、"行为"（behaving）和"动作"（acting）。当动作者是无意识实体的情况下（例 a），不及物小句解释"发生"形态。当动作者是有意识的实体，而过程反映象征性的情况下（例 b），小句解释"行为"形态。在动作者是有意识的实体，而过程反映非象征性的情况下（例 c），小句解释"动作"形态。

发生过程：

（a）

Trăng	tỏa	trên sông.
tʂăŋ³³	tua³¹²	tʂen³³ ʂoŋ³³
月亮	扩展	在　河
动作者：无意识	不及物过程	环境：地点

月光照在河上。NC

行为过程：

（b）

Thị	ngủ	ngon lành và say sưa.
thi³²	ŋu³¹²	ŋɔn³³ lěŋ²¹ va²¹ ʂăi³³ ʂɯɤ³³
氏若	睡	好好　　和香
动作者：有意识	不及物过程：有象征性	环境：地点

氏若睡得很好很香。NC

动作过程：

（c）

Các　　bà	đi　vào	nhà!
kak²⁴　　ba²¹	di³³ vau²¹	ɲa²¹
DEF-PLR 太太	走　进	屋子
动作者：有意识	不及物过程：非象征性	范围

你们进屋里去！NC

不及物过程有一种选项，叫做"范围"系统。在小句中，范围是可有可无的参与者。范围与目标的不同之处在于，范围不受过程的直接支配，不受到本质的改变。自然顺序是"动作者^过程^范围"。

有一些范围与过程联系得紧密，构成"动+名"合成体，若要加上体标记或相标记，一般加在这个合成体的后面，很少加在中间，如：quét nhà[kuɛt²⁴ ɲa²¹]"扫地"，ra quyết định[za³³ kuiet²⁴ diŋ³²]"下决定"，chơi cờ[tɕɤi³³ kɤ²¹]"下棋"。有一些范围与过程结合得不太紧密，如：nhảy điệu tăng-gô[ɲăi³¹² dieu³² tăŋ³³ɣo³³]"跳探戈舞"，hát dân ca[hat²⁴ zɤn³³ ka³³]"唱民歌"，体标记或相标记一般都加在合成体的中间，构成"过程+体标记/相标记+范围"，如：nhảy hết điệu tăng-gô[ɲăi³¹² het²⁴ dieu³² tăŋ³³ɣo³³]"跳完探戈舞"，hát được dân ca[hat²⁴ dɯɤk³² zɤn³³ ka³³]"唱得了民歌"。

（d）

Hai người	đã	nhảy	hết	điệu tăng-gô.
hai³³ ŋɯɤi²¹	da³²⁵	ɲăi³¹²	het²⁴	dieu³² tăŋ³³ɣo³³
两　人	ASP	跳	PHA	曲　探戈
动作者		过程		范围

两个人已经跳完探戈舞。

(e)	Chị ấy	hát	được	dân ca	đấy!
	tçi³² ɣi²⁴	hat²⁴	dɯɤk³²	zɤ̌n³³ ka³³	dɤ̌i²⁴
	她	唱	PHAS	民歌	MOD
	动作者	过程		范围	

她能唱民歌。

（二）及物物质过程

在及物物质小句中，至少包含两个参与者：一是用来展开过程的动作者，二是直接受过程影响的目标。传统语法将其称为及物小句。各参与者的自然次序是"动作者^过程^目标"。及物物质小句包含"动作"与"发生"两个子形态，叫做"创造"和"改变"。若目标是由过程生成出来的，过程就叫做"创造"（例 a）。若目标是事先存在，因过程而受到改变或转换，那么过程就叫做"改变"（例 b 和例 c）。

及物物质（体现创造）

(a)	Thị Nở	nấu	cháo hành	cho Chí Phèo.
	thi³² nɤ³¹²	nɤ̌u²⁴	tçau²⁴ hɛ̌n²¹	tço³³ tçi²⁴ feu²¹
	氏若	煮	粥 青葱	给 志飘
	动作者	过程	目标	受益者

氏若给志飘煮青葱粥。

及物物质（体现改变）

(b)	Thằng Lý Cường nó	đâm chết	tôi	rồi,	làng nước ôi!
	thǎŋ²¹ li²⁴ kɯɤŋ²¹ nɔ²⁴	dɤ̌m tçet²⁴	toi³³	zoi²¹,	laŋ²¹ nɯɤk²⁴ oi³³
	里长阿强　　　他	刺　PHAS	我	体标	大家啊
	动作者	过程	目标		

大家啊，阿强他快要刺死我了-NC

及物物质（体现改变）

(c)	Người đàn bà góa mù này	bán	hắn	cho một bác phó cối không con
	ŋɯɤi²¹ dan²¹ ba²¹ ɣua²⁴ mu²¹ nǎi²¹	ban²⁴	hǎn²⁴	tço³³ mot³² bak²⁴ fɔ²⁴ koi²⁴ χon³³ kɔn³³
	CLS 女人 寡 瞎 这	卖	他	给 一 打磨匠的人 没 孩子
	动作者	过程	目标	受益者

这个瞎眼睛的寡妇把他卖给一个没孩子的打磨匠。-NC

除了动作者和目标这两种参与者之外，及物小句中还有第三种参与者，叫做"受益者"。这是货物转换过程或提供服务过程的容纳者。过程可以选择包括或排除这个远方的参与者。这并不意味着受益者必须是过程的直接受益对象。受益者与范围不同的是：范围常常紧紧地限制过程，而受益者是过程核心的外围"卫星"，受益者有专用标记 cho[tɕɔ³³] "给"。对越语来说，受益者在句中出现的位置只能在过程之后，若有目标出现，可以在目标之前或目标之后，构成"动作者^过程^目标^cho+受益者"（例 a 或例 c）和"动作者^过程^cho+受益者^目标"次序，例如：

（d）

Thị Nở	nấu	cho Chí Phèo	bát cháo hành.
thi³² nɤ³¹²	nˇɤu²⁴	tɕɔ³³ tɕi²⁴ feu²¹	bat²⁴ tɕau²⁴ hˇeŋ²¹
氏若	煮	给 志飘	碗 粥 青葱
动作者	过程	受益者	目标

氏若给志飘煮一碗青葱粥。

一般来讲，"动作者^过程^目标^cho+受益者"的顺序符合于所有的目标，而"动作者^过程^cho+受益者^目标"则符合于比较具体或已被确定的目标。例 a 的目标是"青葱粥"，例 d 的目标是"一碗青葱粥"。若例 d 的目标是"青葱粥"，母语者会感觉句子不完整，重要的消息好像还没出现。

及物小句同时引导我们到"态"（VOICE）系统和"作格"（ERGATIVE）系统。对态系统来说，及物小句可以是主动态（例 c），也可以是被动态（例 e 或 f）。

（e）

Chí Phèo	được	Thị Nở	nấu	cho	bát cháo hành.
tɕi²⁴ feu²¹	duɤk³²	thi³² nɤ³¹²	nˇɤu²⁴	tɕɔ³³	bat²⁴ tɕau²⁴ hˇeŋ²¹
志飘	得	氏若	煮	给	碗 粥 青葱
受益者		动作者	过程		目标

氏若的志飘煮了一碗青葱粥。

（f）

Tôi	sắp	bị	thằng Lý Cường	đâm chết	rồi.
toi³³	ʂˇap²⁴	bi³²	thˇaŋ²¹ li²⁴ kuɤŋ²¹	dˇɤm tɕet²⁴	zɔi²¹
我	即将	被	CLS 里长 阿强	刺 PHAS	了
目标			动作者	过程	

我快要被里长阿强刺死了。

作格系统有两种选择：中性或决定性（也称动作性）。作格系统与态系统不是对立，而是互补的关系，所以本章第五节就将态系统和作格系统合并起来一起讨论。作格系统中的固定参与者是中介（Medium），类似及物系统中的目标。但与目标不同的是，中介不注重表示事物是受事性还是施事性，尤其在中性小句中。中介的意思是通过它使过程得以实现。在决定性小句中，我们知道过程是通过中介来实现，使动作者的出现，例 g。在中性小句中，我们不知道是否存在某个动作者对中介展开动作，还是中介自己发生动作，例 h。

（g）

Hắn	mở	cửa.
hăn²⁴	mɤ³¹²	kuɤ³¹²
他	开	门
动作者/施事者	过程	中介

他开门。

（h）

Cửa	mở.
kuɤ³¹²	mɤ³¹²
门	开
中介	过程

门开着。

第十章还将进一步讨论态系统、作格系统与主位系统的关系。

二　关系过程

关系过程包括存在、识别、归属等初始选择。归属选择又包括环境、拥有、加强等选择。其中，加强选择包括属性、变化、分类等选择。每种不同的关系过程体现一种存在的形态，每种关系过程都有特殊的结构。如表 7.1 所示：

表 7.1　　　　　各种关系过程及其结构

关系过程的选择	过程	参与者 1	参与者 2
存在	+过程	存在物	
识别	+过程	标示/被识别者	价值/识别者
归属：环境	+过程	载体	环境属性
归属：拥有	+过程	载体/拥有者	属性/占有物
归属：加强：属性	- 过程	载体	属性
归属：加强：变化	+过程	载体	属性
归属：加强：分类	+过程	载体	属性

（一）存在过程

在存在小句中只有一个参与者，叫做存在物。存在过程的常用动词是 có[kɔ²⁴]"有"。过程与存在物的自然顺序是"过程^存在物"。可是 có 这个动词也有"拥有"的意思，也常出现在拥有过程中。在拥有过程中，除了 có "拥有"之外，还出现拥有体和被拥有体。

Có	những cách âu yếm bình dân hơn
kɔ²⁴	ɲɯɯŋ³²⁵ kăk²⁴ ɤ̆u³³ iem²⁴ biŋ²¹ zɤ̆n³³ hɤn³³
有	IND-PLR法 恩爱 平民 更
存在过程	存在物

有一些更大众化的恩爱方法。-NC

Có	tiếng nói của những người đi chợ
kɔ²⁴	tieŋ²⁴ nɔi²⁴ kuo³¹² ɲɯɯŋ³²⁵ ŋɯɤi²¹ di³³ tɕɤ³²
有	声音 的 IND-PLR人 去 菜市
存在过程	存在物

有一些去菜市的人的声音。-NC

除了 có[kɔ²⁴]之外，存在过程有时还体现于其他动词，如：còn[kɔn²¹]"还有"，treo[tʂɛu³³]"挂"，xuất hiện[suɤ̆t²⁴ hien³²]"出现"，biến mất[bien²⁴ mɤ̆t²⁴]"消失"，tồn tại[ton²¹ tai³²]"存在"（参考 H.V.Vân 2004: 319）。例如：

Trên tường	treo	một bức tranh
tʂen³³ tɯɤŋ²¹	tʂɛu³³	mot³² bɯk²⁴ tʂɤ̆ŋ³³
上 墙	挂	一 幅 画
环境	存在过程	存在物

墙上挂着一幅画-H.V.Vân

Ngoài cửa	xuất hiện	ba người khách lạ.
ŋuai²¹ kɯɤ³¹²	suɤ̆t²⁴ hien³²	ba³³ ŋɯɤi²¹ χăk²⁴ la³²
外 门	出现	三 客人 陌生
环境	存在过程	存在物

门外出现三个陌生的客人。-H.V.Vân

环境成分出现在存在小句的时候，有两种可能的位置，构成两种顺序：

（1）环境^过程^存在物，例 a；（2）过程^存在物^环境，例 b。对越语来说，第一种顺序是有标记性，第二种是无标记性，比第一种更自然。

（a）

Ngoài đường	có	tiếng xe hơi đỗ.
ŋuai²¹　dɯɤŋ²¹	kɔ²⁴	tieŋ²⁴　sɛ³³ hɤi³³ do³²⁵
外　路	有	声音　汽车　停
环境	存在过程	存在物

外面路上有停汽车的声音。VTP

（b）

Có	mấy người	trong　nhà.
kɔ²⁴	mɤ̌i²⁴ ŋɯɤi²¹	tʂɔŋ³³　ɲa²¹
有	几　人	给　屋子
存在过程	存在物	环境

屋里有几个人。

除了引出新实体（存在物）之外，có[kɔ²⁴]还可以用来强调其他过程小句的某一个成分(例 c 和 d)，或强调存在过程小句的存在物（例 e）。

（c）

Vì	có	ai	nấu	cháo	cho ăn	đâu?
vi²¹	kɔ²⁴	ai³³	nɤ̌u²⁴	tɕau²⁴	tɕɔ³³ ăn³³	dɤ̌u³³
因为	强调标记	谁	煮	粥	给吃	MOD
		动作者	过程	目标	环境	

因为没有人煮粥（给他）吃啊？

（d）

Có	nhiều　kẻ	mừng　thầm
kɔ²⁴	ɲieu²¹　kɛ³¹²	mɯŋ²¹　thɤ̌m²¹
有	多　人	高兴　暗暗地
	载体	属性

有很多人幸灾乐祸-NC

（e）

Có	ba người khách lạ	xuất hiện	ngoài cửa.
kɔ²⁴	ba³³ ŋɯɤi²¹ χăk²⁴　la³²	suɤ̌t²⁴ hien³²	ŋuai²¹　kɯɤ³¹²
有	三人　客　陌生	出现	外　门
	存在物	过程	环境

有三个陌生的客人出现在门外。

（二）识别过程

在识别小句中，有两种参与者，叫做"标示"（Token）和"价值"（Value）。表示概括性的成分叫做价值，将这个价值进行具体化或特指的则是标示。标示是表面形状，而价值是潜在功能。常用的动词是 là "是"。标示和价值之间的地位是同等的，所以它们之间的次序有两种："标示^là^价值"（例 a、例 b 和例 c）和 "价值^là^标示"（例 d、例 e、例 f）。

(a)

Cô　Hằng ko³³　hăŋ²¹ 老师　恒	là la²¹ 是	giáo viên Văn　của　tôi. zau²⁴ vien³³ văn³³　kuo³¹² toi³³ 教师　　文　　的　我
标示	过程：识别	价值

阿恒老师是我的语文老师。

(b)

Chí Phèo tçi²⁴ feu²¹ 志飘	là la²¹ 是	con　quỷ　dữ　của　làng　Vũ Đại. kɔn³³　kŭi³¹² zɯ³²⁵ kuo³¹² laŋ²¹　vu³²⁵ dai³² CLS 恶魔　　的　村　武大
标示	过程：识别	价值

志飘是武大村的恶魔。

(c)

Những thằng ấy ɲɯŋ³²⁵ thăŋ²¹　ˇi²¹ IND-PLR 家伙 那	chính　là tçin²⁴　la²¹ EMP　是	những　thằng được việc. ɲɯŋ³²⁵　thăŋ²¹　dɯɤk³² viek³² IND-PLR 家伙　得　事
标示	过程：识别	价值

那些家伙就是能做事的人。NC

因标示和价值是同等关系，所以上面的例子完全可以改为：

(d)

Giáo viên Văn của tôi zau²⁴ vien³³ văn³³ kuo³¹² toi³³ 教师　　文 的 我	là la²¹ 是	Cô　Hằng. ko³³　hăŋ²¹ 老师 恒
价值	过程：识别	标示

我的语文老师是阿恒老师。

(e)

Con quỷ dữ　của　làng Vũ Đại kɔn³³ kŭi³¹² zɯ³²⁵ kuo³¹² laŋ²¹ vu³²⁵ dai³² CLS 恶魔　　　的 村 武大	là la²¹ 是	Chí Phèo. tçi²⁴ feu²¹ 志飘
价值	过程：识别	标示

武大村的恶魔是志飘。

（f）

Những thằng được việc	chính	là	những thằng ấy.
ɲɯŋ³²⁵ thăŋ²¹ dɯɤk³² viek³²	tɕiŋ²⁴	la²¹	ɲɯŋ³²⁵ thăŋ²¹ ɤi²⁴
IND-PLR 家伙 得 事	就	是	IND-PLR 家伙 那
价值	过程：识别		标示

能做事的人就是那些家伙。NC

在越语中，标示一般在前面，价值一般在后面。这样，标示与主语重合。"标示^là^价值"是主动态。若价值在前面，与主语重合，那么"价值^là^标示"是被动态。

此外，识别过程小句可被心理过程小句或言语过程小句进行投射（关于投射问题，参考第八章）。例如：

Tôi	thấy	[[anh	là	người tốt]].
toi³³	thɤi²⁴	[[ɛ̆ŋ³³	la²¹	ŋɯɤi²¹ tot²⁴]]
我	觉得	你	是	好人
Các bạn	đều mong	[[con	làm	lớp trưởng]].
kak²⁴ ban³²	deu²¹ mɔŋ³³	[[kɔn³³	lam²¹	lɤp²⁴ tʂɯɤŋ³¹²]]
DEF-PLR 朋友	都 希望	我	做	班长
Chúng tôi	chọn	[[ông	làm	trưởng đại diện miền Bắc]].
tɕuŋ²⁴ toi³³	tɕɔn³²	[[oŋ³³	lam²¹	tʂɯɤŋ³¹² dai³² zien³² mien²¹ băk²⁴]]
我们	选	您	当	长 代表 北方
感觉者	过程：感知	标示	过程：识别	价值

我觉得你是好人。
朋友们都希望我当班长。
我们选您为北方总负责人。

（三）归属过程

归属过程小句有两种参与者，即载体和属性。句中各成分的自然顺序是"载体^过程^属性"。归属过程可再分成五个子过程：环境过程、拥有过程、属性过程、变化过程以及分类过程。

1. 环境过程

在环境过程小句中，属性成分是具有环境性的成分。载体与属性的关系不是实体与另一个实体之间的关系，而是实体及其时间、空间、方式等环境因素之间的关系。

空间环境

Nhà chị binh	ở	gần đường.
ȵa²¹ tɕi³² biȵ³³	ɣ³¹²	ɣɤn²¹ duɤŋ²¹
家　姐　士兵	在	近　路
载体	过程：环境	属性

（那个）士兵老婆的家离马路近。

Cụ bá	không có	nhà.
ku³² ba²⁴	χoŋ³³ kɔ²⁴	ȵa²¹
祖爷 百户	不　有	家
载体	过程：环境	属性

百户爷不在家。

时间环境

Cuộc đàm phán	kéo dài mất	ba năm.
kuok³² dam²¹ fan²⁴	kɛu²⁴ zai²¹ mɤt²⁴	ba³³ năm³³
CLS 谈判	持续　PHA	三　年
载体	过程：环境	属性

谈判持续三年。

Thời gian gây án	là	khoảng từ 8 đến 10 giờ tối.
thɤi²¹ zan³³ ɣɤi³³ an²⁴	la²¹	χuaŋ³¹² tɯ²¹ tam²⁴den²⁴muɤi²¹zɤ²¹ toi²⁴
时间　　作案	是	大概 从 八 到 十点 晚上
载体	过程：环境	属性

作案的时间大概是晚上八点到十点。

事件、重量、体积、价格、年龄等环境

Cuộc đàm phán	bàn	về chống bán phá giá.
kuok³² dam²¹ fan²⁴	ban²¹	ve²¹ tɕoŋ²⁴ ban²⁴ fa²⁴ za²⁴
CLS 谈判	商量	关于 抗　倾销
载体	过程：环境	属性

谈判是关于反倾销的。

Hòm này hɔm²¹ năi²¹ 箱子 这	phải fai³¹² 肯定	nặng 20　　cân. năŋ³² hai³³muɣi³³ kɤ̆n³³ 重　20　　公斤
载体	过程：环境	属性

这个箱子重 20 公斤。

Hội trường này hoi³² tʂɯɣŋ²¹ năi²¹ 会场　　　这	chứa được tɕɯɣ²⁴ dɯɣk³² 容纳 得	300　　　người. ba³³tɕăm³³ ŋɯɣi²¹ 300　　人
载体	过程：环境	属性

这个会场可容纳 300 个人。

Đất　 này dɤ̆t²⁴ năi²¹ 地皮 这	giá khoảng 100　　　triệu 1　mét vuông. za²⁴ χuaŋ³¹² mot³²tɕăm³³　tʂieu³² mot³² mɛt²⁴ vuoŋ³³ 价 大概　一个亿一平方米
载体	属性

这块地皮价格一平方米约一个亿。

Hồi ấy hoi²¹ ɤ̆i²⁴ 那时	hắn hăn²⁴ 他	mới đâu mɤi²⁴ dɤ̆u³³ EMP	hăm bảy hay hăm tám tuổi. hăm³³ băi³¹² hăi³³ hăm³³ tam²⁴ tuoi³¹² 二十七、八岁
	载体		属性

那时他只有二十七八岁。-NC

2. 拥有过程

在拥有过程小句中，有两种参与者：载体代表拥有者（Possessor），属性代表占有物（Possession）。常见表示拥有、占有的动词是 có "有"。普通结构是"拥有者^过程^占有物"。

Tràng vɣ³² 阿长	có kɔ²⁴ 有	vợ. vɣ³² 妻子
载体/拥有者	过程：拥有	属性/占有物

阿长有妻子。-KL

Đàn bà	không có	men	như rượu
dan²¹ ba²¹	χoŋ³³ kɔ²⁴	mɛn	ɲɯ³³ zɯɤu³²
女人	没有	酒曲	如 酒
载体/拥有者	过程：拥有	属性/占有物	环境

女人没有像酒那样的酒曲（但一样可以让男人醉倒）。-NC

3. 属性过程

在属性过程小句中，属性是给载体进行说明性质、质量、状态等。在越语中，表示性质、质量的成分一般是形容词。因此，属性过程一般体现于形容词。换言之，在属性过程小句中，过程就是形容词。句子的自然顺序是"**载体^属性**"。因扮演过程的角色，属性可以带体标记或相标记。

Mày	thực thà quá!
mǎi²¹	thɯɯk³² tha²¹ kua²⁴
你	老实 太
载体	属性

你太老实了！-NC

Sao	có lúc	nó	hiền	như đất?
ʂau³³	kɔ²⁴ luk²⁴	nɔ²⁴	hien²¹	ɲɯ³³ dɤt²⁴
为什么	有时候	他	贤淑	如 土
		载体	属性	

为什么有时候他像土那么好。（越族人有土和好的隐喻）-NC

Hắn	đã già rồi	sao?
hǎn²⁴	da³²⁵ za²¹ zoi²¹	ʂau³³
他	ASPE 老 PHA	MOD
载体	属性	

他已经老了吗？-NC

4. 变化过程

在属性变化过程小句中，过程是表示变化的动词，如：trở nên[tʂɤ³¹² nen³³]"成为"、trở thành[tʂɤ³¹² thɤŋ²¹]"成为"、biến thành[bien²⁴ thɤŋ²¹]"变成"。句中一般都出现三个成分：载体、过程、属性。常规的顺序是"载体^过程^属性"。

Bà	bỗng	trở nên	hoảng hốt.
ba²¹	boŋ³²⁵	tşγ³¹² nen³³	huaŋ³¹² hot²⁴
大妈	突然	变成	慌张
载体		过程：变化	属性

她突然变得慌里慌张。-NC

Bây giờ　thì	hắn	đã　thành	người không tuổi	rồi.
bɤi³³ zɤ²¹　thi²¹	hăn²⁴	da³²⁵　thăŋ²¹	ŋɯɤi²¹ χoŋ³³ tuoi³¹²	zoi²¹
现在　　Th	他	PHAS 成为	人　没有　岁数	ASPE
环境	载体	过程：变化	属性	

现在他已经变成没有岁数的人了（喝酒太多，老得快，猜不出是多少岁的人）。-NC

5. 分类过程

在分类过程小句中，属性是某一种确定的种类。常见的分类动词是 là[la²¹]"是"，常见的顺序是"载体^là^属性"

（a）

Đội　Tảo	là	một tay vai vế　trong làng.
doi³²　tau³¹²	la²¹	mot³² tăi³³ vai³³ ve²⁴　tşoŋ³³ laŋ²¹
上司　阿早	是	一　手　班辈儿　里　村子
载体	过程：分类	属性

上司阿早是村里面一个有辈分的人。-NC

（b）

Nhưng	cụ	không phải　là	một người ưa than thở.
ɲɯŋ³³	ku³²	χoŋ³³ fai³¹²　la²¹	mot³² ŋɯɤi²¹ ɯɤ³³ than³³ thγ³¹²
但是	祖爷	不　　是	一　人　爱　叹气
	载体	过程：分类	属性

但是他不是一个爱叹气的人。-NC

结构上，分类过程看起来很像识别过程，但与识别过程不同的是：（1）分类过程的属性不可附加指示成分（如指示代词）；（2）分类过程小句的"载体^属性"顺序不能随意颠倒成"*属性^载体"。例 a1 和 b1 是不成立的。识别过程小句结构却可以颠倒标示和价值的位置。

（a1）	* Một tay vai vế trong làng		là	Đội Tảo.
	mot³² tǎi³³ vai³³ ve²⁴ tʂɔŋ³³　lan²¹		la²¹	doi³² tau³¹²
	一　手　　班辈　里　村		是	上司阿早
	属性		过程：分类	载体

一个在村里有辈分的人是上司阿早。

（b1）	* Nhưng	một người ưa than thở	không phải　là	cụ.
	ɲɯŋ³³	mot³² ŋɯvi²¹ ɯɣ³³ than³³ thɣ³¹²	χɔŋ³³ fai³¹²　la²¹	ku³²
	但是	一个爱叹气	不是	祖爷
		属性	过程：分类	载体

但爱叹气的人不是他。

三　言语过程

言语过程是通过讲话交流信息的过程。此过程最简单的结构是"讲话者^过程"。言语过程的选择引导两个同时发生的系统。第一个系统有关讲话的内容。第二个系统关系到附加的参与者。若选择第一个系统，会出现"讲话内容"（Verbiage）或"引用语"（Locution）等成分，构成"讲话者^过程^讲话内容"或"讲话者^过程^引用语"。若选择第二个系统，会出现受话者（Receiver）或言语目标（Target），构成"讲话者^过程^受话者^言语目标"。

言语过程中最重要的参与者就是讲话者。其他参与者都是可选的。若没有讲话内容的出现，言语过程看起来像行为过程（物质过程的一种子过程），但区别的是讲话内容的存在。虽然在句中可以不出现讲话内容，但通过前文很容易找到它。

Bà	gào lên	như con mẹ dại.
ba²¹	ɣau²¹ len³³	ɲɯ³³ kɔn³³ mɛ³² zai³²
奶奶	吼　相标	如　女人　疯癫
讲话者	过程：言语	环境

她像发疯似的那样吼。-NC

Bây giờ,	tôi	kể　xen vào	câu chuyện nhỏ, chuyện riêng của tôi
bɤi³³ zɣ²¹	toi³³	ke³¹² sen³³ vau²¹	kɤu³³ tɕuien³² ɲɔ³¹² tɕuien³² zieŋ³³ kuo³¹² toi³³
现在	我	讲　PHAS	故事　　小　私事　　的　我
	讲话者	过程：言语	讲话内容

现在我讲个小故事，我自己的故事。-NTMC

Thị	hỏi	hắn	"Vừa thổ hả?"
thi³²	hɔi³¹²	hăn²⁴	vɯɣ²¹ tho³¹² ha³¹²
氏若	问	他	刚　吐　　MOD
讲话者	过程：言语	受话者	引用语

氏若问他"刚吐吗？"-NC

người ta	bảo	cụ hơn người cũng chỉ bởi　cái　cười.
ŋɯɣi²¹ ta³³	bau³¹²	ku³² hɤn³³ ŋɯɣi²¹ kuŋ³²⁵ tɕi³¹² bɣi³¹² kai²⁴ kɯɣi²¹
人家	说	爷 比 人 也 只 由　PRE 笑
讲话者	过程：言语	引用语

人家说他凭这种笑声而超过别人。-NC

Hắn	chửi	cả làng Vũ Đại.
hăn²⁴	tɕɯi³¹²	ka³¹² laŋ²¹ vu³²⁵ dai³²
他	骂	全　村　武大
讲话者	过程：言语	言语目标

他骂整个武大村。-NC

常用的言语动词还有：sai[ʂai³³]"叫"，bảo[bau³¹²]"告诉"，khuyên[χuien³³]"劝"，thông báo[thoŋ³³ bau²⁴]"通知"，mời[mɣi²¹]"请"，甚至也包括一些通过笔记的形式进行交流的动词，如：ghi[ɣi³³]"记"，chép[tɕɛp²⁴]"听写"，nhắn tin[ɲăn²⁴ tin³³]"发短信"等等。

四　心理过程

像言语过程一样，心理过程可以用来投射其他过程。心理过程所投射的不是引用语，而是思想。因此，心理过程的选择会引导两种同时发生的系统：（1）有关解释现象的系统；（2）心理过程的子过程。

（一）对现象的解释：这里又包括两种选择：（1）中性，（2）+现象。中性选择的意思是在心理过程小句中只有一种参与者出现，叫做"感觉者"，例 a。心理过程的"感觉者^过程"结构在语义上与"载体^属性"结构重合。但"感觉者^过程"由于有意识的主体（如人），"载体^属性"只用于无意识的主体（如事情）。现象的选择涉及静态和动态两种。静态方面指的是一个事物（Thing）（例 b）或事物的一种状态（例 c），动态方面指的是一个演变的过程（Act）或者一个具有事物演变的事件（Fact）（例 d 和例 e）。按照

Eggins（2004：228）英语的现象可分为 Thing[①]、Act[②]和 Fact[③]。越语心理过程的第二参与者有三种：事物现象（例 b 和 c）、动作现象（例 d 和 e）和事件现象（例 f 和 g）。

（a）

Hắn	sợ.
hăn^{24}	şɤ^{32}
他	怕
感觉者	过程：心理 / 属性

他怕。-NC

（b）

Tất cả dân làng	đều sợ	hắn.
tɤt^{24} ka^{312} zɤn^{33} laŋ^{21}	deu^{21} şɤ^{32}	hăn^{24}
所有 村民	都 怕	他
感觉者	过程：心理	现象：事物

所有村民都怕他。-NC

（c）

Bà	thấy	chua xót lắm
ba^{21}	thɤi^{24}	tɕuo^{33} sɔt^{24} lăm^{24}
她	觉得	酸 太
感觉者	过程：心理	现象：事物状态

她觉得酸溜溜。-NC

（d）

Tao	muốn	làm người lương thiện !
tau^{33}	muon^{24}	lam^{21} ŋɯɤi^{21} lɯɤŋ^{33} thien^{32}
我	想要	做 人 善良
感觉者	过程：心理	现象：动作

我要做善良的人。-NC

---

① Thing Phenomennon（事物现象）。

He	felt	the insertion of the needle.
Senser	Pr:mental	**Phenomenon:act**

② Act Phenomenon（动作现象）。

He	felt	the needle going in.
Senser	Pr:mental	**Phenomenon:act**

③ Fact Phenomenon（事件现象）。

She	didn't realize	that it was a bomb.
Senser	Pr:mental	**Phenomenon:fact**

（e）	Nhưng	thị	biết	cãi	bà	làm sao.
	ɲɯɯŋ³³	thi³²	biet²⁴	kai³²⁵	ba²¹	lam²¹ ʂau³³
	但	氏若	知道	辩论	她	怎么
		感觉者	过程：心理	现象：动作		

但氏若不知道怎样跟她辩论。-NC

（f）	Thị	lại nghĩ thầm:	"Sao có lúc nó hiền như đất?".
	thi³²	lai³² ɲi³²⁵ thɤ̌m²¹:	"ʂau³³ kɔ²⁴ luk²⁴ nɔ²⁴ hien²¹ ɲɯ³³ dɤ̌t²⁴"
	氏若	又 想 暗暗地	为什么有时他 贤淑 如 土
	感觉者	过程：心理	现象：事件

氏若又暗想"为什么有时候他那么好？"-NC

（g）	Người ta	không thích	cái gì người ta khinh.
	ŋɯɤi²¹ ta³³	χoŋ³³ thik²⁴	kai²⁴ zi²¹ ŋɯɤi²¹ ta³³ χiɲ³³
	人家	不 喜欢	东西 人家 轻视
	感觉者	过程：心理	现象：事件

人家不喜欢人家轻视的东西-NC

（二）心理过程的子过程：越语心理过程包括四个子过程：认知（例 a 和 b）、感知（例 c 和 d）、情感（例 e 和 f）以及愿望（例 g 和 h）。认知过程的常用动词是 nghĩ[ɲi³²⁵]"想"，hiểu[hieu³¹²]"晓得"，biết[biet²⁴]"知道"，tin[tin³³]"相信"，nhớ[nɤ²⁴]"记得"，quên[kuen³³]"忘记"，phân biệt[fɤ̌n³³ biet³²]"辨别"，tưởng lầm[tɯɤŋ³¹² lɤ̌m²¹]"以为"，nghi ngờ[ɲi³³ ŋɤ²¹]"怀疑"；感知过程的常用动词是 thấy[thɤ̌i²⁴]"觉得"，cảm thấy[kam³¹² thɤ̌i²⁴]"觉得"，nhìn thấy[ɲin²¹ thɤ̌i²⁴]"看到"，nghe thấy[ŋe³³thɤ̌i²⁴]"听到"，quan sát thấy[kuan³³ ʂat²⁴ thɤ̌i²⁴]"观察到"；情感过程的常用动词是 yêu[ieu³³]"爱"，thích[thik²⁴]"喜欢"，ghét[ɣet²⁴]"讨厌"，sợ[ʂɤ³²]"怕"，hờ hững[hɤ²¹ hɯŋ³²⁵]"冷淡"，xấu hổ[sɤ̌u²⁴ ho³¹²]"害羞"；愿望过程的常用动词是 mong[mɔŋ³³]"望"，muốn[muon²⁴]"想要"，hi vọng[hi³³ vɔŋ³²]"希望"，quyết định[kuiet²⁴ diɲ³²]"决定"，dám[zam²⁴]"敢"，xin[sin³³]"求"，cho phép[tɕɔ³³ fep²⁴]"允许"，nhường[ɲɯɤŋ²¹]"让"，bầu[bɤ̌u²¹]"选"，chọn[tɕɔn³²]"选"，kén[kɛn²⁴]"选"。

（a）

Lý Kiến	hiểu rằng:	"chúng nó" đây có thể gồm cả ông.
li²⁴ kien²⁴	hieu³¹² zăŋ²¹:	"tɕuŋ²⁴ nɔ²⁴" dɤi³³ kɔ²⁴ the³¹² ɣom²¹ ka³¹² oŋ³³
里长 健	懂 曰	他们　　　这　可能　包括　EMP　他自己
感觉者	过程：认知	现象：事件

里长阿健懂得这里所谓的"他们"可能也包括自己。-NC

（b）

Thị	bỗng	nhớ rằng	thị có một người cô ở đời.
thi³²	boŋ³²⁵	ɲɤ²⁴ zăŋ²¹	thi³² kɔ²⁴ mot³² ŋɯɤi²¹ kɔ³³ ɤ³¹² dɤi²¹
氏若	濡染	想起	她 有 一　CLS　姑姑　在 世
感觉者		过程：认知	现象：事件

氏若突然想起来她在这个世界上有一个姑姑。-NC

（c）

hắn	thấy	hắn cũng oai.
hăn²⁴	thɤi²⁴	hăn²⁴ kuŋ³²⁵ uai³³
他	觉得	他 也 威风
感觉者	过程：感知	现象：事件

他觉得他也威风。-NC

（d）

Nhưng	hôm nay	hắn	mới	nghe thấy.
ɲuŋ³³	hom³³ năi³³	hăn²⁴	mɤi²⁴	ŋe³³ thɤi²⁴
但	今天	他	才	听　PHAS
		感觉者		过程：感知

但今天他才听见。-NC

（e）

Thị	không thích	làm như kẻ khác.
thi³²	χoŋ³³ thik²⁴	lam²¹ ɲɯ³³ kɛ³¹² χak²⁴
氏若	不　喜欢	做 如人 别
感觉者	过程：情感	现象：动作

氏若不喜欢像别人那样做。-NC

（f）

Người nhà quê	vốn	ghét	lôi thôi.
ŋɯɤi²¹ ɲa²¹ kue³³	von²⁴	ɣet²⁴	loi³³ thoi³³
人　　乡下	本来	讨厌	啰嗦
感觉者		过程：情感	现象

乡下人本就讨厌啰嗦-NC

（g）

Hắn	thèm	lương thiện
hăn²⁴	thɛm²¹	lɯɤŋ³³ thien³²
他	馋	善良
感觉者	过程：愿望	现象

他非常需要善良。-NC

（h）

hắn	muốn	làm hòa với mọi người	biết bao!
hăn²⁴	muon²⁴	lam²¹ hua²¹ vɤi²⁴ mɔi³² ŋɯɤi²¹	biet²⁴ bau³³
他	想要	求和　　与　大家	MOD
感觉者	过程：愿望	现象：动作	环境：方式

他很想向大家讲和！-NC

　　心理过程小句有两个参与者出现的时候，典型的次序是"感觉者^过程^现象"，上面的所有例句都是典型次序。值得注意的是，认知和情感这两个子过程容易接受一些使役动词，如 làm[lam²¹]、gây[ɣɤ̆i³³]、khiến[xien²⁴]。接受使役动词的时候，一般多出现使役者（Agent），例 i 和例 j。有的时候现象就是扮演使役者的角色，例 k 和例 l，这时现象出现在感觉者的前面，即不遵循典型次序。

（i）

Bát cháo hành của thị Nở	làm	hắn	suy nghĩ nhiều.
bat²⁴ tɕau²⁴ hɛ̆ŋ²¹ kuo³¹² thi³² nɤ³¹²	lam²¹	hăn²⁴	ʂ̺ui³³ ŋi³²⁵ nieu²¹
碗　青葱粥　　的　氏若	使	他	考虑　　多
使役者	过程：使役	感觉者	过程：认知

（因此）氏若的那碗青葱粥使他考虑很多。-NC

（j）

Cái gì	đã làm	hắn	quên	rẽ vào nhà thị Nở ?
kai²⁴ zi²¹	da³²⁵ lam²¹	hăn²⁴	kuen³³	ʐɛ³²⁵ vau²¹ ɲa²¹ thi³² nɤ³¹²
什么	ASP 使	他	忘	拐进　家 氏若
现象/使役者	过-	感觉者	-程：认知/使役	现象：动作

什么叫他忘了走进氏若的家？-NC

（k）

Hắn	làm	cả làng Vũ Đại	sợ.
hăn²⁴	lam²¹	ka³¹² laŋ²¹ vu³²⁵ dai³²	ʂɤ³²
他	使	全　村　武大	怕
现象/使役者	过-	感觉者	-程：情感/使役

他使整个武大村怕他。-NC

（1）

Cái này	khiến	không một chàng trai nào	phải phân vân.
kai²⁴ nǎi²¹	χien²⁴	χoŋ³³ mot³² tɕaŋ²¹ tʂai³³ nau²¹	fai³¹² fɤn³³ vɤn³³
这个	遣	不　一　小伙子　任何	MOD 犹豫
	过-	感觉者	-程：认知

任何一个小伙子都不是因为这个而犹豫。-NC

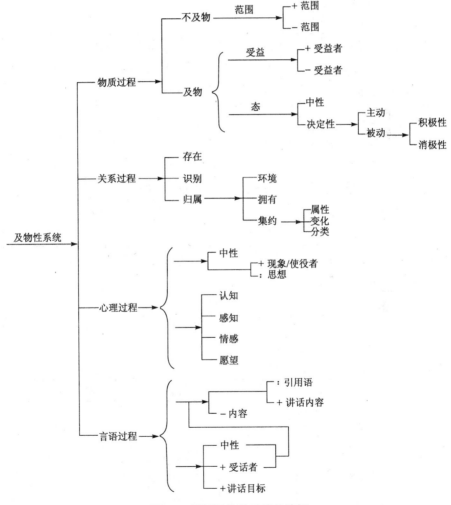

图 7.1　越语及物性系统的选择

　　及物性系统还有一种经验成分，叫做环境成分，跟传统语法所说的状语有相同之处，但与状语不同的是环境成分只表示经验意义，不表示人际或篇章意义，具体看第九章的表 9.1。环境成分表示时间、空间、方式、原因、陪伴、事件、角色和角度等意义。例如：

Nó	thì	đi	từ sáng đến tối.
nɔ²⁴	thi²¹	di³³	tu²¹ ʂaŋ²⁴ den²⁴ toi²⁴
他	THM	去	从 早 到 晚
参与者		过程	环境：时间

他从早到晚都在外面。

Nó	đi	khắp miền Tây Bắc.
nɔ²⁴	di³³	χăp²⁴ mien²¹ tɤi³³ băk²⁴
他	去	整个 西北部
参与者	过程	环境：空间

他走过整个西北地区。

Nó	ăn	bằng đũa.
nɔ²⁴	ăn³³	băŋ²¹ duo³²⁵
他	吃	凭 筷子
参与者	过程	环境：方式

他用筷子吃饭。

Nó	làm	điều đó	vì anh.
nɔ²⁴	lam²¹	dieu²¹ dɔ²⁴	vi²¹ ĕŋ³³
他	做	事 那	因 你
参与者 1	过程	参与者 2	环境：原因

他为了你去做那件事。

Nó	đi	với lớp trưởng	rồi.
nɔ²⁴	di³³	vvi²⁴ lɤp²⁴ tʂɯɤŋ³¹²	zoi²¹
他	去	与 班长	了
参与者	过程	环境：陪伴	

他跟班长走了。

Chị ấy	nghiên cứu	về dân tộc học.
tçi³² ɣi²⁴	ŋien³³　kɯɯ²⁴	ve²¹ dɤn³³ tok³² hɔk³²
她	研究	关于 民族学
参与者	过程	环境：事件

她研究关于民族学的东西。

Anh ấy	tham gia	với tư cách đại biểu danh dự.
ĕŋ³³ ɣi²⁴	tham³³ za³³	vɣi²⁴ tɯ³³ kĕk²⁴ dai³² bieu³¹² dĕŋ³³ dɯ³²
他	参加	以　身份　代表　　名誉
参与者	过程	环境：角色

他以名誉代表的身份参加。

Họ	là	làm	theo ý anh.
hɔ²¹	la²¹	lam²¹	theu³³ i²⁴ ĕŋ³³
他们	THM	做	根据 意见 你
参与者		过程	环境：角度

他们是按照你的意思做的。

第二节　及物性系统与经验世界的关系

我们的物理世界是由时间、空间和物质三个基本成分构成。任何一个事件都有可能简化成这三个基本成分（Eden 2007: 37）。此外，我们对物理世界的经历还包括我们对物质的解释或态度，甚至包括对各物质之间的关系进行解释或表态。我们经历过的一切现象在语言中可以理论化为若干个变化的范围。其中一个变化（或一个经历）在事件流中被解释为一个"形态"。形态是一种结合三个成分的结构，这些成分是"参与者"、"过程"和"环境"。参与者是与过程有关的"物"、"事件"或"性质"。过程是一种概括的术语，用来对我们周围或本身的"变化"进行编码。环境是过程展开的具体条件或情况。形态在时间和空间中发生。

总之，形态是经验语义学的基本单位。形态可以通过小句的经验外观而实现。这个结构的成分之间的次序不影响这个结构所表达的意义，次序只影响语篇元功能（详见第十章）。本章先对形态的结构和形态的种类进行考察。

一个形态有两方面：（1）分解与结构；（2）表现的经验域。下面以文本为例：

（i）

	Hắn	băn khoăn	nhìn	thị Nở	như thăm dò.
	$hăn^{24}$	$băn^{33}$ $\chi uăn^{33}$	ηin^{21}	thi^{32} $n\gamma^{312}$	$\eta u\omega^{33}$ $thăm^{33}$ $z\mathfrak{o}^{21}$
	他	忧虑	看	氏若	如　试探

成分：	参与者	环境	过程	参与者	环境
结构：	行为者		发生	现象	
形态：	发生				
经验域：	物质实体的世界				

（ii）

	Thị	vẫn im lặng
	thi^{32}	$v\check{\gamma}n^{325}$ im^{33} $l\check{a}n^{32}$
	氏若	还　静默

成分：	参与者	过程（持有属性）
结构：	载体	属性
形态：	存在	
经验域：	存在（持有属性）的世界	

（iii）

	(thị)	cười	tin cẩn.
	(thi^{32})	$ku\omega i^{21}$	tin^{33} $k\check{\gamma}n^{312}$
	（氏若）	笑	信赖

成分：	（参与者）	过程	环境
结构：	（行为者）	发生	
形态：	发生		
经验域：	物质实体的世界		

（iv）

	Hắn	thấy	tự nhiên	nhẹ người.
	$hăn^{24}$	$th\check{\gamma}i^{24}$	$t\omega^{32}$ ηien^{33}	ηe^{32} $\eta u\omega i^{21}$
	他	觉得	突然	轻松

成分：	参与者	过程	环境	参与者
结构：	感知者	感知		现象
形态：	感知			
经验域：	意识的世界			

（v）　　　Hắn　　　bảo　　　thị:　　　"Giá cứ thế này mãi thì thích nhỉ?"

hăn²⁴　　bau³¹²　thi³²:　　"za²⁴ kɯ²⁴ the²⁴ năi²¹ mai³²⁵ thi²¹ thik²⁴ ɲi³¹²?"

他　　　告诉　　氏若　　假如　　这样　　永　THM　喜欢

成分：	参与者	过程	参与者	
结构：	讲话者	讲话	受话者	讲话内容（被投射）
形态：	讲话			
经验域：	象征的世界			

（vi）　　　Thị　　　　phát　　　khẽ　　　hắn　　　một cái.

thi³²　　　fat²⁴　　　χe³²⁵　　hăn²⁴　　mot³² kai²⁴

氏若　　　拍　　　　轻　　　他　　　　一　CLS

成分：	参与者	过程	环境	参与者	环境
结构：	动作者	动作		目标	
形态：	动作				
经验域：	物质实体的世界				

（i）他试探着忧虑地看氏若。（ii）氏若还静默。（iii）信赖地笑。（iv）他突然觉得轻松。（v）他告诉她"假若永远这样就好了"。（vi）她轻轻地拍了他一下。

结构：一个形态是由不同成分构成的有机结构。每种成分与形态保持一种特殊的关系。在 i，发生是行为者与现象的结构。在 ii，持有是载体与属性的结构。在 iii，发生是行为者（省略）的结构。在 iv，感知是感知者与现象的结构。在 v，讲话是讲话者、受话者与讲话内容的结构。在 vi，动作是动作者与目标的结构。

经验域：形态网将我们的经历解释为四个区域的改变。

（1）动作与发生的形态解释有关物质实体世界的经历，如例 i、iii 和 vi。

（2）感知的形态解释有关意识世界的经历，如例 iv。

（3）讲话的形态解释象征世界，如例 v。

（4）存在的形态解释有关各种存在方式的世界，如例 ii。

总之，上面的例句表明，经验世界与句法表现有直接联系。图 7.2 示意：

人类经验的顺序大体可分为两种：一种关系到我们物质环境中的现象，另一种关系到符号的现象（元现象）。根据这两种顺序，上面四种形态可归纳为两大类：第一类包括"动作与发生"和"存在与持有"，关系到物质环境中的现象，不可投射；第二类包括"感知"和"讲话"，关系到符号的现象，可投射。

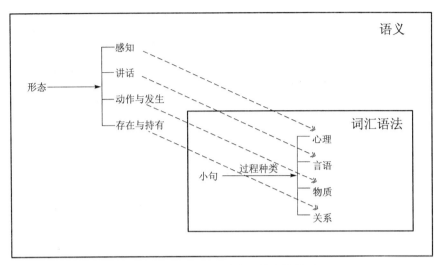

图 7.2　四种逻辑形态在语法中的体现

(参考 Eden 2007: 46)

在第一类中，"动作与发生"和"存在与持有"在语义上有区别。对动作与发生这个形态来说，动作的过程需要一些能量才能实现，过程随着时间的线性在物质世界中进行改变或发生变化。对存在与持有这个形态来说，不需要能量，也不需要过程对物质世界有任何改变。

在第二类中，"感知"和"讲话"也有明显的语义区别。有两种元现象：引用语（locution）和思想（idea）。引用语是通过外部性地发出声音的形式得到体现。思想只是内部性地考虑。因此，"感知"解释内部性象征过程，如：思考、感知，而"讲话"解释外部性象征过程，如：讲述、提问。

表 7.2　　　　　　　　　　　　　四种基本形态的异同

形　态	经　历　趋　向	性　质
动作与发生	物质实体世界	不可投射， 需要能量改变实体
存在与持有	各种存在方式的世界	不可投射， 不需要能量， 不改变实体
感知	意识世界	可投射， 内部性象征过程
讲话	象征世界	可投射， 外部性象征过程

第三节　时间表述

一　"体"系统

体与时虽然都涉及过程发生的时间，但区别在于，体是以上下文为参照点，而时是以发言时的时间为参照点。因此，体系统包括两种选择：完成体和未完成体。完成类包括两种：已行体（perfective）和曾行体（experiential）。未完成类包括五种：进行体（progressive）、将行体（prospective）、即行体（instant prospective）、延续体（durative）、和起始体（start-on）。第五章和第六章介绍动词的体系统。本章介绍小句的体系统。小句的体当然是基于动词的体。小句的体系统是由动词的体和形容词的体构成的。

表 7.3　　　　　　　　　　　　小句的体系统

类别	谓语	句法标记	语法意义
已行体	动词，形容词	đã[da³²⁵]"已经"、xong[soŋ³³]"完"、rồi[zoi²¹]"了"、được[dɯɣk³²]"得"	动作行为已经完成
曾行体	动词，形容词	từng[tɯŋ²¹]"曾经"	对动作行为或事件的回顾
进行体	动词，形容词	đang[daŋ³³]"正在"	动作行为正在进行或状态正在持续
即行体	动词，形容词	sắp[săp²⁴]"即将"	动作行为将迫近，即将发生
将行体	动词，形容词	sẽ[sɛ³²⁵]"将"	动作行为将要进行
延续体	动词，形容词	cứ[kɯ²⁴]"一直"	动作行为从过去开始，延续到现在和将来
起始体	形容词	lên[len³³]"上/起来"、ra[za³³]"出"、đi[di³³]"去"	状态开始出现或演变

（一）已行体

表示动作行为已经完成。动词之后使用时间副词 xong[soŋ³³]"完"、rồi[zoi²¹]"了"、được[dɯɣk³²]"得"，或者动词之前使用时间副词 đã[da³²⁵]"已经"。注意：虚词 được[dɯɣk³²]"得"有三种功能：（1）被动标记，（2）可能标记，（3）体标记。做体标记的时候，được[dɯɣk³²]"得"后面必须引出时间词，否则将被视为可能标记。有时两个标记甚至三个标记都能同时出现。例如：

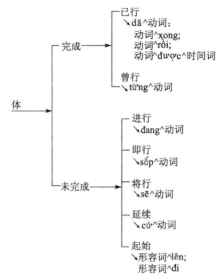

图 7.3　小句的"体"系统

Nó đã đi công tác được vài ngày.　　他已经出差几天了。

nɔ²⁴ da³²⁵ di³³ koŋ³³ tak²⁴ dɯɤk³² vai²¹ ŋǎi²¹

他 已 去 出差 得 几 天

Nó chuyển nhà được nửa năm rồi.　　他搬走已经半年了。

nɔ²⁴ tɕwien³¹² ɲa²¹ dɯɤk³² nɯɤ³¹² nǎm³³ zɔi²¹

他 搬家 得 半 年 了

Họ vừa bắt xong.　　他们刚抓完。-NC

hɔ³² vɯɤ²¹ bǎt²⁴ sɔŋ³³

他们 刚 抓 完

Uống xong hắn chùi miệng　　喝完他就擦嘴。-NC

uoŋ²⁴ sɔŋ³³ hǎn²⁴ tɕui²¹ mieŋ³²

喝 完 他 擦 嘴

Lấy tiền xong là về ngay……　　取完钱就立刻回来。-NC

lǎi²⁴ tien²¹ sɔŋ³³ la²¹ ve²¹ ŋǎi³³

取 钱 完 THM 回 立刻

Lão nói xong lại cười đưa đà.　　他说完又笑眯眯的。-NC

lau³²⁵ nɔi²⁴ sɔŋ³³ lai³² kɯɤi²¹ dɯɤ³³ da²¹

他 说 完 又 笑 眯眯

Thị trút xong giận rồi.　　氏若泄完气了。-NC

thi³² tʂut²⁴ sɔŋ³³ zǔn³² zɔi²¹

氏若 泄气 完 生气 了

Anh này lại say khướt rồi.　　　　你又醉了。-NC

ɛŋ³³ năi²¹ lai³² şăi³³ χɯɤt²⁴ zoi²¹

你　　又　醉　　了

Hắn đi qua ngõ đầu tiên rồi.　　　他走过第一个胡同了。-NC

hăn²⁴ di³³ kua³³ ŋɔ³²⁵ dɤ̌u²¹ tien³³ zoi²¹

他　走　过　胡同　第一　　　了

Lưỡi lão ríu lại rồi.　　　　　　他的舌头动不了。-NC

lɯɤi³²⁵ lau³²⁵ ziu²⁴ lai³² zoi²¹

舌头　他　交错　回　了

Chí Phèo đã văng dao tới rồi.　　　志飘已经把刀扔过来了。-NC

tçi²⁴ feu²¹ da³²⁵ văŋ³³ zau³³ tɤi²⁴ zoi²¹

志飘　　已　抛扔　刀　来　了

Vả lại những người đứng xem về cả rồi.

va³¹² lai³² ɲɯŋ³²⁵ ŋɯɤi²¹ dɯŋ²⁴ sem³³ ve²¹ ka³¹² zoi²¹.

再说　IND-PLR 人站　看　回　全　了

再说站着看的那些人全都回去了。-NC

Lúc ấy trong người hắn rượu đã hơi nhạt rồi.

luk²⁴ ɤ̌i²⁴ tşoŋ³³ ŋɯɤi²¹ hăn²⁴ zɯɤu³² da³²⁵ hɤi³³ ɲat³² zoi²¹

那时　里　身体　他　酒　已　有点　淡　　了

那时候，在他的身体中，酒已经有点淡（消化）了。

Bây giờ thì Chí Phèo đã mửa xong.

bɤ̌i³³ zɤ²¹ thi²¹ tçi²⁴ feu²¹ da³²⁵ mɯɤ³¹² soŋ³³

现在　　THM 志飘　　已　吐　　完

现在志飘已吐完。-NC

Họ đánh vần xong một cái giấy ít nhất phải mất mười lăm phút

hɔ³² dĕŋ²⁴ vɤ̌n²¹ soŋ³³ mot³² kai²⁴ zɤ̌i²⁴ it²⁴ ɲɤ̌t³² fai³¹² mɤ̌t²⁴ mɯɤi²¹ lăm³³ fut²⁴

他们　拼读　完　　一　CLS 纸　至少　要　花　十五　　　分

他们拼读完一张纸至少要花十五分钟。-NC

Thế mà vừa đoán xong thì con mất việc.

the²⁴ ma²¹ vɯɤ²¹ duan²⁴ soŋ³³ thi²¹ kon³³ mɤ̌t²⁴ viek³²

怎么　　刚　算命　完　　THM 我　失业

怎么刚算完我就失业了。-VTP

已行体也可以对形容词而言。如：

Hôm đó, em đã rất vui.　　　　　那天，我已经很高兴。

hom³³ dɔ²⁴ ɛm³³ da³²⁵ zɤ̌t²⁴ vui³³

那天　　我　已　很　高兴

（二）曾行体

表示对动作行为、状态或事件的回顾。动词前面加标记 từng[tɯŋ²¹] "曾经"。有时，曾行标记与已行标记一起使用，动词还是曾经发生过的意思。例如：

Cô ấy từng là hoa khôi của trường.　　　　她曾经是校花。

ko³³ ɣi²⁴ tɯŋ²¹ la²¹ hua³³ χoi³³ kuo³¹² tʂɯɤŋ²¹

她　　曾　是　花魁　的　学校

Tôi từng được ăn món này khi　ở Việt Nam.　我在越南曾经吃过这道菜。

toi³³ tɯŋ²¹ dɯɤk³² ăn³³ mɔn²⁴ năi²⁴ χi³³ ɣ³¹² viet³² nam³³

我　曾　得　吃　菜　这　时候　在　越南

Chí Phèo đã từng đi tù.　　　　志飘曾经坐过牢。

tɕi²⁴ feu²¹ da³²⁵ tɯŋ²¹ di³³ tu²¹

志飘　　已　曾　去　监狱

Tôi đã từng　có dịp　vào nam ra　bắc. 我曾经有走遍南方和北方的机会。

toi³³ da³²⁵ tɯŋ²¹　kɔ²⁴ zip³² vau²¹ nam³³ za̠³³ băk²⁴

我　已　曾经　有　机会　入　南　出　北

Tôi đã từng chứng kiến cảnh người ta chen nhau trong siêu thị.

toi³³ da³²⁵ tɯŋ²¹ tɕɯŋ²⁴ kien²⁴ kɛŋ³¹² ŋɯɤi²¹ ta³³ tɕɛn³³ ɲau³³ tʂɔŋ³³ sieu³³ thi³²

我　已　曾经　证见　场景　人家　挤　互相　里　超市

我曾经看见顾客在超市拥挤的场面。

曾行体也可以对形容词而言。如：

Ngày xưa, nó đã　từng vui　trong những lần nhậu thâu đêm như thế này.

ŋăi²¹ sɯɤ³³ nɔ²⁴ da³²⁵ tɯŋ²¹ vui³³　tɕɔŋ³³ ɲɯŋ³²⁵ lˇn²¹ ɲˇu³² thˇu³³ dem³³ ɲɯ³³ the²⁴ năi²¹

以前　　他　已曾　高兴　在　IND-PLR　时　喝酒　通宵　　如这样

以前，在这样通宵喝酒的时候，他曾经觉得很高兴。

（三）进行体

表示动作行为正在进行或状态正在持续。这意味着越语进行体也包含持续体（durative）。动词前面加标记 đang[daŋ³³] "正在"。例如：

Hắn đang nghĩ đến những　người phá kho thóc Nhật.

hăn²⁴ daŋ³³ ŋi³²⁵ den²⁴　ɲɯŋ³²⁵　ŋɯɤi²¹ fa²⁴ χɔ³³ thɔk³³ ɲˇt³²

他　正　想　到　IND-PLR　人　破　库　稻谷　日本

他正在想起打破日本米仓的人。-KL

Cụ đang muốn có một bàn tay man mát xoa cái đầu.

ku³² daŋ³³ muon²⁴ kɔ²⁴ mot³² ban²¹ tăi³³ man³³ mat²⁴ sua³³ kai²⁴ dˇu²¹

爷　正　要　有　一　手　　凉快　摸　CLS　头

他正想用一只冰凉的手摸他的头-NC

Nhưng trong hiệu,　một thiếu nữ　đẹp đang mặc cả.

ɲɯɯŋ³³　tʂɔŋ³³　hieu³²，mɔt³²　thieu²⁴　nɯɯ³²⁵　dɛp³²　daŋ³³　măk³²　ka³¹²

但　　里　商店　一　少女　　美　正　讨价

但店里，一个漂亮的少女正讨价还价。-NC

Hắn đang đọc chăm chú quá.　　　　　　　他正在很专心地读。-NC

hăn²⁴ daŋ³³ dɔk³² tɕăm³³ tɕu²⁴ kua²⁴

他　正　读　专心　　太

Thì ra lão đang nghĩ đến thằng con lão.　　　原来他正想到儿子。-NC

thi²¹ ẓa³³ lau³²⁵ daŋ³³ ŋi³²⁵ den²⁴ thăŋ²¹ kɔn³³ lau³²⁵

原来　他　正　想　到　儿子　　他

Nguyệt nó cũng đang muốn gặp cậu.　　　　阿月她正想见你。-NMC

ŋuiet³² nɔ²⁴ kuŋ³²⁵ daŋ³³ muon²⁴ ɣăp³² kɯu³²

阿月　她　也　正　想　　见　你

Xe đang lao qua quãng dốc.　　　　　　　车正在坡上奔驰。-NMC

sɛ³³ daŋ³³ lau³³　kua³³ kuaŋ³²⁵ zok²⁴

车　正　奔驰　过　段　　坡

Nguyệt đang nấp ở　mé ngoài.　　　　　阿月正躲在外面。-NMC

ŋuiet³²　daŋ³³ nɤp²⁴　ɣ³¹² mɛ²⁴ ŋuai²¹

阿月　正　藏　在　外边

Cô ta đang　đi trở lại　về phía　ngầm.　她正在往地下通道的方向走回来。

ko³³ ta³³ daŋ³³　di³³ tʂɣ³¹² lai³²　ve²¹ fie²⁴　ŋɤm²¹

她　　正　走　回来　往　方向　地下通道　-NMC

进行体也可以对形容词而言，如：

Em đang hạnh phúc bên anh.　　　　　在你旁边，我现在很幸福。

ɛm³³ daŋ³³　hăɲ³² fuk²⁴ ben³³ ɤɲ³³

我　正在　幸福　　旁　你

Sao đang nóng thì　lại tắt　điều hòa.　　为什么正在热，(你)却关空调？

ʂau³³ daŋ³³ nɔŋ²⁴　thi²¹ lai³² tăt²⁴ dieu²¹ hua²¹

（四）即行体

表示动作行为迫近，即将发生。动词前面加标记 sắp[ʂăp²⁴]"即将"。有时，即行体标记和已行体标记一起使用，还有动作即将发生的意思。例如：

Nó sắp　tốt nghiệp.　　　　　　　　他快要毕业了。

nɔ²⁴ ʂăp²⁴ tot²⁴ ŋiep³²

我　即将　毕业

Cháu sắp đi làm rồi.　　　　　　　　　　我快要上班了。
tɕau²⁴ ʂăp²⁴ di³³ lam²¹ ʐoi²¹

我　即将去 工作 了

Cô ấy sắp đến đây đấy!　　　　　　　　　她快来这儿了。
ko³³ɣi²⁴ ʂăp²⁴ den²⁴ dɤi³³ dɤi²⁴

她　即将来 这　MOD

Tôi sắp viết xong luận văn rồi.　　　　　我快写完论文了。
toi³³ʂăp²⁴ viet²⁴ sɔŋ³³ lwɤˇn³²văn³³ ʐoi²¹

我 即将写 完 论文　　了

Phim đấy sắp được công chiếu.　　　　　那部电影即将上映。
fim³³ dɤi²⁴　　ʂăp²⁴　 dɯɤk³² koŋ³³ tɕieu²⁴

电影 那 即将　得　公 照

（五）将行体

表示动作行为将要进行。动词前面加标记 sẽ[ʂε³²⁵]"将"。例如：

Bộ phim sẽ công chiếu lần đầu ở Hà Nội.　　电影将在河内首映。
bo³² fim³³ ʂε³²⁵ koŋ³³ tɕieu²⁴ lɤˇn²¹ dɤu²¹ ɣ³¹² ha²¹noi³²

电影　　将公 照 第一次 在 河内

Chúng cháu sẽ cố gắng hết sức mình.　　我们将尽力而为。
tɕuŋ²⁴ tɕau²⁴　ʂε³²⁵ ko²⁴ ɣăŋ²⁴ het²⁴ ʂɯk²⁴ miŋ²¹

我们　　　将 尽力 完 力 自己

Cháu sẽ làm hộ bác việc này.　　　　　　我将帮你做这件事。
tɕau²⁴ ʂε³²⁵ lam²¹ ho³² bak²⁴ viek³² năi²¹

我 将 做替你 事 这

Anh sẽ mua một bó hoa thật đẹp.　　　　我将买一束很漂亮的花。
ɛŋ³³ ʂε³²⁵ muo³³ mot³² bɔ²⁴ hwa³³ thɤˇt³² dep³²

我 将买一 CLS 花 真 漂亮

将行体还可以对形容词而言。如：

Em sẽ xinh đẹp nhất vùng.　　　　　　　我将成为这里最漂亮的人。
εm³³ ʂε³²⁵ siŋ³³ dep³² ɲɤt²⁴ vuŋ²¹

我 将漂亮　 最 地区

Đi nắng là sẽ đen đấy!　　　　　　　　　晒太阳会变黑的！
di³³ năŋ²⁴ la²¹ ʂε³²⁵ den³³ dɤi²⁴

去 阳光 THM 将 黑 MPA

（六）延续体

表示动作行为或状态从过去开始，延续到现在，还将发展到将来。动词前面加 cứ[kɯ²⁴]"一直"。例如：

Mưa　cứ　rơi tí tách ngoài kia.　　　　　外面一直下着雨。

mɯɤ³³　kɯ²⁴　zɤi³³ ti²⁴ tĕk²⁴ ŋwai²¹ kie³³

雨　一直 下 嘀嗒　外面

Nó　cứ　khóc mãi.　　　　　他哭个不停。

nɔ²⁴　kɯ²⁴　χɔk²⁴　mai³²⁵

他 一直 哭　永远

Nó cứ　nói cho sướng mồm.　　　　　他一直说，说上瘾了。

nɔ²⁴ kɯ²⁴ nɔi²⁴ tɕɔ³³ ʂɯɤŋ²⁴ mom²¹

他一直 说 为了 爽　嘴

Nó cứ　không nghe lời!　　　　　他一直不听话！

nɔ²⁴ kɯ²⁴　χoŋ³³　ŋe³³　lɤi²¹

他一直 不　听话

延续体也是对形容词而言。如：

Da em　cứ　trắng thế này　thì thích　nhỉ!　　皮肤一直这样的白就好了！

za³³ ɛm³³　kɯ²⁴ tʂăŋ²⁴ the²⁴ năi²¹　thi²¹ thik²⁴　ɲi³¹²

皮肤你一直 白　这样　THM 喜欢 MPA

Ở　tuổi này, bác　cứ khỏe mạnh　là　tốt! 这个岁数,你保持健康就好了！

ɤ³¹² tuoi³¹² năi²¹ bak²⁴ kɯ²⁴ χuɛ³¹² mĕŋ³² la²¹ tot²⁴

在 岁数这　你　一直 健康　　THM 好

（七）起始体

起始体只是对形容词而言。表示事物状态在某个参照点上开始出现或演变。在形容词后加上标记 lên[len³³]"上、起来"、ra[za³³]"出"、đi[di³³]"去"。起始体的标记是从趋向动词虚化而来，色彩意义有的不同。lên 和 ra 有积极意义，đi 有消极意义。

Dạo này cô ấy　đẹp lên　trông thấy.　　　　她最近明显变漂亮了。

zau³² năi²¹ ko³³ ɤ̆i²⁴ dep³² len³³ tʂoŋ³³ thɤ̆i²⁴

最近　她　　美　上　看出来

Anh ta　trông có vẻ　béo ra.　　　　看上去他发胖了。

ɛ̆ŋ³³ ta³³ tʂoŋ³³ kɔ²⁴ vɛ³¹² beu²⁴ za³³

他　　看起来　　胖 出

Dạo này thời tiết có vẻ　lạnh đi.　　　　　最近天气好像开始变冷了。
zau³² nǎi²¹ thɤi²¹ tiet²⁴ kɔ²⁴ vɛ³¹² lɛ̌ŋ³² di³³

最近　　天气　仿佛　冷　去

Nó gầy đi　rồi.　　　　　　　　　　　他瘦下来了。
nɔ²⁴ ɣɤ̌i²¹ di³³ zɔi²¹

二 "相"系统

体系统表示过程是否完成。相系统通过一些显性的后置词，表示过程怎么完成的意义，有两种意义：方向性和结果性。第六章已介绍过动词词组的"相"，本章从小句的角度介绍小句的"相"。越语中，动词词组的"相"与小句的"相"基本相同。

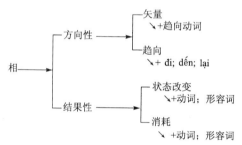

图 7.4　小句的"相"系统

（一）方向性

方向性后置词一般是趋向动词。可分成两类：矢量和趋向。矢量后置词是：lên[len³³] "上"，xuống[suoŋ²⁴] "下"，vào[vau²¹] "进"，ra[ʐa³³] "出"，về[ve²¹] "回"，qua[kua³³] "过"，xuyên[suien³³] "穿过"等等。倾向后置词是：đến[den²⁴] "来"，lại[lai³²] "来"（倾向说话人）和 đi[di³³] "去"（离开说话人）。矢量后置词和倾向后置词不能自由搭配。例如：

Ông thầy số đứng lên để　thủ lễ một chút. 算命先生为了施礼就站起来。
oŋ³³ thɤi²¹ ʂo²⁴ duŋ²⁴ len³³ de³¹² thu³¹² le³²⁵ mot³² tɕut²⁴

算命先生　站　起 以便 施礼 一点　　　　-VTP

Tức thì　cậu bé　đứng lên　　　　　　小男孩立刻站起来。
tuk²⁴ thi²¹ kɤ̌u³² be²⁴ duŋ²⁴ len³³

立刻　小男孩　站　起　　　　　　　　　-VTP

Thị　giẫm chân xuống đất.　　　　　　氏若把脚踩在地上。
thi³² zɤ̌m³²⁵ tɕɤn³³ suoŋ²⁴ dɤt²⁴

氏若 踩　脚　下　地　　　　　　　　　-VTP

hắn lẳng lặng ngồi xuống bên sườn thị.　　他在氏若的旁边默默地坐下。

hăn²⁴ lăŋ³¹² lăŋ³² ŋoi²¹ suoŋ²⁴ ben³³ ʂɯɤn²¹ thi³²

他　默默　坐　下　旁边　氏若　　-NC

Hắn sẽ rẽ vào bất cứ ngõ nào hắn gặp.　　他将拐进他见到的任何一个胡同。

hăn²⁴ ʂɛ³²⁵ʐɛ³²⁵vau²¹bɤt²⁴kɯ²¹ŋɔ³²⁵ nau²¹ hăn²⁴ɣăp³²

他　将　拐　进　任何　胡同　哪　他　见

Thị quàng tay vào nách hắn.　　氏若把手插进他的腋窝。

thi³² kuaŋ²¹ tăi³³ vau²¹ năk²⁴ hăn²⁴

氏若　围　手　进　腋窝　他　　-NC

Hắn đu vào cổ thị.　　他扳住氏若的脖子。

hăn²⁴ du³³ vau²¹ ko³¹² thi³²

他　扳　进　脖子氏若　　-NC

Chí Phèo thở ra mùi rượu.　　志飘呼出酒味。

tɕi²⁴ feu²¹ thɤ³¹² ʐa³³ mui²¹ ʐɯɤu³²

志飘　呼　出　味　酒　　-NC

Mấy cái ngõ tối chung quanh đùn ra biết bao nhiêu là người!

mɤi²⁴ kai²⁴ ŋɔ³²⁵ toi²⁴ tɕuŋ³³ kuăn³³ dun²¹ ʐa³³ biet²⁴ bau³³ ɲieu³³ la²¹ ŋɯɤi²¹

几　DEF　胡同暗周围　拱出　很多　人

周围的几个暗胡同涌出来这么多人！ -NC

Hồi tôi còn tại ngũ, tôi gởi về nhà có trăm.

hoi²¹ toi³³ kɔn²¹ tai³² ŋu³²⁵, toi³³ ɣɤi³¹² ve²¹ ɲa²¹ kɔ²⁴ tʂăm³³

时候我　还　在　伍　我　寄　回　家　有　百

在军队的时候，我寄回家上百块钱。-NC

Hắn đi qua ngõ đầu tiên rồi.　　他走过第一个胡同了。

hăn²⁴ di³³ kua³³ ŋɔ³²⁵ dɤu²¹ tien³³ ʐoi²¹

他　走过　胡同　第一　了　　-NC

Họ tuôn đến để hỏi thăm.　　他们为了打听涌现出来。

hɔ³² tuon³³ den²⁴ de³¹² hɔi³¹² thăm³³

他们　涌现　到　以便　打　听　　-NC

Từ đống mửa bay lại một mùi gì thoảng như mùi rượu.

tɯ²¹ doŋ²⁴ mɯɤ³¹² băi³³ lai³² mot³² mui²¹ zi²¹ thuaŋ³¹² ɲɯ³³ mui²¹ ʐɯɤu³²

自　CLS　吐　飞　来　一　味道　什么　仿佛　如　酒味

从吐出来的那堆东西飘来一种像酒的味道。-NC

Tôi gọi đi nước ngoài.　　我打电话到国外

toi³³ ɣɔi³² di³³ nɯɤk²⁴ ŋuai²¹

我　打　去　国外

Cháu nó chạy đi rồi.　　　　　　　　孩子他跑掉了。

tçau²⁴ nɔ²⁴ tçăi³² di³³ ʐɔi²¹

孩子 他 跑 走了

Tôi lại phải bán đi một ít sách của tôi.　　我又要卖我的一小部分书出去。

toi³³ lai³² fai³¹² ban²⁴ di³³ mot³² it²⁴ şɛk²⁴ kuo³¹² toi³³

我 又 要 卖 去 一点 书 的 我

注意：这些趋向动词的基本义是表示方向的，但也有派生义。每个趋
向动词都有不同的派生义，如：lại[lai³²], lên[len³³], ra[ʐa³³], đi[di³³]。具体：

lại[lai³²]除了指倾向说话人的方向，还指若干事物集中在一起的方向，
甚至跟说话人相反的方向。如：

Có gì mà xúm lại như thế này？　　什么事而挤进来那么多人？

kɔ²⁴ zi²¹ ma²¹ sum²⁴ lai³² ɲɯ³³ the²⁴ năi²¹

有 什么 THM-CON 集中 来 如此　　　　-NC

Người ta chửi lại cả nhà cụ bá.　　人家跟百户爷全家对骂。

ŋɯɤi²¹ ta³³ tçɯi³¹² lai³² ka³¹² ɲa²¹ ku³¹² ba²⁴

人家 骂 来 全家 百户爷　　　　-NC

Tôi đã gửi lại thư cho em.　　我已经给你回信。

toi³³ da³²⁵ ɣɯi³¹² lai³² thɯ³³ tçɔ³³ ɛm³³

我 已经 寄 回来 信 给 你

lên[len³³]除了指从下到上的方向，还指从无到有或从少到多的意思。如：

Tất cả cười phá lên.　　　　　　所有人都爆笑起来。

tɤt²⁴ ka³¹² kɯɤi²¹ fa²⁴ len³³

所有 爆笑 起来

ra[ʐa³³]除了指从到外的意思，还指从无到有的意思。如：

Em đã tìm ra đáp số.　　　　我已经找出答案。

ɛm³³ da³²⁵ tim²¹ ʐa³³ dap²⁴ şo²⁴

我 已 找 出 答案

Anh đã lập ra quỹ từ thiện này.　　我已经创办这个慈善基金会。

ɛɲ³³ da³²⁵ lɤp³² ʐa³³ kửi³¹² tɯ²¹thien³² năi²¹

我 已 创立 出 基金 慈善 这

đi[di³³]除了表示离开说话人的方向以外，还表示消耗、从有到无的意

思。如：

Thế thì thằng nào ăn đi?　　　　　　那么哪个家伙吃掉？

the²⁴ thi²¹ thăŋ²¹ nau²¹ ăn³³ di³³

那么　家伙　哪　吃　去　　　　　　-NC

Chị ấy　 trót　tiêu　 đi　 rồi.　　　　她不小心花完了。

tɕi³² ɣi²⁴　 tʂɔt²⁴　tieu³³　di³³　ʐɔi²¹

她　　不小心　花　去　了　　　　　　-NC

（二）结果性

结果性完成标记体现于表示变化的动词、心理动词及状态形容词。第六章已指出，结果性后置词可分成两类：

1. 状态的改变；如：

Đến bờ sông　 hắn dừng lại.　　　　到河岸，他停住。

den²⁴ bɣ²¹ ʂoŋ³³　 hăn²⁴ zɯŋ²¹ lai³²

到　岸　河　他　停　来　　　　　　-NC

Bố con thằng Kiến nó đâm chết tôi!　阿健他们父子要刺死我了！

bo²⁴ kɔn³³ thăŋ²¹ kien²⁴ nɔ²⁴ dɤm tɕet²⁴ toi³³

父子　　阿健　　他　刺死　我　　　　-NC

Chúng sẽ làm thành một cặp rất xứng đôi.　他们会成为很搭配的一对。

tɕuŋ²⁴ ʂe³²⁵ lam²¹ thăŋ²¹ mot³² kăp³² ʐɤt²⁴ suŋ²⁴ doi³³

他们　将　作成　一　对　很　搭配　　-NC

Anh ấy viết kín ba mặt giấy.　　　　他写满了三张纸。

ăŋ³³ ɣi²⁴ viet²⁴ kin²⁴ ba³³ măt³³ zɣi²⁴

他　　写　满　三　面　纸

Nó nghe hiểu những gì　 tôi nói.　　他听得懂我说的是什么。

nɔ²⁴ ŋe³³hieu³¹² ɲɯŋ³²⁵　zi²¹　 toi³³ nɔi²⁴

他　听　懂　IND-PLR 什么　我　说

Chúng ta đã đánh thắng rất nhiều kẻ thù.　我们已战胜很多敌人。

tɕuŋ²⁴ ta³³　da³²⁵ dăŋ²⁴ thăŋ²⁴ ʐɤt²⁴ nieu²¹ kɛ³¹² thu²¹

我们　　已　打　胜　很　多　　敌人

Chúng ta đã thực hiện thành công nhiệm vụ được giao.

tɕuŋ²⁴ ta³³ da³²⁵ thɯk³² hien³² thăŋ²¹　 koŋ³³ ɲiem³² vu³² dɯɤk³² zau³³

我们　已　实现　　成功　　任务　　得　　交

我们已成功完成（上级）交给我们的任务。

2. 消耗、消失；如：

Lão đã uống hết hai phần chai.   他已喝完瓶子的十分之二。

lau³²⁵ da³²⁵ uoŋ²⁴ het²⁴ hai³³ fɤn²¹ tɕai³³

他 已 喝 完 二分 瓶子   -NC

Nó đã lấy sạch tiền trong tủ.   他已拿光柜子里的钱。

nɔ²⁴ da³²⁵ lɤi²⁴ şɛk³² tien²¹ tşɔŋ³³ tu³¹²

他 已 拿 清 钱 里 柜子

Nó uống cạn cả ba bát canh.   他把三碗汤全喝光了。

nɔ²⁴ uoŋ²⁴ kan³² ka³¹² ba³³ bat²⁴ kɛŋ³³

他 喝 尽 全 三 碗 汤

三 时间词

（一）越语时间词可以体现的：

1. 在过去、现在或未来的时间段，如：trước đây[tşɯɤk²⁴ dɤi³³]"以前"，bây giờ[bɤi³³ zɤ²¹]"现在"，tương lai[tɯɤŋ³³ lai³³]"将来"。

2. 时间点，如：hôm qua[hom³³ kua³³]"昨天"，ngày mai[ŋăi²¹ mai³³]"明天"。

3. 时间大约，如：vừa[vɯɤ²¹]"刚才"。

4. 时间广度，如：mãi mãi[mai³²⁵ mai³²⁵]"永远"，tạm thời[tam³² thɤi²¹]"暂时"，cả năm[ka³¹² năm³³]"整年"。

（二）也可以指出：

1. 体范畴：完成体，如：đã[da³²⁵]，xong[sɔŋ³³]，rồi[zɔi²¹]；曾行体，如：từng[tɯŋ²¹]。

2. 通常性，如：thường[thɯɤŋ²¹]"常常"。

3. 可能性，如：sớm muộn[sɤm²⁴ muon³²]"早晚"。

4. 连续性，如：trước[tşɯɤk²⁴]"先"，sau đó[şau³³ dɔ²⁴]"后来"，rồi[zɔi²¹]"然后"，sau[şau³³]"然后"。

5. 紧急性，如：ngay[ŋăi³³]"立刻"。

来源于名词的时间词一般都放在句末，也可以放在句首，很少放在主语和谓语中间。来源于副词的时间词一般放在谓语前，主语后。

四 连过程的问题（连动结构）

连过程关系到小句的界定问题。连过程（Serial process）指的是不使用关联词的情况下，两个或两个以上的过程照样可以连接在一起，过程之间没有明显的界线。它们指向一个参与者，常常是动作者，感觉者，载体。传统语法叫做"连动结构"（Li and Thompson, 1981）。连过程中的每个过程运载着整个事件的一部分。连过程是一个偏重于语义的语义语法范畴。从语义角度看，各过程可以是连贯（A rồi [zọi²¹]B"A 然后 B"）、目的（A để[de³¹²] B "为了 B 而 A"）、选择（A hoặc[huăk³²] B "A 或者 B"）或者环境（B xảy ra trong[sϊi³¹² za³³ tṣɔŋ³³] A "在 A 的时候 B 发生"）等关系。从句法角度看，它们可以是并列、修饰、补充或者支配等关系。

（一）并列关系：并列的次序按过程先后排列，这是由人的认知共性决定的。如下例的"他开门进屋"，"开门"在"进屋"之前，先"开"后"进"。两个过程的语义重量一样，可视为两个小句。

Nó	mở	cửa	vào	nhà.
nɔ²⁴	mɤ³¹²	kuɤ³¹²	vau²¹	ɲa²¹
他	开	门	进	屋子
动作者	过程 1	范围 1	过程 2	范围 2
小句 1			小句 2	

他开门进屋。

Nó	xới	cơm	ăn	ngon lành.
nɔ²⁴	sϊi²⁴	kɤm³³	ăn³³	ŋɔn³³ lɛ̌ɲ²¹
他	盛	饭	吃	好吃
动作者	过程 1	范围 1	过程 2	
小句 1			小句 2	

他盛饭吃得很开心。

各过程之间结合可紧可松，紧的不加虚词。但为了强调动作的先后，可以加上表示动作先后的连词 rồi 然后。这样语义不变，但不属于一个连过程了，是两个截然分开的过程。上例可说成：

Nó	mở	cửa	rồi	vào	nhà.
nɔ²⁴	mɤ³¹²	kuɤ³¹²	zọi²¹	vau²¹	ɲa²¹
他	开	门	然后	进	屋子
动作者	过程	范围		过程	范围
小句 1			小句 2		

他开门进屋。

Nó	xới	cơm	rồi	ăn	ngon lành.
no²⁴	sɤi²⁴	kɤm³³	zɔi²¹	ăn³³	ŋɔn³³ lɛ̆n²¹
他	盛	饭	然后	吃	好吃
动作者	过程	目标		过程	
小句 1			小句 2		

他盛饭吃得很开心。

（二）修饰关系：语序是修饰过程在前，中心过程（被修饰过程）在后。修饰过程是表示方式或目的的过程。修饰过程和中心过程结合得不太紧密，中间可加连词。两个过程的语义重量一样，它们之间的逻辑关系是方式、目的关系（参考第八章小句复合体）。两个过程属于两个小句。例如：

Nó	dùng	bút lông	viết	chữ Hán.
no²⁴	zuŋ²¹	but²⁴ loŋ³³	viet²⁴	tɕɯ³²⁵ han²⁴
他	用	毛笔	写	汉字
动作者	过程（修饰）	目标	过程（中心）	目标
小句 1			小句 2	

他用毛笔写汉字。

Nó	đáp	tàu hỏa	đi	Thượng Hải.
no²⁴	dap²⁴	tau²¹ hua³¹²	di	thɯɤŋ³² hai³¹²
他	搭	火车	去	上海
动作者	过程（修饰）	目标	过程（中心）	目标
小句 1			小句 2	

他坐火车去上海。

注意，若句中出现连词（如 để[de³¹²] "以便"），它们的语义角色可能改变，有连词出现的过程是修饰过程，其余是中心过程。具体在下面例句中，前面的过程是中心过程，后面的是修饰过程。

Nó	dùng	bút lông	để	viết	chữ Hán.
no²⁴	zuŋ²¹	but²⁴ loŋ³³	de³¹²	viet²⁴	tɕɯ³²⁵ han²⁴
他	用	毛笔	以便	写	汉字
动作者	过程（中心）	目标		过程（修饰）	目标
小句 1			小句 2		

他用毛笔，以便写汉字。

Nó	đáp	tàu hỏa	để	đi	Thượng Hải.
nɔ²⁴	dap²⁴	tau²¹ hua³¹²	de³¹²	di³³	thɯɤŋ³² hai³¹²
他	搭	火车	以便	去	上海
动作者	过程（中心）	目标		过程（修饰）	目标
小句 1			小句 2		

为了去上海，他就坐火车。

（三）补充关系：其语序是中心过程（被补充成分）在前，补充过程在后。二者结合紧密，不加虚词。语义重量主要依据中心过程。补充过程虚化程度高，被视为一种"相"标记（Phase marker，参考本章第三节的相系统部分）。中心过程是此小句的根据。

Nó	nghe	hiểu.
nɔ²⁴	ŋe³³	hieu³¹²
他	听	懂
动作者	过程：物质：行为	（相标记：结果性）

他听懂了。

Nó	lấy	được	tấm bản　đồ đó.
nɔ²⁴	lɤi²⁴	dɯɤk³²	tɤm²⁴ ban³¹² do²¹ dɔ²⁴
他	拿	得	CLS 地图 那
动作者	过程：物质	（相标记：结果性）	目标

他拿到那张地图。

（四）支配关系：其语序是支配过程在前，被支配过程在后。支配过程是中心过程。被支配过程一般是心理过程，被视为一种"现象"（参考本章第一节第四部分心理过程和第八章小句复合体的投射部分）。支配过程与被支配过程的逻辑关系是投射关系。被支配过程容易加上别的动作者。例如：

Chúng tôi	quyết định	đặt hàng của công ty anh.
tɕuŋ²⁴　toi³³	kuiet²⁴ diɲ³²	dăt³² haŋ²¹ kuo³¹² koŋ³³ ti³³ ɛ̆ŋ³³
我们	决定	订货　　的 公司 你
感觉者	过程：心理：愿望	现象：动作
小句 1	·	小句 2

我们决定订你们公司的货。

Nó	dám	làm việc đó.
nɔ²⁴	zam²⁴	lam²¹ viek³² dɔ²⁴
他	敢	做　事　那
感觉者	过程：心理：愿望	现象：动作
小句 1		小句 2

他敢做那件事。

Nó	biết	làm.
nɔ²⁴	biet²⁴	lam²¹
他	知道	做
感觉者	过程：心理：认知	现象：动作
小句 1		小句 2

他会做。

Tôi	muốn	ăn táo.
toi³³	muon²⁴	ăn³³ tau²⁴
我	想	吃　苹果
感觉者	过程：心理：愿望	现象：动作
小句 1		小句 2

我想吃苹果。

因被支配过程是支配过程所投射出来的现象，所以有时候可以加上环境（被支配过程的环境）。有时还可以加另一个动作者，这样就不是连过程结构，而是两个分开的小句。例如：

Chúng tôi	quyết định	ngày mai	đặt	hàng của anh.
tɕuŋ²⁴ toi³³	kuiet²⁴ diŋ³²	ŋăi²¹ mai³³	dăt³²	haŋ²¹ kuo³¹² ɛŋ³³
我们	决定	明天	订	货　的　你
感觉者	过程：心理	环境	过程：物质	目标
小句 1		小句 2（投射）		

我们决定明天订你的货。

Nó	biết	nó	phải	làm.
nɔ²⁴	biet²⁴	nɔ²⁴	fai³¹²	lam²¹
他	知道	他	必须	做
感觉者	过程：心理	动作者	（情态成分）	过程：物质
小句 1		小句 2（投射）		

他知道他必须做（这件事）。

Tôi	muốn	em	ăn	quả táo này	ngay bây giờ.
toi³³	muon²⁴	ɛm³³	ăn³³	kua³¹² tau²⁴ năi²¹	ŋăi³³ bɤ̌i³³ zɤ²¹
我	想	你	吃	CLS 苹果这	EMP 现在
感觉者	过程：心理	动作者	过程：物质	目标	环境
小句 1		小句 2	（投射）		

我想你马上吃这个苹果。

总之，并列型、修饰型和支配型的连过程体现在两个（或以上）小句。
补充型连过程体现在一个小句。

第四节　空间表述

一　空间名词（地点、范围）

表示地点的有 nơi này[nɤi³³ năi²¹] "这里"，nơi đây[nɤi³³ dɤ̌i³³] "这里"，chỗ này[tɕo³²⁵ năi²¹] "这里"，đằng này[dăŋ²¹ năi²¹] "这里"；nơi đó[nɤi³³ dɔ²⁴] "那里"，nơi đây[nɤi³³ dɤ̌i³³] "那里"，nơi kia[nɤi³³ kie³³] "那里"，chỗ đó[tɕo³²⁵ dɔ²⁴] "那里"，chỗ đấy[tɕo³²⁵ dɤ̌i²⁴] "那里"，chỗ kia[tɕo³²⁵ kie³³] "那里"，đằng kia[dăŋ²¹ kie³³] "那里"。

表示范围的有 mọi nơi[mɔi³² nɤi³³] "所有地方"，mọi chỗ[mɔi³² tɕo³²⁵] "所有地方"，tất cả mọi nơi[tɤ̌t²⁴ ka³¹² mɔi³² nɤi³³] "所有地方"，bất kì chỗ nào[bɤ̌t²⁴ ki²¹ tɕo³²⁵ nau²¹] "任何地方"。

空间词能跟时间词搭配，如：mọi nơi mọi lúc[mɔi³² nɤi³³ mɔi³² luk²⁴] "随时随地"。

二　空间介词短语（地点、方向）

表示空间的介词短语结构是"介词^（方向名词）^名词"。

空间介词可以是：

地点：ở[ɤ³¹²] "在"，tại[tai³²] "在"，ngang qua[ŋaŋ³³ kua³³] "经"

方向：từ[tɯ²¹]"自"，đến[den²⁴]"到"，về[ve²¹]"往"，hướng về[hɯʏŋ²⁴ ve²¹]"往"

沿着：theo[tʰeu³³]"沿着"，dọc theo[zɔk³² tʰeu³³]"顺着"

距离：cách[kak²⁴]"离"，từ...đến...[tɯ²¹...den²⁴...]"从……至……"

方向名词体现位置关系，常见的有：

参照点的特定位置：trên[tʂen³³]"上"，dưới[zɯʏi²⁴]"下"，trái[tʂai²⁴]"左"，phải[fai³¹²]"右"，trước[tʂɯʏk²⁴]"前"，sau[ʂau³³]"后"，đông[doŋ³³]"东"，tây[tɤi³³]"西"，nam[nam³³]"南"，bắc[băk²⁴]"北"。

非特定位置：cạnh[kĕŋ³²]"旁边"

两个参照点之间：giữa[zɯʏ³²⁵]"中间"

参照点可有本身的体积：trong[tʂɔŋ³³]"里面"，ngoài[ŋuai²¹]"外面"

方向名词是中心名词的前置修饰成分。

空间词可以出现在句首或句末。句末的位置是典型位置。在上下文的影响下，也可以选句首位置，成为句子的主位。不过，在存在过程中，空间词处在前面，占句首位置，才是典型的位置。例如：

空间词在句末

Hai người ở trong xóm.　　　　　　　　两个人住在村里。

hai³³ ŋɯʏi²¹ ɤ³¹² tʂɔŋ³³ ʂɔm²⁴

两人　住　里　村

Trăng rắc　bụi　trên sông.　　　　　　月亮在河上撒灰尘。

tʂăŋ³³　zăk²⁴　bui²⁴　tʂen³³ ʂoŋ³³

月亮　播散　灰尘　上　河　　　　　　-NC

Mồ hôi　chảy　ra trên đầu，trên mặt.　　汗从头上、脸上流下来。

mo²¹ hoi³³　tɕăi³¹² za³³ tʂen³³ dɤu²¹，tʂen³³ măt³²

汗　　流　出　上　头　上　脸　　　　-NC

Nó cứ　quần quật dưới chân Chí Phèo.　　它一直在志飘脚下劳碌着。

nɔ²⁴ kɯ²⁴ kuɤn²¹ kuɤt³² zɯʏi²⁴ tɕɤn³³ tɕi²⁴ feu²¹

它　一直　劳碌　下　脚　志飘　　　　-NC（这里"它"是志飘的影子）

Chí Phèo lăn lộn dưới đất.　　　　　　志飘在地上打滚。

tɕi²⁴ feu²¹ lăn³³ lon³² zɯʏi²⁴ dɤt²⁴

志飘　翻滚　下　地　　　　　　　　　-NC

Nó xệch xạc về bên trái.　　　　　　　它往左边歪。

nɔ²⁴ sek³² sak³² ve²¹ ben³³ tʂai²⁴

它　歪斜　往　左边　　　　　　　　　-NC

空间词在句首：

Nhưng có lẽ　trong bụng thì　　họ　　hả.

ɲɯɯŋ³³　　kɔ²⁴ le³²⁵ tʂɔŋ³³ buŋ³² thi²¹　　　hɔ³²　　ha³¹²

但　也许　里　肚子 THM-CON 他们 幸灾乐祸

但也许在心里，他们幸灾乐祸。-NC

Là vì　lúc ấy　trong người hắn rượu đã　hơi　nhạt rồi.

la²¹ vi²¹ luk²⁴ ɤ̌i²⁴ tʂɔŋ³³　ŋɯɤi²¹ hǎn²⁴ zɯɤu³² da³²⁵ hɤi³³ ɲat³² zɔi²¹

是 因 那时　里　身体 他　酒　已 有点 淡 了

是因为那时他有点醒酒了。-NC

存在过程小句中的空间词也在句首：

Trong óc thị　đã　có　một bóng đen lan　rồi.

tʂɔŋ³³ ɔk²⁴　thi³²　da³²⁵ kɔ²⁴ mot³² bɔŋ²⁴ den lan³³ zɔi²¹

里　脑 氏若 已 有 一　黑影　泛滥 了

在氏若的脑子里已经有一个黑影泛滥了。-NC

Nhưng trong nhà nhiều muỗi quá.

ɲɯɯŋ³³　　tʂɔŋ³³　ɲa²¹ ɲieu²¹　muoi³²⁵ kua²⁴

但　里　屋 多　蚊子 太

但屋子里有太多蚊子了。-NC

第五节　“态”系统与“作格”系统

　　态，又叫语态，是动词的一种关乎小句整体格局的重要形态，直接影响动词带多少论元和带什么论元。

　　传统语言学家把语态分为主动和被动两大类。语料表明，越语句子大量存在既不是主动，也不是被动的句类。这种句类既没有出现施事者，又没有被动标记。从语义上也难以判断是主动还是被动。系统功能将此类归于作格系统，采取“作格分析法”可以分析这些句子。严格来说，态系统和作格系统是两个分开的系统。但由于这两个系统不是对立，而是互补的原因，我们就将它们合并。这样，态系统首先有两个选择：中性和决定性。在决定性里面包括主动和被动。简单地说，主动和被动跟传统语言学的说法相同。中性是指句法上像主动结构，而语义上难以辨别是否有施事者对事物展开动作，还是事物自己做出动作。

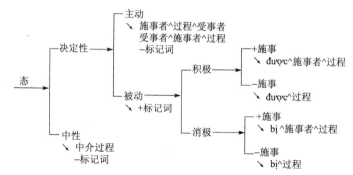

图 7.5　越语态系统的选择

主动态：

Tôi	làm vỡ	cốc.
toi³³	lam²¹ vɤ³²⁵	kok²⁴
我	打碎	杯子
施事者/动作者	过程	目标

我打碎了杯子。

被动态：

Cốc	bị	tôi	làm vỡ.
kok²⁴	bi³²	toi³³	lam²¹ vɤ³²⁵
杯子	被	我	打碎
受事者/目标	被动标记	施事者/动作者	过程

杯子被我打碎了。

中性态：

Cốc	vỡ.
kok²⁴	vɤ³²⁵
杯子	碎
中介	过程

杯子碎了。

一　主动态

　　凡是施事者出现在过程之前而句中没有被动标记词的情况下，句子是主动句。施事者是动作者，也可以是载体、讲话者或感觉者。例如：

Cháu	làm mất	tiền.
tɕau²⁴	lam²¹ mɤ̆t²⁴	tien²¹
我	使 丢	钱
施事者/动作者	过程	目标

我弄丢了钱。

Cháu	làm vỡ	cốc.
tɕau²⁴	lam²¹ vɤ³²⁵	kok²⁴
我	打碎	杯子
施事者/动作者	过程	目标

我打碎了杯子。

Anh	đánh	em	rất đau.
ɛ̆ŋ³³	dɛ̆ŋ²⁴	ɛm³³	zɤ̆t²⁴ dau³³
哥哥	打	弟弟	很 疼
施事者/动作者	过程	目标	

哥哥打弟弟，打得很疼。

Mẹ	gọt	khoai.
mɛ³²	ɣɔt³²	χuai³³
妈妈	削	土豆
施事者/动作者	过程	目标

妈妈削土豆皮。

Nhà trường	tặng	nó	bằng khen.
ɲa²¹ tʂɯɤŋ²¹	tăŋ³²	nɔ²⁴	băŋ²¹ χɛn³³
学校	送	他	奖状
施事者/动作者	过程	受事者/目标1	目标2
主位	述位		

学校给他发了奖状。

Đội Tảo	trừng trị	nó	từ lâu rồi.
doi³² tau³¹²	tʂuɯŋ²¹ tʂ̧i³²	nɔ²⁴	tɯ²¹ lɤ̆u³³ zoi²¹
上司 阿早	整治	他	从 久 了
施事者/动作者	过程	受事者/目标	环境
主位	述位		

很久以前，他已经被上司阿早惩罚了。

二　被动态

凡是受事者出现在过程之前，句中出现被动标记的情况下，句子是被动句。受事者是物质过程的目标、受益者，也可以是变化过程的属性、言语过程的受话者或者心理过程的现象。

越语被动标记词是 bị [bi³²] "被" 和 được [dɯɤk³²] "得"。được 表示积极意义的被动态，bị 表示消极意义的被动态。它们引出施事者，构成 "受事者^ bị / được^施事者^过程" 结构，例如：

Nó	được	nhà trường	tặng	bằng khen.
nɔ²⁴	dɯɤk³²	ɲa²¹ tʂuɯɤŋ²¹	tăŋ³²	băŋ²¹ χɛn³³
他	得	学校	送	奖状
受事者/目标 1	被动标记	施事者/动作者	过程	目标 2

学校给他发了奖状。

Nó	bị	đội Tảo	trừng trị.
nɔ²⁴	bi³²	doi³² tau³¹²	tʂuɯŋ²¹ tʂ̧i³²
他	被	上司阿早	整治
受事者/目标	被动标记	施事者/动作者	过程

他被上司阿早惩罚了。

省略施事者时，它们就出现在动词前面，构成 "受事者^ bị / được^过程"，例如：

Cơm	được	hâm nóng.
kɤm³³	dɯɤk³²	hɤ̆m³³ nɔŋ²⁴
饭	得	加热
受事者/目标	被动标记	过程

饭被加热了。

Nó	bị	trừng trị rồi.
nɔ²⁴	bi³²	tʂɯŋ²¹ tʂi³² zɔi²¹
他	被	整治 了
受事者/目标	被动标记	过程

他被惩罚了。

Nó	bị	tóm rồi.
nɔ²⁴	bi³²	tɔm²⁴ zɔi²¹
他	被	抓 了
受事者/目标	被动标记	过程

他被抓了。

此外，使用 bởi[bɤi³¹²] 也能引出施事者，构成 "受事者^ bị / được ^过程^ bởi ^施事者"。"bởi ^施事者" 这个词组必须放在过程后面。这个说法是近百年来受西方语言的影响才产生的。例如：

Chương trình	được	tài trợ	bởi Viettel.
tɕɯɤŋ³³ tʂiŋ²¹	dɯɤk³²	tai²¹ tʂɤ³²	bɤi³¹² viet³²tɛn³³
节目	得	赞助	由于 Viettel 公司
受事者/目标 1	被动标记	过程	施事者/目标 2

此节目由 Viettel 公司赞助。

Nó	bị	trừng trị	bởi đội Tảo.
nɔ²⁴	bi³²	tʂɯŋ²¹ tʂi³²	bɤi³¹² doi³² tau³¹²
他	被	整治	由于 上司阿早
受事者/目标	被动标记	过程	

他被上司阿早惩罚了。

Nó	bị	tóm	bởi đặc vụ.
nɔ²⁴	bi³²	tɔm²⁴	bɤi³¹² dăk³² vu³²
他	被	抓	由于 特工
受事者/目标	被动标记	过程	

他被特工抓了。

三　中性态

　　句中唯一一个参与者（大多是目标）出现在过程之前，没有施事者也没有被动标记的情况下，句子是中性句。从句子本身难以判断这个目标是自己发生变化还是受外面的另一个动作者的影响，只能判断过程是通过目标这个参与者得以实现。使用作格分析法对中性句进行分析是比较合适的。这时，句中唯一一个参与者叫做"中介"。中介的意思是通过它使过程得以实现。例如：

Bát cháo	húp xong rồi.
bat²⁴ tɕau²⁴	hup²⁴ sɔŋ³³ zɔi²¹
碗　粥	吸　完　了
中介/目标	过程

（那）碗粥喝完了。

Luận văn	đã làm xong.
luʏn³² văn³³	da³²⁵ lam²¹ sɔŋ³³
论文	已　作　完
中介/目标	过程

论文已作完。

Khoai	gọt rồi.
χuai³³	ɣɔt³² zɔi²¹
土豆	削皮　完
中介/目标	过程

土豆削完皮了。

Tiền	mất rồi.
tien²¹	mʏt²⁴ zɔi²¹
钱	丢　体标
中介/占有物	过程

钱丢了。

Cửa	mở.
kɯɤ³¹²	mɤ³¹²
门	开
中介/范围	过程

门开着。

Nhà	quét rồi.
ɲa²¹	kuet²⁴ zɔi²¹
房子	打扫 了
中介/范围	过程

房子打扫了。

Tôi	lạnh.
toi³³	lěŋ³²
我	冷
中介/感觉者	过程

我冷。

Máy	hỏng rồi.
mǎi²⁴	hɔŋ³¹² zɔi²¹
机器	坏 了
中介/载体	过程

机器坏了。

第六节　小结

一　理论调整

　　本研究继承前人的观点从经验角度看越语句法的主要单位（即小句），并对韩礼德的及物性系统分类进行修改和调整，以便符合越语的实际情况。越语各种过程只要分出四大种类（物质、关系、言语和心理）即可，不必要分出六种（物质、行为、心理、言语、关系和存在）。因为，由于越民族的认知思维特点，有时物质过程与行为过程不易区别。虽然行为过程是在物质过程和心理过程的中间，但我们认为越语行为过程向物质过程靠得更近。因此将行为过程降级，归为物质过程的一种小类。我们还认为存在过程是关系过程的一种"静态"表现，所以将存在过程降级，归为关系过程的管辖。

从经验的角度来看，越语句法结构可以用"参与者—过程"这个方法来描写。换言之，及物性系统的描写方法可以揭示越语句法的基本单位。一个小句常见的有以下三个成分：参与者—过程—环境。

小句是词与篇章的中介成分。以小句为中心出发，我们可以看词、词组，也可以看篇章段落。越语的小句本身传达的信息基本上包括及物性系统、态系统、体系统、相系统。下面是越语小句的基本选择：

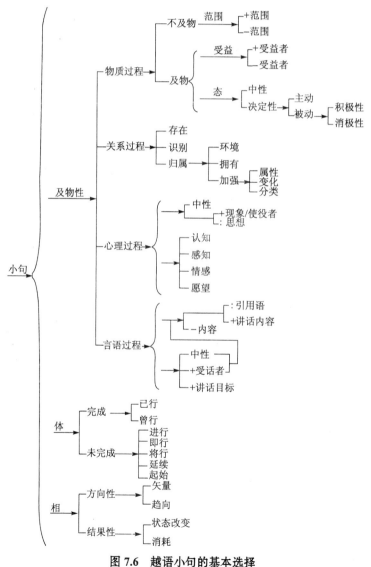

图 7.6   越语小句的基本选择

　　参与者一般由名词性成分充当，过程由动词性成分或形容词性成分充当，环境可由名词性成分或介词性成分充当。以过程为中心，参与者和环境围绕这个中心。环境排在过程前或后都可以，参与者排前或后就有很大的区别。参与者有很多种类，反映物质世界的参与者可分动作者和目标，反映存在世界的可分载体和属性，反映意识世界的可分感觉者和现象，反映象征世界的可分讲话者和受话者。那么，动作者、载体、感觉者和讲话者的正常位置是在过程前面。目标、属性、现象和受话者一般在过程后面，但有时也出现在动作者等成分前面，尤其是在口语中，值得进一步分析。从经验的角度看越语的小句不多，还要从篇章角度才能更深入地解答这个问题。第十章对此问题进行探讨。

　　以动词为中心，我们可以确定小句。自然世界丰富多彩，语言从社会角度来看就是反映这个世界的镜面，所以有时一个小句未必能够全面反映，还需要若干个小句在一起，叫做"小句复合体"。下一章就从逻辑的角度探讨这个问题。

二　语料论证

　　为了强调"操作性"，我们从经验角度进行长篇语料的分析，将以下的整个故事分析如下：

（一）故事 7.1：

符号：　**过程**：加黑，下画线

Sự Tích Trầu Cau　"槟榔传"

ʂɯ³² tik²⁴ tʂɤ̌u²¹ kǎu³³

事迹　青蒌　槟榔

关系：拥有	(1) Thời xưa, một nhà quan lang họ Cao **có** hai người con trai
	thɤi²¹ sɯɤ³³, mot³² ɲa²¹ kuan³³ laŋ³³ hɔ³² kau³³ kɔ²⁴ hai³³ ŋɯɤi²¹ kɔn³³ tʂai³³
	以前　一　家　医官　姓　高　有　两　CLS　儿子
[[关系：属性‖	[[**hơn** nhau một tuổi　‖ và **giống** nhau như in]].
关系属性]]	[[hɤn³³ ɲau³³ mot³² tuoi³¹² ‖ va²¹ zoŋ²⁴ ɲau³³ ɲɯ³³ in³³]]
	比　互相　一　岁　和　相似　互相　如　印
关系：属性	(2a) Hai anh em **giống** nhau
	hai³³ ɛ̌n³³ ɛm³³ zoŋ²⁴ ɲau³³
	两　兄弟　相同　互相
心理：认知	(2b) **đến** nỗi người ngoài không **phân biệt** được
	den²⁴ noi³²⁵ ŋɯɤi²¹ ŋuai²¹ χoŋ³³ fɤn³³ biet³² dɯɤk³²
	甚至　人　外　不　分别　得

关系：识别

(2c) ai **là**　anh, ai **là**　em.

ai³³ la̱²¹ ɛŋ³³, ai³³ la̱²¹ ɛm³³

谁　是　哥　谁　是　弟

[[关系：属性]]

物质：行为

(3) Năm [[hai anh em **mười bảy mười tám tuổi**]] thì cha mẹ đều **chết** cả.

năm³³[[hai³³ɛŋ³³ɛm³³ mɯɤi²¹băi³¹²mɯɤi²¹tam²⁴tuoi³¹²]]thi²¹ tɕa³³mɛ³²deu²¹ tɕet²⁴ka³¹²

年　两兄弟　十七　　　十八　岁 THM 爸 妈 都 死 全

心理：情感

(4a) Hai anh em　vốn　đã　**thương yêu** nhau,

hai³³ ɛŋ³³ ɛm³³ von²⁴ da³²⁵ thɯɤŋ³³ ieu³³ ɲau³³,

两　兄　弟　本来　已　疼爱　　　互相

物质：行为

(4b) nay **gặp**　cảnh hiu　quạnh,

năi³³ ɣăp³² kăŋ³¹² hiu³³ kuăŋ³²,

现在遇　景　孤寂

心理：情感

(4c) lại càng **yêu thương** nhau hơn　trước.

lai³² kaŋ²¹ ieu³³ thɯɤŋ³³ ɲau³³　hɤn³³ tʂɯɤk²⁴

又　更　疼爱　　　互相　比　以前

物质：改变

(5a) Không còn được　cha **dậy dỗ**　cho　nữa,

χoŋ³³　kɔn²¹ dɯɤk³² tɕa³³ zʐi³² zo³²⁵ tɕɔ³³ nɯɤ³²⁵,

不　还　得　爸教育　给　再

心理：愿望

(5b) hai anh em **xin**

hai³³ ɛŋ³³ ɛm³³ sin³³

两　兄　弟　求

物质：改变

(5c) **học** ông đạo　sĩ　họ Lưu.

hɔk³² oŋ³³ dau³² ʂi³²⁵ hɔ³² lɯu³³

学　CLS 道士　姓 刘

物质：

(6a) Hai anh em **học hành** chăm　chỉ　lại　đứng đắn

hai³³ ɛŋ³³ ɛm³³ hɔk³² hăŋ²¹ tɕăm³³ tɕi³¹² lai³² dɯŋ²⁴ dăn²⁴

两　兄　弟　学习　努力　　又　诚挚

心理：情感

(6b) nên　được　thầy **yêu** như con.

nen³³ dɯɤk³² thʐi²¹ ieu³³ ɲɯ³³ kɔn³³

所以得　老师　爱　如 孩子

关系：拥有

[[属性‖属性‖属性]]

(7a) Ông Lưu　**có** một　cô　con gái　[[tuổi chừng **mười sáu mười bảy**,

oŋ³³　lɯu³³ kɔ²⁴ mot³² ko³³ kɔn³³ ɣai²⁴ [[tuoi³¹² tɕɯɤŋ²¹ mɯɤi²¹ sau²⁴ mɯɤi²¹ băi³¹²,

CLS 刘 有 一　CLS 女儿　　岁 大概　十六　十七

‖nhan sắc **tươi tắn,** ‖con gái trong vùng không người nào **sánh kịp**]].

‖ɲan³³ şăk²⁴ tɯɤi³³ tăn²⁴, ‖kɔn³³ ɣai²⁴ tşɔŋ³³ vuŋ²¹ χoŋ³³ ŋɯɤi²¹ nau²¹ şɛ̆ŋ²⁴ kip³²]]

颜色　鲜艳　　女孩　里 地区不 人 哪 比得上

心理：感知	(8a) **Thấy**	
	thɤ̆i²⁴	
	见（觉得）	
关系：属性	(8b) hai anh em họ Cao **vừa đẹp vừa hiền,**	
	hai³³ ɛ̆ŋ³³ ɛm³³ hɔ³² kau³³ vɯɤ²¹ dɛp³² vɯɤ²¹ hien²¹,	
	两　兄弟　姓高　又帅又贤	
物质：转换	(8c) người con gái **đem** lòng	
	ŋɯɤi²¹ kɔn³³ ɣai²⁴ dɛm³³ lɔŋ²¹	
	CLS 女孩　　带 肠胃	
心理：情感	(8d) **yêu mến,**	
	ieu³³ men²⁴,	
	爱 慕	
心理：愿望	(8e) **muốn**	
	muon²⁴	
	想	
心理：愿望	(8f) **kén**	
	ken²⁴	
	选	
关系：识别	(8g) người anh **làm** chồng,	
	ŋɯɤi²¹ ɛ̆ŋ³³ lam²¹ tçoŋ²¹,	
	CLS 哥 当 丈夫	
心理：认知	(8h) nhưng không **biết**	
	ɲɯŋ³³ χoŋ³³ biet²⁴	
	但　不　知道	
关系：识别	(8i) người nào **là** anh, người nào **là** em.	
	ŋɯɤi²¹ nau²¹ la²¹ ɛ̆ŋ³³, ŋɯɤi²¹ nau²¹ la²¹ ɛm³³	
	人　哪　是哥 人 哪 是 弟	
物质：创造	(9a) Một hôm, nhân nhà **nấu** cháo,	
	mot³² hom³³, ɲɤ̆n³³ ɲa²¹ nɤ̆u²⁴ tçau²⁴,	
	一　天　趁家煮粥	

物质：动作	(9b) người con gái **lấy** một bát cháo và một đôi đũa
	ŋɯɤi²¹ kɔn³³ ɣai²⁴ lɤ̌i²⁴ mot³² bat²⁴ tɕau²⁴ va²¹ mot³² doi³³ duɤ³²⁵
	CLS 女孩 拿 一 碗 粥 和 一 双 筷子
言语	(9c) **mời**
	mɤi²¹
	请
物质：行为	(9d) hai người **ăn**.
	hai³³ ŋɯɤi²¹ ăn³³
	两 人 吃
心理：感知	(10a) **Thấy**
	thɤ̌i²⁴
	看见
心理：愿望	(10b) người em **nhường**
	ŋɯɤi²¹ ɛm³³ ɲɯɤŋ²¹
	CLS 弟 让
物质：改变	(10c) người anh **ăn** trước,
	ŋɯɤi²¹ ăŋ³³ ăn³³ tʂɯɤk²⁴,
	CLS 哥 吃 先
心理：认知	(10d) người con gái mới **nhận** được
	ŋɯɤi²¹ kɔn³³ ɣai²⁴ mɤi²⁴ ɲɤ̌n³² dɯɤk³²
	CLS 女孩 才 认 得
关系：识别	(10e) ai **là** anh, ai **là** em.
	ai³³ la²¹ ăŋ³³, ai³³ la²¹ ɛm
	谁 是 哥 谁 是 弟
言语 [[愿望，行为，[[识别]]]]	(11) Sau đó, người con gái **nói** với cha mẹ [[**cho phép** mình **lấy**
	ʂau³³ dɔ²⁴, ŋɯɤi²¹ kɔn³³ ɣai²⁴ nɔi²⁴ vɤi²¹ tɕa³³ mɛ³² [[tɕɔ³³ fɛp²⁴ miɲ²¹ lɤ̌i²⁴
	然后 CLS 女孩 说 与 爸妈 允许 自己 嫁
	người anh [[**làm** chồng]]]].
	ŋɯɤi²¹ ăŋ³³ [[lam²¹ tɕoŋ²¹]]]]
	CLS 哥 当 丈夫
关系：拥有	(12a) Từ khi người anh **có** vợ
	tɯ²¹ χi³³ ŋɯɤi²¹ ăŋ³³ kɔ²⁴ vɤ³²
	从 时候 CLS 哥 有 妻子

关系：属性	(12b) thì thương yêu giữa hai anh em không **thắm thiết** nữa.
	thi²¹ thɯɤŋ³³ ieu zɯɤ³²⁵ hai³³ ɛ̌ŋ³³ ɛm³³ χoŋ³³ thăm²⁴ thiet²⁴ nɯɤ³²⁵
	THM 疼爱 间 两 兄 弟 不 亲热 再

心理：情感	(13a) Người em rất là **buồn**,
	ŋɯɤi²¹ ɛm³³ zɤ̌t²⁴ la²¹ buon²¹
	CLS 弟 很 难过

心理：感知	(13b) nhưng người anh vô tình không **để ý** đến.
	ɲɯŋ³³ ŋɯɤi²¹ ɛ̌ŋ³³ vo³³ tiŋ²¹ χoŋ³³ de³¹² i²⁴ den²⁴
	但 CLS 哥 无 情 不 留意 到

物质：动作	(14a) Một hôm hai anh em cùng **lên** nương,
	mot³² hom³³ hai³³ ɛ̌ŋ³³ ɛm³³ kuŋ²¹ len³³ nɯɤŋ³³
	一 天 两 兄 弟 一起 上 梯田

物质：动作	(14b) tối mịt mới **về**,
	toi²⁴ mit³² mɤi²⁴ ve²¹
	深 晚 才 回

物质：动作	(14c) người em **vào** nhà trước,
	ŋɯɤi²¹ ɛm³³ vau²¹ ɲa²¹ tʂɯɤk²⁴
	CLS 弟 进 家 先

物质：动作	(14d) chàng vừa **bước** chân qua ngưỡng cửa
	tɕaŋ²¹ vɯɤ²¹ bɯɤk²⁴ tɕɤ̌n³³ kua³³ ŋɯɤŋ³²⁵ kɯɤ³¹²
	他 刚 踏 脚 过 槛 门

物质：动作	(14e) thì người chị dâu ở trong buồng **chạy** ra
	thi²¹ ŋɯɤi²¹ tɕi³² zɤ̌u³³ ɤ³¹² tʂoŋ³³ buoŋ²¹ tɕai³² za³³
	THM CLS 嫂子 在 里 房 跑 出

心理：认知 [[识别]]	(14f) **lầm** chàng là chồng mình,
	lɤ̌m²¹ tɕaŋ²¹ [[la²¹ tɕoŋ²¹ miŋ²¹]]
	错 他 为 丈夫 自己

物质：动作	(14g) vội **ôm** chầm lấy.
	voi³² om³³ tɕɤ̌m²¹ lɤ̌i²⁴
	急 抱 孟 PHA

言语	(15a) Người em liền **kêu** lên,
	ŋɯɤi²¹ ɛm³³ lien²¹ keu len³³
	CLS 弟 立刻 叫 PHA

心理：情感

(15b) cả　hai　đều　**xấu hổ**.

ka³¹² hai³³ deu²¹ sɤ̌u²⁴ ho³¹²

全　　两　都　害羞

物质：动作

(16) Giữa　lúc　ấy, người　anh　cũng　**bước** vào　nhà.

zɯɣ³²⁵ luk²⁴ ɤ̌i²⁴, ŋɯɣi²¹ ɛ̌ŋ³³ kuŋ³²⁵ bɯɣk²⁴ vau²¹ ɲa²¹

间　　那时　CLS 哥　也　　踏　　进　家

心理：情感

(17a) Từ đấy người anh **nghi**

tɯ²¹ dɤ̌i²⁴ ŋɯɣi²¹ ɛ̌ŋ³³ ɲi³³

从此　 CLS　哥　怀疑

关系：拥有

(17b) em **có**　tình ý với　vợ　mình,

em³³ kɔ²⁴ tiŋ²¹ i²⁴ vɣi²⁴ vɣ³² miŋ²¹

弟　有　情意　与　妻子自己

心理：情感

(17c) càng **hững hờ**　với　em　hơn　trước.

kaŋ²¹ hɯŋ³²⁵ hɣ²¹ vɣi²⁴ ɛm³³ hɣn³³ tʂɯɣk²⁴

更　冷淡　 与　弟　比　前

物质：动作

(18a) Một　buổi　chiều, anh chị　đều **đi**　vắng cả,

mot³² buoi³¹² tɕieu²¹, ɛ̌ŋ³³ tɕi³² deu²¹ di³³ văŋ²⁴ ka³¹²

一　CLS　下午　哥 嫂子 都　不在家 全部

物质：行为

(18b) người em **ngồi** một mình

ŋɯɣi²¹ ɛm³³ ŋoi²¹ mot³² miŋ²¹

CLS　弟 坐　一 身体

物质：行为

(18c) **nhìn** ra khu　rừng xa xa,

ɲin²¹ za³³ χu³³ zɯŋ²¹ sa³³ sa³³

看　出 CLS 林　远

心理：感知

(18d) **cảm thấy**　cô　quạnh,

kam³¹² thɤ̌i²⁴ ko³³ kuɛ̌ŋ³²

感觉　　寂寞

心理：情感

(18e) lại càng **buồn tủi**,

lai³² kaŋ²¹ buon²¹ tui³¹²

又　更　委屈

物质：行为

(18f) vùng **đứng** dậy

vuŋ²¹ dɯŋ²⁴ zɤ̌i³²

猛　站　 PHA

物质：动作 (18g) **ra đi**.

 za³³ di

出 去

物质：动作 (19a) Chàng **đi**,

tɕaŋ²¹ di³³

他 去

物质：动作 (19b) **đi** mãi cho đến khu rừng phía trước mặt,

di³³ mai³²⁵ tɕɔ³³ den²⁴ χu³³ zɯŋ²¹ fie²⁴ tʂɯɣk²⁴ mǎt³²

去 永远 到 CLS 林 边 前面

物质：动作 (19c) rồi theo đường mòn **đi** thẳng vào rừng âm u.

zoi²¹ theu³³ dɯɣŋ²¹ mɔn²¹ di³³ thǎn³¹² vau²¹ zɯŋ²¹ ɣm³³ u³³

然后沿着 小路 去 直 进 林 暗沉

关系：属性 (20a) Trời **tối** dần,

tʂɣi²¹ toi²⁴ zɣn²¹

天 黑 慢

物质：动作 (20b) trăng đã **lên**,

tʂǎŋ³³ da³²⁵ len³³

月亮 已 上

物质：动作 (20c) mà chàng vẫn cứ **đi**.

ma²¹ tɕaŋ²¹ vɣn³²⁵ kɯ²⁴ di

但 他 还 一直 走

物质：动作 (21) Chàng **đi** mãi.

tɕaŋ²¹ di³³ mai³²⁵

他 走 永远

物质：动作 (22a) **Đi** đến một con suối rộng nước sâu và xanh biếc,

Đi den²⁴ mot³² kɔn³³ ʂuoi³³ zoŋ³² nɯɣk²⁴ ʂɣu³³ va²¹ sěŋ³³ biek²⁴

走 到 一 CLS 溪 款 水 深 和 清澈

物质：动作 (22b) chàng không **lội** qua được,

tɕaŋ²¹ χoŋ³³ loi³² kua³³ dɯɣk³²

他 不 徒涉 过 得

物质：行为 (22c) đành **ngồi**

děŋ²¹ ŋoi²¹

只好 坐

物质：行为	(22d) **nghỉ** bên bờ.
	ŋi³¹² ben³³ bɤ²¹
	休息 边 岸
物质：行为	(23a) Chàng **khóc** thổn thức,
	tɕaŋ²¹ χɔk²⁴ thon³¹² thɯk²⁴
	他 哭 唏嘘
言语	(23b) tiếng suối **reo** và cứ **reo**,
	tieŋ²⁴ ʂuoi²⁴ ʐɛu³³ va²¹ kɯ²⁴ ʐɛu³³
	声 溪 袅袅 和 一直袅袅
物质：发生	(23c) **át** cả tiếng khóc của chàng.
	at²⁴ ka³¹² tieŋ²⁴ χɔk²⁴ kuo³¹² tɕaŋ²¹
	淹没 MOD 声 哭 的 他
关系：属性	(24a) Đêm mỗi lúc một **khuya**,
	dem³³ moi³²⁵ luk²⁴ mot³² χuie³³,
	夜 越来越 深
物质：动作	(24b) sương **xuống** mỗi lúc một nhiều,
	ʂɯɤŋ³³ ʂuoŋ²⁴ moi³²⁵ luk²⁴ mot³² ɲieu²¹
	霜 下 越来越 多
物质：动作	(24c) sương lạnh **thấm** dần vào da thịt chàng.
	ʂɯɤŋ³³ lɛŋ³² thɤm²⁴ zɤn²¹ vau²¹ za³³ thit³² tɕaŋ²¹
	霜 冷 浸透 慢 进 皮 肉 他
物质：行为	(25a) Chàng **chết**
	tɕaŋ²¹ tɕet²⁴
	他 死
物质：行为	(25b) mà vẫn **ngồi** trơ trơ,
	ma²¹ vɤn³²⁵ ŋoi²¹ tʂɤ³³ tʂɤ³³
	但 还 坐 不动
关系：变化	(25c) **biến thành** một tảng đá.
	bien²⁴ thɛŋ²¹ mot³² taŋ³¹² da²⁴
	变 成 一 CLS 石头
物质：动作	(26a) Người anh cùng vợ **về** nhà,
	ŋɯɤi²¹ ɛŋ³³ kuŋ²¹ vɤ³² ve²¹ ɲa²¹
	CLS 哥 与 妻子 回 家

物质：行为　　(26b) không **thấy** em đâu,

　　　　　　　χoŋ³³ th**ỹ**i²⁴ ɛm³³ dɤu³³

　　　　　　　不　　见　　弟　哪

物质：动作　　(26c) lẳng lặng **đi**

　　　　　　　lăŋ³¹² lăŋ³² di³³

　　　　　　　静静　　去

物质：行为　　(26c) **tìm**,

　　　　　　　tim²¹

　　　　　　　找

言语 [[认知]]　(26d) không **nói** cho vợ **biết**.

　　　　　　　χoŋ³³ nɔi²⁴ tɕɔ³³ vɤ³² biet²⁴

　　　　　　　不　说　给　妻　知

物质：动作　　(27a) Theo con　đường mòn vào　rừng, chàng **đi** mãi,

　　　　　　　theu³³ kɔn³³ dɯɤŋ²¹ mɔn²¹ vau²¹ zɯŋ²¹, tɕaŋ²¹ di³³ mai³²⁵

　　　　　　　沿着 CLS 小路　　进 林　他　走 永远

物质：动作　　(27b) **đi** mãi,

　　　　　　　di³³ mai³²⁵

　　　　　　　走 永远

物质：动作　　(27c) và sau　cùng **đến** con　suối xanh biếc [[đang **chảy** cuồn cuộn

[[发生]]　　　　va²¹ ʂau³³ kuŋ²¹ den²⁴ kɔn³³ ʂuoi²⁴ sɛ̆³³ biek²⁴ [[daŋ³³ tɕă̆i³¹² kuon²¹ kuon³²

　　　　　　　和　终究　　到 CLS 溪　清澈　　正在 流　滚滚

　　　　　　　dưới ánh trăng]],

　　　　　　　zɯɤi²⁴ ɛ̆ŋ²⁴ tʂă̆ŋ³³]],

　　　　　　　下　光　月亮

物质：动作　　(27d) chàng không thể **lội** qua được,

　　　　　　　tɕaŋ²¹ χoŋ³³ the³¹² loi³² kua³³ dɯɤk³²

　　　　　　　他　不能　　徒涉 过　得

物质：行为　　(27e) đành **ngồi** bên bờ suối,

　　　　　　　dɛ̆ŋ²¹ ŋoi²¹ ben³³ bɤ²¹ ʂuoi²⁴

　　　　　　　只好 坐 边 岸 溪

物质：动作　　(27f) **tựa** mình vào một tảng đá.

　　　　　　　tɯɤ³² miŋ²¹ vau²¹ mot³² taŋ³¹² da²⁴

　　　　　　　依靠 身体 进 一 CLS 石头

心理：情感	(28a)	Chàng có **ngờ** đâu
		tɕaŋ²¹ kɔ²⁴ ŋɤ²¹ dɤ̌u³³
		他　有　疑惑 MOD
关系：识别	(28b)	chính tảng đá **là** em mình!
		tɕiŋ²⁴ taŋ³¹² da²⁴ la²¹ ɛm³³ miŋ²¹
		EMP CLS 石头是 弟 自己
物质：发生	(29a)	Sương vẫn **xuống** đều,
		ʂɯɤŋ³³ vɤ̌n³²⁵ suoŋ²⁴ deu²¹
		霜　　还　下　连续
物质：发生	(29b)	sương lạnh **rơi** lã chã　từ　cành lá　xuống.
		ʂɯɤŋ³³ lɛ̌n³² zɤi³³ la³²⁵ tɕa³²⁵ tɯ²¹ kɛ̌ŋ²¹ la²⁴ suoŋ²⁴
		霜　冷　落　潜潜　从　枝　叶　下
物质：行为	(30a)	Chàng rầu rĩ　**khóc than** hồi lâu,
		tɕaŋ²¹ zɤ̌u²¹ zi³²⁵ χɔk²⁴ than³³ hoi²¹ lɤ̌u³³
		他　愁　哭　叹　　很久
物质：行为	(30b)	**ngất** đi
		ŋɤ̌t²⁴ di³³
		昏迷 PHA
物质：行为	(30c)	và **chết** cứng,
		va²¹ tɕet²⁴ kɯŋ²⁴
		和　死　硬
关系：变化	(30d)	**biến thành** một cây　không cành, [[**mọc** thẳng　bên tảng　đá]].
[[发生]]		bien²⁴ thɤ̌n²¹ mot³² kɤ̌i³³ χoŋ³³ kɛ̌ŋ²¹, [[mɔk³² thɤ̌ŋ³¹² ben³³ taŋ³¹² da²⁴]]
		变　成　一　树　没有　枝　长　直　边 CLS 石头
心理：感知	(31a)	Ở nhà, vợ không　**thấy** chồng đâu,
		ɤ̌³¹² ɲa²¹, vɤ³² χoŋ³³ thɤ̌i²⁴ tɕoŋ²¹ dɤ̌u³³
		在家　妻 不　见　丈夫 哪
物质：动作	(31b)	**vội đi**
		voi³² di³³
		急　去
物质：行为	(31c)	**tìm**
		tim²¹
		找

物质：动作	(31d) và　cũng　theo con　đường mòn **đi**　vào　rừng thẳm.
	va²¹ kuŋ³²⁵ tʰɛu³³ kɔn³³ dɯɤŋ²¹ mɔn²¹ <u>di³³</u> vau²¹ zɯɯŋ²¹ tʰăm³¹²
	和　也　　沿着　CLS 小路　　　去　进　森林
物质：动作	(32a) Nàng **đi** mãi,
	naŋ²¹ <u>di³³</u> mai³²⁵
	她　走　永远
物质：动作	(32b) **bước** thấp **bước** cao,
	<u>bɯɤk²⁴</u> tʰɤ̆p²⁴ <u>bɯɤk²⁴</u> kau³³
	踏　　低　踏　　高
物质：动作	(32c) rồi cuối cùng **gặp** con suối nước sâu và xanh biếc.
	zoi²¹ kuoi²⁴ kuŋ²¹ <u>ɣăp³²</u> kɔn³³ ʂuoi²⁴ nɯɤk²⁴ ʂɤ̆u³³ va²¹ sɛ̆ŋ³³ biek²⁴
	然后终究　　遇 CLS 溪　水　　深　和　清澈
物质：动作	(33) Nàng không còn **đi** được　nữa.
	naŋ²¹ χɔŋ³³ kɔn²¹ <u>di³³</u> dɯɤk³² nɯɤ³²⁵
	她　不　还　走　得　　再
物质：行为 [[发生]]	(34a) Nàng **ngồi tựa** vào　gốc　cây không cành [[**mọc** bên　tảng　đá]],
	naŋ²¹ <u>ŋoi²¹ tɯɤ³²</u> vau²¹ ɣok²⁴ kɤ̆i³³ χɔŋ³³ kɛ̆ŋ²¹ [[<u>mɔk³²</u> ben³³ taŋ³¹² da²⁴]]
	她　坐　靠　　进　根　树　没有枝　　长　边　CLS 石头
物质：行为	(34b) vật mình **than khóc**.
	vɤ̆t³² miŋ²¹ <u>tʰan³³ χɔk²⁴</u>
	翻身　　　叹　哭
心理：情感	(35a) Nàng có **ngờ** đâu
	naŋ²¹ kɔ²⁴ <u>ŋɤ²¹</u> dɤ̆u³³
	她　有　疑　MOD
物质：行为	(35b) nàng đã　　**ngồi tựa** vào　chồng mình và [[sát đó là em　chồng]].
	naŋ²¹ da³²⁵ <u>ŋoi²¹ tɯɤ³²</u> vau²¹ tɕoŋ²¹ miŋ²¹ va²¹ [[ʂat²⁴ dɔ²⁴ la²¹ em³³ tɕoŋ²¹]]
	她　已　坐　靠　　进　丈夫　自己和　近那儿是 弟 丈夫
物质：行为	(36a) Nàng **than khóc**,
	naŋ²¹ <u>tʰan³³ χɔk²⁴</u>
	她　叹　哭
关系：属性	(36b) nhưng tiếng suối **to** hơn　cả　tiếng than khóc của　nàng.
	ɲɯɯŋ³³ tieŋ²⁴ ʂuoi²⁴ <u>tɔ³³</u> hɤn³³ ka³¹² tieŋ²⁴ tʰan³³ χɔk²⁴ kuo³¹² naŋ²¹
	但　声　溪　大 比 EMP 声　叹　哭　的　她

物质：发生	(37a) Đêm đã **ngả** dần về sáng,
	dem³³ da³²⁵ ŋa³¹² zɤ̌n²¹ ve²¹ şaŋ²⁴
	夜　已　倾向　慢慢回 早晨
物质：发生	(37b) sương **xuống** càng nhiều,
	şɯɤŋ³³ suoŋ²⁴ kaŋ²¹ ɲieu²¹
	霜　　下　更　多
关系：属性	(37c) **mù mịt** cả núi rừng,
	mu²¹ mit³² ka³¹² nui²⁴ zɯŋ²¹
	弥漫　　全 山 林
物质：行为	(37d) nàng vật vã khóc than.
	naŋ²¹ vɤ̌t³² va³²⁵ χɔk²⁴ than³³
	她　翻滚　　哭 叹
物质：发生	(38a) Chưa **đầy** nửa đêm
	tɕɯɤ³³ dɤ̌i²¹ nuɤ³¹² dem³³
	没　满　一半 夜
关系：属性	(38b) mà nàng đã mình **gầy** xác ve,
	ma²¹ naŋ²¹ da³²⁵ miɲ²¹ yɤ̌i²¹ sak²⁴ vɛ³³
	而 她　已 身体 瘦 蝉翼
关系：属性	(38c) thân mình **dài** lêu nghêu,
	thɤ̌n³³ miɲ²¹ zai²¹ leu³³ ŋeu³³
	身体　　长 细高挑儿
关系：变化	(38d) **biến thành** một cây leo [[**quấn** chặt lấy cây không cành
[[发生	bien²⁴ thɤ̌n²¹ mot³² kɤ̌i³³ leu³³ [[kuɤ̌n²⁴ tɕăt³² lɤ̌i²⁴ kɤ̌i³³ χɔŋ³³ kɛ̌n²¹
[[发生]]]]	变成　　一 树 攀　捆　紧 PHA 树　没有 枝
	[[**mọc** bên tảng đá]]]].
	[[mɔk³² ben³³ taŋ³¹² da²⁴]]]]
	长　边　CLS 石头
物质：发生	(39a) Về sau chuyện ấy **đến** tai mọi người,
	ve²¹ şau³³ tɕuien³² ɤ̌i²⁴ den²⁴ tai³³ mɔi³² ŋɯɤi²¹
	以后　事情　那 到 耳朵 大家
心理：情感	(39b) ai nấy đều **thương xót**.
	ai³³ nɤ̌i²⁴ deu²¹ thɯɤŋ³³ şɔt²⁴
	谁　都　可怜

物质：动作　(40a) Một hôm, vua Hùng **đi** qua chỗ ấy,

　　mot³² hom³³, vuo³³ huŋ²¹ di³³ kua³³ tɕo³²⁵ ɤ̌i²⁴

　　一　天　王　雄　走　PHA　那儿

物质：动作　(40b) nhân dân **đem** chuyện ba người

　　ɲɤ̌n³³ zɤ̌n³³ dem³³ tɕuien³² ba³³ ŋɯɤi²¹

　　人民　拿　故事　三人

言语　(40c) **kể** lại cho vua.

　　ke³¹² lai³² tɕo³³ vuo³³

　　讲　PHA　给　王

言语　(41a) Vua **bảo**

　　vuo³³ bau³¹²

　　王　说

物质：动作　(41b) "Hãy **lấy** lá cây leo và quả ở cái cây không cành

　　hǎi³²⁵ lɤ̌i²⁴ la²⁴ kɤ̌i³³ leu³³ va²¹ kua³¹² ɤ³¹² kai²⁴ kɤ̌i³³ χoŋ³³ kɛ̌ŋ²¹

　　MOD　拿　叶　树　攀生　和　果　在　DEF　树　没有　枝

物质：改变　(41c) **nghiền** với nhau

　　nien²¹ vɤi²⁴ ɲau³³

　　擀　与　互相

物质：行为　(41d) **xem** sao?".

　　χem³³ ʂau³³

　　看　怎样

心理：感知　(42a) Thì **thấy**

　　thi²¹ thɤ̌i²⁴

　　CON　见

关系：属性　(42b) mùi vị **cay cay**.

　　mui²¹ vi³² kǎi³³ kǎi³³

　　味道　辣　辣

物质：行为　(43a) **Nhai** thử,

　　nai³³ thɯ³¹²

　　咀嚼　试

心理：感知　(43b) **thấy** thơm ngon

　　thɤ̌i²⁴ thɤm³³ ŋɔn³³

　　见　香　好吃

物质：动作	(43c) và **nhổ** nước vào tảng đá
	va²¹ ɲo³¹² nɯɤk²⁴ vau²¹ taŋ³¹² da²⁴
	和 啐 水　　 进 CLS 石头
心理：感知	(43d) thì **thấy**
	thi²¹ thɤ̌i²⁴
	CON 见
关系：变化	(43e) bãi nước **biến** dần ra sắc đỏ.
	bai³²⁵ nɯɤk²⁴ bien²⁴ zɤ̌n²¹ za³³ şăk²⁴ dɔ³¹²
	CLS 水　　 变 慢 出 色 红
物质：动作	(44a) Lại **lấy** tảng đá ở bên
	lai³² lɤ̌i²⁴ taŋ³¹² da²⁴ ɤ³¹² ben³³
	又 拿 CLS 石头 在 边
物质：动作	(44b) **đem** về
	dem³³ ve²¹
	带 回
物质：动作	(44c) **nung** cho xốp
	nuŋ³³ tɕɔ³³ sop²⁴
	煅 给 松软
物质：行为	(44d) để **ăn** với trầu cau,
	de³¹² ăn³³ vɤi²⁴ tʂɤ̌u²¹ kău³³
	以便 吃 与 妻叶 槟榔
关系：属性	(44e) cho miệng **thơm**,
	tɕɔ³³ mieŋ³² thɤm³³,
	为了 嘴 香
关系：属性	(44f) môi **đỏ**.
	moi³³ dɔ³¹²
	嘴唇 红
言语	(45a) Nhân dân **gọi**
	ɲɤ̌n³³ zɤ̌n³³ ɣɔi³²
	人民　　 叫
关系：分类	(45b) [[cái cây mọc thẳng kia **là** cây cau]],
	[[kai²⁴ kɤ̌i³³ mɔk³² thăŋ³¹² kie³³ la²¹ kɤ̌i³³ kău³³]],
	DEF 树 长 直　 那 是 树 薯

关系：分类　　(45c) [[cây dây leo kia **là** cây trầu]].

[[kɤi³³ zɤi³³ leu³³ kie³³ la²¹ kɤi³³ tʂɤu²¹]]

树　　线 攀生 那 是 树　槟榔

物质：行为　　(46a) Ba người tuy đã **chết**

ba³³ ŋɯɤi²¹ tui³³ da³²⁵ tɕet²⁴

三　人　　虽 已 死

关系：属性　　(46b) mà tình duyên vẫn **gắn bó** thắm thiết,

ma²¹ tiŋ²¹ zuien³³ vɤn³²⁵ ɤɤn²⁴ bɔ²⁴ thăm²⁴ thiet²⁴

但　情缘　　　 还　紧密　亲热

(46c) nên trong mọi sự gặp　gỡ　của　người Việt, miếng trầu bao giờ

nen³³ tʂɔŋ³³ mɔi³² ʂɯ³² ɤăp³² ɤɤ³²⁵　kuɔ³¹² ŋɯɤi²¹ viet³², mien²⁴ tʂɤu²¹ bau³³ zɤ²¹

所以 在　每　PRE 见面　的　人　越　CLS 蒌　何时

关系：识别　　cũng **là**　đầu câu　chuyện,

kuŋ³²⁵ la²¹　dɤu²¹ kɤu³³ tɕuien³

也　　是　头　故事

物质：发生　　(46d) để **bắt đầu**　mối　lương duyên.

de³¹² băt²⁴ dɤu²¹　moi²⁴ lɯɤŋ³³ zuien³³

以便 开始　CLS　良缘

物质：发生　　(47a) Và khi **có** lễ nhỏ, lễ lớn, cưới xin hoặc hội hè,

va²¹ χi³³ kɔ²⁴ le³²⁵ ɲɔ³¹², le³²⁵ lɤn²⁴, kɯɤi²¹ sin³³ huăk³² hoi³² hɛ²¹

和 时候 有 节 小 节 大　结婚　　或　聚会

关系：变化　　(47b) tục　ăn　trầu đã　**trở thành** một thói quen cố　hữu　của

tuk³² ă n³³ tʂɤu²¹ da³²⁵ tʂɤ³¹² thăŋ²¹ mot³² thɔi²⁴ kuɛn³³ ko²⁴ hɯɯ³²⁵ kuɔ³¹²

习俗 吃 蒌叶 已 变成　　一 习惯　　　固有　的

dân tộc Việt Nam.

zɤn³³ tok³² viet³² nam³³

民族　　越南

汉译：

(1)从前，一个姓高的医官有两个儿子，年龄相差一岁。(2)他们长得一模一样，连外人都分不出谁是哥哥，谁是弟弟。(3)两个兄弟十八岁的那年，父母都去世了。(4)本来两个兄弟互相很关心，现在遇到这样的情况就比以前更加互相关心了。

(5)没有父亲教育他们，两个兄弟就到姓刘的道士那里求学。(6)两个兄弟又努力又诚挚所以老师爱如亲子。(7)刘老师有一个十六七岁的外貌出众的女儿，周围的女孩们没有一个人能比得上她。

(8)觉得姓高的兄弟才貌双全，她就喜欢上了，想选哥哥为丈夫，但不知道哪个人是哥哥，哪个人是弟弟。

(9)一天，趁家里煮粥的时候，她拿出一碗粥和一双筷子请两个人吃。(10)看到弟弟敬让给哥哥，她才知道谁是哥哥，谁是弟弟，(11)然后，她恳求父母允许把自己嫁给哥哥。

(12)自从哥哥有了妻子，两个兄弟的关系不像以前那么亲密。(13)弟弟很难过，但哥哥并没有注意到。

(14)一天，两个兄弟一起上梯田，很晚才回来，弟弟先进屋子，他刚把脚踏进门槛，嫂子就从里面跑出来，以为他是自己的丈夫，急忙抱住。(15)弟弟立刻叫起来，两个人都害羞起来，(16)正在这时，哥哥也走进屋子。(17)从此哥哥就怀疑弟弟对他的妻子有情意，对弟弟更加冷淡了。

(18)一天下午，哥哥和嫂子都不在家，弟弟一个人坐着看到远方的一片林，觉得寂寞就更加难过和委屈，一下子站起来就出去了。

(19)他走着走着，走到前面的暗林，然后沿着小路走进去。(20)天开始黑了，月亮出来了，而他还继续走着。(21)他走着。(22)走到一条清澈而深邃的溪水旁，他没法走过去，只好在岸边坐着休息。(23)他唏嘘地哭泣，溪水袅袅，湮没了他的哭声。(24)夜越来越深，霜下得越来越重，冷霜慢慢侵入他的皮肉。(25)最后弟弟死了，但还保持坐着时的姿式，变成一块石头。

(26)哥哥与妻子回家，哥哥没看到弟弟就默默地去找，没有让妻子知道。(27)沿着进入森林的小路，他走着走着，最后走到在月亮下潺潺流动的清澈小溪，他走不过去，只好坐在岸边，背靠着一块石头。(28)他想不到那块石头就是自己的弟弟！(29)霜还在下着，冷霜从树上噗噗地落下来。(30)他难过，哭了很久，昏迷过去，最后死了，变成一种没有树枝的树，在石头旁边长得很直。

(31)家中的妻子没见到丈夫，急忙去找，也沿着进入森林的小路走进了森林。(32)她走着走着，跌跌撞撞，最后也看到一条清澈而深邃的溪水。(33)她走不动了。(34)她坐着靠在石头边没有长出枝子的树上，不停地哭。(35)她没想到她靠着正是丈夫，紧挨着的是小叔子。(36)她哭泣但水声比她的哭声大。(37)天也快亮了，霜下得越来越重，弥漫了整个山林，她不停地哭。(38)天还没亮，她就已薄如蝉翼，变成石头旁那棵树上的，个子细高的**攀藤植物**。

(39)后来这个故事越传越远，大家都觉得可怜。(40)有一天，雄大王路过这个地方，当地人把这个故事讲给大王听。(41)大王说，试拿攀藤树的叶子和无枝树的果子一起捣碎看看？(42)结果发现味道有点辣。(43)咀嚼后觉得很香，将其吐在石头上，看到口水变成红色。(44)然后，把旁边的那块石头带回来，煅成松软，跟槟榔果和青蒌叶一起吃，味道会更香，嘴唇会更红。(45)于是民间就把那棵无枝树叫做槟榔树，把那棵攀藤树叫做青蒌树。

　　(46)虽然那三个人已经不在了，但他们的感情还是非常亲密，所以当越南人见面的时候，槟榔和青蒌都是谈话的开始，以便喜结新缘。(47)每次有大节日、小节日、婚礼、庙会等等都有吃槟榔的习俗，这已经成为了越南民族的固有习俗。

　　注意：语言表达中有一些隐喻、转喻现象，这里只从经验角度分析文本，不涉及修辞因素。如：**đem** *lòng*｜**yêu mến [đem³³** *lɔŋ²¹*｜**ieu³³ men²⁴]** "**带** *肠胃*｜**爱慕**" 的隐喻是"开始觉得喜欢"，本文根据经验成分将其分成两个过程 đem "**带**" 和 "**爱慕**" yêu mến。它们之间的逻辑关系是方式型关系。

　　（二）故事 7.2：　　Ăn mày thời hiện đại "新时代的乞丐"
ăn³³ mǎi²¹ thyi²¹ hien³² dai³²
乞丐　　时代　现代

关系：存在	(1) Mười một giờ đêm, **có** tiếng chuông [[**gọi** cửa ngôi biệt thự]].
	mɯɤi²¹mot³²zɤ²¹　dem³³, **ko²⁴** tien²⁴ tɕuoŋ³³　[[**ɣɔi³²** kɯɤ³¹² ŋoi³³ biet³² thɯ³²]]
	11 点　　　夜间 有 铃声　　　叫 门　CLS　别墅
物质：动作	(2a) Bà chủ nhà **ra**
	ba²¹ tɕu³¹² ɲa²¹ **za³³**
	女主人　　出
物质：动作	(2b) **mở** cửa
	mɤ³¹² kɯɤ³¹²
	开　　门
心理：感知	(2c) **thấy** một người ăn mày.
	thɤi²⁴ mot³² ŋɯɤi²¹ ăn³³ mǎi²¹
	见　一　CLS　乞丐
零句	(3a) "Xin lỗi　quý bà!",
	"sin³³ loi³²⁵ kŭi²⁴ ba²¹!"
	对不起 夫人
言语	(3b) <anh chàng khốn khổ **nói** một cách dè dặt>,
	ɛ̆ŋ³³ tɕaŋ²¹ χon²⁴ χo³¹² **nɔi²⁴** mot³² kɛ̆k²⁴ zɛ²¹ zắt³²
	家伙　辛苦　说 EMP　　慎重
物质：改变	(3c) "Vì hôm　nay chẳng ai **cho** tôi cái ăn,
	"vi²¹ hom³³ năi³³ tɕăŋ³¹² ai³³ **tɕɔ³³** toi³³ kai²⁴ ăn³³
	因 今　天 没　谁 给　我 PRE 吃

心理：改变	(3d) xin hãy **bố thí**　cho　tôi một　chút!”
	sin³³ hăi³²⁵ bo²⁴ thi²⁴ tço³³ toi³³ mot³² tçut²⁴!”
	MOD　　布施　给我　一点
心理：认知 [[识别]]	(4) “Anh có **biết**　[[bây giờ **là**　mấy giờ]] không?”
	“ɛŋ³³ kɔ²⁴ biet²⁴ [[bɤ̌i³³ zɤ²¹ la²¹ mɤ̌i²⁴ zɤ²¹]] χoŋ³³?”
	你 有 知　　现在　是 几 点 不
心理：认知	(5) “Dạ, thưa bà, tôi **biết** chứ!
	“za³² thuɤ³³ ba²¹, toi³³ biet²⁴ tçɯ²⁴!
	是 回您话 我 知道 MOD
	(6a) Nhưng vào thời khủng hoảng kinh tế như thế　này, thiên hạ
	ɲɯŋ³³ vau²¹ thɤi²¹ χuŋ³¹² huaŋ³¹² kiŋ³³ te²⁴ ɲɯ³³ the²⁴ năi³², thien³³ ha³²
	但 在 时代 危机　　经济 如 此　　天下
关系：变化	ngày càng **trở nên**　hà　tiện,
	ŋăi²¹ kaŋ²¹ tʂɤ³¹² nen³³ ha²¹ tien³²,
	越来越 变成　　悭吝
物质：动作	(6b) nên　tôi　phải **làm** thêm　giờ.”
	nen³³　toi³³ fai³¹² lam²¹ them³³ zɤ²¹ ”
	所以 我 须　作 添 小时

汉译：

(1)晚上 11 点，某别墅门铃响了。(2)女主人出来开门，看见一个乞丐。(3)"对不起夫人！"，苦恼的家伙慎重地说："因今天没人给我吃的，请给我施舍一点！"(4)"你知道现在是几点吗？"(5)"是，回您话，我知道啊！(6)但是在这样经济危机的时代中，人们越来越悭吝，所以我必须加班。"

第八章　从逻辑视野看越语小句复合体

第一节　小句复合体

小句复合体是指两个或更多的小句结合在一起构成一个更大的单位，这些小句之间的关系通常用言语标记（如：连词）来表示。G.Thompson（1996：21)认为小句复合体是两个或两个以上的小句通过同等或部属方式组织成更大的结构单位（Two or more clauses linked by coordination and/or subordination in a larger structural unit）。这听起来像传统上所谓的句子或复句，但韩礼德（1994：216）已指出小句复合体的概念使我们能够充分考虑句子的功能组织。句子便得到界定，事实上，就是一个小句复合体。这种小句复合体将是我们看到的大于小句的唯一的语法单位（The notion of 'clause complex' enables us to account in full for the functional organization of sentences. A sentence wil be defined, in fact, as a clause complex. The clause complex will be the only grammatical unit which we shall recognize above the clause）。

我们将从相互关系和逻辑语义关系进行描写。

一　排序：相互关系

并列型和主从型是小句与小句之间的两种相互关系情况。如果两个小句有着并列、平等的地位，那么它们之间的关系就属于并列型。在功能语法中，习惯用阿拉伯数字 1、2、3 等来表示出现的顺序。如果它们并不是处在同一层次上，而存在着从属关系，那么无论从句（也叫依赖句 dependent clause）出现在主句（也叫控制句 dominant clause）之前还是之后，它们之间的主从型关系均不会改变。习惯用希腊字母 α、β、γ 或 δ 等来表示从属关系。

图 8.1　排列关系的选择

例如：

并列关系

1 _(i) Mắc phải cái thằng liều lĩnh quá,

　　mǎk²⁴ fai³¹² kai²⁴ thǎŋ²¹ lieu²¹ liŋ³²⁵ kua²⁴

　　碰到　　DEF　家伙　　大胆 太

+2 _(ii) nó lại say rượu,

　　nɔ²⁴ lai³² sǎi³³ zɯɤu³²

　　他 又 醉 酒

+3 _(iii) tay nó lại nhăm nhăm cầm một cái vỏ chai,

　　tǎi³³ nɔ²⁴ lai³² ɲǎm³³ ɲǎm³³ kɤm²¹ mot³² kai²⁴ vɔ³¹² tɕai³³

　　手 他 又 凶猛　　拿 一　　CLS 空瓶子

+4 _(iv) mà nhà lúc ấy toàn đàn bà cả...

　　ma²¹ ɲa²¹ luk²⁴ ɤ̌i²⁴ tuan²¹ dan²¹ ba²¹ ka³¹²

　　CON 家 那时　全　女人　全

碰到一个过分大胆的家伙，他喝醉了，手里又拿着一个空瓶，而家里当时都是女人。-NC

主从关系

xβ _(i) Hàng xóm phải một bữa điếc　tai,

　　haŋ²¹　sɔm²⁴ fai³¹² mot³² bɯɤ³²⁵ diek²⁴ tai³³

　　邻居　　　遇到 一 CLS 充耳不闻

α _(ii) nhưng có lẽ trong bụng thì họ　hả

　　ɲɯŋ³³ kɔ²⁴ lɛ³²⁵ tʂɔŋ³³ buŋ³² thi²¹ hɔ³² ha³¹²

　　但 也许 在　肚子 THM 他们 幸灾乐祸

邻居充耳不闻，但也许心里正幸灾乐祸着呢。

并列和主从

xβ _(i) Thấy điệu bộ hung hăng của　hắn,

　　thɤ̌i²⁴ dieu³² bo³² huŋ³³ hǎŋ³³ kuo³¹² hǎn²⁴

　　看 样式　凶猛　　的 他

α 1 1 _(ii) bà cả đùn bà hai,

　　ba²¹ ka³¹² dun²¹ ba²¹ hai³³

　　大太太 推 二太太

x2 _(iii) bà hai thúc bà ba,

　　ba²¹ hai³³ thuk²⁴ ba²¹ ba³³

　　二太太 催 三太太

x3　　　　(iv) bà　ba gọi bà　tư,

　　　　　ba²¹ ba³³ yɔi³² ba²¹ tɯ³³

　　　　　三太太　叫　　四太太

+2 α　　(v) nhưng kết cục chẳng bà nào dám ra

　　　　　ɲɯɯŋ³³　ket²⁴ kuk³² tɕăŋ³¹² ba²¹ nau²¹ zam²⁴ zạ³³

　　　　　但　　究竟　　没　太太 哪 敢 出

xβ　　　(vi) nói với hắn một vài lời phải chăng.

　　　　　nɔi²⁴ vvi²⁴ hăn²⁴ mot³² vai²¹ lɤi²¹ fai³¹² tɕăŋ³³

　　　　　说 与 他 一　些 话 合理

看到他凶猛的模样，大太太推二太太，二太太催三太太，三太太叫四太太，但最终也没人敢出来跟他说一句公道的话。-NC

二　逻辑语义关系

各小句之间虽然有许多不同的逻辑语义关系，但总可以概括为数量有限的几个类别。这些不同的类别都可以根据两个基本的原则组织起来：投射与扩展。

（一）投射

投射指的是在一个小句复合体中，一个小句（即被投射句）所讲述的内容已在别的地方出现过。这个被投射句可以是话语（locution）或者思想（idea）。话语是指言语行为（说出的话），思想是指思维情况（如想法等）。被投射句若是话语就用符号""，若是思想就用符号''来表示它们的内容关系。投射的方式可以是原话引述（quote）或者是间接引述（report）。原话引述是原封不动地把别人说过的话再说一遍，被投射的是措辞而不是意义。这样投射句和被投射句之间的语义关系是平等的，可用数字 1 和 2来标示。间接引述是用自己的语言把别人的意思说出来，被投射的是意义而不是措辞。这样，投射句和被投射句之间的语义关系是不平等的，用拉丁字母 α 和 β 来标示。

图 8.2　投射系统的选择

被投射的是话语。投射方式是直接接引述。情况不典型，有标记出现。例如：

1　　　　　　(i)Thị hỏi hắn

thi³² hɔi³¹² hǎn²⁴

氏若　问　他

"2　　　　　(ii) "Vừa thổ hả?".

vɯɤ²¹ tho³¹² ha³¹²?

刚　呕吐　MOD

氏若问他"刚呕吐吗？"-NC

被投射的是话语。投射方式是间接引述。情况典型，不需要标记。例如：

α　　　　　　(i) Người ta bảo

ŋuɯɤi²¹ ta³³ bau³¹²

人家　　说

"β₁　　　　　(ii) ông lý ra đình

oŋ³³ li²⁴ zạ³³ diŋ²¹

理长　到 亭子

"β₂　　　　　(iii) thì hách dịch,

thi²¹ hěk²⁴ zik³²

THM 作威作福

"β₃　　　　　(iv) cả làng phải sợ,

ka³¹² laŋ²¹ fai³¹² ʂɤ³²

全　村　必须　怕

"β₄　　　　　(v) mà về nhà

ma²¹ ve²¹ ɲa²¹

CON 回　家

"β₅　　　　　(vi) thì lại sợ cái bà ba còn trẻ này.

thi²¹ lai³² ʂɤ³² kai²⁴ ba²¹ ba³³ kɔn²¹ tʂe³¹² nǎi²¹

CON 又　怕 DEF 三太太 还　年轻　这

‖人家说 | 里长到村庙 | 就作威作福 ‖ 全村都怕他 ‖ 而他回家 | 就怕这个年轻的三太太 ‖-NC

被投射的内容是思想，投射的方式是原话引述。句法上有标记，不典型的情况。例如：

1　　　　　(i) Nhưng cả　làng Vũ Đại ai cũng nhủ,

ɲuŋ³³　　ka³¹² laŋ²¹ vu³²⁵ dai³² ai³³ kuŋ³²⁵ ɲu³¹²

但　　全　村　武大　谁　也　暗想

'2　　　　　(ii) "Chắc nó trừ mình ra!" ‖

tɕăk²⁴ nɔ²⁴ tʂɯ²¹ miɲ²¹ za³³

肯定　他　除　自己　出

‖但是在整个武大村里人人都暗暗地想│"他骂的肯定不是我" ‖ -NC

被投射的是思想。投射的方式是间接引述。句法上无标记，是典型的情况。例如：

α　　　　　(i) Mới đầu chẳng ai biết

mʌi²⁴ dˇu²¹ tɕăŋ³¹² ai³³ biet²⁴

最初　　没　谁　知道

'β　　　　　(ii) hắn là ai.

hăn²⁴ la²¹ ai³³

他　是　谁

最初，没有人知道他是谁。-NC

（二）扩展

扩展是指一个小句对另一个小句的意义作补充说明。有三种扩展方式：解释（＝）、延伸（＋）、增强（x）。

1. 解释：是指第二个小句对第一个小句的内容进行扩展或说明。（用于并列解释关系的小句在语义上通常与第一小句的内容相近或基本相同）（用于主从解释关系的小句通常是由传统语法中的非限定性关系从句充当）。

图 8.3　解释系统的选择

表 8.1　　　　　　　　　　　　解释系统的分类

类型	意义	并　　　列	主从
说明	P 即 Q	nói cách khác[nɔi²⁴ kˇk²⁴ χak²⁴] "换言之"，nghĩa là[ŋie³²⁵ la²¹] "意思是"，тức là[tɯk²⁴ la²¹] "即"	（无）
例证	P 举例来说 Q	ví dụ[vi²⁴ zu²¹] "比如"，chẳng hạn[tɕăŋ³¹² han³²] "比方说"	（无）
总结	Q 总结 P	tóm lại[tɔm²⁴ lai³²] "总之"	（无）

1a. 说明：说明关系可指两个小句都是肯定或否定。肯定说明表示"P in other words Q"，否定说明表示"P to put it in an opposite way Q"。例如：

1 α　　(i) Người ta vẫn chưa có　hồi âm chính thức,

　　　　　ŋɯɤi²¹ ta³³ vɤ̆n³²⁵ tɕɯɤ³³ kɔ²⁴ hoi²¹ ɤ̆m³³ tɕiɲ²⁴ thɯk²⁴

　　　　　人家　　还没　有 回音　正式

=2 β　　(ii) **nói cách khác** thì　cô vẫn　còn có thể tiếp tục hi　vọng.

　　　　　nɔi²⁴ kɛ̆k²⁴ χak²⁴ thi²¹　ko³³ vɤ̆n³²⁵ kɔn²¹ kɔ²⁴ the³¹² tiep²⁴ tuk³² hi³³ vɔŋ³²

　　　　　换言之　　　THM 姑姑 还　　可以　　继续　希望

人家还没有正式地回应，换言之她还可以继续抱有希望。

1　　(i) Ông liệu

　　　　oŋ³³ lieu³²

　　　　爷爷 处理

=2 α　　(ii) **nghĩa là** ông che đậy cái án của hắn

　　　　　ɲie³²⁵ la²¹ oŋ³³ tɕɛ³³ dɤ̆i³² kai²⁴ an²⁴ kuo³¹² hɤ̆n²⁴

　　　　　意味着 爷爷 遮盖　　DEF 案子 的 他

β　　(iii) cho không ai biết (...)

　　　　　tɕɔ³³ χoŋ³³　ai³³ biet²⁴

　　　　　以便 不　谁 知道

他处理，意思是他隐瞒那个人案子的事实，以免别人知道。-NC

1b. 例证

1　　(i) Chúng cháu ở đây　hay bị thiếu thông tin,

　　　　tɕuŋ²⁴　tɕau²⁴ ɤ³¹² dɤ̆i³³ hăi³³ bi³² thieu²⁴ thoŋ³³ tin³³

　　　　我们　　在 这 常 被 缺乏 消息

=2　　(ii) **ví dụ như** trận lũ năm ngoái không được thông báo kịp thời.

　　　　　vi²⁴ zu³² ɲɯ³³ tʂɤ̆n³² lu³²⁵ năm³³ ŋuai²⁴ χoŋ³³ dɯɤk³² thoŋ³³ bau²⁴ kip³² thɤi²¹

　　　　　比如　　CLS 洪水 去年　不　得　通知　得及

我们在这里常缺乏信息，比如说去年的洪水，我们就没有得到及时的通知。

1c. 阐明

1　　(i) Giao cho nó làm "nhà báo"

　　　　zau³³ tɕɔ³³ nɔ²⁴ lam²¹ ɲa²¹　bau²⁴

　　　　交 给 她 当 记者

=2　　　(ii) ***tức là*** bịt mồm nó lại.

tɯk²⁴ la²¹bit³² mom²¹ nɔ²⁴ lai³²

等于　捂　嘴　她 PHA

让她当记者，就等于捂她的嘴。-LL

1d. 总结

1　　　(i) Anh nói rất nhiều,

ĕŋ³³ nɔi²⁴ zɤ̌t²⁴ ɲieu²¹

哥　说　很　多

=2 1　　(ii) ***tóm lại*** có hai điều cần nhớ:

tɔm²⁴ lai³²kɔ²⁴ hai³³ dieu²¹ kɤ̌n²¹ ɲɤ²⁴

总之　有　两　事　需要 记住、

=2　　　(iii) Một là chị phải tham gia cuộc thi lần này,

mot³² la²¹ tɕi³² fai³¹² tham³³ za³³ kuok³² thi³³ lɤ̌n²¹ nǎi²¹

一　是　姐 要　参加　　CLS 比赛 这次

=3　　　(iv) hai là anh và các con sẽ giúp chị làm việc nhà.

hai³³ la²¹ ĕŋ³³ va²¹ kak²⁴ kɔn³³ ʂɛ³²⁵ zup²⁴ tɕi³² lam²¹ viek³² ɲa²¹

二　是　哥 和 DEF-PLR孩子将 帮　姐 做　家务

他（丈夫）说了很多，总之有两件事要记住：一是她（妻子）必须参加这次比赛，二是他和孩子们将帮她做家务。

2. 延伸：是指第二个小句对第一个小句的意义作些添加。

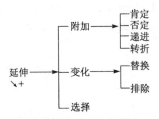

图 8.4　延伸系统的选择

表 8.2　　　　　　　　　　　延伸系统的分类

类型	意义		并　列	主　从
附加	肯定	P 与 Q	ngay cả[ŋǎi³³ ka³¹²] "连——也"，vả lại[va³¹² lai³²]"此外"，còn[kɔn²¹]"还有"	

类型		意义	并　　列	主　　从
附加	递进	P 甚至 Q	thậm chí[thɤ̌m³² tɕi²⁴] "甚至",đến nỗi[den²⁴ noi³²⁵] "甚至"	
	递进	不但 P 而且 Q	không những…mà còn[χoŋ³³ ɲɯŋ³²⁵……ma²¹ kɔn²¹] "不但——而且"	
	否定	不 P 也不 Q	cũng không[kuŋ³²⁵ χoŋ³³] "也不"	
	转折	P 转折为 Q	Nhưng[ɲɯŋ³³] "但是",mà[ma²¹] "但是"	
变化	替换	不是 P,但是 Q	ngược lại[ŋɯɤk³² lai³²] "反之"	
	替换	是 P,但不是 Q		thà……còn hơn [tha²¹…… kɔn²¹ hɤn³³] "宁可——也不"
	排除	除了 P, Q		ngoài…ra [ŋuai²¹…… (za³³)] "除了——以外" trừ…ra[tʂɯ²¹ za³³] "除——外"
选择		P 或者 Q	hoặc[huǎk³²] "或者", hay[hǎi³³] "还是"	

例如：

2a. 肯定附加（并列）

　1　(i) Cụ Từ được chỉ định làm phó chủ tịch uỷ ban lâm thời xã Ngoại Thượng,

　　　ku³² tɯ²¹ dɯɤk³² tɕi³¹² diɲ³² lam²¹ fɔ²⁴ tɕu³¹² tik³² ǔi³¹² ban³³ lɤ̌m thɤi²¹ sa³²⁵ ŋuai³² thɯɤŋ³²

　　　爷　慈　得　指定　当　副主席　委员会　临时　村　外上

+2　(ii) **còn** thư kí là　người của thôn Hạ

　　　kɔn²¹ thɯ³³ ki²⁴ la²¹ ŋɯɤi²¹ kuo³¹² thon³³ ha³²

　　　而　秘书　是　人　的　村　下

慈爷被指定当外上村的临时委员会副主席，而秘书是下村的人。-LL

2b. 递进附加

　　　(i) Lực lượng bảo vệ đã kiên quyết cưỡng bức,

　1　luk³² lɯɤŋ³² bau³¹² ve³² da³² kien³³ kuiet²⁴ kɯɤŋ³²⁵ bɯk²⁴

　　　力量　保安　已　坚决　强逼

+2 1 (ii) **thậm chí** có trường hợp phải vác họ đi

　　　thɤ̌m³² tɕi²⁴ kɔ²⁴ tʂɯɤŋ²¹ hɤp³² fai³¹² vak²⁴ hɔ³² di³³

甚至　　有　场合　　要　扛　他们　走

+2 α　(iii) hoặc trói lại

　　　　　huăk^{32} tşɔi^{24} lai^{32}

　　　　　或者　捆　PHA

β　　(iv) đưa về huyện.

　　　　　dɯɤ^{33} ve^{21} huien^{32}

　　　　　带　回　县

保安强逼他们，甚至把他们扛走，或者捆住带回县里。-LL

1　　(i) ***Không những*** bà chỉ ngu

　　　　ɣoŋ^{33} ɲuɯŋ^{325}ba^{21} tɕi^{312} ŋu

　　　　不但　　她 只 愚蠢

+2　　(ii) ***mà còn*** phải câm

　　　　ma^{21} kɔn^{21} fai^{312} kɤ̆m

　　　　而且　　要　哑巴

+3 α　(iii) ***và*** điếc

　　　　va^{21} diek^{24}

　　　　和　聋

β　　(iv) để đợi anh Hiếu về······

　　　　de^{312} dɤi^{32} ɤ̆ŋ^{33} hieu^{24} ve^{21}

　　　　以便 等 阿孝　回来

她不但要装傻，而且还要装聋作哑，以便等阿孝回来。-LL

2c. 否定附加：

1　　(i) Lão không phải là người của ta,

　　　　lau^{325} ɣoŋ^{33}　fai^{312} la^{21} ŋuɤi^{21} kuo^{312} ta^{33}

　　　　他 不　　 是 人 的 我们

+2　　(ii) cũng không phải là kẻ làm tay sai cho địch.

　　　　kuŋ^{325} ɣoŋ^{33} fai^{312} la^{21} kɛ^{312} lam^{21} tăi^{33} şai^{33} tɕo^{33} dik^{32}

　　　　也 不　　 是 人 做 帮手　给 敌人

他不是我们的人，也不是敌人的帮手。-LL

2d. 转折附加：

1   (ii) Thằng Hiếu trẻ,

        thăŋ²¹ hieu²⁴ tʂɛ³¹²

        CLS 阿孝 年轻

+2   (ii) **nhưng** nó xử lí bình tĩnh êm thấm đâu vào đấy.

        ɲɯŋ³³ nɔ²⁴ sɯ³¹² li²⁴ biŋ²¹ tiŋ³²⁵ em³³ thɤ̌m²⁴ dɤ̌u³³ vau²¹ dɤ̌i²⁴

        但 他 处理 平静 顺利 哪儿 进 哪儿

阿孝虽然年轻，但他（把事情）处理得冷静和顺利。-LL

2e. 替换变化

1   (ii) **Thà** bị trả lại hồ sơ,

        tha²¹ bi³² tʂa³¹² lai³² ho²¹ ʂɤ³³

        宁可 被 退回 申请材料

+2   (ii) **còn hơn** là bị hứa suông hết lần này đến lần khác.

        kɔn²¹ hɤn³³ la²¹ bi³² hɯɤ²⁴ ʂuoŋ³³ het²⁴ lɤ̌n²¹ năi²¹ den²⁴ lɤ̌n²¹ χak²⁴

        不如 是 被 答应 口口声声 EMP 这次 到 下次

宁可申请材料被退回，也不要屡次没诚心地口头答应。

1   (ii) Nó đã chẳng đồng ý,

        nɔ²⁴ da³²⁵ tɕăŋ³¹² doŋ²¹ i²⁴

        他 已 不 同意

+2   (ii) **ngược lại** còn cấm người khác tham gia.

        ŋɯɤk³² lai³² kɔn²¹ kɤ̌m²⁴ ŋɯɤi²¹ χak²⁴ tham³³ za³³

        反之 还 禁止 别人 参加

他不但不同意，反而还禁止别人参加。

2f. 排除变化

1   (ii) Chỉ **trừ** góc phía Tây Bắc được yên tĩnh

        tɕi³¹² tʂɯ²¹ ɣɔk²⁴ fie²⁴ tɤ̌i³³ băk²⁴ dɯɤk³² ien³³ tiŋ³²⁵

        只 除 角 西北方 得 安静

+2   (ii) **còn** cả mặt đầm rộng mênh mang kín đặc tiếng người, tiếng nước.

        kɔn²¹ ka³¹² măt³² dɤ̌m²¹ zoŋ³² meŋ³³ maŋ³³ kin²⁴ dăk³² tieŋ²⁴ ŋɯɤi²¹, tieŋ²⁴ nɯɤk²⁴

        其余 全面 水潭 非常宽 充满 声 人 声 水

在这个宽阔的水潭里，除了西北角安静外，其他地方处处都有人声和水声（挤满了人）。

2g. 选择

1　　(ii) Thằng kia có nói

　　　　　thăŋ²¹　kie³³ kɔ²⁴ nɔi²⁴

　　　　　家伙　那　有　说

+2　　(ii) *hoặc* làm gì không?

　　　　　*huǎk⁻³²*lam²¹ zi²¹ ɣoŋ³³

　　　　　或　作　什么 不

那个家伙说或者做了些什么？

3. 增强：是指次要句对首要句在时间、地点、方式、原因等方面进行补充的情况。从逻辑角度看，增强系统可分为多种类型。下图示意：

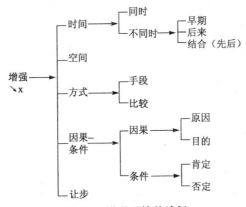

图 8.5　增强系统的选择

表8.3　　　　　　　　　　增强系统的分类

类型		意义	并　列	主　　从
时间	早期不同时间	P 早期 Q		trước khi……[tʂɯɤk²⁴ ɣi³³] "——以前"
	同时	P 同时 Q		[点] khi……[ɣi³³] "的时候" [段] mỗi khi[moi³²⁵ ɣi³³]……"每次"，bất cứ khi nào[bʏt²⁴ kɯ²⁴ ɣi³³ nau²¹] "任何时候"
	后来不同时间	P 后来 Q		sau khi……[ʂau³³ ɣi³³]"——以后"

续表

类型		意义	并列	主从
时间	结合	先P后Q	trước……sau[tʂɯ̆k²⁴ ʂau³³] "先——后", (trước)……rồi [(tʂɯɤk²⁴)……zɔi²¹] "先——后"	
空间	同空间	P还有Q	[程度] (từ)……đến……[(tɯ²¹) den²⁴] "（从）——到——"	[点](nơi mà……)[(nɤi³³ ma²¹……)] "的地方" [段] mọi nơi[mɔi³² nɤi³³] "每个地方"，bất cứ nơi nào[bɤ̆t²⁴ kɯ²⁴ nɤi³³ nau²¹] "任何地方"
方式	手段	通过P得Q		bằng[băŋ²¹]，từ[tɯ²¹]，qua[kua³³]，thông qua[thoŋ³³ kua³³]
	肯定比较	P像Q	giống (như)[zoŋ²⁴ (ɲɯ³³)] "如"	
	否定比较	P不像Q		không giống[χoŋ³³ zoŋ²⁴]"不一样"
因果	原因	因P而得Q	vì thế[vi²¹ the²⁴] "因此"，kết quả là[ket²⁴ kua³¹² la²¹] "结果是"	vì……nên[vi²¹……nen³] "因为——所以"，……vì[vi²¹] "——是因为"
	目的	因Q而P		để……[de³¹²] "以便"
		因不是Q而P		đỡ phải[dɤ³²⁵ fai³¹²]…… "免得"
条件	肯定	如果P则Q		nếu/giả sử……thì……[neu²⁴/za³¹² ʂɯ³¹²……thi²¹] "如果——就"
		只要P则Q		chỉ cần……thì……[tɕi³¹² kɤ̆ n²¹……thi²¹] "只要——就"
		任何P则Q		bất kể……thì……[bɤ̆t²⁴ ke³¹²……thi²¹] "无论——也"
		当且仅当P则Q		chỉ……thì mới……[tɕi³¹²……thi²¹ mɤi²⁴] "只要——才"
	否定	如果没有P则Q	……nếu không thì…… "否则"	……trừ phi……[……tʂɯ²¹ fi³³……] "除非"
让步		如果P则得与预测相反的Q		tuy……nhưng……[tŭi³³……ɲɯŋ³³……] "虽然——但是"

例如：

时间

α　　　　(i) Cô muốn chết

　　　　　ko³³ muon²⁴ tɕet²⁴

　　　　姑姑　想　死

　　xβ　　　　(ii) ***trước khi*** người ta nhục hình chú Kiêm

　　　　　　　　tʂɯɣk²⁴χi³³ ŋɯɣi²¹ ta³³ ɲuk³² hiŋ²¹ tɕu²⁴ kiem³³

　　　　　　　　在——之前　人家　　肉刑　　叔叔 阿兼

在他们对兼叔进行肉刑之前，他想要先死。-LL

　　xβ　　　　(i) Khi bà cần sự cưu mang cứu vớt

　　　　　　　　χi³³ ba²¹ kɤ̌n²¹ ʂɯ³² kɯu³³ maŋ³³ kɯu²⁴ vɤt²⁴

　　　　　　　　时候奶奶需要 PRE 帮助　救

　　α　　　　(ii) thì chả thấy ai.

　　　　　　　　thi²¹ tɕa³¹² thɤ̌i²⁴ ai³³

　　　　　　　　CON 不　见　谁

她需要帮助的时候就没有人来。-LL

　　xβ　　　　(i) Hồi　tôi còn　tại　ngũ,

　　　　　　　　hoi²¹　toi³³ kɔn²¹ tai³² ŋu³²⁵

　　　　　　　　时候 我　还　在　队伍

　　α　　　　(ii) tôi gởi　về nhà có trăm.

　　　　　　　　toi³³ ɣɤi³¹² ve²¹ ɲa²¹ kɔ²⁴ tʂăm³³

　　　　　　　　我　寄　回家　有 百

我在部队的时候，给家里寄过一百块钱。

　　α　　　　(i) Phải có mấy trăm xe vận tải cơ giới

　　　　　　　　fai³¹² kɔ²⁴ mɤ̌i²⁴ tʂăm³³ sɛ³³ vɤ̌n³² tai³¹² kɣ³³ zɣi²⁴

　　　　　　　　必须 有 几　百　　车 运载　机械

　　xβ　　　　(ii) trong khi toàn huyện chỉ toàn xe bò!

　　　　　　　　tʂɔŋ³³ χi³³ tuan²¹ huien³² tɕi³¹² tuan²¹ sɛ³³ bɔ²¹

　　　　　　　　在 时候 全 县　只 全 车 牛

　　全县只有牛车的时候，就必须有上百个汽车、卡车！（全县很穷，交通
工具只是牛车的时候，他们就计划购买汽车！）-LL

　　α　　　　(i) Phải có hàng trăm ki lô mét đường nhựa,

　　　　　　　　fai³¹² kɔ²⁴ haŋ²¹ tʂăm³³ ki³³ lo³³ mɛt²⁴ dɯɤŋ²¹ ɲɯɣ³²

　　　　　　　　必须 有 上百　　公里　　路　柏油

xβ　　(ii) trong khi mới chỉ có dăm cây số đường trải sỏi!

tʂɔŋ³³ χi³³ mʋi²⁴ tɕi³¹² kɔ²⁴ zăm³³ kǐi³³ ʂo²⁴ dɯʋŋ²¹ tʂai³¹² ʂɔi³¹²

在　时候　才　只　有　几　公里　路　摆　沙砾

在只有几公里砾石路的时候，（他们就计划）建设上百条柏油路！-LL

xβ　　(i) Ăn tết độc lập xong,

ăn³³ tet²⁴ dok³² lǐp³² sɔŋ³³

吃　春节　独立　ASP

α　　(ii) tôi được cấp trên cho đi học

toi³³ dɯʋk³² kǐp²⁴ tʂen³³ tɕo³³ di³³ hɔk³²

我　得　上级　给　去　学

过完春节以后，我被上级派去读书。-LL

xβ　　(i) Bao giờ anh đi

bau³³ zɤ²¹ ěŋ³³ di³³

什么时候　哥　去

α　　(ii) thì em cũng đi

thi²¹ ɛm³³ kuŋ³²⁵ di³³

CON 妹　也　去

你什么时候去，我什么时候去。

空间

xβ　　(i) Anh đi đâu,

ěŋ³³ di³³ dɤu³³

哥　去　哪儿

α　　(ii) em đi đấy.

ɛm³³ di³³ dǐi²⁴

妹　去　哪儿

你去哪，我去哪。

xβ　　(i) Nơi nào có địa chủ thật,

nɤi³³ nau²¹ kɔ²⁴ die³² tɕu³¹² thɤt³²

地方　哪　有　地主　真

α　　　　　(ii) người ta cứ đoàn kết mà đấu tranh.

ŋɯɤi²¹ ta³³ kɯ²⁴ duan²¹ ket²⁴ ma²¹ dɤ̌u²⁴ tʂěn³³

人家　　一直 团结　　以便 斗争

有地主的地方，人们就团结起来跟他们做斗争。-LL

方式：手段

xβ　　　　(i) cầm con dao quắm

kɤ̌m²¹ kɔn³³ ˌzau³³ kuǎm²⁴

打算　拿　CLS 弯刀

α　　　　　(ii) tự bổ vào đầu mình (cho nó nhẹ nợ).

tɯ³² bo³¹² vau²¹ dɤ̌u²¹ miŋ²¹ (tɕɔ³³ nɔ²⁴ ɲe³² nɤ³²)

自　坎　进　头　自己　以便 它 轻松

用弯刀砍自己的头（觉得更轻松）。-LL

xβ　　　　(i) Người đưa bưởi phải cầm cả hai tay

ŋɯɤi²¹ dɯɤ³³ bɯɤi³¹² fai³¹² kɤ̌m²¹ ka³¹² hai³³ tǎi³³

人　给　　柚子 必须 拿 全　两 手

α　　　　　(ii) nói: "Hôm nay chúng tôi (hoặc chúng em, hoặc chúng con,

nɔi²⁴: "hom³³ nǎi³³ tɕuŋ²⁴ toi³³ (huǎk³² tɕuŋ²⁴ ɛm, huǎk³² tɕuŋ²⁴ kɔn³³

说 今天　　我们　　或者 弟弟们　或者 孩子们

hoặc chúng cháu) được đảng uỷ, uỷ ban uỷ nhiệm đến

huǎk³² tɕuŋ²⁴ tɕau²⁴) dɯɤk³² daŋ³¹² ǔi³¹², ǔi³¹² ban³³ ǔi³¹² ɲiem³² den²⁴

或者 侄子们　　得到 党委 委员会 人民政府 委托　　到

báo cáo với ông (hoặc cụ, hoặc bà, hoặc chị, hoặc cô)……

bau²⁴ kau²⁴ vɤi²⁴ oŋ³³ (huǎk³² ku³², huǎk³² ba²¹, huǎk³² tɕɤi³², huǎk³² ko³³)

报告　与 爷爷 或 祖爷 或 奶奶 或 姐姐 或 姑姑

拿柚子的人必须举着双手说：今天我们（或弟弟们、孩子们、侄子们）
受党委、委员会的委托来向您（爷爷、婆婆、姐姐、姑姑）报告-LL

方式：比较

α　　　　　(i) Chả mấy chốc bến đò Chợ Quán nghìn nghịt

tɕa³¹² mɤ̌i²⁴ tɕok²⁴ ben²⁴ dɔ²¹ tɕɤ³² kuan²⁴ ŋin²¹ ŋit³²

不　几　一会儿 码头　Cho Quan 挤满人的

xβ　　　(ii) như một cái chấm đen khổng lồ tụ giữa cánh đồng làng Cuội.

ɲɯ³³ mot³² kai²⁴ tɕɤ̌m²⁴ den χoŋ³¹² lo²¹ tu³² zɯɣ³²⁵ kɛ̌ŋ²⁴ doŋ²¹ laŋ²¹ kuoi³²

如　一　CLS　点　黑　巨大　聚　间　稻田　村　Cuoi

不久，Cho Quan 码头就像 Cuoi 村稻田，中间黑压压的一片挤满人。

xβ　　　(i) Cụ　chửi kiên nhẫn dai dẳng

ku³² tɕɯi³¹² kien³³ ɲɤ̌n³²⁵ zai³³ zǎŋ³¹²

祖爷爷 骂 耐心　　缠久

α　　　(ii) như mỗi lần bộ răng giả nhai phải miếng thịt trâu dọc thớ.

ɲɯ³³ moi³²⁵ lɤ̌n²¹ bo³² zǎŋ³³ za³¹² ɲai³³ fai³¹² mieŋ²⁴ thit³² tʂɤ̌u³³ zɔk³² thɤ²⁴

如　每次　　CLS 牙齿 假 咬 EMP CLS　肉　水牛

他像假齿咬牛肉一样，耐心地骂了很久-LL

α　　　(i) Trong đầu anh vẫn đau nhói

tʂɔŋ³³ dɤ̌u²¹ ɛ̌ŋ³³ vɤ̌n³²⁵ dau³³ ɲɔi²⁴

里面　头　哥　还　疼痛

xβ　　　(ii) như có những cuộn dây thép gai vòng vèo……

ɲɯ³³ kɔ²⁴ ɲɯŋ³²⁵ kuon³² zɤ̌i³³ thep²⁴ ɣai³³ vɔŋ²¹ veu²¹

如　有　IND-PLR CLS　铁丝　　　曲折

他觉得头疼，好像头内有弯曲的铁丝。-LL

原因

α　　　(i) Cụ Từ ra quán

ku³² tɯ²¹ za³³ kuan²⁴

爷爷 慈 出 码头

xβ　　　(ii) là　vì biết Hiếu về.

la²¹　vi²¹ biet²⁴ hieu²⁴ ve²¹

THM　因 知道 阿孝 回来

因为知道阿孝回来，慈爷来到码头。-LL

xβ　　　(i) Hiếu biết điều đó

hieu²⁴ biet²⁴ dieu²¹ dɔ²⁴

阿孝 知道 事　那

α　xβ　　(ii) nên được tin　ông ra quán,

　　　　　　nen³³ dɯɤk³² tin³³　oŋ³³ zа³³ kuan²⁴

　　　　　　所以 得到 消息 爷爷 到 码头

　　α　　(iii) anh phải lên ngay.

　　　　　　ɛ̌ŋ³³ fai³¹² len³³ ŋǎi³³

　　　　　　他 必须 到 马上

阿孝知道那件事，所以得知慈爷到码头的消息，他就马上赶来。-LL

　　α　　(i) Sở dĩ có được tình cảm ấy

　　　　　　ʂɤ³¹² zi³²⁵ kɔ²⁴ dɯɤk³² tiŋ²¹ kam³¹² ɤ̌i²⁴

　　　　　　之所以 有 得 情感 那

xβ 1　　(ii) vì họ có những cái tai thính,

　　　　　　vi²¹ hɔ³² kɔ²⁴ ɲɯŋ³²⁵ kai²⁴ tai³³ thiŋ²⁴

　　　　　　因为 他们 有 IND-PLR CLS 耳朵 灵敏

　　2　　(iii) biết được "ô" của anh còn mạnh lắm.

　　　　　　biet²⁴ dɯɤk³² "o³³" kuo³¹² ɛ̌ŋ³³ kɔn²¹ mɛ̌ŋ³² lǎm²⁴

　　　　　　知道 得 雨伞 的 哥 还 猛 很

之所以对他那么好，是因为他们耳朵很灵，听说他的"靠山"还很硬。-LL

xβ　　(i) Ai cũng bịa tạc những tin giật gân, bí hiểm

　　　　ai³³ kuŋ³²⁵ bie³² tak³² ɲɯŋ³²⁵ tin³³ zɤ̌t³² ɣɤ̌n³³, bi²⁴ hiem³¹²

　　　　谁 也 编出　IND-PLR 消息 震撼 神秘

α　　(ii) nên người tò mò kéo đến đây xem càng đông.

　　　　nen³³ ŋɯɤi²¹ tɔ²¹ mɔ²¹ kɛu²⁴ den²⁴ dɤ̌i³³ sɛm³³ kaŋ²¹ doŋ³³

　　　　所以 人 好奇 来　　这儿 看 越多

人人都编出一些神秘和吃惊的消息，所以好奇者赶来更多。

xβ　　(i) Do những anh Việt Minh gọi nhau bằng đồng chí

　　　　zɔ³³ ɲɯŋ³²⁵ ɛ̌ŋ³³ viet³² miŋ³³ ɣɔi³² nau³³ bǎŋ²¹ doŋ²¹ tɕi²⁴

　　　　由于 IND-PLR 哥 越明　叫 互相 为 同志

α　　(ii) nên già trẻ, gái trai cả tổng Cuội có mặt đêm nay đều gọi nhau,

　　　　nen³³ za²¹tʂɛ²¹ɣai²⁴tʂai²⁴ ka³¹²toŋ³¹²kuoi³² kɔ²⁴mǎt³² dem³³nǎi³³ deu²¹ ɣɔi³² ɲau³³

　　　　所以 老少 女 男 全 县 Cuoi 出席 今晚 都 叫 互相

gọi các anh Việt Minh là "đồng chí".

ɣɔi³² kak²⁴　ɛ̌ŋ³³ viet³² min³³ la²¹ doŋ²¹ tɕi²⁴

叫　DEF-PLR 哥　越明　　是　同志

由于越明哥互相称呼同志，所以今晚在场的 Cuoi 村男女老少都互相称呼同志、与越明哥称呼同志。-LL

・目的

α　　　(i) Bằng mọi giá các　　　cậu　phải　xác minh ngay

bǎŋ²¹ mɔi³² za²⁴ kak²⁴　　kɯ̌u³² fai³¹² sak²⁴ min³³ ŋǎi³³

通过 所有 代价 DEF-PLR 舅舅 必须　验证　　立刻

xβ　　　(ii) để báo cáo　với anh Hiếu……

de³¹² bau²⁴ kau²⁴ vvi²⁴ ɛ̌ŋ³³ hieu²⁴

以便 报告　与　哥 阿孝

无论如何你们都要立即验证，以便向阿孝报告。-LL

xβ　　(i) Chúng em đã chuẩn bị tươm tất mọi phương án

tɕuŋ²⁴ em³³ da³²⁵ tɕɯ̌n³¹² bi³² tɯɯm³³ tɤ̌t²⁴ mɔi³² fɯɯŋ³³ an²⁴

我们　　已　准备　　充分　　所有 方案

α　　(ii) để rồi　lát　nữa　lên quán em xin trình bày với bác.

de³¹² zɔi²¹ lat²⁴ nɯɯ³²⁵ len³³ kuan²⁴ ɛm³³ sin³³ tʂiŋ²¹ bǎi²¹ vvi²⁴ bak²⁴

以便　一会儿　上　码头　弟弟 MOD 呈现　与　伯伯

我们已准备好所有的方案，过一会儿到码头向您汇报。-LL

α　　(i) Vậy thì anh phải xuống

vvǐ³² thi²¹ ɛ̌ŋ³³ fai³¹² suoŋ²⁴

因此　　哥 必须 下

xβ　　(ii) để dân chúng khỏi xì xào.

de³¹² zɤ̌n³³ tɕuŋ²⁴ χɔi³¹² si²¹ sau²¹

以便 民众　　免　嗡嗡

"因此，他必须下去看，免得民众传闲话。"　-LL

条件

xβ　　(i) Nếu cô không muốn bị cắt đầu

neu²⁴ ko³³ χɔŋ³³ muon²⁴ bi³² kǎt²⁴ dɤ̌u²¹

如果 姑姑 不　想　被　杀头

α　　　(ii) thì phải biết "sống để bụng, chết mang đi".

thi²¹ fai³¹² biet²⁴ "ʂoŋ²⁴ de³¹² buŋ³², tɕet²⁴ maŋ³³ di³³

CON 必须 知道 活 放 肚子 死 带 去

如果你不想被杀头，就必须懂得"活着吞进肚子里，死了带进坟墓里。-LL

xβ(xβ α)　　　(i) Nếu hắn không lấy hai tay chống kịp xuống đất,

neu²⁴ hăn²⁴ χoŋ³³ lɤi²⁴ hai³³ tăi³³ tɕoŋ²⁴ kip³² suoŋ²⁴ dɤt²⁴

如果 他 不 拿 双手 撑 及时 下 地

α　　　(ii) hắn đã ngã dập mặt.

hăn²⁴ da³²⁵ ŋa³²⁵ zɤp³² măt³²

他 已 跌倒 破脸

如果他没来得及用双手撑地，他就会摔破脸的。-LL

xβ　　　(i) Nếu người lên tố có nói nhịu (hoặc quên),

neu²⁴ ŋɯɤi²¹ len³³ to²⁴ kɔ²⁴ nɔi²⁴ ɲiu³² (huăk³² kuen³³)

如果 人 上 诉 有 说 吞吐 或 忘

α　　　(ii) không ai được cười.

χoŋ³³ ai³³ dɯɤk³² kɯɤi²¹

不 谁 得 笑

如果批斗者说得吞吞吐吐（或忘词），谁也不准笑。-LL

α　　　(i) Họ sẽ chịu trách nhiệm trình bày

hɔ³² ʂɛ³²⁵ tɕiu³² tʂɤk²⁴ ɲiem³² tʂiŋ²¹ băi²¹

他们 将 受 责任 呈现

xβ　　　(ii) nếu bác Văn Yến hỏi đến.

neu²⁴ bak²⁴ văn³³ ien²⁴ hɔi³¹² den²⁴

如果 伯伯 文宴 问 到

如果文宴伯伯问，他们就有责任汇报。-LL

xβ　　　(i) Chỉ cần cho nó chức tổ trưởng chỉ huy một tổ viên,

tɕi³¹² kɤn²¹ tɕɔ³³ nɔ²⁴ tɕɯk²⁴ to³¹² tʂɯɤŋ³¹² tɕi³¹² hŭi³³ mot³² to³¹² vien³³

　　　　　　　　　　只要　　给　他　职务 组长　　　　指挥　一　组员

α　　　　(ii) là　　nó đã　　thích.

　　　　　　　la²¹　　nɔ²⁴ da³²⁵ thik²⁴

　　　　THM-CON 他 已　喜欢

只要给他当组长，哪怕只指挥一个组员，他也高兴。-LL

xβ 1　　(i) Cũng may, anh vào loại có sức,

　　　　　　kuŋ³²⁵ măi³³, ɛ̌ŋ³³ vau²¹ luai³² kɔ²⁴ ʂɯk²⁴

　　　　　　幸好　　　哥 属 类 有　力

+2　　　(ii) lại được ít sâm bồi dưỡng

　　　　　　lai³² dɯɤk³² it²⁴ ʂɤ̌m³³ boi²¹ zɯɤŋ³²⁵

　　　　　　又　得　少 人参 补养

α　　　　(iii) nếu không gánh vác làm sao nổi trăm công nghìn việc.

　　　　　　neu²⁴ χoŋ³³ ɣɛ̌n²⁴ vak²⁴ lam²¹ ʂau³³ noi³¹² tʂăm³³ koŋ³³ ŋin²¹ viek³²

　　　　　　否则　　负担　　怎么能　　百　工 千　事

　　幸亏，他属于身体健康的一类人，又有人参补养，否则怎么能承担那
么繁重的任务。-LL

xβ　　　(i) Nó đòi mẹ phải cho nó đi cùng,

　　　　　　nɔ²⁴ dɔi²¹ mɛ³² fai³¹² tɕɔ³³ nɔ²⁴ di³³ kuŋ²¹

　　　　　　他 要 妈妈 必须 给 他 去 一起

α　　　　(ii) nếu không, nó về dỡ khoai, bẻ ngô ở nhà.

　　　　　　neu²⁴ χoŋ³³, nɔ²⁴ ve²¹ zɤ³²⁵ χuai³³, bɛ³¹² ŋo³³ ɤ³¹² ɲa²¹

　　　　　　否则　　他 回 收 薯 摘 玉米 在 家

他要求妈妈让他一起去，否则，他就回家收红薯或摘玉米。

让步

xβ　(i) Tuy mỗi gia đình chỉ được một múi bưởi

　　　　tŭi³³ moi³²⁵ za³³ diɲ²¹ tɕi³¹² dɯɤk³² mot³² mui²⁴ bɯɤi³¹²

　　　　虽然 每　家庭 只　得　一　瓣 柚子

α　(ii) nhưng tất cả mọi công sức và những phấn khởi tự hào đều ở trong ấy.

　　　ɲɯŋ³³ tɤ̌t²⁴ka³¹²mɔi³² koŋ³³　ʂɯk²⁴ va²¹ ɲɯŋ³²⁵ fɤ̌n²⁴χɤi³¹² tɯ³²hau²¹ deu²¹ɤ³¹²tʂɔŋ³³ɤ̌i²⁴

但　所有　每　功劳　和 IND-PLR　　激奋　自豪　都 在 里 那

虽然每个家庭只有一瓣柚子，但所有功劳、激奋和自豪都在那里。-LL

xβ　(i) Tuy không biết tường tận tất cả những gì đã xảy ra ở nhà con giai

tŭi³³　χoŋ³³　biet²⁴ tɯɤŋ²¹　tĭn³²　tɤ̆t²⁴ ka³¹² ɲɯɯ³²⁵ zi²¹　da³²⁵ săi³¹² za̤³³ ɤ³¹² ɲa²¹ kɔn³³ zai³³

虽然 不 知道 详细　　所有　IND-PLR 什么 已 发生　在 家 儿子

α　(ii) nhưng bà hiểu được nỗi khổ sở,　thiếu não　của　nó.

ɲɯɯ³³ ba²¹ hieu³¹² dɯɤk³² noi³²⁵ χo³¹² ʂɤ³¹², thieu³¹² nau³²⁵ kuo³¹² nɔ²⁴

但 奶奶 晓得　　　PRE 苦　苦恼　　的 他

虽然对儿子家所发生的事情知道得并不详细，但奶奶晓得儿子的苦恼和苦处。

第二节　语言的自然逻辑

因各小句之间的关系有多种，小句与小句之间的次序可以有区别。而且，从篇章的角度看，小句复合体次序的选择还可能受语境（Genre）的影响。下一段话是由若干个小句连接起来的，各小句按照时间顺序进行展开。

例 a:

|‖ Thấy điệu bộ hung hăng của　hắn,

thĭi²⁴　dieu³² bo³² huŋ hăŋ³³　　kuo³¹² hăn²⁴

看　姿态　凶猛　　的 他

| bà cả　đùn bà　hai,

ba²¹ ka³¹² dun²¹ ba²¹ hai³³

大太太　推　二太太

‖ bà hai thúc bà ba,

ba²¹ hai³³ thuk²⁴ ba²¹ ba³³

二太太　催　三太太

‖ bà ba gọi bà tư,

ba²¹ ba³³ ɣɔi³² ba²¹ tɯ³³

三太太　叫　四太太

‖ nhưng kết cục chẳng bà nào dám ra

ɲɯɯŋ³³ ket²⁴ kuk³² tçăŋ³¹² ba²¹ nau²¹ zam²⁴ za³³

但　　究竟　没　太太　哪　敢　出

| nói với hắn một vài lời phải chăng. ‖|

nɔi²⁴ vvi²⁴ hăn²⁴ mot³² vai²¹ lvi²¹ fai³¹² tçăŋ³³

说　与　他　一　　些　话　合理

‖|看见他凶猛的模样 | 大太太推二太太 ‖二太太催三太太 ‖三太太叫四太太 ‖但最终也没有哪个太太敢出来 | 跟他说一两句公道的话‖|-NC

　　任何一对形态（Figure）都可根据一种逻辑次序进行连接，构成一个"形态连接"（Figure nexus），生成不同的关系类型。概括起来，有两种同时存在的关系：（1）事实的有关次序，（2）有关状态。

一　各形态之间事实的有关次序

　　人类经验可以解释成两种事实的次序。第一种次序涉及物质实体世界的现象（phenomena），第二种次序涉及意识世界和象征世界的元现象（metaphenomena）。意识世界的元现象是与思考行为有关，有内在性，在人脑里头运算，叫做思想（idea）。象征世界的元现象是与言语行为有关，有外在性，可通过声音传播，叫做话语（locution）。

　　因此，凡是两个形态根据第一种次序进行连接，一个是另一个的扩展，那么，两个都属于同一个事实平面，都解释物质世界的现象（例 b）。反之，凡是两个形态根据第二种次序进行连接，一个投射另一个，那么，两个不属于同一个的平面，一个在另一种平面（意识平面或象征平面）给另一个进行投射。例 c，第一个形态是意识形态，给第二形态投射思考行为，即思想。例 d，第一个形态是言语形态，给第二个形态投射言语行为，即讲话内容。

　　例 b：各小句都同一个平面。各形态都解释物质世界。

‖|(i)Hắn vừa đi

hăn²⁴ vɯɣ²¹ di³³

他　边　走

‖(ii)vừa chửi. ‖|

vɯɣ²¹ tçɯi³¹²

边　骂

‖|他边走‖边骂‖|-NC

　　例 c：各小句不属于同一个平面。被投射的是思想。

‖‖ (i)Nhưng cả làng Vũ Đại ai cũng nhủ,

ɲɯɯŋ³³　ka³¹² laŋ²¹ vu³²⁵ dai³² ai³³ kuŋ³²⁵ ɲu³¹²

但　全 村　武大　谁 也　暗想

| (ii)"Chắc nó trừ mình ra!" ‖‖

tçăk²⁴ no²⁴ tʂɯ²¹ miɲ²¹ ʐa³³

肯定 他　除 自己 之外

‖但是整个武大村谁都暗暗地想 |“他骂的肯定不是我”‖-NC

小句（ii）是（i）所投射出来的思想。

例 d：各小句不属于一个平面。被投射的是话语。

‖‖ (i) Người ta bảo

ŋɯɤi²¹ ta³³ bau³¹²

人家　说

| (ii) ông lý ra đình

oŋ³³ li²⁴ ʐa³³ diŋ²¹

理长　到 亭子

| (iii) thì hách dịch,

thi²¹　hĕk²⁴ zik³²

THM 作威作福

‖ (iv) cả làng phải sợ,

ka³¹² laŋ²¹ fai³¹² ʂɤ³²

全　村 必须 怕

‖ (v) mà về nhà

ma²¹ ve²¹ ɲa²¹

CON 回 家

| (vi) thì lại sợ　cái bà　ba còn trẻ　này.

thi²¹ lai³² ʂɤ³² kai²⁴ ba²¹ ba³³ kɔn²¹ tʂe³¹² năi²¹

THM-CON 又怕 DEF 三太太　还 年轻 这

‖人家说 |里长到村庙 |就作威作福‖全村都怕‖而回家 |就怕这个年轻的三太太‖-NC

小句（ii）到（vi）都是（i）所投射出来的话语。

二　各形态之间的有关状态

在各事件发生的流程中，每个形态的语义轻重可不同，所以在语言中，每个形态的状态也可以不同。若语义重量一样，它们的状态就平等。若语义重量不一样，它们的状态就不平等。

　　例 e：

　　　||| (i) Người đàn bà góa mù này bán hắn cho một bác phó cối không con,

　　　　ŋɯɤi²¹ dan²¹ ba²¹ ɣua²⁴ mu²¹ năi²¹ ban²⁴ hăn²⁴ tɕɔ³³ mot³² bak²⁴ fɔ²⁴ koi²⁴ χɔŋ³³　　kɔn³³

　　　　CLS 女人　寡　瞎　这　卖　他　给　一　　伯　打磨匠　没有　孩子

　　|| (ii) và　khi bác phó cối này chết

　　　　va²¹ χi³³ bak²⁴ fɔ²⁴ koi²⁴ năi²¹ tɕet²⁴

　　　　并且 时候 伯 打磨匠 这　死

　　| (iii) thì　　　hắn　bơ vơ,

　　　　thi²¹　　　hăn²⁴　bɤ³³ vɤ³³

　　　　THM-CON 他　孤单无靠

　　|| (iv) hết đi ở cho nhà này

　　　　het²⁴ di³³ ɤ³¹² tɕɔ³³ ɲa²¹ năi²¹

　　　　EMP 打工 给　家 这

　　|| (v) lại đi ở　cho nhà nọ. |||

　　　　lai³² di³³ ɤ³¹² tɕɔ³³ ɲa²¹ nɔ³²

　　　　EMP 打工 给　家 那

　　|||(i)这个瞎寡妇把他卖给一个没孩子的打磨匠 ||(ii)这个打磨匠死的时候 |(iii)他就孤单无靠 ||(iv)给这个家打完工 | (v)就接着给另一家打工 |||-NC

　　在语义重量上，小句（i）与其他小句是同等的。（ii）与（iii）是不同等，（iii）是主句而（ii）是从句。（iv）与（v）是同等，这两个小句与（iii）来说也是同等。

　　如上节所说，事实的有关次序和有关状态是一个形态连接所同时拥有的两种选择。这两种变量同时交叉的时候，会产生四种情况。下表示意：

表8.4　　　　　　　　形态的状态与次序的结合关系

事实的有关次序　　　　有关状态	同一平面	不同平面
平等	每个形态的语义重量相同：在事件发生的过程中，一个继承一个 每个形态的事实次序相同，两个形态属于一个平面（例 b）	每个形态的语义重量相同：在事件发生的过程中，一个继承一个 每个形态的事实次序不同，一个给另一个投射到另一个平面（例 c）
不平等	每个形态的语义重量相同：在事件发生的过程中，一个修饰一个 每个形态的事实次序相同，两个形态属于一个平面（例 a）	每个形态的语义重量有区别：在事件发生的过程中，一个修饰一个 每个形态的事实次序不同，一个给另一个投射到另一个平面（例 d）

第三节　小结

一　理论方法

越语小句与小句之间的互相搭配形式是多种多样的，可说其特点很复杂。本章已从逻辑的角度将这些形式进行分类。这些形式可概括为三种：解释、延伸和增加。具体上，解释类可分为说明、例证和总结。延伸类可分成附加（肯定、否定、递进、转折）、变化（替换、排除）和选择等小类。增强类可分为时间、空间、方式、因果、条件、让步等小类。

从排列的顺序看，小句复合体可以是并列或主从关系。这个顺序与逻辑是互补关系，不产生排斥。两种关系在任何一种小句复合体都能进行分析。下面是小句复合体的总结图：

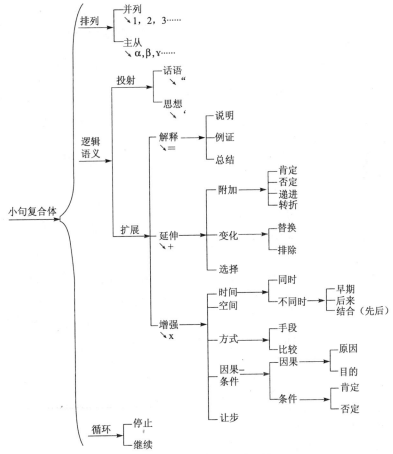

图 8.6　越语小句复合体系统

　　总之，本章从语言的自然逻辑出发描写越语小句复合体的内部关系。这也反映了越南民族对自然事情在语言中表现的认知思维。前一章的小句分析和本章的小句复合体分析是为了进一步解释越语"主位—述位"结构，为第十章奠定了基础。

　　二　语料论证

　　为了提倡"操作性"，我们同时从逻辑和排列的角度分析长篇语料中的每个小句复合体。各小句之间的搭配关系如下：

　　（一）故事 8.1：Sự Tích Trầu Cau "槟榔传"

şɯ³² tik²⁴ tʂʏu²¹　kău³³

事迹　青萋　槟榔

小句单体　　(1) Thời xưa, một nhà quan lang họ Cao có hai người con trai

thʏi²¹ sɯɤ³³, mot³² ɲa²¹ kuan³³ laŋ³³ hɔ³² kau³³ kɔ²⁴ hai³³ ŋɯʏi²¹ kɔn³³ tʂai³³

以前　　一家　医官　姓高有　两 CLS　儿子

[[嵌入句]]　　[[hơn nhau một tuổi ‖ và giống nhau như in]].

[[hʏn³³ ɲau³³ mot³² tuoi³¹² ‖ va²¹ zoŋ²⁴ ɲau³³ ɲɯ³³ in³³]]

比 互相 一 岁 和 相似 互相 如 印

1　　(2a) Hai anh em giống nhau

hai³³ ɛ̌ŋ³³ em³³ zoŋ²⁴　ɲau³³

两 兄弟 相同　互相

+2 α　　(2b) đến nỗi người ngoài không phân biệt được

den²⁴ noi³²⁵ ŋɯʏi²¹ ŋuai²¹　χoŋ³³　fʏ̌n³³　biet³²　dɯʏk³²

甚至　人　外　不　分别　得

'β　　(2c) ai là anh, ai là em.

ai³³ la²¹ ɛ̌ŋ³³, ai³³ la²¹ ɛm³³

谁 是 哥 谁 是 弟

小句单体　　(3) Năm [[hai anh em mười bảy mười tám tuổi]] thì cha mẹ đều chết cả.

năm³³ [[hai³³ ɛ̌ŋ³³em³³ mɯʏi²¹bǎi³¹² mɯʏi²¹ tam²⁴ tuoi³¹²]] thi²¹ tɕa³³me³² deu²¹ tɕet²⁴ka³¹²

年 两 兄弟 十七 十八 岁 THM 爸 妈 都 死 全

1　　(4a) Hai anh em vốn đã thương yêu nhau,

hai³³ ɛ̌ŋ³³ em³³ von²⁴ da³²⁵ thɯʏŋ³³ ieu³³ ɲau³³,

两 兄弟 本来 已 疼爱　互相

+2 'β　　(4b) nay gặp cảnh hiu quạnh,

năi³³ ɣăp³² kăŋ³¹² hiu³³ kuěŋ³²,

现在 遇 景　孤寂

α　　(4c) lại càng yêu thương nhau hơn trước.

lai³² kaŋ²¹ ieu³³ thɯɤŋ³³ ɲau³³ hɤn³³ tʂɯɤk²⁴

又　更　　疼爱　　互相　比　以前

xβ　　(5a) Không còn được cha dậy dỗ cho nữa,

χɔŋ³³ kɔn²¹ dɯɤk³² tɕa³³ zɤ̌i³² zo³²⁵ tɕɔ³³ nɯɯ³²⁵,

不　还　得　爸　教育　给　再

α α　　(5b) hai anh em xin

hai³³ ɛ̌ŋ³³ ɛm³³ sin³³

两　兄　弟　求

'β　　(5c) học ông đạo sĩ họ Lưu.

hɔk³² oŋ³³ dau³² ʂi³²⁵ hɔ³² lɯɯ³³

学　CLS　道士　姓　刘

xβ　　(6a) Hai anh em học hành chăm chỉ lại đứng đắn

hai³³ ɛ̌ŋ³³ ɛm³³ hɔk³² hɛ̌ŋ²¹ tɕăm³³ tɕi³¹² lai³² dɯŋ²⁴ dăn²⁴

两　兄　弟　学习　努力　又　诚挚

α　　(6b) nên　được thầy yêu như con.

nen³³　dɯɤk³² thɤ̌i²¹ ieu³³ ɲɯ³³ kɔn³³

所以　得　老师　爱　如　孩子

小句单体　　(7a) Ông Lưu có một cô con gái [[tuổi chừng mười sáu mười bảy,

oŋ³³ lɯɯ³³ kɔ²⁴ mot³² ko³³ kɔn³³ ɣai²⁴ [[tuoi³¹² tɕɯŋ²¹ mɯɤi²¹ ʂau²⁴ mɯɤi²¹ băi³¹²,

CLS　刘　有　一　CLS　女儿　岁　大概　十六　　十七

‖nhan sắc tươi tắn, ‖con gái trong vùng không người nào sánh kịp]].

‖ɲan³³ ʂăk²⁴ tɯɤi³³ tăn²⁴, ‖kɔn³³ ɣai²⁴ tʂɔŋ³³ vuŋ²¹ χɔŋ³³ ŋɯɤi²¹ nau²¹ ʂɛ̌ŋ²⁴ kip³²]]

颜色　鲜艳　　女孩　里　地区　不　人　哪　比得上

xβ　α　　(8a) Thấy

thɤ̌i²⁴

见（觉得）

'β　　(8b) hai anh em họ Cao vừa đẹp　vừa hiền,

hai³³ ɛ̌ŋ³³ ɛm³³ hɔ³² kau³³ vɯɤ²¹ dɛp³² vɯɤ²¹ hien²¹,

两　兄　弟　姓　高　又　帅　又　贤

α　xβ　　(8c) người con gái đem lòng

ŋɯɤi²¹ kɔn³³ ɣai²⁴ dɛm³³ lɔŋ²¹

CLS　女孩　带　肠胃

α (8d) yêu mến,

　　　ieu³³ men²⁴,

　　　爱　慕

xγ　1　α (8e) muốn

　　　muon²⁴

　　　想

　'β　α (8f) kén

　　　kɛn²⁴

　　　选

　　'β (8g) người anh làm chồng,

　　　ŋɯɤi²¹ ɛ̆ŋ³³ lam²¹ tɕɔŋ²¹,

　　　CLS 哥　当　丈夫

+2　α (8h) nhưng không biết

　　　ɲɯŋ³³ χoŋ³³ biet²⁴

　　　但　不　知道

　　'β (8i) người nào là anh, người nào là em.

　　　ŋɯɤi²¹ nau²¹ la²¹ ɛ̆ŋ³³, ŋɯɤi²¹ nau²¹ la²¹ ɛm³³

　　　人　哪　是　哥　人　哪　是　弟

xβ (9a) Một hôm, nhân nhà nấu cháo,

　　　mot³² hom³³, ɲɤ̆n³³ ɲa²¹ nɤu²⁴ tɕau²⁴,

　　　一　天　趁　家　煮　粥

α　xβ (9b) người con gái　lấy một bát cháo và một đôi đũa

　　　ŋɯɤi²¹ kɔn³³ ɤai²⁴ lɤ̆i²⁴ mot³² bat²⁴ tɕau²⁴ va²¹ mot³² doi³³ duo³²⁵

　　　CLS 女孩　拿　一　碗　粥　和　一　双　筷子

　α　α (9c) mời

　　　mɤi²¹

　　　请

　　'β (9d) hai người ăn.

　　　hai³³ ŋɯɤi²¹ ăn³³

　　　两　人　吃

xβ　α (10a) Thấy

　　　thɤ̆i²⁴

　　　看见

‘β　α　(10b) [[người em nhường

ŋɯɤi²¹　ɛm³³　ɲɯɤŋ²¹

CLS　弟　让

‘β　(10c) [[người anh ăn trước]]]],

ŋɯɤi²¹　ɛ̆ŋ³³　ăn³³ tʂɯɤk²⁴,

CLS　哥　吃　先

α　α　(10d) người con gái mới nhận được

ŋɯɤi²¹ kɔn³³ ɣai²⁴ mɤi²⁴ ɲɤ̆n³² dɯɤk³²

CLS　女孩　才　认　得

‘β　(10e) [[ai là anh, ai là em]].

ai³³ la²¹ ɛ̆ŋ³³, ai³³ la²¹ ɛm

谁是　哥　谁 是　弟

α [[‘β]]　(11) Sau đó, người con gái nói với cha mẹ [[cho phép mình lấy

ʂau³³ dɔ²⁴, ŋɯɤi²¹ kɔn³³ ɣai²⁴ nɔi²⁴ vɤi²⁴ tɕa³³ mɛ³² [[tɕɔ³³ fɛp²⁴ miɲ²¹ lɤ̆i²⁴

然后　CLS　女孩　说　与 爸妈　允许　自己 嫁

người anh [[làm chồng]]]].

ŋɯɤi²¹ ɛ̆ŋ³³　[[lam²¹ tɕoŋ²¹]]]]

CLS　哥　当　丈夫

xβ　(12a) Từ khi người anh có vợ

tɯ²¹ χi　ŋɯɤi²¹ ɛ̆ŋ³³ kɔ²⁴ vɤ³²

从 时候 CLS 哥 有 妻子

α　(12b) thì thương yêu giữa hai anh em không thắm thiết nữa.

thi²¹ thɯɤŋ³³ ieu　zɯɤ³²⁵ hai³³ ɛ̆ŋ³³ ɛm³³ χɔŋ³³　thăm²⁴ thiet²⁴ nɯɤ³²⁵

THM 疼爱　　间 两 兄 弟 不　亲热　　再

1　(13a) Người em rất là buồn,

ŋɯɤi²¹ ɛm³³ zɤ̆t²⁴ la²¹ buon²¹

CLS 弟 很　难过

+2　(13b) nhưng người anh vô tình không để ý　đến.

ɲɯŋ³³　ŋɯɤi²¹ ɛ̆ŋ³³ vo³³ tiŋ²¹ χɔŋ³³　de³¹² i²⁴ den²⁴

但　CLS 哥 无情 不　留意　到

1　(14a) Một hôm hai anh em cùng lên nương,

mot³² hom³³ hai³³ ɛ̆ŋ³³ ɛm³³ kuŋ²¹ len³³ nɯɤŋ³³

一　天 两 兄 弟 一起 上 梯田

x2　　　　　　　(14b) tối mịt mới về,

　　　　　　　　　toi²⁴ mit³² mɤi²⁴ ve²¹

　　　　　　　　　深晚　　才　回

x3　　　　　　　(14c) người em vào nhà trước,

　　　　　　　　　ŋɯɤi²¹ ɛm³³ vau²¹ ɲa²¹ tʂɯɤk²⁴

　　　　　　　　　CLS　弟　进　家　先

x4　xβ　　　　　(14d) chàng vừa bước chân qua ngưỡng cửa

　　　　　　　　　tɕaŋ²¹ vɯɤ²¹ bɯɤk²⁴ tɕɤ̌n³³ kua³³ ŋɯɤŋ³²⁵ kɯɤ³¹²

　　　　　　　　　他　　刚　踏　脚　过　槛　　门

　　α　1　　　　(14e) thì người chị dâu ở　trong buồng chạy ra

　　　　　　　　　thi²¹　ŋɯɤi²¹ tɕi³² zɤ̌u³³ ɤ³¹² tʂɔŋ³³　buoŋ²¹ tɕai³² za̱³³

　　　　　　　　　THM CLS　嫂子　在　里　房　跑　出

　　　x2　xβ　　(14f) lầm chàng là chồng mình,

　　　　　　　　　lɤ̌m²¹ tɕaŋ²¹ [[la²¹ tɕoŋ²¹ miŋ²¹]]

　　　　　　　　　错　他　　为　丈夫　自己

　　　α　　　　　(14g) vội ôm chầm lấy.

　　　　　　　　　voi³² om³³ tɕɤ̌m²¹ lɤ̌i²⁴

　　　　　　　　　急　抱孟　PHA

1　　　　　　　(15a) Người em liền kêu lên,

　　　　　　　　　ŋɯɤi²¹ ɛm³³ lien²¹ keu len³³

　　　　　　　　　CLS　弟　立刻　叫　PHA

x2　　　　　　　(15b) cả　hai đều xấu hổ.

　　　　　　　　　ka³¹² hai³³ deu²¹ sɤ̌u²⁴ ho³¹²

　　　　　　　　　全　两　都　害羞

小句单体　　　　(16) Giữa lúc ấy, người anh cũng bước vào nhà.

　　　　　　　　　zɯɤ³²⁵ luk²⁴ ɤ̌i²⁴, ŋɯɤi²¹ ɛ̌ŋ³³ kuŋ³²⁵ bɯɤk²⁴ vau²¹ ɲa²¹

　　　　　　　　　间　那时　CLS　哥　也　踏　进家

α　α　　　　　　(17a) Từ đấy　người anh nghi

　　　　　　　　　tɯ²¹ dɤ̌i²⁴　ŋɯɤi²¹ ɛ̌ŋ³³　ŋi³³

　　　　　　　　　从此　CLS　哥　怀疑

　　‘β　　　　　(17b) [[em có tình ý với vợ mình]],

　　　　　　　　　ɛm³³ kɔ²⁴　tiŋ²¹ i²⁴ vɤi²⁴ vɤ³² miŋ²¹

　　　　　　　　　弟　有　情意　与　妻子自己

xβ　　　　(17c) càng hững hờ với em hơn trước.

kaŋ²¹ huŋ³²⁵ hɤ²¹ vɤi²⁴ ɛm³³ hɤn³³ tʂɯɯk²⁴

更　冷淡　与　弟　比　前

xβ　　　　(18a) Một buổi chiều, anh chị đều đi vắng cả,

mot³² buoi³¹² tɕieu²¹, ɛ̌ŋ³³ tɕi³² deu²¹ di³³ văŋ²⁴ ka³¹²

一　CLS　下午　哥　嫂子都　不在家　全部

α　1　　(18b) người em ngồi một mình

ŋɯɤi²¹ ɛm³³ ŋoi²¹　mot³² miŋ²¹

CLS　弟　坐　一　身体

x2　　(18c) nhìn ra khu rừng xa xa,

ɲin²¹ zạ³³　χu³³ zɯɯŋ²¹ sa³³ sa³³

看　出　CLS　林　远

x3　　(18d) cảm thấy cô quạnh,

kam³¹² thɤ̌i²⁴ ko³³ kuɛ̌ŋ³²

感觉　　　寂寞

x4　xβ　(18e) lại càng buồn tủi,

lai³² kaŋ²¹ buon²¹ tui³¹²

又　更　　委屈

α　1　(18f) vùng đứng dậy

vuŋ²¹ dɯŋ²⁴ zɤ̌i³²

猛　站　PHA

x2　(18g) ra đi.

zạ³³ di

出　去

1　　(19a) Chàng đi,

tɕaŋ²¹　di³³

他　去

x2　　(19b) đi mãi　　cho đến khu rừng phía trước mặt,

di³³ mai³²⁵ tɕọ³³ den²⁴ χu³³ zɯɯŋ²¹ fie²⁴　tʂɯɯk²⁴ măt³²

去　永远　到　　CLS　林边　前面

x3　　(19c) rồi theo　đường mòn đi thẳng vào rừng âm u.

zọi²¹ theu³³ dɯɤŋ²¹ mɔn²¹ di³³ thăŋ³¹² vau²¹ zɯɯŋ²¹ ɤ̌m³³ u³³

然后　沿着　小路　去直　进　林　暗沉

1   (20a) Trời tối dần,

tʂɤi²¹ toi²⁴ zˇn²¹

天 黑 慢

=2   (20b) trăng đã lên,

tʂăŋ³³ da³²⁵ len³³

月亮 已 上

x3   (20c) mà chàng vẫn cứ đi.

ma²¹ tɕaŋ²¹ vˇn³²⁵ kɯ²⁴ di

但 他 还 一直 走

小句单体   (21) Chàng đi mãi.

tɕaŋ²¹ di³³ mai³²⁵

他 走 永远

xβ   (22a) Đi đến một con suối rộng nước sâu và xanh biếc,

Đi den²⁴ mot³² kɔn³³ ʂuoi²⁴ zɔŋ³² nɯɤk²⁴ ʂˇu³³ va²¹ sˇŋ³³ biek²⁴

走 到 一 CLS 溪 款 水 深 和 清澈

α   1   (22b) chàng không lội qua được,

tɕaŋ²¹ χoŋ³³ loi³² kua³³ dɯɤk³²

他 不 徒涉 过 得

  x2 xβ   (22c) đành ngồi

dˇŋ²¹ ŋoi²¹

只好 坐

      α   (22d) nghỉ bên bờ.

ŋi³¹² ben³³ bɤ²¹

休息 边 岸

1   (23a) Chàng khóc thổn thức,

tɕaŋ²¹ χɔk²⁴ thon³¹² thɯk²⁴

他 哭 唏嘘

  x2 α   (23b) tiếng suối reo và cứ reo,

tieŋ²⁴ ʂuoi²⁴ zɛu³³ va²¹ kɯ²⁴ zɛu³³

声 溪 袅袅 和 一直 袅袅

      xβ   (23c) át cả tiếng khóc của chàng.

at²⁴ ka³¹² tieŋ²⁴ χɔk²⁴ kuo³¹² tɕaŋ²¹

淹没 MOD 声 哭 的 他

1   (24a) Đêm mỗi lúc một khuya,

       dem³³ moi³²⁵ luk²⁴ mot³² χuie³³,

       夜　　越来越　　　深

=2   (24b) sương xuống mỗi lúc một nhiều,

       ʂɯɤŋ³³ suoŋ²⁴　moi³²⁵ luk²⁴ mot³² ɲieu²¹

       霜　下　　越来越　　多

=3   (24c) sương lạnh thấm dần vào da thịt chàng.

       ʂɯɤŋ³³ lěŋ³² thɤ̌m²⁴ zɤ̌n²¹ vau²¹ za³³ thit³² tɕaŋ²¹

       霜　冷　浸透　慢　进　皮　肉　他

1   (25a) Chàng chết

       tɕaŋ²¹ tɕet²⁴

       他　死

x2   (25b) mà vẫn ngồi trơ trơ,

       ma²¹ vɤ̌n³²⁵ ŋoi²¹ tʂɤ³³ tʂɤ³³

       但　还　坐　不动

x3   (25c) biến thành một tảng đá.

       bien²⁴ thɤ̌ŋ²¹　mot³² taŋ³¹² da²⁴

       变　成　一　CLS 石头

1   (26a) Người anh cùng vợ về nhà,

       ŋɯɤi²¹ ɤ̌ŋ³³　kuŋ²¹ vɤ³² ve²¹ ɲa²¹

       CLS 哥　与　妻子　回家

x2 α   (26b) không thấy em đâu,

       χoŋ³³ thɤ̌i²⁴ ɛm³³ dɤ̌u³³

       不　见　弟　哪

xβ 1 xβ   (26c) lẳng lặng đi

       lăŋ³¹² lăŋ³² di³³

       静静　去

α   (26c) tìm,

       tim²¹

       找

=2   (26d) không nói cho vợ biết.

       χoŋ³³ nɔi²⁴ tɕɔ³³ vɤ³² [[biet²⁴]]

       不　说　给　妻　知

1　1　(27a) Theo con đường mòn vào rừng, chàng đi mãi,

theu³³ kɔn³³ dɯɤŋ²¹　mɔn²¹ vau²¹ zɯŋ²¹,　tɕaŋ²¹ di³³ mai³²⁵

沿着 CLS 小路　　进 林 他 走 永远

x2　(27b) đi mãi,

di³³ mai³²⁵

走 永远

x3　(27c) và sau cùng đến con suối xanh biếc [[đang chảy cuồn cuộn

va²¹ sau³³ kuŋ²¹ den²⁴ kɔn³³ suoi²⁴ sɛŋ³³ biek²⁴ [[daŋ³³ tɕǎi³¹² kuon²¹ kuon³²

和 终究　到 CLS 溪 清澈　　正在 流 滚滚

dưới ánh trăng]],

zɯɤi²⁴ ɛŋ²⁴ tʂăŋ³³]],

下 光 月亮

x2　1　(27d) chàng không thể lội qua được,

tɕaŋ²¹ χɔŋ³³ the³¹² loi³² kua³³ dɯɤk³²

他 不能　徒涉 过 的

　　=2　(27e) đành　ngồi bên bờ suối,

dĕŋ²¹　ŋoi²¹　ben³³ bɤ²¹ suoi²⁴

只好 坐 边 岸 溪

x3　(27f) tựa　mình vào một tảng đá.

tɯɤ³²　miŋ²¹　vau²¹ mot³² taŋ³¹² da²⁴

依靠 身体 进 一 CLS 石头

α　(28a) Chàng có ngờ đâu

tɕaŋ²¹ kɔ²⁴ ŋɤ²¹ dɤu³³

他 有 疑惑 MOD

'β　(28b) [[chính tảng đá là　em　mình]]!

tɕiŋ²⁴　taŋ³¹² da²⁴ la²¹ ɛm³³ miŋ²¹

EMP　CLS 石头 是 弟 自己

1　(29a) Sương vẫn xuống đều,

ʂɯɤŋ³³ vɤ̌n³²⁵ suoŋ²⁴ deu²¹

霜 还 下 连续

=2　(29b) sương lạnh rơi lã chã từ cành lá xuống.

ʂɯɤŋ³³ lɛ̌ŋ³² zɤi³³ la³²⁵ tɕa³²⁵ tɯ²¹ kɛ̌ŋ²¹ la²⁴ suoŋ²⁴

霜 冷 落 潺潺 从 枝 叶 下

1　　　　(30a) Chàng rầu rĩ khóc than hồi lâu,

tçaŋ²¹ zɣu²¹ zị³²⁵ χɔk²⁴ than³³ hoi²¹ lɣu³³

他　愁　　哭　叹　很久

x2　　　　(30b) ngất đi

ŋɣt²⁴ di³³

昏迷 PHA

x3　　　　(30c) và chết cứng,

va²¹ tçet²⁴ kɯŋ²⁴

和　死　硬

x4　　　　(30d) biến thành một cây không cành, [[mọc thẳng bên tảng đá]].

bien²⁴ thɛ̆n²¹　mot³² kɣi³³ χɔŋ³³　kɛ̆ŋ²¹, [[mɔk³² thɛ̆ŋ³¹² ben³³ taŋ³¹² da²⁴]]

变　成　　一　树　没有　枝　　长　直　边　CLS 石头

1　　　　(31a) Ở nhà, vợ không thấy chồng đâu,

ɣ̌³¹² ɲa²¹, vɣ³² χɔŋ³³ thɣ̆i²⁴ tçoŋ²¹ dɣu³³

在　家　妻　不　见　丈夫　哪

x2　1　xβ　(31b) vội đi

voi³² di³³

急　去

　　α　　(31c) tìm

tim²¹

找

=2　　　　(31d) và cũng theo con đường mòn đi vào rừng thẳm.

va²¹ kuŋ³²⁵ thɛu³³ kɔn³³ dɯɣŋ²¹ mɔn²¹ di³³ vau²¹ zɯɯŋ²¹ thɛ̆m³¹²

和　也　沿着　CLS 小路　去　进　森林

1　　　　(32a) Nàng đi mãi,

naŋ²¹ di³³ mai³²⁵

她　走　永远

x2　　　　(32b) bước thấp bước cao,

bɯɣk²⁴ thɣ̆p²⁴ bɯɣk²⁴ kau³³

踏　低　踏　高

x3　　　　(32c) rồi cuối cùng gặp con suối nước sâu và xanh biếc.

zoi²¹ kuoi²⁴ kuŋ²¹ ɣɛ̆p³² kɔn³³ ʂuoi²⁴ nɯɣk²⁴ ʂɣ̌u³³ va²¹ sɛŋ³³ biek²⁴

然后　终究　遇　CLS 溪　水　深　和　清澈

小句单体

(33) Nàng không còn đi được　nữa.

naŋ²¹　χoŋ³　kɔn²¹ di³³ dɯɤk³² nɯɤ³²⁵

她　不　还　走 得　再

1

(34a) Nàng ngồi tựa vào gốc cây không cành [[mọc bên tảng đá]],

naŋ²¹　ŋoi²¹ tɯɤ³² vau²⁴ ɣok³² kɤ̌i³³ χɔŋ³³ kɛ̆ŋ²¹ [[mɔk³² ben³³ taŋ³¹² da²⁴]]

她　坐 靠 进 根 树 没有 枝 长　边 CLS 石头

x2

(34b) vật mình than khóc.

vɤ̌t³² miŋ²¹ than³³ χɔk²⁴

翻身　叹 哭

α

(35a) Nàng có ngờ đâu

naŋ²¹ kɔ²⁴ ŋɤ²¹ dɤ̌u³³

她　有 疑 MOD

'β

(35b) nàng đã ngồi tựa vào chồng mình và [[sát đó　là em chồng]].

naŋ²¹ da³²⁵ ŋoi²¹ tɯɤ³² vau²⁴ tɕoŋ²¹ miŋ²¹ va²¹ [[ʂat²⁴ dɔ²⁴ la²¹ em²¹ tɕoŋ²¹]]

她　已 坐 靠 进 丈夫 自己 和 近 那儿 是 弟 丈夫

1

(36a) Nàng than khóc,

naŋ²¹　than³³ χɔk²⁴

她 叹 哭

+2

(36b) nhưng tiếng suối to hơn　cả tiếng than khóc của nàng.

ɲɯŋ³³　tieŋ²⁴ ʂuoi²⁴ tɔ³³ hɤn³³　ka³¹² tieŋ²⁴ than³³ χɔk²⁴ kuo³¹² naŋ²¹

但 声 溪 大 比　EMP 声 叹 哭 的 她

1

(37a) Đêm đã ngả dần về sáng,

dem³³ da³²⁵ ŋa³¹² zɤ̌n²¹ ve²¹ ʂaŋ²⁴

夜 已　倾向 慢慢 回 早晨

=2　α

(37b) sương xuống càng nhiều,

ʂɯɤŋ³³　ʂuoŋ²⁴　kaŋ²¹ ɲieu²¹

霜 下 更　多

xβ

(37c) mù mịt cả núi rừng,

mu²¹ mit³² ka³¹² nui²⁴ zɯŋ²¹

弥漫 全 山 林

x3

(37d) nàng vật vã khóc than.

naŋ²¹ vɤ̌t³² va³²⁵ χɔk²⁴ than³³

她 翻滚 哭 叹

xβ　　(38a) Chưa đầy nửa đêm

tɕɯɣ³³ dɤi²¹ nuɣ³¹² dem³³

没　满　一半　夜

α　1　(38b) mà nàng đã mình gầy xác ve,

ma²¹ naŋ²¹ da³²⁵ miŋ²¹ ɤi²¹ sak²⁴ vɛ³³

而　她　已　身体　瘦　蝉翼

=2　(38c) thân mình dài lêu nghêu,

thɤn³³ miŋ²¹ zai²¹ leu³³ ŋeu³³

身体　长　细高挑儿

x3　(38d) biến thành một cây leo [[quấn chặt lấy cây không cành

bien²⁴ thɛŋ²¹ mot³² kɤi³³ leu³³ [[kuɤn²⁴ tɕăt³² lɤi²⁴ kɤi³³ χoŋ³³ kɛŋ²¹

变　成　一　树　攀　捆　紧　PHA　树　没有　枝

[[mọc bên tảng đá]]]].

[[mɔk³² ben³³ taŋ³¹² da²⁴]]]]

长　边　CLS　石头

xβ　(39a) Về sau chuyện ấy đến tai　mọi người,

ve²¹ ʂau³³ tɕuien³² ɤi²⁴ den²⁴ tai³³　mɔi³² ŋɯɣi²¹

以后　事情　那　到　耳朵　大家

α　(39b) ai nấy đều thương xót.

ai³³ nɤi²⁴ deu²¹ thɯɣŋ³³ sɔt²⁴

谁　都　可怜

xβ　(40a) Một hôm, vua Hùng đi qua chỗ ấy,

mot³² hom³³ vuo³³ huŋ²¹ di³³ kua³³ tɕo³²⁵ ɤi²⁴

一　天　王　雄　走　PHA　那儿

α　xβ　(40b) nhân dân đem chuyện ba người

ɲɤn³³ zɤn³³ dem³³ tɕuien³² ba³³ ŋɯɣi²¹

人民　拿　故事　三　人

α　(40c) kể lại cho vua.

ke³¹² lai³² tɕɔ³³ vuo³³

讲　PHA　给　王

1　(41a) Vua bảo

vuo³³ bau³¹²

王　说

"2   xβ   (41b) "Hãy lấy lá cây leo   và quả ở cái cây không cành

hăi³²⁵ lẏi²⁴ la²⁴ kẏi³³ lεu³³   va²¹ kua³¹² ɣ³¹² kai²⁴ kẏi³³ χoŋ³³ kĕn²¹

MOD 拿 叶 树 攀生 和 果 在 DEF 树 没有 枝

α   (41c) nghiền với nhau

ŋien²¹   vɣi²⁴ ɲau³³

擀 与 互相

xγ   (41d) xem sao?".

xεm³³ ʂau³³

看 怎样

α   (42a) Thì thấy

thi²¹ thẏi²⁴

CON 见

'β   (42b) mùi vị cay cay.

mui²¹ vi³² kăi³³ kăi³³

味道 辣辣

1   xβ   (43a) Nhai thử,

ɲai³³ thɯ³¹²

咀嚼 试

α   (43b) thấy thơm ngon

thẏi²⁴ thɣm³³ ŋon³³

见 香 好吃

x2   xβ   (43c) và nhổ nước vào tảng đá

va²¹ ɲo³¹² nɯɣk²⁴ vau²¹ taŋ³¹² da²⁴

和 啐 水 进 CLS 石头

α   α   (43d) thì   thấy

thi²¹   thẏi²⁴

CON 见

'β   (43e) bãi nước biến dần ra   sắc đỏ.

bai³²⁵ nɯɣk²⁴ bien²⁴ zẏn²¹ za³³ săk²⁴ do³¹²

CLS 水 变 慢 出 色 红

xγ   (44a) Lại lấy tảng đá ở   bên

lai³² lẏi²⁴ taŋ³¹² da²⁴ ɣ³¹² ben³³

又 拿 CLS 石头 在 边

α   1

(44b) đem về

đɛm³³ ve²¹

带 回

  x2 α

(44c) nung cho xốp

nuŋ tɕɔ³³ sop²⁴

煅 给 松软

    xβ α

(44d) để ăn với trầu cau,

de³¹² ăn³³ vɤi²⁴ tʂɤu²¹ kău³³

以便 吃 与 妻叶 槟榔

xβ

(44e) cho miệng thơm,

tɕɔ³³ mieŋ³² thɤm³³,

为了 嘴 香

    xγ

(44f) môi đỏ.

moi³³ dɔ³¹²

嘴唇 红

α

(45a) Nhân dân gọi

ɲɤn³³ zɤn³³ ɣɔi³²

人民 叫

'β

(45b) [[cái cây mọc thẳng kia là cây cau]],

[[kai²⁴ kɤi³³ mɔk³² thăŋ³¹² kie³³ la²¹ kɤi³³ kău³³]],

DEF 树 长 直 那 是 树 蒌

'γ

(45c) [[cây dây leo kia là cây trầu]].

[[kɤi³³ zɤi³³ leu³³ kie³³ la²¹ kɤi³³ tʂɤu²¹]]

树 线 攀生 那 是 树 槟榔

α ·α

(46a) Ba người tuy đã chết

ba³³ ŋɯɤi²¹ tŭi³³ da³²⁵ tɕet²⁴

三 人 虽 已 死

   xβ

(46b) mà tình duyên vẫn gắn bó thắm thiết,

ma²¹ tiŋ²¹ zuien³³ vɤn³²⁵ ɣăn²⁴ bɔ²⁴ thăm²⁴ thiet²⁴

但 情缘 还 紧密 亲热

xβ α

(46c) nên trong mọi sự gặp gỡ của người Việt, miếng trầu bao giờ

nen³³ tʂɔŋ³³ mɔi³² ʂɯ³² ɣăp³² ɣɤ³²⁵ kuo³¹² ŋɯɤi²¹ viet³², mieŋ²⁴ tʂɤu²¹ bau³³ zɤ²¹

所以 在 每 PRE 见面 的 人 越 CLS 蒌 何时

cũng là đầu câu chuyện,

kuŋ³²⁵ la²¹ dɤ̌u²¹ kɤ̌u³³ tɕuien³

也　是　头　故事

xβ   (46d) để   bắt đầu mối lương duyên.

de³¹² bắt²⁴ dɤ̌u²¹ moi²⁴ lɯɤŋ³³ zuien³³

以便　开始　CLS 良缘

xβ   (47a) Và khi có lễ nhỏ, lễ lớn, cưới xin hoặc hội hè,

va²¹ χi³³ kɔ²⁴ le³²⁵ ɲɔ³¹², le³²⁵ lɤn²⁴, kɯɤi²⁴ sin³³ huăk³² hoi³² hɛ²¹

和　时候　有　节　小　节　大　结婚　　或　聚会

α   (47b) tục ăn trầu đã trở thành một thói quen cố hữu của

tuk³² ăn³³ tʂɤ̌u²¹ da³²⁵ tʂɤ³¹² thɛ̌n²¹ mot³² thɔi²⁴ kuɛn³³ kɔ²⁴ hɯu³²⁵ kuo³¹²

习俗　吃　蒌叶　已　变成　一　习惯　　固有　的

dân tộc Việt Nam.

zɤ̌n³³ tok³² viet³² nam³³

民族　　越南

汉译：请看第七章小结的长篇语料部分。

（二）故事 8.2:   Ăn mày thời hiện đại "新时代的乞丐"

ăn³³ mǎi²¹ thɤi²¹ hien³² dai³²

乞丐　　时代 现代

小句单体   (1) Mười một giờ đêm, có tiếng chuông [[gọi cửa ngôi biệt thự]].

mɯɤi²¹ mot³² zɤ²¹ dem³³, kɔ²⁴ tieŋ²⁴ tɕuoŋ³³ [[ɤɔi³² kɯɤ³¹² ŋoi³³ biet³² thɯ³²]]

11 点　　　夜间 有 铃声　　　叫 门 CLS 别墅

1   (2a) Bà chủ nhà ra

ba²¹ tɕu³¹² ɲa²¹ za³³

女主人　　 出

x2   (2b) mở cửa

mɤ³¹² kɯɤ³¹²

开　门

x3   (2c) thấy một người ăn mày.

thɤ̌i²⁴ mot³² ŋɯɤi²¹ ăn³³ mǎi²¹

见　一　CLS 乞丐

1   (3a) "Xin lỗi quý bà!",

"sin³³ loi³²⁵ kǔi²⁴ ba²¹!"

对不起 夫人

<"2> (3b) <anh chàng khốn khổ nói một cách dè dặt>,

ɛ̆ŋ³³ tɕaŋ²¹ χon²⁴ χo³¹² nɔi²⁴ mot³² kɛ̆k²⁴ zɛ²¹ zăt³²

家伙　辛苦　说 EMP　慎重

1　xβ (3c) "Vì hôm nay chẳng ai cho tôi cái ăn,

"vi²¹ hom³³ năi³³ tɕăŋ³¹² ai³³ tɕɔ³³ toi³³　kai²⁴ ăn³³

因今天　　没 谁 给我 PRE 吃

α (3d) xin hãy bố thí cho tôi một chút!"

sin³³ hăi³²⁵ bo²⁴ thi²⁴ tɕɔ³³ toi³³ mot³² tɕut²⁴!"

MOD　布施　给我 一点

α[['β]] (4) "Anh có biết [[bây giờ là mấy giờ]] không?"

"ɛ̆ŋ³³　kɔ²⁴ biet²⁴ [[bɤ̆i³³ zɤ²¹ la²¹ mɤ̆i²⁴ zɤ²¹]] χoŋ³³?"

你 有 知 现在 　是 几 点 不

小句单体 (5) "Dạ, thưa bà, tôi biết chứ!

"za³², thɯɤ³³ ba²¹, toi³³ biet²⁴ tɕɯ²⁴!

INT 回您话 我 知道 MOD

1 (6a) Nhưng vào thời khủng hoảng kinh tế như thế này, thiên hạ

ɲɯŋ³³　vau²¹ thɤi²¹ χuŋ³¹² huaŋ³¹² kiŋ³³ te²⁴ ɲɯ³³ the²⁴ năi²¹, thien³³ ha³²

但　在　时代 危机　经济 如　　此　　天下

ngày càng trở nên hà tiện,

ŋăi²¹　kaŋ²¹ tʂɤ³¹² nen³³ ha²¹ tien³²

越来越　　变成　悭吝

x2 (6b) nên　tôi phải làm thêm giờ."

nen³³　toi³³ fai³¹² lam²¹ them³³ zɤ²¹ "

所以 我 须 作 添 小时

汉译：请看第七章小结的长篇语料部分。

第九章　从人际视野看越语小句

第一节　语气系统

语气系统是用来体现句法层次上的言语功能。从人际的角度看，小句的语气可分成直陈式、祈使式。直陈式再分为疑问式和陈述式。感叹式属于陈述式的一个小类。语气系统与归一性系统和情态系统都有关系。

一　语气系统的成分

在经验元功能中，及物性系统的结构成分是参与者、过程和环境。在人际元功能中，语气系统的结构成分是：主语（Subject）、谓语（Predicator）、补足语（Complement）和附加语（Adjunct）。例如：

Thì ra	lão	đang	nghĩ	đến	thằng	con lão.
thi²¹ za³³	lau³²⁵	daŋ³³	ŋi³²⁵	den²⁴	thăŋ²¹	kɔn³³ lau³²⁵
原来	老人家	正在	想	到	CLS	儿子 老人家
	感觉者		过程：心理		现象	
附加语	主　语		谓　语		补　足　语	

原来，他老人家正在想他自己的儿子。-NC

（一）主语

对于命题来说，主语是重要成分，是肯定或否定一个命题的基点（例 a）。对提议来说，主语指出提议成功时所负责的成分[1]（例 b）。名词、代词或名词词组最适合当主语（例 a 和 b）。名词词组可包含嵌入句（例 e）。有时，主语也可以由动词（例 c）、动词词组（例 d）等充当。

（a）Bác　　　người làng này.　（Bác　cho con.）
　　　bak²⁴　　　ŋɯvi²¹˙ laŋ²¹ năi²¹　（bak²⁴　tçɔ³³ kɔn³³）
　　　伯伯　　人　村　这　　伯伯　给　你

---

[1] G.Thompson（1996：45）指出"the Subject expresses the entity that the speaker wants to make responsible for the validity of the proposition being advanced in the clause"。

主语　　　谓语
我（是）这个村的人。（我送给你。）-LL

(b) Nhưng　　cụ　　　　không phải　　là　　một người ưa than thở.

ɲɯɯŋ³³　　ku³²　　　χoŋ³³ fai³¹²　　la²¹　　mot³² ŋɯvi²¹ ɯɤ³³ than³³ thɤ³¹

但　　祖父　　不　　　　　是　　一　人　喜欢　叹气
主语　　谓语　　　　　　　补足语

但他不是一个喜欢叹气的人。-NC

(c) Than thở　　chẳng　　ích gì　　cho　ai,

than³³ thɤ³¹²　　tɕăŋ³¹²　　ik²⁴ zi²¹　　tɕɔ³³　ai³³

叹气　　　　不　　　　有益　　给　　谁
主语　　　　谓语　　　　　补足语

叹气不对任何人有益。-NC

(d) Tiếng vậy,　　làm tổng lý　　không phải việc dễ.

tieŋ²⁴ vɤi³²,　　lam²¹ toŋ³¹² li²⁴　　χoŋ³³ fai³¹² viek³² ze³²⁵

这样说　　当　理长　　不是　　　事　容易
附加语　　主语　　　谓语

这样说，当理长不是容易的事情。-NC

(e) Người mà [[Thị Nở định lấy]]　　là　　Chí Phèo.

ŋɯvi²¹ ma²¹ [[thi³² nɤ³¹² diŋ³² lɤi²⁴]]　　la²¹　　tɕi²⁴ feu²¹

人　CON　氏若　打算　取　　　　是　　志飘
主语　　　　　　　　　　　　　谓语　　补足语

氏若打算嫁给的人就是志飘。

（二）谓语

谓语指出小句的过程。越语谓语不反映绝对时间的参照，但能反映"体"和"相"，（例 b 和 c）。它经常体现于动词、动词词组，也可以体现于形容词或形容词词组（例 d 和 e）。总之，谓语出现在所有的整句中（major clause），一些关系过程小句除外（例 f 和 g）。

(a) Hắn　　chửi　　cả làng Vũ Đại.　　　　　　他骂整个武大村。-NC

hăn²⁴　　tɕɯi³¹²　　ka³¹² laŋ²¹ vu³²⁵ dai³²

他　　　骂　　全　村　武大
主语　　谓语　　补足语

(b) Bây giờ　thì　Chí Phèo　đã　mửa　xong.　志飘现在已吐完。-NC

bɤi³³ zɤ²¹　thi²¹　tɕi²⁴ feu²¹　da³²⁵　mɯɤ³¹²　sɔŋ³³

现在　　THM　志飘　　　已　吐　完

（c）Chí Phèo　　　　thở ra　　mùi rượu.　　　　　　志飘呼出酒味。-NC

tɕi²⁴ feu²¹　　　　thɤ³¹² za³³ mui²¹ ʐɯɣu³²

志飘　　　　　呼 出 味 酒

主语　　　　　谓语　　补足语

（d）Mụ hàng rượu　　　hơi ngần ngừ.　　　　　　卖酒的人有点犹豫。-NC

mu³² haŋ²¹ ʐɯɣu³²　　　hɤi³³ ŋɤ̆n²¹ ŋɯ²¹

卖酒的人　　　　　有点 犹豫

主语　　　　　　　谓语

（e）Ấy thế mà hắn cũng chưa vừa lòng đâu.　　但是，他还没满意。-NC

Ấy the²⁴ ma²¹ hăn²⁴ kuŋ³²⁵ tɕɯɣ³³ vɯɣ²¹ lɔŋ²¹ dɤ̆u³³

但是　　他 也 未 满意　MOD

附加语　　主语 谓语

（f）Bác　　　người làng này.　　　　　　　　　我（是）这个村的人。-LL

bak²⁴　　　ŋɯɣi²¹ laŋ²¹ năi²¹

伯伯　　　人 村 这

主语　　　谓语

（g）Hôm nay thứ bảy.　　　　　　　　　　　今天周六。

hom³³ năi³³　thɯ²⁴ băi³¹²

今天　　周六

主语　　谓语

（三）补足语

补足语是受谓语支配的一种成分，但不是主语。补足语因此经常体现于名词或名词词组。一个小句只能有一个主语，但可以有若干个补足语。在语气结构中，补足语包括传统语法中的宾语和补语，但宾语从人际功能的角度看是没地位的，因此宾语是根据经验功能定义的，即是行为的对象。

Thằng Lý Cường nó　　　đâm chết　　tôi　　rồi,　　làng nước ôi!

thăŋ²¹ li²⁴ kɯɣŋ²¹ no²⁴　dɤ̆m³³ tɕet²⁴　toi³　zɔi²¹　laŋ²¹ nɯɣk²⁴ oi³³

里长阿强 他　　　刺 死　　我　　体标　大家啊

主语　　　　　　　谓语　　补足语

大家啊！阿强他想刺死我。-NC

Người đàn bà góa mù này　bán　hắn　cho một bác phó cối　không con.

ŋɯɣi²¹dan²¹ba²¹ ɣua²⁴ mu²¹ năi²¹　ban²⁴　hăn²⁴　tɕɔ³³ mot³² bak²⁴ fɔ²⁴ koi²⁴　χoŋ³³　kɔn³³

女人　寡 瞎 这　　卖　他　　给 一 打磨匠的人　没 孩子

主语　　　　　谓语　补足语　补足语

这个瞎眼睛的寡妇把他卖给一个没孩子的打磨匠。-NC

（四）附加语

附加语是给命题或提议描写情景或情态评估。它在句中可有可无，也可以几个同时出现。附加语不能做主语，我们可以围绕主语展开讨论，而不能围绕情景成分展开讨论。附加语一般由副词词组或介词短语来充当。

Có lẽ	tôi	bán	con	chó	đấy,	ông	giáo	ạ!
kɔ²⁴ le³²⁵	toi³³	ban²⁴	kɔn³³	tɕɔ²⁴	dɤi²⁴,	oŋ³³	zau²⁴	a³²
也许	我	卖	CLS	狗	那	老师		MOD
附加语	主语	谓语	补足语			称呼语		

老师！也许我该把那条狗卖出去。-NC

Trên thực tế	anh	chỉ	là	người để	anh	đội	Lăng	sai vặt.
tʂen³³ thuk³² te²⁴	ɛŋ³³	tɕi³¹²	la²¹	ŋuɤi²¹ de³¹²	ɛŋ³³	doi³²	lăŋ³³	ʂai³³ văt³²
实际上	他	只	是	人 以便	上司	阿	Lang	叫打杂
附加语	主语	附加语	谓语	补足语				

实际上，他只是给上司 Lang 打杂的人。-LL

Công bằng mà nói	có	nhiều	công lao	của	anh	đội	Lăng	trong đêm nay.
koŋ³³ băŋ²¹ ma²¹ nɔi²⁴	kɔ²⁴	ɲieu²¹	koŋ³³ lau³³	kuo³¹²	ɛŋ³³	doi³²	lăŋ³³	tʂɔŋ³³ dem³³ năi³³
公平而言	有	多	功劳	的	上司		Lang	在　今晚
附加语	谓语	补足语						附加语

客观地说，今晚有很多是上司阿 Lang 的功劳。

上面的附加语是与小句的人际元功能有关，所以叫做人际附加语。从篇章元功能的角度看，还有连续附加语（例 a）和连接附加语（例 b），我们将在第十章进行具体阐述。总而言之，附加语有两种：人际附加语和篇章附加语。

（a）
Thế	anh	đã	có	vợ con gì	chưa?
the²⁴	ɛŋ³³	da³²⁵	kɔ²⁴	vɤ³² kɔn³³ zi²¹	tɕɯɤ³³
那	你	已经	有	妻子孩子什么	没
连续附加语	主语	谓语		补足语	

那么，你娶妻生子了吗？

（b）
Vì thế	Chí Phèo	mới được	vênh vênh	ra về.
vi²¹ the²⁴	tɕi²⁴ feu²¹	mɤi²⁴ duɤk³²	veŋ³³ veŋ³³	za³³ ve²¹
因此	志飘	才 得	得意扬扬	出 回
连接附加语	主语	谓语		

因此，志飘才能得意扬扬地回去。

从句法位置的角度来看，附加语有两种：一种在句首，一种在句中或句末。句首附加语一般在主语前面，是对全句进行修饰的附加语。句中或句末附加语只对句子的某一个与其邻近的成分进行修饰。因此，句首附加语属于句子层次的附加语（Clause Adjunct），而句中或句末附加语属于词汇层次的附加语（Word Adjunct）。例如：

句首附加语

Mấy năm gần đây,		Hà Nội	đã thay đổi.	最近几年，河内有变化。
mỹi²⁴ năm³³ ɣỹn²¹ dỹi³³,		ha²¹ noi³²	da³²⁵ thăi³³ doi³¹²	
几年	最近	河内	已 改变	
附加语		主语	谓语	

Vì thế,	anh	không còn nhận ra		Hà Nội.	因此，他认不出河内了。
vi²¹ the²⁴,	ěŋ³³	χɔŋ³³ kɔn²¹ ɲỹn³² zа³³		ha²¹ noi³²	
因此	他	不 还 认 出		河内	
附加语	主语	谓语		补足语	

Nhưng	bây giờ	thì	hắn	tỉnh.	但现在他醒了。 -NC
ɲɯɯŋ³³	bỹi³³ zɤ²¹	thi²¹	hăn²⁴	tiŋ³¹²	
但	现在	THM	他	醒	
附加语	附加语		主语	谓语	

Cũng may		thị Nở	vào.		幸亏氏若走进来。 -NC
kuŋ³²⁵ măi³³		thi³² nɤ³¹²	vau²¹		
幸亏		氏若	进		
附加语		主语	谓语		

句中、句末附加语

Hà Nội	thay đổi	từng ngày.		河内每天都有变化。
ha²¹ noi³²	thăi³³ doi³¹²	tɯɯŋ²¹ ŋăi²¹		
河内	改变	每天		
主语	谓语	附加语		

Những tiếng quen thuộc ấy		hôm nào	chả	có.	
ɲɯɯŋ³²⁵ tieŋ²⁴ kuen³³ thuok³² ỹi²⁴		hom³³ nau²¹	tɕa³¹²	kɔ²⁴	
IND-PLR 声音熟悉 那		每天	"不"	有	
主语		附加语	谓 语		

那些熟悉的声音每天都有。

Nó	hiền	như	đất.	他像土那样的乖。-NC
nɔ²⁴	hien²¹	ɲɯ³³	dɤt²⁴	
他	乖	如	土	
主语	谓语	附加语		

总之，从上面的例子看，我们可以总结下表：

表9.1　　　　　　　　　**越语附加语的类型**

类型	意　义	句法体现
经验类	时间、空间、方式、原因、陪伴、事件、角色、角度	介词短语、名词
人际类	概率、惯常、职责、倾向、肯定、否定、评论、称呼	语气副词、时间副词、能愿动词、否定副词、惯用语、称呼语
篇章类	显然、意外、巧合、确信、正确、合理、诚实、精确、秘密	语气副词、惯用语

二　语气系统的分类

语气系统常有三种选择：陈述、疑问和祈使。越语陈述句是无标记的选择，疑问句常带疑问词，祈使句常省略人际主语。

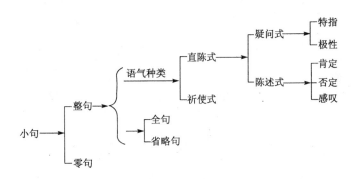

图9.1　越语语气系统

在对话中，双方可以用小句进行信息交流。甲方说出问题，乙方就对这个问题进行辩论，甲方接着辩论，乙方又进行辩论。无论是汉语还是越语，辩论中的一些小句都明显包括两部分：一是语气的标记，用来确定交际者的角色；二是剩余部分，用以让交际内容展开，不参加构造小句语气的结构。用 A.Caffarel（1995）的说法，我们可以把前者叫作协商部分（Negotiatory），后者叫作剩余部分（Remainder）。沿用韩礼德（2004）的说法，我们可以把前者叫做"语气"（Mood），后者叫做"剩余"（Residue）。

因为越语是没有形态变化的语言，主语与谓语之间不需要保持形态一致。越语的陈述语气（感叹语气除外）缺少任何语气标记，疑问语气和祈使语气才有语气标记。不考虑语调方面，为了方便操作，陈述语气肯定或否定选择可视为"零语气"；感叹、疑问及祈使等选择都有"语气部分"和"剩余部分"。从结构来看，语气部分就是疑问代词、疑问副词、疑问助词、选择连词和祈使助词；剩余部分可以包括主语、谓语、补足语和附加语。有时，疑问代词用来代替主语或补足语，那么语气部分也可以与主语或补足语重合。例如：

陈述语气：

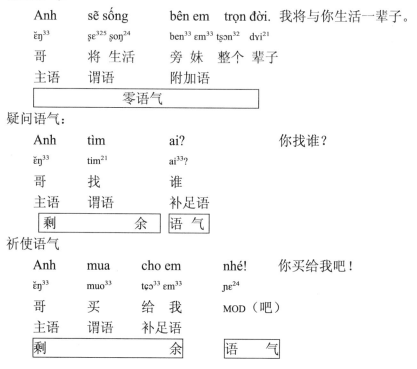

Anh | sẽ sống | bên em | trọn đời. 我将与你生活一辈子。
ěŋ³³ | şɛ³²⁵ soŋ²⁴ | ben³³ ɛm³³ tṣon³² | dɣi²¹
哥 | 将 生活 | 旁 妹 整个 辈子
主语 | 谓语 | 附加语

零语气

疑问语气：

Anh | tìm | ai? | 你找谁？
ěŋ³³ | tim²¹ | ai³³?
哥 | 找 | 谁
主语 | 谓语 | 补足语

剩　　　余 | 语　气

祈使语气：

Anh | mua | cho em | nhé! | 你买给我吧！
ěŋ³³ | muo³³ | tҫo³³ ɛm³³ | ɲe²⁴
哥 | 买 | 给 我 | MOD（吧）
主语 | 谓语 | 补足语

剩　　　　　　余 | 语　　　气

（一）陈述式

陈述式在语气系统中是无标记的选择。这意味着它缺少任何语气专用标记。就语调而言，陈述句一般是平降调/降调（tone-reduced），音强和音高都有下降的趋向。越语陈述句的主语、附加语和补足语都可以充当主位的角色，第九章会具体讨论。陈述句的一般语序是"附加语^主语^谓语^补足语"和"主语^谓语^补足语^附加语"。在句头的附加语可给全句进行修饰，而在句末的附加语则不能。小句中可以出现若干个附加语或补足语。主语可以省略，根据上下文可进行复原。

Hắn　　chửi　　trời và đời.　　　　他骂天和社会。-NC

hăn²⁴ t　çɯi³¹² tʂɣi²¹ va²¹ dɣi²¹

他　　骂　　天 和 生活

主语　谓语　补足语

Bây giờ thì　　　hắn　　đã thành　　người không tuổi　rồi.

bɣi³³ zɣ²¹ thi²¹　hăn²⁴　da³²⁵ thĕn²¹　ŋɯɣi²¹ χoŋ³³ tuoi³¹²　zọi²¹

现在　THM　　　他　　已 成为　　人　没有 岁数 了

附加语　　　　主语　谓语　　　补足语

现在他已经成为没有岁数的人了。-NC

Ngày nào　　thị Nở　cũng phải qua　vườn nhà hắn hai ba lần

ŋăi²¹ nau²¹　thi³² nɣ³¹²　kuŋ³²⁵ fai³¹² kua³³　vɯɣn²¹ ɲa²¹ hăn²⁴ hai³³ ba³³ lɤ̆n²¹

天天　　　氏若　也 要 过　　园子 家 他　两 三 次

附加语　　主语 谓语　　附加语　　　　附加语

每天，氏若都要经过他家的园子两三次。-NC

Lão　　đã uống hết hai phần chai.　他已经喝完瓶子的三分之二。-NC

lau³²⁵　da³²⁵ uoŋ²⁴ het²⁴ hai³³ fɤ̆n²¹ tçai³³

老　　已 喝 完 二分　瓶子

主语　谓语　　　　附加语

Cả làng　đi　　từ　lúc　nửa đêm.　全村在半夜的时候都走了。-LL

ka³¹² laŋ²¹　di³³　tɯ²¹　luk²⁴ nɯɣ³¹² dem³³

全 村　走 从 时候 半夜

主语　谓语 附加语

Chí Phèo lăn lộn dưới đất.　　　志飘在地上翻来翻去。-NC

tçi²⁴ feu²¹　lăn³³ lon³² zɯɣi²⁴ dɣ̆t²⁴

志飘　　翻滚 下 地

主语　　谓语 附加语

Hắn　　đập cái chai　vào cột cổng.　他用瓶子打中了门柱。-NC

hăn²⁴　dɣ̆p³² kai²⁴ tçai³³　vau²¹ kot³² koŋ³¹²

他　　打 DEF 瓶子 进 门柱

主语　谓语 补足语 附加语

　　陈述句还包含一种特殊的选择，即感叹语气（韩礼德、McDonald，2004）。感叹句的语调是升降调，即居中是升调、句尾是降调。感叹句常带有程度副词、语气助词、叹词、惯用词语、常用句法结构以及一些代词。常见的程度副词有 lắm[lăm²⁴], vô cùng[vo³³ kuŋ²¹]"非常", quá[kua²⁴]"太", ghê[ɣe]"很",

thật[thɤ̆t³²]"真", cực kì[kɯk³² ki²¹]"非常"。常见的语气助词有 nhỉ[ɲi³¹²]"是吧"。常见的叹词有 ôi[oi³³], chao[tɕau³³],ôi[oi³³]。常见的惯用词语是 thay[thăi³³], cho[tɕɔ³³], hết ý[het²⁴i²⁴], chết đi được[tɕet²⁴ di³³ dɯɤk³²]。常用句法结构是 "A ơi là[ɤi³³ la²¹] A"、"A ơi[ɤi³³]"、"ôi[oi²⁴] A"、"ôi[oi²⁴] A ơi[ɤi³³]"、"hỡi[hɤi³²⁵] A"。常见的代词是 thế[the²⁴]"那", biết mấy[biet²⁴ mɤ̆i²⁴]"几个", bao nhiêu[bau³³ ɲieu³³]"多少", gì[zi²¹]"什么", dường nào[zɯɤŋ²¹ nau²¹]"怎么", nhường nào[ɲɯɤŋ²¹ nau²¹]"怎么"。感叹句有时是整句（Major clause）,但大多是零句（Minor clause）,甚至不独立成句,紧缩成为一种表示感叹的短语。

Thị	tức	lắm!		氏若很生气!
thi³²	tɯk²⁴	lăm²⁴		
氏若	生气	很		
主语	谓语			

| 剩 | 余 | 语 | 气 |

Đẹp	nhỉ!	真漂亮!
dɛp³²	ɲi³¹²	
漂亮	MOD	
谓语		

| 剩 余 | 语 气 |

Chao ôi là	buồn!	多么难过啊!
tɕau³³ oi³³ la²¹	buon²¹	
MOD	难过	
谓语		

| 语 气 | 剩 余 |

Đau đớn thay	phận đàn bà!	女人的命真苦!
dau³³ dɤn²⁴ thăi³³	fɤ̆n³² dan²¹ ba²¹	
痛苦 MOD	命 女人	
谓语	主语	

| 剩 余 | 语 气 | 剩 余 |

Buồn	thay	cho đời!	生活真艰难!
buon²¹	thăi³³	tɕɔ³³ dɤi²¹	
难过	MOD	给 生活	
谓语		主语	

| 剩余 | 语 气 | 剩 余 |

Trời ơi ! Nhục nhã ơi là nhục nhã ! Hỡi　ông cha nhà bà !

tşɣi²¹ ɣi³³ ! ɲuk³² ɲa³²⁵ ɣi³³ la²¹ ɲuk³²　ɲa³²⁵ ! hɣi³²⁵　oŋ³³ tɕa³³　ɲa²¹ ba²¹

天啊　　耻辱　MOD 耻辱　　　　MOD　祖父爷 家 婆婆

附加语　谓语　　　　　　　　附加语

语　气	剩　余	语气	剩　余	语　　　　　气

天啊！太耻辱了！她家的祖父爷啊！

Vui　ơi là　vui!　　　　　　　　　　非常高兴！

vui³³　ɣi³³ la²¹　vui³³

高兴 MOD　高兴

谓语

剩余	语气	剩余

Thế thì　còn　ăn thua　gì!　　　　那么没什么了！

the²⁴ thi²¹　kɔn²¹　ăn³³ thuo³³　zi²¹

那么　　　　还 胜输　什么

附加语　谓 语

剩　余	语气	剩　余	语气

Ai　lại　đi lấy　　thằng Chí Phèo!　谁敢嫁给志飘那个小兔崽子！

ai³³　lai³²　di³³ lɣi²⁴　thăŋ²¹ tɕi²⁴ fɛu²¹

谁　MOD 去 嫁给　CLS 志飘

主语　　　谓语　补足语

语　　　气	剩　　　　　余

明显看见，越语最常规的语序是"主语^谓体^补语"、"状语^主语^谓体^补语"和"主语^谓体^补语^状语"。换言之，对陈述句来说，主语当主位是无标记主位，状语当主位也是无标记主位，但若补语或谓语当主位就成为有标记主位。

（二）疑问式

越语疑问式包括两大选择：特指疑问（Element question）、极性疑问（Polar question/ Yes-No question）。特指疑问是指名词性疑问（ai[ai³³]"谁"、gì[zi²¹]"什么"、nào[nau²¹]"哪"，đâu[dɣu³³]"哪儿"，bao giờ[bau³³ zɣ²¹]"什么时候"，bao lâu[bau³³ lɣu³³]"多长时间"，mấy[mɣi²⁴]"几"、bao nhiêu[bau³³ ɲieu³³]"多少"）和副词性疑问（làm sao[lam²¹ şau³³]"怎么"、thế nào[the²⁴ nau²¹]"怎么"、tại sao[tai³² şau³³]"为什么"、vì sao[vi²¹ şau³³]"为什么"、sao[şau³³]"怎么、为什么"）。极性疑问包括副词疑问（có……không[kɔ²⁴　　xoŋ³³]"有——不"，……không[xoŋ³³]"——不"，có phải……không[xoŋ³³]"是——

不"，……chưa[tɕɯɤ³³]"——没"），助词疑问（à[a²¹], a[a³³], hả[ha³¹²], hử[hɯ³¹²], hở[hɤ³¹²], chứ[tɕɯ²⁴], nhỉ[ɲi³¹²]），选择疑问（X hay [hai³³] Y "X 还是 Y"）和像陈述式疑问（指句末语调提升）。

1a. 名词性特指疑问：句中用代词 ai[ai³³]来问人、gì[zi²¹]来问动物或植物，也可用"名词^gì[^zi²¹]"、"名词^nào[^nau²¹]"来问。"名词^gì[^zi²¹]"表示任何的一人一物，没有特指性。"名词^nào[^nau²¹]"有特指性，指上文已经提到的一些人或一些物的其中之一。

问人：ai[ai³³]"谁"，người nào[ŋɯɤi²¹ nau²¹]"哪人"，người gì[ŋɯɤi²¹ zi²¹]"什么人"，职位名词^nào[^nau²¹]。

Anh	tìm	ai?
ɛ̆ŋ³³	tim²¹	ai³³?
你	找	谁
主语	谓语	补足语

| 剩　　余 | 语　气 |

你找谁？

Anh	tìm	người nào?
ɛ̆ŋ³³	tim²¹	ŋɯɤi²¹ nau²¹
你	找	人　哪
主语	谓语	补足语

| 剩　　余 | 语　气 |

你找哪个人？

Ai	là	cô giáo tiếng Anh của	các em?
ai³³	la²¹	ko³³ zau²⁴ tieŋ²⁴ ɛ̆ŋ³³ kuo³¹²	kak²⁴ ɛm³³
谁	是	女教师　英语　的	你们
主语	谓语	补足语	

| 语气 | 剩　　　　　　　　余 |

谁是你们的英语老师？

Thầy giáo nào	là	thầy giáo tiếng Pháp của các em?
thɤ̆i²¹ zau²⁴ nau²¹	la²¹	thɤ̆i²¹ zau²⁴ tieŋ²⁴ fap²⁴ kuo³¹² kak²⁴ ɛm³³
男老师　哪	是	男教师　法语　的　你们
主语	谓语	补足语

| 语　　气 | 剩　　　　　　　　　　余 |

哪位男老师是你们的法语老师？

Hắn	làm	cái	ông	gì	ở làng này ?
hăn^{24}	lam^{21}	kai^{24}	oŋ^{33}	zi^{21}	ɤ^{312} laŋ^{21} năi^{21}
他	当	CLS	爷爷	什么	在 村 这个
主语	谓语	补足语			附加语

剩　　　余　语　　气　剩　　　余

他在这个村里当什么大爷？

Thế thì		thằng nào	ăn đi ?
the^{24} thi^{21}		thăŋ^{21} nau^{21}	ăn^{33} di^{33}
那么		家伙 哪	吃 走
附加语		主语	谓语

剩　　余　语　气　　剩余

那么，哪个家伙吞了？

问物、事物、动物：gì[zi^{21}]"什么", vật gì[vɤt^{32} zi^{21}]"什么东西", con gì[kɔn^{33} zi^{21}]"什么动物"。

Đây	là	vật	gì?		这是什么东西？
dɤi^{33}	la^{21}	vɤt^{32}	zi^{21}		
这	是	物	什么		
主语	谓语	补足语			

剩　　余　语　气

Con này	là		con	gì?	这个动物是什么动物？
kɔn^{33} năi^{21}	la^{21}		kɔn^{33}	zi^{21}	
动物 这	是		动物	什么	
主语	谓语		补足语		

剩　　　余　语　气

Cháu	thì	làm	được	gì?	我能做什么？
tɕau^{24}	thi^{21}	lam^{21}	dɯɤk^{32}	zi^{21}	
我	THM	做	得	什么	
主语		谓语	补足语		

剩　　　　余　语　气

Cháu	thì	làm	được	việc gì?	我能做什么事？
tɕau^{24}	thi^{21}	lam^{21}	dɯɤk^{32}	viek^{32} zi^{21}	
我	THM	做	得	事 什么	
主语		谓语		补足语	

剩　　　　　　余　语　气

Con	gì		vừa bay qua	đây?		什么动物刚飞过这儿?
kɔn³³	zi²¹		vɯɣ²¹ băi³³ kua³³	dɤ̆i³³		
动物	什么		刚 飞 过	这儿		
主语			谓语	附加语		

语气 | 剩　　　　余

Váy	nào	con	thích	nhất?	哪条裙子是你最喜欢的?
văi²⁴	nau²¹	kɔn³³	thik²⁴	ɲɤ̆t²⁴	
裙子	哪	孩子	喜欢	最	
补足语		主语	谓语		

语气 | 剩　　　　余

Có	lý	nào	như	thế?	岂有此理?
kɔ²⁴	li²⁴	nau²¹	ɲɯ³³	the²⁴	
有	道理	哪	如	那样	
谓语	补足语				

剩余 | 语　　　　气

Đằng ấy	còn nhớ	gì	hôm qua	không?	你还记得昨天的什么吗?
dăŋ²¹ ɤ̆i²⁴	kɔn²¹ ɲɤ²⁴	zi²¹	hom³³ kua³³	χoŋ³³	
那里	还 记得	什么	昨天	不	-NC
主语	谓语	补足语			

剩　　余 | 语　　　气

问数量: bao nhiêu[bau³³ ɲieu³³] "多少", mấy[mɤ̆i²⁴] "几个"。

Bao nhiêu tiền	thì	đủ?	多少钱才够?
bau³³ ɲieu³³ tien²¹	thi²¹	du³¹²	
多少 钱	THM	足够	
主语		谓语	

语　气 | 剩余

（不限制数量是多还是少）

Đằng kia	có	mấy người?	那边有几个人?
dăŋ²¹ kie³³	kɔ²⁴	mɤ̆i²⁴ ŋɯɤi²¹	
那边	有	几 人	
附加语	谓语	补足语	

剩　　余 | 语　气

（限制数量少, 小于 10 个）

Vải	hôm nay	bán	mấy?	今天布料卖多少钱? -NC

vai³¹²	hom³³ nǎi³³	ban²⁴	mʏi²⁴
布	今天	卖	几
主语	附加语	谓语	附加语

剩		余	语 气

问秩序：在疑问代词前面加上 thứ "第"。

Đây	là	lần thứ bao nhiêu [[em vào lớp muộn]]?
dʏi³³	la²¹	lʏn²¹ thɯ²⁴ bau³³ ɲieu³³ [[ɛm³³ vau²¹ lʏp²⁴ muon³²]]
这	是	次 第 多少 你 进 班 迟
主语	谓语	补足语

剩 余	语 气

这是你第几次上课迟到？

问时间：bao giờ[bau³³ zʏ²¹] "什么时候"，bao lâu[bau³³ lʏu³³] "多长"，khi nào[ᵪi nau²¹] "什么时候"，chừng nào[tɕɯŋ²¹ nau²¹] "什么时候"，lúc nào[luk²⁴ nau²¹] "什么时候"，mấy giờ[mʏi²⁴ zʏ²¹] "几点"。

Bây giờ	là	mấy giờ?	现在是几点？
bʏi³³ zʏ²¹	la²¹	mʏi²⁴ zʏ²¹	
现在	是	几 点	
主语	谓语	补足语	

剩		余	语 气

Anh	đi	bao giờ?	你（已经）什么时候去了？
ěŋ³³	di³³	bau³³ zʏ²¹	
你	去	什么时候	
主语	谓语	附加语	

剩		余	语 气

Bao giờ	anh	đi?	你（将）什么时候去？
bau³³ zʏ²¹	ěŋ³³	di³³	
什么时候	你	去	
附加语	主语	谓语	

语 气	剩 余

问空间：đâu[dʏu³³] "哪"，chỗ nào[tɕo³²⁵ nau²¹] "哪个地方"，phía nào[fie²⁴ nau²¹] "哪个方向"，đẳng nào[dǎŋ²¹ nau²¹] "哪个方向"，"空间名词^nào[nau²¹]" 等都可以构成时间疑问语气。

Bạn	thường ăn sáng		ở đâu?	你常常在哪里吃早餐？
朋友	常　吃　早上		在哪儿	
ban³²	thɯɤŋ²¹ ăn³³ ʂaŋ²⁴		ɤ³¹² dɤ̌u³³	
主语	谓语		附加语	

| 剩 | | | 余 | 语气 |

Đâu	mới là	bến dừng của đời	cô?	哪里才是你这辈子的终点站？
dɤ̌u³³	mɤi²⁴ la²¹	ben²⁴ zɯŋ²¹ kuo³¹² dɤi²¹	ko³³	
哪	才　是	终点站　的　辈子	姑姑	
主语	谓语	补足语		

| 语气 | | 剩 | 余 |

1b. 副词性特指疑问

问性质、方式：thế nào[the²⁴ nau²¹] "怎么", sao[the²⁴ nau²¹] "怎么"

Thế nào	là	mềm nắn rắn buông?	什么是欲擒故纵？ -NC
the²⁴ nau²¹	la²¹	mem²¹ năn²¹ zăn²⁴ buoŋ³³	
怎么	是	软　抓　硬　放	
主语	谓语	补足语	

| 语　气 | 剩 | 余 |

Người ta	đứng lên	bằng cái gì?	人家靠什么站起来的？ -NC
ŋɯɤi²¹ ta³³	dɯŋ²⁴ len³³	băŋ²¹ kai²⁴ zi²¹	
人家	站　起	通过　什么	
主语	谓语	附加语	

| 剩 | | 余 | 语　气 |

问原因：vì sao[vi²¹ ʂau³³] "为什么", tại sao[tai³² ʂau³³] "为什么", sao[ʂau³³] "为什么"。

Sao	thị	lại kêu làng	nhỉ?	为什么她反而还大声叫全村啊？
ʂau³³	thi³²	lai³² keu laŋ²¹	ɲi³¹²	
为什么	她	反而　叫　村子	MOD　-NC	
附加语	主语	谓语		

| 语气 | 剩 | 余 | 语气 |

2a. 副词式极性疑问

一般性：　　　　　谓语^không[χoŋ³³]?

　　　　　　　　　có[kɔ²⁴]^谓语^không[χoŋ³³]?

có phải[kɔ²⁴ fai³¹²]^主语^谓语？

có phải[kɔ²⁴ fai³¹²]^主语^谓语^không[χoŋ³³]？

强调完成与否：　谓语^chưa[tɕɯɤ³³]？

例如：

Thế thì	có	phí rượu	không?	那样，浪费酒吗？-NC
the²⁴ thi²¹	kɔ²⁴	fi²⁴ ʐɯɤu³²	χoŋ³³	
那么	有	费 酒	不	
附加语	谓语			

剩余｜语气｜ 剩 余 ｜语气｜

Thế thì	có	khổ hắn	không?	那样，苦了他吗？-NC
the²⁴ thi²¹	kɔ²⁴	χo³¹² hăn²⁴	χoŋ³³	
那么	有	苦 他	不	
附加语	谓语			

剩余｜语气｜ 剩 余 ｜语 气｜

Lại say rồi	phải không?	又醉了是吧？-NC
lai³² săi³³ ʐoi²¹	fai³¹² χoŋ³³	
又 醉 了	是 不	
谓语		

剩 余 ｜语 气｜

Có phải	em	là	mùa thu Hà Nội?	你是否是河内的秋天？
kɔ²⁴ fai³¹²	ɛm³³	la²¹	muo²¹ thu³³ ha²¹ noi³²	
有 是	你	是	秋天 河内	
	主语	谓语	补足语	

语 气 ｜ 剩 余 ｜

Em	đã đi làm chưa?	你已经（开始）上班了吗？
ɛm³³	da³²⁵ di³³ lam²¹ tɕɯɤ³³	
你	已 上班 没	
主语	谓语	

剩 余 ｜语气｜

注意：对于存在关系过程小句和拥有关系过程小句，核心动词本来就是动词 có，不需要多加疑问助词 có[kɔ²⁴]。

Nhà có chó	không?	家里有狗吗？
ɲa²¹ kɔ²⁴ tɕɔ²⁴	χoŋ³³	
家 有 狗	吗	
剩 余	语气	

Anh có tiền không?　　　　　　　　你有钱吗?

ɐ̆ŋ³³ kɔ²⁴ tien²¹ χɔn³³

你　有　钱　　不

剩　　余	语 气

2b. 助词式极性疑问：句末出现语气助词 à[a²¹], a[a³³], hả[ha³¹²], hử[hɯ³¹²], hở[hɤ³¹²], chứ[tɕɯ²⁴], nhi[ni³¹²]等。使用语气助词有时除了有疑问语气之外，还略带感叹语气。

Vừa thổ　　hả?　　　　　　　　刚呕吐吗? -NC

vuɤ²¹ tho³¹²　ha³¹²

刚　呕吐 MOD

剩　　余	语 气

Mày tưởng ông quỵt hở?　　　　　你以为你能骗我吗? -NC

măi²¹ tɯɤŋ³¹² oŋ³³ kuit³² hɤ³¹²

你　以为　爷　骗　MOD

剩　　　　余	语 气

2c. 选择式极性疑问：最典型的选择式极性疑问式"X ^hay(là) [hăi³³ (la²¹)]^ Y"。此外还有一些变体"là[la²¹]^X^hay[hăi³³]^Y","là[la²¹]^X^hay[hăi³³]^Y^hay[hăi³³]^Z"。其中，在 hay[hăi³³]后面可多加 là[la²¹]。X 和 Y 的词类是一样，即同样是名词词组、动词词组、形容词词组、介词短语，甚至小句。

Ba mươi tám　hay　　ba mươi chín?　三十八还是三十九?

ba³³ mɯɤi³³ tam²⁴　hăi³³　　ba³³ mɯɤi³³ tɕin²⁴

三 十 八　　　还是　　三 十 九

剩　　　余	语 气	剩　　　余

Em　chọn anh　hay là　anh ta?　　你选我还是选他?

ɛm³³　tɕɔn³² ɐ̆ŋ³³　hăi³³ la²¹　ɐ̆ŋ³³ ta³³

你　选　我　还是　他

剩　　　余	语 气	剩　余

有时 X 是动词或形容词，Y 却是副词。

Hắn đã già rồi　hay　sao?　　　　他是老了还是怎样?

hăn²⁴ da³²⁵ za²¹ zoi²¹　hăi³³　sau³³

他　已 老 了 还是 怎么

剩　　　余	语 气	剩余

X 和 Y 可以是独立实体或事件，也可以有制约性，即 Y 是 X 的否定。

Tóm lại là đi　hay　không?　　　　总之，去还是不（去）？

　tɔm²⁴ lai³² la²¹ di³³　hăi³³　χoŋ³³

总之　THM　去　还是　不

| 剩　　　余 | 语气 | 剩余 |

Em ăn rồi　hay　chưa?　　　　你吃了还是没吃？

　ɛm³³ ăn³³ zɔi²¹ hăi³³　tɕɯɤ³³

你　吃　了　还是　没

| 剩　　余 | 语气 | 剩余 |

X 和 Y 可以是谓语否定和肯定的相反选择（上例），也可以是主语的选择（例 a）、补足语的选择（例 b）、附加语的选择（例 c）、甚至主语连带谓语的选择（例 d）。

（a）Anh　hay　　nó　đi?　　　　你去还是他去？

　　 ĕŋ³³　 hăi³³　 nɔ²⁴　di³³

　　你　　还是　他　去

　　主语　　　　　　谓语

| 剩余 | 语气 | 剩　　余 |

（b）Em　　　mua　táo　　hay　cam?　你是买苹果还是买橙子？

　　 ɛm³³　　 muo³³ tau²⁴　hăi³³ kam³³

　　你　　　买　苹果　　还是　橙子

　　主语　　谓语

| 剩　　　　　余 | 语气 | 剩余 |

（c）Chiều nay　　hay　　sáng　mai　em　đi?

　　 tɕieu²¹ năi³³　hăi³³　 şaŋ²⁴　mai³³　ɛm³³　di³³

　　下午　这　　　还是　　上午　明天　你　去

　　 附加语　　　　　　　　　　　　主语　谓语

| 剩　　余 | 语气 | 剩　　　　　余 |

你是今天下午还是明天上午走？

（d）Con　mua　tủ　mới　hay là　mẹ　cho con tủ　của mẹ?

　　 kɔn³³　muo³³　tu³¹²　mɤi²⁴　hăi³³ la²¹　me³²　tɕɔ³³ kɔn³³ tu³¹²　kuo³¹² me³²

　　儿子　买　柜子　新　　还是　　妈　给儿子　柜子的　妈

　　主语　谓语　　　　　　　　　　主语　谓语

| 剩　　　　　余 | 语气 | 剩　　　　　　　　余 |

你是买新的柜子还是妈给你柜子？

2d. 像陈述式极性疑问：这种疑问句的句末语调明显抬高上升。

Nhưng chửi thị ↗?   但（如果）骂她？-NC

ɲɯɯŋ³³ tɕɯi³¹² thi³²

但   骂   她 （语调提升）

Anh đuổi tôi ↗?   你赶我走？

ěŋ³³ duoi³¹² toi³³

你   赶   我 （语调提升）

（三）祈使式

越语祈使式包含三种选择：命令式、自令式、包含式。有几个特点：（1）谓语一般占据句首位置。（2）句法的标记可出现也可不出现，一般是助词充当语气标记，若在句中出现，常用的是 đi[di³³], nhé[ɲɛ²⁴], thôi[thoi³³], nào[nau²¹]，礼貌性的祈使标记是 xin[sin³³], hãy[hǎi³²⁵], làm[lam²¹], ơn[vn³³], cho[tɕɔ³³], ạ[a³²]，phiền[fien²¹], mời[mvi²¹]。（3）语音的标记却非常重要，一般是"句尾语调下降"和"音强较重"。由于以上的特点，构成祈使语气的语气部分是谓语（尤其是句首位置上的谓语）和语气助词，其余是"剩余部分"。祈使式谓语的否定形式是"đừng[dɯɯŋ²¹]^谓语"，"chớ[tɕvɣ²⁴]^谓语"或者"không[xoŋ³³]^谓语"。后者比其他的命令程度高得多。

1a. 隐性命令式：句中，受话者是被命令的人。句法上不出现受话者。这种句子若只有一个经验成分出现，就没有主位述位可言。例如：

Ǎn   cơm   đi!   吃饭吧！

ǎn³³ kvm³³ di³³

吃   饭   MOD

| 语气 | 剩 余 | 语气 |

Uống nước   nhé!   喝水吧！

uoŋ²⁴ nɯɣk²⁴   ɲɛ²⁴

喝   水   MOD

| 语气 | 剩　　余 | 语气 |

Mua thôi!   买吧！

muo³³ thoi³³

买   MOD

| 语　　气 |

Đi nào!   走吧！

di³³ nau²¹

走   MOD

| 语　　气 |

Làm ơn nói khẽ!　　　　　　　　　请小声说话！

lam²¹ ɤn³³ nɔi²⁴ χɛ³²⁵

MOD　说　轻

语　气	剩　余

Hãy　bảo vệ　môi trường!　　　　　请保护环境！

hǎi³²⁵　bau³¹² ve³²　moi³³ tʂɯɤŋ²¹

MOD　保护　　　环境

语　　气	剩　　余

Xin　đừng quên em!　　　　　　　请不要忘记我！

sin³³　dɯŋ²¹　kuen³³ ɛm³³

MOD 不　忘　我

语　　气	剩余

Không　đi　lối này!　　　　　　　不要走此路！

χoŋ³³　di³³　loi²⁴ nǎi²¹

不　　走 路 这

语　气	剩　　余

Đừng làm　việc gì　khuất tất!　　　不要做见不得人的事情！

dɯŋ²¹ lam²¹　viek³² zi²¹　χuʏt²⁴ tʏt²⁴

MOD 作　事什么 遮盖

语　气	剩　　　余

1b. 显性命令式：句中，受话者是被命令的人。句法上出现受话者做主语，同时充当主位。因为，祈使句的特点是谓语在句首上，所以主语在句首有强调的作用，属于非典型现象。因此，显性命令式的主位是有标记的主位。

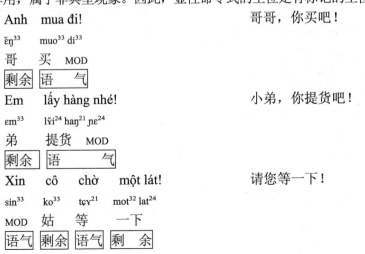

Anh　mua đi!　　　　　　　　　哥哥，你买吧！

ĕŋ³³　muo³³ di³³

哥　买　MOD

剩余	语　气

Em　lấy hàng nhé!　　　　　　　小弟，你提货吧！

ɛm³³　lʏi²⁴ haŋ²¹ ɲɛ²⁴

弟　提货　MOD

剩余	语　　气

Xin　cô　chờ　một lát!　　　　　请您等一下！

sin³³　ko³³　tɕɤ²¹　mot³² lat²⁴

MOD 姑　等　一下

语气	剩余	语气	剩余

Xin   bà   đợi   cho!   请您等待！

sin³³ ba²¹ dɤi³² tɕɔ³³

MOD   婆   等   给

语气 | 剩余 | 语气 | 剩余

从功能的角度来讲，在陈述句中的 mời[mɤi²¹] "请"是动词，phiền[fien²¹] "麻烦、劳驾"是形容词（使动态）。但在祈使句中的 mời[mɤi²¹]和 phiền[fien²¹] 用来表示礼貌，所以我们认为这些词在祈使句中可以处理为语气助词。

Mời   bà   ký   vào đây!   请您在这里签字！

mɤi²¹ ba²¹ ki²⁴ vau²¹ dɤi³³

MOD   婆   签   进 这

语气 | 剩余 | 语气 | 剩　余

Xin mời mọi người ngồi đây!   请大家在这里坐！

sin³³ mɤi²¹ mɔi³² ŋɯɤi²¹ ŋoi²¹ dɤi³³

MOD   大家   坐   这

语　气 | 剩　余 | 语气 | 剩余

Phiền bà   đợi   một chút!   麻烦你等一下！

fien²¹ ba²¹ dɤi³² mot³² tɕut²⁴

MOD   婆   等   一下

语气 | 剩余 | 语气 | 剩余

2. 自令式：句中，说话人是被命令的人。同上，被命令人位于动词前面，做了主语，所以充当了主位。自令式祈使句的主位也是有标记的主位。

Hãy để tôi   thử xem!   请让我试试！

hăi³²⁵ de³¹² toi³³ thɯ³¹² sɛm³³

MOD 让 我 试试

语　气 | 剩　余

Để tao   đi!   让我走！

de³¹² tau³³ di³³

让 我 走

语 气 | 剩余

3. 包含式：说话人和受话人都是被命令的人。同上，包含式祈使句的主位是有标记的主位。

Ăn　　thôi!　　　　　　　　　　　　　（咱们）吃吧！

ăn³³　　thoi³³

吃　　MOD

语	气

Chúng ta　đi　nào!　　　　　　　　咱们走吧！

tɕuŋ²⁴ ta³³　di³³　nau²¹

咱们　　　走　MOD

剩 余	语 气

三　归一性系统

本节将从小句的层次看归一性系统。语气系统给每个小句分配肯定极或者否定极。在归一性系统中，初级选择是肯定或否定。"肯定"是无标记选择，而"否定"是标记选择。从句法结构来看，否定句是通过附加否定标记的方式将肯定句变成否定句，换言之，否定句的生成是在肯定句的基础上加上否定标记。

标记词出现在谓语之前的有：không[xoŋ³³], chẳng[tɕăn³¹²], chưa[tɕɯɣ³³], chả[tɕa³¹²], không[xoŋ³³] phải[fai³¹²], chẳng phải[tɕăn³¹² fai³¹²], chả phải[tɕa³¹² fai³¹²], chưa phải[tɕɯɣ³³ fai³¹²], không hề[xoŋ³³ he²¹], chẳng hề[tɕăn³¹² he²¹], chưa hề[tɕɯɣ³³ he²¹], chả hề[tɕa³¹² he²¹], đừng[dɯŋ²¹], chớ[tɕɣ²⁴]。其中 không[xoŋ³³]带有最中性的语气，chẳng[tɕăn³¹²]带有完全否定的语气，chưa[tɕɯɣ³³]是未完成体的否定形式，chả[tɕa³¹²]带有口语性的色彩；không hề[xoŋ³³ he²¹], chẳng hề[tɕăn³¹²he²¹], chưa hề[tɕɯɣ³³ he²¹], chả hề[tɕa³¹² he²¹]的否定程度非常强，意思为"一点也不是"。đừng[dɯŋ²¹], chớ[tɕɣ²⁴]一般出现在祈使语气的小句中。

标记词出现在谓语之后（或句末）的有：đâu[dɣu³³]。

使用结构来做否定的有：có[kɔ²⁴]^谓语^đâu[dɣu³³], nào có[nau²¹ kɔ²⁴]^谓语^đâu[dɣu³³], làm gì có[kɔ²⁴]^谓语, có phải[kɔ²⁴ fai³¹²]^谓语^đâu[dɣu³³], đâu phải[dɣu³³ fai³¹²]^谓语。

否定选择本身包括两种可能：句子全部否定和部分否定。全部否定是指通过谓语的否定来对整个小句进行否定。因为在系统功能角度上，小句的中心是谓语，而谓语的中心从经验角度来讲就是"过程"，所以否定"过程"就等于否定全句。部分否定是指对谓语以外的成分进行否定，如：主语、补足语、附加语。

句子全部的否定：

Anh **không** thích việc đó.　　　　　我不喜欢那件事。

ěŋ³³　χoŋ³³　thik²⁴ viek³² dɔ²⁴

我　不　　喜欢　事　那

Cả làng Vũ Đại ai cũng **không** biết.　　整个武大村谁都不知道。-NC

ka³¹² laŋ²¹ vu³²⁵ dai³² ai³³ kuŋ³²⁵ χoŋ³³ biet²⁴

全　村　武大　谁　也　不　　知道

Nhưng vấn đề **không phải** ở chỗ ấy.　　但问题不是那样。

ɲɯɯŋ³³　vv̌n²⁴ de²¹ χoŋ³³　　fai³¹² ɣ³¹² tɕo³²⁵ v̌i²⁴

但　　问题　不是　　　在　那儿

Anh **không** hiểu ý　tôi.　　　　　你不懂我意思。

ěŋ³³　χoŋ³³　　hieu³¹² i²⁴ toi³³

你　不　　懂　意思　我

主语的否定：

Không ai trong xóm này tin vào cái điều đêm qua xảy ra.

χoŋ³³ ai³³ tʂɔŋ³³ sɔm²⁴ nǎi²¹ tin³³ vau²¹ kai²⁴ dieu²¹ dem³³ kua³³ sǎi³¹² za³³

不　谁　在　　村　这　信　进　PRE　事　　昨晚　　　发生

没有谁相信昨晚发生的事。-LL

Về chuyện này, **không một chàng trai nào** phải phân vân.

ve²¹ tɕuien³² nǎi²¹, χoŋ³³　　mot³² tɕaŋ²¹　tʂai³³ nau²¹ fai³¹² fv̌n³³ vv̌n³³

关于事情　这　不　　一　小伙子　　哪　要　　犹豫

关于这件事，任何一个小伙子都不要犹豫。

Chẳng gia đình nào đồng ý ký vào biên bản.

tɕǎŋ³¹²　za³³ diŋ²¹　nau²¹ doŋ²¹ i²⁴ ki²⁴ vau²¹ bien³³ ban³¹²

不　家庭　　哪　同意　　签　进　单子

每一家都不同意签字。

附加语的否定：

Không bao giờ thời gian có thể　quay trở lại.　　时间永远不可能找回来。

χoŋ³³　　bau³³ zɤ²¹ thɤi²¹ zan³³ kɔ²⁴ the³¹² kuǎi³³ tʂɤ³¹² lai³²

不　　何时　时间　　可以　返回来

Chẳng dại gì em ước　nó là vàng.　　我才不那么傻希望它是黄金。

tɕǎŋ³¹² zai³² zi²¹　　ěm³³ ɯɤk²⁴ nɔ²⁴ la²¹ vaŋ²¹

不　傻　MOD　我　希望　它是　黄金

补足语否定：一般来说，越南人不习惯对补足语进行否定，像下面的例句不成立。

* Tôi　　đọc **không** quyển này.

* toi³³　　dɔk³² χoŋ³³ kuien³¹² nǎi²¹

　我　　读　不　书　这

只是有比较或相反之意的时候，才能使用补足语的否定形式。这时，否定标记不是 không[χoŋ³³]而是 không phải[χoŋ³³ fai³¹²]，句中还常常出现相反的部分。例如：

Cháu mua không phải quyển này, mà là quyển kia. 我买的不是这本而是那本。

tçau²⁴ muo³³ χoŋ³³　　fai³¹² kuien³¹² nǎi²¹, ma²¹ la²¹ kuien³¹² kie³³

我　买　不是　　书　　此 而是书　那

Cháu chọn là cái này, không phải là cái kia. 我选的是这个，不是那个。

tçau²⁴ tçɔn³² la²¹ kai²⁴ nǎi²¹, χoŋ³³ fai³¹² la²¹ kai²⁴ kie³³

我　选 是 PRE这　不　　是 PRE 那

四　情态系统

在归一性系统的两极之间，还有不同程度的状况，既不是肯定，也不是否定，只能说有的倾向于肯定极，有的倾向于否定极。情态系统用来描写这种状况。出现在肯定和否定两极之间就是情态成分。换言之，情态成分出现在"肯定"和"否定"中间的过渡区。越语中，它主要体现在能愿动词（详见第四章的动词部分）和一些语气副词（详见第五章的副词部分）。情态系统有两个选择：情态化（Modalization）和意态（Modulation）。情态化表现概率程度（degree of Probability）和惯常程度（degree of Usuality）。意态表现职责程度（degree of Obligation）和倾向程度（degree of Inclination）。

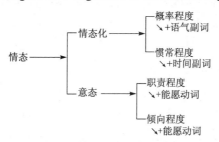

图9.2　越语情态系统的选择

从人际元功能来讲，这些情态成分充当附加语的角色，我们称之为"情态附加语"。情态附加语在小句中可以在主语之前，也可以在主语之后。具体而言，概率附加语和惯常附加语出现在主语之前的频率比出现在主语之后的频率高。职责附加语和倾向附加语一般出现在主语之后。

表 9.2　　　　　　　　　　　　　越语常用情态附加语

类别	情态附加语
概率程度	e rằng[ε³³ zǎ ŋ²¹] "恐怕", hình như[hiŋ²¹ ɲɯ³³] "好像", dường như[zɯɤŋ²¹ ɲɯ³³] "好像", đại khái[dai³² χai²⁴] "大概", có lẽ[kɔ²⁴ lɛ³²⁵] "也许", có thể[kɔ²⁴ the³¹²] "可能", chắc hẳn[tɕǎ k²⁴ hǎ n³¹²] "肯定", chắc chắn[tɕǎ k²⁴ tɕǎ n²⁴] "肯定"
惯常程度	đôi khi[doi³³ χi³³] "有时", thinh thoảng[thiŋ³¹² thuaŋ³¹²] "偶尔", thường thường[thɯɤŋ²¹ thɯɤŋ²¹] "常常", bình thường[biŋ²¹ thɯɤŋ²¹] "平时"
职责程度	phải[fai³¹²] "必须", buộc phải[buok³² fai³¹²] "必须",
倾向程度	cần[kɤ̌ n²¹] "需要", nên[nen³³] "应该"

下面的例句主要选自 Lê Lựu 的《Chuyện làng Cuội》。

概率程度:

Dường như ai đi qua cửa.　　　　　　　　好像有谁路过门口。

zɯɤŋ²¹ ɲɯ³³ ai³³ di³³ kua³³ kɯɤ³¹²

好像　　　谁　走过　门

Chú **hình như** linh cảm thấy điều gì.　　　叔叔好像感觉到什么。

tɕu²⁴ hiŋ²¹ ɲɯ³³ liŋ³³ kam³¹² thɤ̌i²⁴ dieu²¹ zi²¹

叔叔 好像　　感觉　　什么

Có lẽ ông khó xử.　　　　　　　　　　也许他觉得为难。-LL

kɔ²⁴ lɛ³²⁵ oŋ³³ χɔ²⁴ sɯ³¹²

也许　他　为难

Từ giờ đến hôm tôi đi **có lẽ** không gặp được nữa.

tɯ²¹ zɤ²¹ den²⁴ hom³³ toi³³ di³³ kɔ²⁴ lɛ³²⁵ χoŋ³³ ɣǎp³² dɯɤk³² nɯɤ³²⁵

从 现在 到 天 我 去 也许 不 见 得 MOD
从现在到我走的那天也许都不能再见面。

Chuyện này **có lẽ** Xuyến kể cho mẹ nghe thì hơn.

tɕuien³² nǎi²¹ kɔ²⁴ lɛ³²⁵ suien²⁴ ke³¹² tɕɔ³³ me³² ŋe³³ thi²¹ hɤn³³

事情 这 也许 阿铏 讲 给 妈 听 THM-CON 好
这件事也许阿铏讲给妈妈听才好。-LL

Lúc này **chắc chắn** ai cũng biết không còn con đường nào khác là đấu tranh.

luk²⁴ nǎi²¹ tɕǎk²⁴ tɕǎn²⁴ ai³³ kuŋ³²⁵ biet²⁴ χoŋ³³ kɔn²¹ kɔn³³ dɯɤŋ²¹ nau²¹ χak²⁴ la²¹ dɤ̌u²¹ tʂɛ̌ŋ³³

此时 肯定　 谁 也 知道 没有　 CLS 路　 哪 别的 是 斗争
大家现在肯定都知道除了斗争之外就没别的路了。

Chắc chắn nó đã về tới nhà.　　　他肯定已经回到家了。

tɕăk²⁴ tɕăn²⁴ nɔ²⁴ da³²⁵ ve²¹ tɤi²⁴ ɲa²¹

肯定　　他 已 回 到 家

Có thể nó đã về tới nhà.　　　可能他已回到家。

kɔ²⁴ the³¹² nɔ²⁴ da³²⁵ ve²¹ tɤi²⁴ ɲa²¹

可能　他 已 回 到 家

惯常程度

Chị **chốc chốc** lại nhìn ra ngoài.　　　她时不时看外面。

tɕi³² tɕok²⁴ tɕok²⁴ lai³² ɲin²¹ ʐa³³ ŋuai²¹

她 时不时　又 看 出 外面

Đất **thường** gặp một anh tên là Lâm.　　　阿土常与叫阿林的家伙见面。

dɤt²⁴ thɯɤŋ²¹ ɣăp³² mot³² ɛ̆ŋ³³ ten³³ la²¹ lɤm²⁴

阿土 常 见 一 哥 名 为 林

Chuyện ấy vẫn **thường** xảy ra.　　　那种事还经常发生。

tɕuien³² ɤ̆i²⁴ vɤ̆n³²⁵ thɯɤŋ²¹ săi³¹² ʐa³³

事　那 还 常　　发生

Những lần như thế anh **thường** nhận được lời trách móc âu yếm.　　　

ɲɯɯŋ³²⁵ lɤ̆n²¹ ɲɯɯ³³ the²⁴ ɛ̆ŋ³³ thɯɤŋ²¹　ɲɤ̆n³² dɯɤk³² lɤi²¹ tʂɛ̆k²⁴ mɔk²⁴ ɤ̆u³³ yem²⁴

IND-PLR 次 那样　他 常　　受到　　话 责怪　　温柔

每次那样，他就受到一些温柔的责怪。

Bình thường anh đi đâu chơi?　　　平时你去哪里玩？

biŋ²¹ thɯɤŋ²¹　ɛ̆ŋ³³ di³³ dɤ̆u³³ tɕɤi³³

平常　　你 去 哪 玩

职责程度：

Hôm nay ông **phải** làm một việc hệ trọng.　　　他今天要做一件重要的事。

hom³³ năi³³ oŋ³³　fai³¹² lam²¹ mot³² viek³² he³² tʂɔŋ³²

今天　他 要 作 一 事 重要

Phải có cách làm cho mọi chuyện êm thấm.　　　必须有使事情顺利的办法。

fai³¹²　kɔ²⁴ kɛ̆k²⁴ lam²¹ tɕɔ³³ mɔi³² tɕuien³² em³³ thɤ̆m²⁴

必须 有 办法 做　每 事　顺利

Anh **phải** làm việc suốt ngày vì　con.　　　为了孩子，他必须整天工作。

ɛ̆ŋ³³　fai³¹² lam²¹ viek³² ʂuot²⁴ ŋăi²¹ vi²¹　　kɔn³³

哥 要 工作 整天　因为 儿子

Anh **phải** có em ở đây.

ɛŋ³³ fai³¹² kɔ²⁴ ɛm³³ ɣ³¹² ɗɤ̌i³³

哥 要 有 妹 在 这

我必须有你在这儿。

Cửa hàng buộc phải giảm giá một số thứ.

kɯ̌ɣ³¹² haŋ²¹ buok³² fai³¹² zam³¹² za²⁴ mot³² ʂo²⁴ thɯ²⁴

商店 必须 降 价 一些 东西

商店必须把一些东西降价。

Anh bị buộc phải làm điều đó.

ɛŋ³³ bi³² buok³² fai³¹² lam²¹ dieu²¹ dɔ²⁴

他 被 必须 做 事 那

他被逼那样做。

倾向程度：

Tôi **đếch cần** ai trọng vọng.

toi³³ dek²⁴ kɤ̌n²¹ ai³³ tʂɔŋ³² vɔŋ³²

我 不 需要 谁 重 望

我不需要谁看得起我。

Chỉ **cần** nhớ đến cháu bà thôi nhá!

tɕi³¹² kɤ̌n²¹ ɲɣ²⁴ den²⁴ tɕau²⁴ ba²¹ thoi³³ ɲa²⁴

只 需要 想到 孙女 婆婆 MOD

只需要想到我孙女就行！

Ông **nên** đi lối này.

oŋ³³ nen³³ di³³ loi²⁴ nǎi²¹

爷 应该 走 路 这

你应该走这条路。

Cô **nên** đi vào ban ngày.

ko³³ nen³³ di³³ vau²¹ ban³³ ŋǎi²¹

她 应该 去 在 白天

她应该白天去（工作）。

五 评论系统

评论体现说话人对某人某物某事件的评述观点，评论语表达说话者对整个命题或对言语功能的态度。评论系统与语气系统不是十分密切，只出现在直陈（疑问和陈述）语气之内。从人际元功能看，它们充当附加语。评论附加语的评论重点可能是经验元功能，也可能是人际元功能。评论系统包括命题类和言语功能类等选择。命题类附加语只出现在陈述句中，表示两个信息的结构分界线。此外，也能在主语前充当主位角色（详看第十章）。言语功能类附加语可出现在陈述句（改变情态的倾向）或疑问句中（寻求听话者的观点）。评论附加语一般出现在主语前，有时出现在主语后。

表 9.3　　　　　　　　　　　　　常用评论附加语

类型	语 义		评论附加语	
			词 语	惯 用 语
命题类	断言性	显然度	rõ ràng[zɔ³²⁵ zaŋ²¹] "明明", rành rành[zĕ ŋ²¹ zĕ ŋ²¹] "明明", tất nhiên [tĕ t²⁴ ɲien³³] "必然", đương nhiên[dɯ∅ŋ³³ ɲien³³] "当然", hiển nhiên[hien³¹² ɲien³³] "显然"	không nghi ngờ gì [ɤoŋ³³ ŋi³³ ŋɤ²¹ zi²¹] "毫无疑问"
	修辞性	预言　意外度	tình cờ [tiŋ²¹ kɤ²¹] "偶然", đột nhiên [dot³² ɲien³³] "突然", bỗng nhiên [boŋ³²⁵ ɲien³³] "突然", tự nhiên[tɯ³² ɲien³³] "自然"	như đã dự kiến [ɲɯ³³ da³²⁵ zɯ³² kien²⁴] "正如所料", rất ngạc nhiên [zɤ t²⁴ ŋak³² ɲien³³] "很惊讶的事", không ngờ [ɤoŋ³³ ŋɤ²¹] "没想到", chết thật[tɕet²⁴ thɤ t³²] "糟糕"
		愿望　巧合度	may [mă i³³] "幸好", may mà [mă i³³ ma²¹] "幸好", may sao [mă i³³ ʂau³³] "幸好", vừa may [vɯ∅²¹ mă i³³]"恰巧",	không may [ɤoŋ³³ mă i³³] "不巧", tiếc thay [tiek²⁴ thă i³³] "可惜", đáng tiếc[daŋ²⁴ tiek²⁴] "可惜"
言语功能类	无修饰	说服　确信度	thật ra[thɤ t³² za³³] "其实"	thật ra mà nói [thɤ t³² za³³ ma²¹ nɔi²⁴]"老实说", chẳng giấu gì [tɕă ŋ³¹² zɤ u²⁴ zi²¹]"不瞒你说", (các) bạn xem [(kak²⁴) ban³² sem³³]"你（们）看、", có khó gì đâu[kɔ²⁴ ɤɔ²⁴ zi²¹ dɤ u³³] "没什么难"
		事实　正确度	thực tế[thɯk³² te²⁴] "实际"	trên thực tế[tʂen³³ thɯk³² te²⁴] "实际上"
	有修饰	有效　合理度	ít nhất [it²⁴ ɲɤ t²⁴] "至少", ít ra [it²⁴ za³³]"至少", chí ít [tɕi²⁴ it²⁴]"至少", tối thiểu [toi²⁴ thieu³¹²]"最少", nhiều nhất [nieu²¹ ɲɤ t²⁴]"最多", tối đa[toi²⁴ da³³] "最多"	nói chung [nɔi²⁴ tɕuŋ³³]"总体而言", nói riêng [nɔi²⁴ zieŋ³³]"具体而言", nói rộng ra [nɔi²⁴ zoŋ³² za³³]"概括而言", đại thể [dai³² the³¹²] "大体上", trên nguyên tắc[tʂen³³ ŋuien³³ tă k²⁴] "原则上"
		个人　诚实度		nói thẳng ra[nɔi²⁴ thă ŋ³¹² za³³] "直说"
		个人　精确度		chính xác mà nói [tɕiŋ²⁴ sak²⁴ ma²¹ nɔi²⁴]"准确地说", đúng ra mà nói [duŋ²⁴ za³³ ma²¹ nɔi²⁴]"正确地说", nghe nói[ŋe³³ nɔi²⁴] "听说"
		个人　秘密度		nói của đáng tội [nɔi²⁴ kuo³¹² daŋ²⁴ toi³²] "可怜地说", nói trộm vía[nɔi²⁴ tʂom³² vie²⁴] "呸呸"

例如：

显然度：

Nó **rõ ràng** không phải là người tốt.

nɔ²⁴ ʐɔ³²⁵ ʐaŋ²¹ χoŋ³³　　fai³¹² la²¹ ŋɯɤi²¹ tot²⁴

他　明明　　不　　　是　人　好

他明显不是好人。

Và, **tất nhiên** cuộc gặp gỡ vụng trộm lần thứ hai　sẽ　xảy ra.

va²¹, tɤt²⁴ ɲien³³ kuok³² ɣăp³² ɣɤ³²⁵ vuŋ³² tʂom³² lɤn²¹　thɯ²⁴ hai³³　ʂe³²⁵ săi³¹² ʐa³³

和　必然　　PRE　见面　偷偷的　　次　第　二　将　发生

然后，第二次偷偷的见面必定发生。

Không còn nghi ngờ gì nữa, cuộc tái đấu giữa AC và MU chắc chắn sẽ rất hồi hộp.

χoŋ³³ kɔn²¹ ŋi³³ ŋɤ²¹ zi²¹ nɯɤ³²⁵, kuok³² tai²⁴ dɤu²⁴ zɯɤ³²⁵ AC　va²¹ MU tɕăk²⁴ tɕăn²⁴ ʂe³²⁵ ʐɤt²⁴ hoi²¹ hop³²

不　再　疑惑　什么　　PRE　再斗　间　米兰和慢联　肯定　　将　很　刺激

毫无疑问，米兰队和曼联队的重逢肯定会很刺激。

意外度：

Gã　ăn mày **đột nhiên** ngồi vào chiếu.　　　那个乞丐突然到席子上坐下。

ɣa³²⁵ ăn³³ măi²¹ dot³² ɲien³³　　ŋoi²¹ vau²¹ tɕieu²⁴

CLS　乞丐　突然　　坐　进　席子

Bỗng nhiên chị phải cố nén một　hơi thở dài. 突然，她要咽下这口气。

boŋ³²⁵ ɲien³³ tɕi³² fai³¹² ko²⁴ nen²⁴ mot³² hɤi³³ thɤ³¹² zai²¹

突然间　　姐　必须　咽一　吸气　　长

Tự nhiên con khóc ré lên như mắng cô. 突然，儿子哭起来，很像骂她。

tɯ³² ɲien³³　kɔn³³ χɔk²⁴ ʐɛ²⁴ len³³ ɲɯ³³ măŋ²⁴ ko³³

突然　　儿子哭起　　如　骂　她

Nước mắt mẹ **tự nhiên** lại chảy xuống má.　妈妈的眼泪突然流出来，淌

nɯɤk²⁴ măt²⁴ mɛ³² tɯ³² ɲien³³ lai³² tɕăi³¹² suoŋ²⁴　　ma²⁴　在脸上。

眼泪　　妈　自然　　又　流　下　　脸

Cách xưng hô **tự nhiên** thay đổi!　　　　称呼的方式突然改变。

kɛk²⁴ sɯŋ³³ ho³³ tɯ³² ɲien³³ thăi³³ doi³¹²

方法　称呼　自然　　改变

Không ngờ nửa　đêm hôm ấy mẹ cháu đi bộ　ra bến Phà Đen.

χoŋ³³　　ŋɤ²¹ nɯɤ³¹² dem³³ hom³³ ɤi²⁴ mɛ³² tɕau²⁴ di³³ bo³² ʐa³³ ben²⁴ fa²¹ den³³

不　料　半夜　　那天　妈我　走路　到　码头 Phaden

没料到，我妈那天半夜走路到 Phaden 码头。

Không ngờ trời mùa đông xuống nhanh.　　没料到，在冬天，天很快就黑。

χoŋ³³　　ŋɤ²¹　tʂɣi²¹ muo²¹ doŋ³³ suoŋ²⁴　ɲɛ̌ŋ³³

不　　料　天　冬天　下　　快

Cô **không ngờ** lại có người hết lòng cứu giúp cô.她没想到有人尽力帮助她。

ko³³ χoŋ³³　　ŋɤ²¹　lai³² kɔ²⁴ ŋɯɣi²¹ het²⁴ lɔŋ²¹ kɯɯ²¹ zup²⁴ ko³³

姑姑 不　料　又　有 人　尽力　帮助　　姑姑

巧合度：

May mà đêm nay anh mới về!　　　　你幸亏今晚才回来。

măi³³ ma²¹ dem³³ năi³³ ɛ̌ŋ³³ mɣi²⁴ ve²¹

幸亏　　今晚　哥 才　回

May bác lại ra đây.　　　　　（伯伯）您幸亏又来这儿。

măi³³　bak²⁴　lai³² za³³ dɣi³³

幸亏 伯伯 又　出 这儿

Không may anh ấy mất,　nó phải mang con　về　quê.

χoŋ³³　　măi³³　ɛ̌ŋ³³ ɣi²⁴ mɤ̌t²⁴,　nɔ²⁴ fai³¹² maŋ³³　kɔn³³　ve²¹　kue³³

不　　幸运 他　　去世　她 必须 带 孩子 回　家乡。

他不幸去世，她要带孩子回老家。

确信度：

Nói thật với bác,　cháu cũng chưa kịp tìm hiểu　nguyên nhân gì.

nɔi²⁴ thɤ̌t³² vɣi²⁴ bak²⁴,　tɕau²⁴ kuŋ³²⁵ tɕɯɯ³³ kip³² tim²¹ hieu³¹²　ŋuien³³　　ɲɤ̌n³³ zi²¹

说 真 与 伯伯, 侄子 也　来不及　了解　　原因　　什么

老实说，（小侄）我也来不及了解什么原因。-LL

Thật ra mà nói cũng vẫn còn những　thiếu sót.

thɤ̌t³² za³³ ma²¹ nɔi²¹ kuŋ³²⁵ vɤ̌n³²⁵ kɔn²¹ ɲɯɯ³²⁵　thieu²⁴ ʂɔt²⁴

真　　而 说 也 还 有 IND-PLR 差错

老实说，仍然还有一些差错。-LL

Trên thực tế anh chỉ là người để　đội Lăng　sai vặt.

tʂen³³ thɯɯk³² te²⁴ ɛ̌ŋ³³ tɕi³¹² la²⁴ ŋɯɣi²¹ de³¹²　doi³¹² lăŋ³³　ʂai³³ văt³²

实际上　　哥 只 是 人　让 上司 Lang　使唤

实际上，他只是给阿 Lang 上司使唤。-LL

Chẳng giấu gì cô,　tôi là người mà anh ấy đang tìm.

tɕăŋ³¹² zɤ̌u²⁴　zi²¹ ko³³,　　toi³³ la²¹ ŋɯɣi²¹ ma²¹ ɛ̌ŋ³³ ɣi²⁴ daŋ³³ tim²¹

不瞒　　什么 姑姑 我 是 人　CON 他　正 找

不瞒你说，我是他正在找的人。

合理度：

Nói chung, anh ý vẫn còn là người của gia đình.

nɔi²⁴ tɕuŋ³³,　ɛ̌ŋ³³ i²⁴ vɤ̌n³²⁵ kɔn²¹ la²¹ ŋɯɤi²¹ kuo³¹² za³³ diŋ²¹

总体上　他　还　　是人　的　家庭

总体上，他还是家庭的人。（对家庭负责人的人）

Nói rộng ra, thì nhạc Soul là sự giao thoa giữa nhạc RB, nhạc Gospel và nhạc Pop.

nɔi²⁴ zɔŋ³² zạ³³, thi²¹ ɲak³² Soul la²¹ şɯ²¹ zau³³ thua³³ zɯɤ³²⁵ ɲak³² RB, ɲak³² Gospel　va²¹ ɲak³² Pop

说　广　THM 音乐 Soul 是 PRE 交叉　间　音乐 RB 音乐 Gospel 和音乐 Pop

广而言之，Soul 音乐是 RB、Gospel 和 Pop 的交叉。

Đại thể thì　mô hình tổ chức vẫn giữ nguyên như cũ.

dai³² the³¹² thi²¹　mo³³ hiŋ³³ to³¹² tɕuk³² vɤ̌n³²⁵ zu³²⁵ ŋuien³³ ɲɯ³³ ku³²⁵

大体　THM 模型　组织　还　留　原　如旧

大体上，人事结构还是跟以前的那样。

Trên nguyên tắc thì　việc này là　không thể được.

tşen³³ ŋuien³³　tăk²⁴ thi²¹　viek³² nǎi²¹ la²¹　χɔŋ³³ the³¹² dɯɤk³²

原则上　　THM 事 这 THM 不 可能

原则上，这件事是不可能的。

诚实度：

Nói thẳng ra là　hiện nay chưa có doanh nghiệp tư nhân nào làm được.

nɔi²⁴ thăŋ³¹² zạ³³ la²¹　hien³² nǎi³³ tɕɯɤ³³ kɔ²⁴ zɔ³³ɛ̌ŋ³³ ŋiep³²　tɯ³³ ɲˇn³³ nau²¹ lam²¹ dɯɤk³²

说　直　THM 现在　还没有企业　　私人　哪做 得

直说，现在没有任何私人企业能这样做。

Nói thẳng ra nhé, chính cậu ta đã làm cho cuộc sống của　tôi thêm ngộp thở!

nɔi²⁴ thăŋ³¹² zạ³³ ɲɛ²⁴, tɕiŋ²⁴ kˇu³² ta³³ da³²⁵ lam²¹ tɕɔ³³ kuok³² şoŋ²⁴ kuo³¹² toi³³ them³³ ŋɔp³² thɤ³¹²

说　直　　MOD EMP 他 已 弄　　生活　的 我 更　难呼吸

直说吧，就是你让我的生活变得更难过。

精确度：

Chính xác mà nói thì　đây không phải là cà phê Espresso.

tɕiŋ²⁴　sak²⁴ ma²¹ nɔi²⁴ thi²¹　dˇi³³ χɔŋ³³　　fai³¹² la²¹ ka²¹ fe³³ Espresso

准确　而 说 THM 这 不　　是 咖啡 Espersso

准确地说，这不是 Espersso 咖啡。

Hay đúng ra mà nói, bây giờ thì chưa kết hôn.

hǎi³³ duŋ²⁴ zạ³³　ma²¹ nɔi²⁴, bˇi³³ zɤ²¹ thi²¹ tɕɯɤ³³ ket²⁴ hon³³

或者 对　　而 说 现在　THM 未 结婚

或者正确地说，现在还没结婚。

Của đáng tội nó chẳng phải là người của công ty nữa.

kuo³¹² daŋ²⁴　toi³² nɔ²⁴ tɕăŋ³¹² fai³¹² la²¹ ŋɯɣi²¹ kuo³¹² koŋ³³ ti³³ nɯɣ³²⁵

可怜　　　他 不是　　人 的 公司 再

可怜，他不是公司的人了。（所以也不能怪他）

Nói của đáng tội, lỗi　　một phần cũng tại nàng.

nɔi²⁴ kuo³¹² daŋ²⁴ toi³², loi³²⁵　mot³² fɤn²¹　kuŋ³²⁵ tai³² naŋ²¹

说　　可怜　错误 一份　　也 在 她

可怜地说，一部分错误是她的。

Hôm nay trộm vía hai đứa bé, Tít và Chíp, chơi rất ngoan.

hom³³ năi³³ tʂom³² vie²⁴ hai³³ dɯɣ²⁴ bɛ²⁴, tit²⁴ va²¹ tɕip²⁴, tɕɣi³³ zɤt²⁴ ŋuan³³

今天　　（呸呸）两 小孩　　Tit 和 Chip 玩 很 乖

今天两个小孩 Tip 和 Chip 很乖地玩，呸呸。

（在说小孩尤其是婴儿的时候，无论是夸他还是不夸他，越南人习惯加上 "**trộm vía**[tʂom³² vie²⁴]" 这个词，表示自己的话不会影响到小孩，不会带来任何倒霉。）

第二节　语气系统与人际世界的关系

一　言语功能

语言不仅用来反映物质世界的经验，表达讲话者的亲身经历和内心活动，而且还用来扮演社会及主体间的关系，表达讲话者的身份、地位、态度、动机和对事物的推断、判断和评论。这叫做 "人际元功能"。与经验元功能相比，人际元功能是动作和交互动作的方式（a Mode of action and interaction）。

例如：对话 1（选自 Kim Lân 的 *Vợ nhặt*）

妻子：Sắp đến chưa?　　　　　快要到了吗？

şăp²⁴ den²⁴ tɕɯɣ³³

阿长：Sắp!　　　　　　　　快了！

şăp²⁴

妻子：Nhà có ai không?　　　家里有人吗？

ɲa²¹ kɔ²⁴ ai³³ χoŋ³³

阿长：Có một mình tôi mấy u.　有一个人，我和老妈。

kɔ²⁴ mot³² miŋ²¹ toi³³ mɤi²⁴ u³³

妻子：Đã một mình lại còn mấy u. Bé lắm đấy!

da³²⁵ mot³² miŋ²¹ lai³² kɔn²¹ mỹi²⁴ u³³. bɛ²⁴ lăm²⁴ dỹi²⁴

既然"一个人"怎么还有老妈。 以为自己还小啊！

在交际的过程中，交换的东西可以是"信息"，也可以是"货物及劳务"。参与者交换的角色是"给予"或者"需求"。对话之所以不断地展开，是因为有交换的轮流，即由谁开始（发话），由谁回答（答话）。在上面的对话中，从交换物来看，他们所交换的东西是"信息"。从交换角色来看，妻子是"需求"的角色，而丈夫阿长就是"给予"的角色。从轮流的角度看，发话者是妻子，答话者是丈夫阿长。

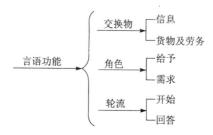

图 9.3　言语功能的选择

二　人际世界

人们在平常交际中，无论怎样变化交际角色，主要的角色只有"给予"（giving）和"需求"（demanding）；交往中所交换的可以是货物和劳务（goods and services），也可以是消息（information）。人们可以通过语言来给予消息，也可以用语言来表示对消息的要求。如果把两个交际角色和两种交换物组合起来，便构成四个言语功能，如下表所示：

表 9.4　　　　　　　　交换物与交际角色的关系

交换物 交际角色	（a）货物和劳务 提议：执行/不执行	（b）信息 命题：肯定/否定/怀疑
（i）给予	提供 我会给你做。	声明 我们在这里。
（ii）需求	命令 给我钱！	提问 你是新来的吗？

关于言语功能与语气的关系，G.Thompson（1996：40）指出"Note that three of these basic functions are closely associated with particular grammatical structures: Statements are most naturally expressed by declarative clauses; questions by interrogavitve clauses; and commands by imperative clauses. These are the three main choices in the mood system of the clause. From this perspective, offers are the odd one out, since they are not associated with a specific mood choice."（上面的其中三个基础功能与不同的语法结构有紧密关系：声明自然地体现于陈述句；提问体现于疑问句；命令体现于祈使句。这是小句语气系统上的三大选择。从这个角度看，提供是不固定的，因为它不联系到一个明确的语气选择）。

　　语法层次通过"语气系统"来体现语义层次的言语功能。越语的语气系统包括三个同时起作用的系统：语气种类、归一性和情态。语气种类又包括陈述句、疑问句和命令句。显然，人们可以用陈述句来给予消息或货物及劳务，可以用疑问句来表示对消息的需求，也可以用命令句表示对货物及劳务的需求。下图示意：

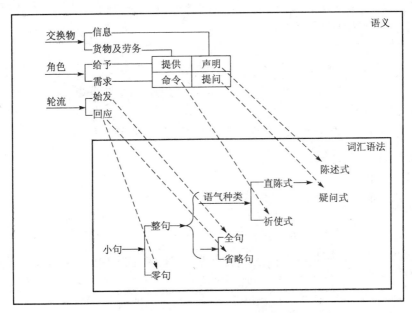

图 9.3　语气系统与人际世界的关系

注：参考 Eden 2007 和韩礼德 2004。

第三节　小结

一　理论方法调整

　　通过语气系统的选择，我们可以看出言语功能和货物类型在语法上的体现。功能上，语气结构有若干个成分：主语、谓语、补足语和附加语。

主语和补足语都是围绕谓语而言，主语的典型位置是谓语的前面，补足语的典型位置是谓语的后面。交际中的始发体（Initiating role）与回应体（Responding role）的区别决定句子是否是完整的还是省略的。交际角色可以是给予或需求，交换物可以是信息、货物甚至劳务。交际角色与交换物的搭配构成交际者的状态：声明、提问和命令。这些状态在句法上的体现是陈述式、疑问式和祈使式。这就是语气系统的三种选择。此外，从人际的角度来看，句子还有情态系统和一归性系统等选择。

韩礼德先生的语气部分确定根据是动词和限定成分（Finite）。这是针对像英语那样的语言设定的。像越语这一孤立型分析性语言来说，语气确定问题需要调整，以符合越语小句的特点。我们认为，越语小句的语气部分是依靠助词和句首位置上的过程。因此，这个语气部分（Mood）也可以叫做协商部分（Negotiatory）。从交际功能看，"语气——剩余"这一结构是有助于我们判断语气的选择的。

二　语料论证

为了提倡"操作性"，我们下面对整个故事进行人际角色分析。同时说明"语气——剩余"结构可以描写越语小句的语气选择问题。

故事 9.1：

符号：　　**语气部分**：字符边框，字符底纹，加黑，倾斜

剩余部分：字符边框

Ăn mày thời hiện đại　"新时代的乞丐"

ăn³³ mǎi²¹ thvi²¹ hien³² dai³²

乞丐　　时代现代

零语气　(1) 11h　đêm，　có tiếng chuông [[gọi cửa ngôi biệt thự]].

muɯyi²¹mot³²zɤ²¹ dem³³，　kɔ²⁴ tien²⁴ tɕuoŋ³³ [[ɣɔi³² kɯɤ³¹² ŋoi³³ biet³² thɯ³²]]

十一点　　夜间　有　铃声　　叫门　CLS　别墅

零语气　(2a) Bà chủ nhà ra

ba²¹ tɕu³¹² ɲa²¹ za³³

女主人　　出

(2b) mở cửa

零语气　.　mɤ³¹² kɯɤ³¹²

开　门

(2c) thấy một người ăn mày.

thɤ̌yi²⁴ mot³² ŋɯɤyi²¹ ăn³³ mǎi²¹

见　一　CLS　乞丐

（零句）　(3a) "Xin lỗi quý bà!" ,

　　sin³³ loi³²⁵ kǔi²⁴ ba²¹

零语气　对不起　夫人

(3b) <anh chàng khốn khổ nói một cách dè dặt> ,

零语气　ěŋ³³ tɕaŋ²¹ χon²⁴ χo³¹² nɔi²⁴ mot³² kɛk²⁴ zɛ²¹ zǎt³²

　　家伙　辛苦　　说　EMP　　慎重

祈使语气　(3c) "Vì hôm nay chẳng ai cho tôi cái ăn,

　　vi²¹ hom³³ nǎi³³ tɕǎŋ³¹² ai³³ tɕɔ³³ toi³³ kai²⁴ ǎn³³

　　因今天　　没　谁　给我　PRE 吃

(3d) xin hãy bố thí cho tôi một chút!"

　　sin³³ hǎi³²⁵ bo²⁴ thi²⁴ tɕɔ³³ toi³³ mot³² tɕut²⁴

　　MOD　布施　给我　一点

疑问语气　(4) "Anh có biết [[bây giờ là mấy giờ]] không?"

　　ěŋ³³　kɔ²⁴ biet²⁴ [[bɤi³³ zɤ²¹ la²¹ mɤi²⁴ zɤ²¹]] χoŋ³³

　　你　有　知　现在　是　几点　不

感叹语气　(5) "Dạ, thưa bà, tôi biết　chứ!

　　za³² thɯɤ³³ ba²¹ toi³³ biet²⁴ tɕɯ²⁴

　　INT 回您话 我 知道 MOD

零语气　(6a) Nhưng vào thời khủng hoảng kinh tế như thế này, thiên hạ

　　ɲɯŋ³³ vau²¹ thɤi²¹ χuŋ³¹² huaŋ³¹² kiŋ³³ te²⁴ ɲɯ³³ the²⁴ nǎi²¹, thien³³ ha³²

　　但　在　时代 危机　经济　如 此　　天下

ngày càng trở nên hà tiện,

零语气　ŋǎi²¹　kaŋ²¹ tʂɤ³¹² nen³³ ha²¹ tien³²,

　　越来越　变成　　悭吝

(6b) nên　tôi phải làm thêm giờ."

　　nen³³　toi³³ fai³¹² lam²¹ them³³ zɤ²¹

　　所以 我 须　作 添 小时

汉译：请看第七章小结的故事部分。

第十章　从语篇视野看越语小句

第一节　主位的定义及界定

一　前人对越语主位的定义及界定

现在在越语学界对主位结构这个概念并不陌生，但对其研究的角度并非完全一致。有的学者认为越语主位结构属于逻辑平面，有的认为属于句法平面，有的认为属于语用平面。

1. "句子的主位结构是属于逻辑——话语（logico-discursive）平面的现象，即只要逻辑在话语中得到线性化，它就仍然属于逻辑领域，只要它反映思维的判断，证明它还属于话语领域"（2004：67）。Cao Xuân Hạo 先生主张这个观点。他认为，如果思维不是靠有声的语言这种符号系统来传输，而用另一种符号系统来传输，那么主位结构可能不会是刚才所说的。他强调，考虑到思维的内容，主位和述位之间并非某个比另外一个重要。重要的是两者之间的思维联系，这才是句子要表达的内容。例如：

Hôm　nay, tôi　sẽ　sửa cái máy này.　　　　　今天我将修这台机器。
hom³³ nă i³³, toi³³ şɛ³²⁵ şɯɤ³¹² kai²⁴ mǎ i²⁴ nǎ i²¹
今天　　我　将　修 DEF 机器　这
Cái máy này tôi sẽ sửa hôm nay.　　　　　这台机器我今天会修。
kai²⁴ mǎ i²⁴ nǎ i²¹ toi³³ şɛ³²⁵ şɯɤ³¹² hom³³ nă i³³
DEF 机器这　我　将　修　　今天
Tôi　là người sẽ　sửa　cái　máy　này hôm nay. 我是今天修这台机器的人。
toi³³ la²¹ ŋɯɤi²¹ şɛ³²⁵ şɯɤ³¹² kai²⁴ mǎ i²⁴ nǎ i²¹ hom³³ nă i³³
我　是人　将　修 DEF 机器　这　今天
Người sẽ　sửa　cái máy　này　hôm nay　là　tôi. 今天修这台机器的人是我。
ŋɯɤi²¹ şɛ³²⁵ şɯɤ³¹² kai²⁴ mǎ i²⁴ nǎ i²¹ hom³³ nă i³³ la²¹ toi³³
人　将　修　DEF　机器这　今天　　是　我
Sửa cái máy này　là　việc　của　tôi　hôm nay. 修这台机器是我今天的事。
şɯɤ³¹² kai²⁴ mǎ i²⁴ nǎ i²¹ la²¹ viek³² kuo³¹² toi³³ hom³³ nă i³³
修　DEF 机器这 是　事　的　我　今天

Việc của tôi hôm nay là sửa cái máy này. 我今天的事是修这台机器。

viek³² kuo³¹² toi³³ hom³³ nǎ i³³ la²¹ ṣɯɤ³¹² kai²⁴ mǎ i²⁴ nǎ i²¹

事　的　我　今天　　是　修　DEF　机器　这

他认为这些小句所反映的事实可能一样，但对这个事实的判断可能不一样。在进行组织、结构化事实的时候，每个小句体现出思维的不同判断。这些小句的共同点是体现出的内容，而差别在于逻辑。因此，每个小句有不同的意义。他反对将主位结构归属于语用平面。Lưu Vân Lăng 和 Hồ Lê 赞同此观点。

2. 与上面的观点有所接近的是 Đào Thị Thanh Lan 的观点：主位结构属于句法平面，不赞成主位结构属于语用平面。她认为，主位结构是句子的主干结构，既然说是属于句法平面，那么必须指出该结构在句法上的具体体现形式（Đào Thị Thanh Lan，2002：48）。她提出了区分句子成分的五个标准：言语组织意义，与实在联系的词汇意义，句法的关系和角色、位置、词语选择。这是针对"两个成分的单句"提出的标准。在言语组织意义上，主位是前提，是思维展开的对象，是信息传递的主题，而述位是思维的展开，是关于主题的传递内容。在实在联系的词汇意义上，主位常指出事物、现象、概念等具体或抽象的实体。这种实体可以当做思维或信息传递的主题。述位说明该实体的特征。这种特征可以是该实体的性质、状态、行为，甚至能揭示该实体特征的另一个实体。从句法上的关系和角色来讲，主位和述位都是句子在句法上和语义上的核心成分。虽然信息传递方面，述位比主位重要，但在句法方面两者都重要。若其中之一被取消，整个结构会被瓦解，甚至不存在。根据线性次序（位置），主位在前，述位在后。在词语选择方面，主位常常由名词充当，述位常常是谓词。例如：

Xe này chạy nhanh.

sɛ³³ nǎ i²¹ tɕǎ i³² ɲě ŋ³³

车　这　　跑　快

主位	述位

这辆车开得快。

若没有"这辆车"，听话者会不知道什么或谁开得快。若没有"开得快"，听话者只知道信息传递的主题，但不知道该主题的特征是什么。因为认为主位结构是句子的主干，所以她提出，除了这个主干之外句子还有 Chu ngữ "周语" 和 Minh xác ngữ "明确语"（这两个术语是沿用原文的）。周语是指在句首位置上说明条件、范围等环境。明确语是指在句子主干之前的成分，用来确定主位的行动、状态、特征。例如：

Vì chồng,	chị phải tần tảo suốt mười mấy năm trời.
vi²¹ tɕoŋ²¹	tɕi³² fai³¹² tỷ n²¹ tau³¹² şuot²⁴ muɤi²¹ mỷ i²⁴ nă m³³ tʂɤi²¹
为了丈夫	她 必 辛苦 整 十 几 年
主位	述位

为了丈夫，她辛苦了十几年。

Hồi hộp quá,	anh chưa dám mở mắt ra nhìn.
hoi²¹ hop³² kua²⁴	ě ŋ³³ tɕɯɤ³³ zam²⁴ mɤ³¹² mă t²⁴ za̱³³ ɲin²¹
忐忑 很	他 没 敢 开 眼睛 看
主位	述位

心理忐忑，他不敢睁眼看。

总之，这位学者已经比前人迈进了一大步，指出了判断单句主位和述位的五个标准。

3. 主位结构是属于语用、信息、篇章的平面。与上面的两个观点相对，该观点却认为主位结构和主谓结构是属于不同平面上的结构，所以可以同时相存。主位结构主要用来研究篇章语法或句子的信息传递问题。主位结构当然也可以用来研究小句的句法问题。持此观点的有 Diệp Quang Ban、Thai Minh Duc、Hoàng Văn Vân 和 Đỗ Tuấn Minh。后三位学者完全吸收了韩礼德的系统功能观点。主位的界定跟及物性系统的经验成分有关。这也是本文对越语主位结构的界定方法。例如：

Nhưng	nói chung	chưa mấy ai	sưu tập truyện cổ tích được tương
ɲɯɯ³³	nɔi²⁴ tɕuŋ	tɕɯɤ³³mỷ i²⁴ ai³³	şɯɯ³³ tỷ p³² tʂuyen³² ko³¹² tik²⁴ dɯɤk³²
但是	总体上	没 几 谁	收集 童话 得

đối nhiều...
tɤɤŋ³³ doi²⁴ ɲieu²¹
相当 多

篇章	人际	主题	
主位			述位

但总体上，没几个人能收集那么多的童话故事（T.M.Duc, 2004: 403）。

总之，以上三种观点的差异主要在于界定的角度不同：首先是逻辑—话语的角度，然后是句法的角度，最后是语用—语义的角度。从逻辑和句法的角度来讲，主位结构被认为可以代替传统上的主谓结构。从语用和语义的角度来讲，主位结构不应该代替主谓结构，各有不同平面，有不同的作用。

二　本文对越语主位的定义及界定

前人对主位的定义和界定各持己见。第一种观点将主位归于句法平面，第二种观点将主位归于语用、语义平面。本文赞同后一种观点，因为系统功能视野下的主位结构对研究者来说能带来更多的操作性。

（一）越语主位系统的功能及特征

功能：越语主位系统在句中的体现是主位结构。主位结构可视为基本句式，不是由某种成分移位而成。从语义角度来讲，该系统只包括主位和述位两大成分。主位是信息的出发点。述位是围绕主位所说的话。主位确立容纳述位表述的框架，述位往往是话语的核心内容。主位结构是线性结构：主位在前，述位在后。主位一般是名词词组，也可以是介词短语甚至动词词组或嵌入句。主位一旦确定，剩下的成分便是述位。

特征：越语主位系统呈现如下特征：（1）主位位于句首，剩下的是述位；（2）主位和述位之间不需要保持形态上的一致关系；（3）主位是有定的成分；（4）语义上，主位表现说话人认为受话人已知道的事情，述位一般是说话人给受话人提供关于这个事情的新信息；（5）主位系统有助于揭示越语信息组织的方式。

（二）越语主位和述位的界定

上面我们介绍过识别主位的五个标准，分别是：言语组织意义、与实在联系的词汇意义、句法的关系和角色、位置、词语选择。言语组织意义是指主位是思维的对象，述位是思维的展开。与实在联系的词汇意义是指主位是实体，述位是实体的特征。句法上的关系是指主位和述位的同等重要性，二者缺一不可。线性次序是指主位在前，述位在后。词语选择是指主位常常是名词，述位常常是谓词。这些标准虽然丰富，考虑到主位的方方面面。但实际操作上是否有点繁琐？况且，这只是针对"两个成分的单句"提供的标准。因此，必须有更简单而有效的确定标准。

本文对越语主位的确定方法也采用韩礼德的确定标准，即只依靠及物性系统的第一经验成分。前一章已指出经验功能是反映、描述我们周围所发生的事件或情形。经验功能体现于及物性系统，而及物形系统体现于参与者、过程、环境等成分。这些成分在越语的体现形式常常为"环境^参与者^过程"或"参与者^过程^环境"。越语主位的最简单而严禁的定义是"主位是从句首开始到该句及物性系统中的第一个成分"。

使用以上的标准，我们可以给下面几个例句一个具有可操作性的确定方法。

Trong đời	ai	chả có	lúc nhỡ nhàng.
tṣɔŋ³³ dɤi²¹	ai³³	tɕa³¹² kɔ²⁴	luk²⁴ ɲɤ³²⁵ ɲaŋ²¹
里 人生	谁	没 有	时候 困难

环境	参与者1	过程	参与者2
主题主位	述	位	

人一生中都有困难的时候。

Thế là,	chị ơi,	rụng	bông hoa gạo.
the²⁴ la²¹	tɕi³² ɤi³³	zuŋ³²	boŋ³³ hua³³ ɣau³²
那么	姐姐，	掉下	朵 花 米

		过程	参与者
篇章	人际	主题	
主位			述位

那么，姐姐，掉下了一朵米花

　　本文的划分标准只靠及物性系统的成分，即将语义和句法相结合的方法，不依赖于其他方法。若只从句法的角度去划分，划分出来的结果会跟我们的结果不一样，例如：

（a）
Lúc	ấy	chợ	đã	vãn.
luk²⁴	ɤ̌i²⁴	tɕɤ³²	da³²⁵	van³²⁵
时候	那	菜市	已	少人

周语	主位	述位

　　　　那时候，菜市已经很少人了。（D.T.T.Lan 2002: 161）

（b）
Được sự an ủi của chồng,	người phụ nữ	yên dạ.
dɯɤk³² şɯ³²an³³ui³¹²kuo³¹²tɕoŋ²¹	ŋɯɤi²¹ fu³² nɯ³²⁵	ien³³ za³²
得到 PRE 安慰 的 丈夫	妇女	安心

明确语	主位	述位

　　　　有了老公的安慰，她觉得安心。（D.T.T.Lan 2002: 223）

　　例句（a）和（b）沿用其他学者的划分标准，这两句都把环境成分排在句子的主干之外，所以"那时候"和"有了老公的安慰"不能当主位。但是，作为及物性系统的一种经验成分，环境成分在我们的观点中却被视为有资格充当句子的主位。在这些句子中，若没有，那么后面的命题就不够准确。这些环境成分给后面的成分提供基本的框架。毫无疑问，它们有资格当主位。按照我们的观点，分析如下：

（a1）
Lúc	ấy	chợ	đã	vãn.
luk²⁴	ɤ̌i²⁴	tɕɤ³²	da³²⁵	van³²⁵
时候	那	菜市	已	少人

主位	述位

那时候，菜市已经很少人了。

（b1）　Được sự an ủi của chồng,　　　người phụ nữ　yên　dạ.

$\text{du}\gamma\text{k}^{32}\ \text{şu}^{32}\ \text{an}^{33}\ \text{ui}^{312}\ \text{kuo}^{312}\ \text{tçoŋ}^{21}$　　$\text{ŋuvi}^{21}\ \text{fu}^{32}\ \text{nu}^{325}\ \text{ien}^{33}\ \text{za}^{32}$

得到　PRE 安慰　　的　丈夫　　　妇女　　　　安心

主位	述位

有了老公的安慰，她觉得安心。

总之，句中哪里出现及物性系统的第一个成分，那么，该成分之前（含）就是主位，该成分之后就是述位。这种定义的操作性很强。

第二节　主位系统的分类

根据主位的内在功能可分成单项主位和复项主位。单项主位是只包括经验成分的主位，复项主位是由经验成分与人际成分或语篇成分共同体现的主位。

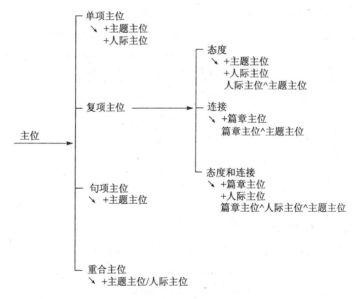

图 10.1　越语主位系统的选择

一　主题主位

越语的主题主位是一个独立的整体，用来表达我们周围的世界的经验，主要依靠及物性系统中的参与者、过程或环境成分来体现。功能上，越语的主题主位不可再分成更小的功能单位。主题主位在形式上可以由名词、动词、形容词、代词、名词词组、动词词组、形容词词组及介词短语等充当。

名词或名词词组（包括方位词组）当主位：

主位	述位
Chuyện này tɕuien³² nǎ i²¹ 事　　这	ai　chả　biết. ai³³　tɕa³¹²　biet²⁴ 谁　都　知道
Chuyện về　nàng công chúa　ngủ trong rừng tɕuien³² ve²¹　naŋ²¹ koŋ³³ tɕuo²⁴ ŋu³¹² tʂoŋ³³ zɯŋ²¹ 故事　关于 CLS　公主　　睡　在　森林	đến đây là hết. den²⁴ dˇy i³³ la²¹ het²⁴ 到　这　是　完

这件事谁都知道。

公主在森林睡眠（睡美人）的故事到此结束。

方位词组当主位：

主位	述位
Trong mắt　chị tʂoŋ³³ mǎ t²⁴ tɕi³² 里　眼　她	nhà ấy　vô cùng lịch sự. ɲa²¹ ˇy i²⁴ vo³³ kuŋ²¹ lik³² ʂɯ³² 家 那 非常　礼貌
Sau nhà ʂau³³ ɲa²¹ 后　家	có tiếng　gọi người léo xéo. ko²⁴ tieŋ²⁴　ɣɔi³² ŋɯvi²¹ lɛu²⁴ sɛu²⁴ 有　声　喊　人　闹嚷
Ba ngày sau ba³³ ŋǎ i²¹ ʂau³³ 三　天　后	thì　cụ　đi. thi²¹　ku³²　di³³ THM 祖爷 去

他在她的眼里是非常有礼貌的。

屋后，有人大声地喊叫。

三天后，祖爷就去世了。

动词或动词词组当主位。（这里的动词词组相当于嵌入句）

主位	述位
Ở ˇy³¹² 住	thì　chẳng hết　bao nhiêu. thi²¹ tɕǎ ŋ³¹² het²⁴ bau³³ ɲieu³³ THM 不　完　多　少
Ăn ǎ n³³ 吃	mới tốn. mɤi²⁴ ton²⁴ 才　耗

住没多少。

吃才费钱。

主位	述位
Mọc trắng mɔk³² tʂă ŋ²⁴ 开　白 Hút thuốc lá hut²⁴ thuok²⁴ la²⁴ 抽　香烟 Không nghe lời mẹ Χoŋ³³ ŋe³³ lɣi²¹ mɛ³² 不　听　话　妈	hoa ban hai bên sườn núi. hua³³ ban³³ hai³³ ben³³ ʂɯɣn²¹ nui²⁴ 紫荆花　两　边　山坡 có hại cho sức khỏe. kɔ²⁴ hai³² tɕo³³ ʂɯk²⁴ Χɔe³¹² 有　害　给　健康 thì về sau đừng hối hận. thi²¹ ve²¹ ʂau³³ dɯŋ²¹ hoi²⁴ hɣ n³² THM 以后　别　后悔

山坡上开满了紫荆花。

吸烟对健康有害。

不听妈妈的话，以后别后悔。

主位	述位
Hay kêu ẩm ĩ hă i³³ keu³³ ̌v m²¹ i³²⁵ 总叫吵嚷 Sợ nhất ʂɣ³² ɲ̌v t² 怕　最	là con vịt bầu. la²¹ kɔn³³ vit³² bɣ̌ u²¹ THM CLS 鸭子 là chó cùng giứt dậu. la²¹ tɕɔ²⁴ kuŋ²¹ zɯt²⁴ zɣ̌ u³² THM 狗 尽头 断 篱笆

常叫呱呱的是鸭子。

最怕的是狗急跳墙。

形容词、形容词词组当主位

主位	述位
Tham tham³³ 贪 Đẹp vô cùng dɛp³² vo³³ kuŋ²¹ 美　极了	thì thâm. thi²¹ thɣ̌ m³³ THM 深 tổ quốc ta ơi! to³¹² kuok²⁴ ta³³ ɣi³³ 祖国　我　啊

贪心就没好事（贪多嚼不烂）。

我祖国美极了！

代词当主位：

主位	述位
Nó nɔ²⁴ 它	thích cắn người. thik²⁴ kă n²⁴ ŋɯɣi²¹ 喜欢　咬　人。
Chúng nó tɕuŋ²⁴ nɔ²⁴ 他们	thì　　ai cũng biết. thi²¹　ai³³ kuŋ³²⁵ biet²⁴ THM 谁 也　知道。

它喜欢咬人。

他们啊，谁都知道。

介词短语、降级动词词组当主位：

主位	述位
Ở nhà ɤ̌³¹² ɲa²¹ 在　家	nó chẳng　bao　giờ quét　nhà. nɔ²⁴ tɕă³¹² bau³³ zɤ²¹ kuet²⁴ ɲa²¹ 他　不　　时候　扫　家
Theo ý anh thɛu³³ i²⁴ ɛ̆ ŋ³³ 据　意见 你	thì Tào Tháo có giỏi không? thi²¹ tau²¹ thau²⁴ kɔ²⁴ zɔi³¹² χoŋ³³ THM　曹操 有 棒　吗
Về việc của anh ve²¹ viek³² kuo³¹² ɛ̆ ŋ³³ 关于事　的　你	chúng tôi　còn　phải báo　cáo　lên　trên. tɕuŋ²⁴ toi³³ kɔn²¹ fai³¹² bau²⁴ kau²⁴ len³³ tʂen³³ 我们　　还　要　报告　　上级

他在家从来没扫过地。

依你看，曹操厉害吗？

关于你的事，我们还要向上级汇报。

主位甚至可以由以上几种词组一起搭配，构成复杂的层次：

主位	述位
Vấn　đề　kìm　hãm　lạm phát　trong vɤ̆ n²⁴ de²¹ kim²¹ ham³²⁵ lam³² fat²⁴ tʂoŋ³³ 问题　　控制　　通货膨胀　在 bối cảnh　kinh　tế toàn cầu　đi　xuống boi²⁴ kɛ̆ ŋ³¹² kiŋ³³ te²⁴ tuan²⁴ kɤ̆²¹ di³³ suoŋ²⁴ 背景　　经济　全球　　走 下	buộc　chúng ta　phải thận trọng. buok³² tɕuŋ²⁴ ta³³ fai³¹² thɤ̆ n³² tʂoŋ³² 必　我们　　要　谨慎

在全球经济衰退的情况下，控制通货膨胀的问题使我们对每个步骤要谨慎对待。

Dưới sức ép của EU về vấn đề zɯɤi²⁴ʂuk²⁴ɛp²⁴kuo³¹² EU ve²¹ vɤ̌ n²⁴de²¹ 下　压力　的　欧盟关于问题 cung cấp khí đốt cho mùa đông kuŋ³³ kɤ̌ p²⁴ χi²⁴ dot²⁴ tɕɔ³³ muo²¹ doŋ³³ 供应　　煤气　给　冬天	Nga và Ucraina phải nối lại ŋa³³ va²¹ Ucraina fai³¹² noi²⁴ 俄罗斯和乌克兰　要　恢复 đàm phán. lai³² dam²¹ fan²⁴ 谈判
主位	述位

在欧盟关于冬天煤气供应的压力下，俄罗斯和乌克兰必须恢复谈判。

我们发现越语主题主位常常由名词词组或名词化词组充当。当主位的名词词组可以是并列式短语或同位短语。

并列式：

Hôm qua, tại sân vận động tỉnh ta, hom³³kua³³,tai³²ʂɤ̌ n³³vɤ̌ n³²doŋ³²tiŋ³¹² ta³³ 昨天　　在 体育场　　　省 我	hai đội bóng ấy đã chơi một hai³³doi³²bɔŋ²⁴ɤ̌ i²⁴da³²⁵ tɕɤi³³mot³² 两 队 球 那 已 玩 一 trận rất xuất sắc. tʂɤ̌ n³²zɤ̌ t²⁴suɤ̌ t²⁴ʂă k²⁴ 场 很　出色
主位	述位

昨天在我省体育场两个球队踢得很好。　-D.Q.Ban

同位式：

Họ - những người mới đến - hɔ³² ɲɯŋ³²⁵ ŋɯɤi²¹ mɤi²⁴ den²⁴ 他们　IND-PLR 人　新　来	sẽ ở ngôi nhà đằng kia. ʂɛ³²⁵ ɤ³¹² ŋoi³³ ɲa²¹ dă ŋ²¹ kie³³ 将　在 CLS 家 那　儿
主位	述位

他们，新来的人，会住在那边的房间。　-D.Q.Ban

在分析越语主题主位的时候，我们发现越语主位也有一些特殊的情况，即：嵌入主位（Embedding theme）、整体主位（Absolute theme）、前置主位（Preposed theme）、和谓化主位（Predicated theme）。

嵌入主位是由嵌入句（Embedding clause）扮演主题主位角色的主位。这种嵌入句是被降级的成分，相当于一个名词性成分。再看这个名词性的嵌入句以第一参与者还是第二参与者的资格出现，以判断由嵌入句充当的主位是无标记的还是有标记的。例如：

[[Anh ta nghĩ gì]]	thì chỉ có trời mới biết.
[[ɛ̌ ŋ³³ ta³³ ŋi³²⁵ zi²¹]]	thi²¹ tɕi³¹² kɔ²⁴ tʂɤi²¹ mɤi²⁴ biet²⁴
他　想　什么	THM 只 有 天 才 知道
主位：有标记	述位

他想什么，老天爷才知道。

[[Nó cười]]	làm tôi cũng cười theo.
[[nɔ²⁴ kɯɤi²¹]]	lam²¹ toi³³ kuŋ³²⁵ kɯɤi²¹ thɛu³
他　笑	使 我 也 笑 跟
主位：无标记	述位

他笑，我跟着他笑。

整体主位排在小句经验系统结构之外，以词汇衔接方式与小句中心发生关系，通常是整体与部分的关系。整体主位出现在"整体部分"句。整体主位是无标记主位。例如：

Cô này	răng vẩu.
ko³³　nǎ i²¹	zǎ ŋ³³ vɤ̌ u³¹²
姑娘这	牙 龅
Cây này	hoa không đẹp.
kɤ̌ i³³ nǎ i²¹	hua³³ χoŋ³³ dɛp³²
树　这	花 不 美
主位：无标记	述位

这个姑娘龅牙。

这棵树的花不好看。

前置主位以某一经验成分的照应（参照）方式与小句中心发生关系，该成分第二次出现通常以代词的形式出现。前置主位是有标记的主位。越语的前置主位属于口语语体，只有主语前置，没有补语前置。例如：

Cháu nhà tôi	nó mới 23.
tɕau²⁴ ɲa²¹ toi³³	nɔ²⁴ mɤi²⁴ hai³³ ba³³
儿子 家 我	他 才 23
Bác sĩ	người ta đâu có gây khó dễ cho mình.
bak²⁴ ʂi³²⁵	ŋɯɤi²¹ ta³³ dɤ̌ u³³ kɔ²⁴ γɤ̌ i³³ χɔ²⁴ ze³²⁵ tɕɔ³³ miŋ²
大夫	人家 哪里 有 为难 给 我
主位：有标记	述位

我儿子才 23 岁。

大夫何必为难我们呢。

越语里，"là" 放在谓化主位之前使主位更加突出。谓化主位是无标记主位。例如：

Là tôi	cứ nói thế.
la²¹ toi³³	kɯ²⁴ nɔi²⁴ the²⁴
是 我	就 说 那
Là Chu Du	bảo em đến?
la²¹ tçu³³ zu³³	bau³¹² ɛm³³ den²⁴
是 周瑜	告诉 我 来
主位：无标记	述位

我就这样说。

是周瑜告诉我来的

总之，越语的主题主位可分类如下：

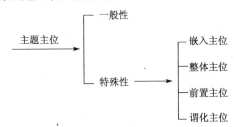

图 10.2　越语主题主位的分类

二　人际主位

越语句首位置上也可以出现人际成分，构成人际主位。人际主位不能独立，至少要跟主题主位结合。人际主位属于复项主位因此得名。越语中，人际主位和主题主位相结合的正常语序是"人际主位^主题主位"。人际主位常常运载说话人对命题或话语的态度或评估。人际主位可以体现出情态成分、称呼语和归一性附加语。情态成分是典型的人际功能成分。

（一）情态附加语（Mood Adjunct）

越语情态成分包括表"情"和表"态"的成分，"情"指说话人对陈述或建议表现出来的情感，"态"是说话人对命题中的事物表现出来的态度。情态则是说话者本人对事物认识的估量和不确定性。

表 10.1　　　越语常当主位的附加语（更详细请看图 9.2）

类别	情态附加语	是否能当人际主位
概率程度	e rằng[ɛ³³ zǎ ŋ²¹]"恐怕"，hình như[hiŋ²¹ ɲɯ³³]"好像"，dường như[zɯɤŋ²¹ ɲɯ³³]"好像"，đại khái[dai³² χai²⁴]"大概"，có lẽ[kɔ²⁴ lɛ³²⁵]"也许"，có thể[kɔ²⁴ the³¹²]"可能"，chắc hẳn[tçǎ k²⁴ hǎ n³¹²]"肯定"，chắc chắn[tçǎ k²⁴ tçǎ n²⁴]"肯定"	经常当主位

类别	情态附加语	是否能当人际主位
惯常程度	đôi khi[doi³³ χi³³]"有时", thinh thoảng[thiŋ³¹² thuaŋ³¹²]"偶尔", thường thường[thɯɤŋ²¹ thɯɤŋ²¹]"常常", bình thường[biŋ²¹ thɯɤŋ²¹]"平时"	经常当主位
职责程度	phải[fai³¹²]"必须", buộc phải[buok³² fai³¹²]"必须"	不当主位（祈使语气除外）
倾向程度	cần[kɤ̌ n²¹]"需要", nên[nen³³]"应该"	不当主位（祈使语气除外）

越语情态副词的分类问题一直是一个复杂的问题。有一些副词不止体现一种情态意义。结构关系不同，它的语义就不同。比如 có thể[kɔ²⁴ the³¹²]义属于概率程度，又属于职责程度。关于情态副词的分类人们还在争议。依据本文研究的目的，我们暂时提出上面的分类法。另一方面，在表达说话人的估量和不确定性的同时，情态副词还有使句子更加顺柔的功能，尤其是在口语中。下面的例子证明情态副词的多样性，可以出现在很多不同的场合，揭示情态副词在越语中是难以缺少的。

Có lẽ　　　　giống như tôi,　　con bé không uống được.
kɔ²⁴ lɛ³²⁵　　zoŋ²⁴ ɲɯ³³ toi³³　　kɔn³³ be²⁴ χoŋ³³ uoŋ²⁴ dɯɤk³²
也许　　　　像　如　我　　小女孩　不　喝　得

人际	主题	
主位		述位

也许像我一样，那个小女孩也不能喝。

Có lẽ　　　　tôi　　　bán con chó đấy,　　ông giáo ạ!
kɔ²⁴ lɛ³²⁵　　toi³³　　ban²⁴ kɔn³³ tɕɔ²⁴ dɤ̌ i²⁴,　　oŋ³³ zau²⁴ a³²
也许　　　　我　　　卖　CLS狗　那　　老师

人际	主题	
主位	述位	

老师！也许我该把那条狗卖出去。-NC

Đôi khi　　　　cô　　　cũng thích tâm sự với anh
doi³³ χi³³　　ko³³　　kuŋ³²⁵ thik²⁴ tɤ̌ m ʂɯ³² vɤi²⁴ ɛ̌ ŋ³³
有时候　　　　她　　　也　喜欢　谈心　与　他

人际	主题	
主位		述位

有时候，她也喜欢跟他谈心事。-NK

Thường thường　hắn　đã　ngủ một nửa　(ngay từ khi còn ở dọc đường).

thɯɤŋ²¹ thɯɤŋ²¹　hă n²⁴　da³²⁵　ŋu³¹² mot³² nɯɤ³¹²　(ŋǎ i³³tɯ²¹ɤ̆i³³kɔn²¹ɤ³¹²zɔk³²dɯɤŋ²¹)

常常　　　　他　已　睡　一　半　　EMP 从　还　在　路上

人际		主题	
主位		述位	

平常，在路上他已经睡了一会儿。　-NC

（二）评论附加语（Comment Adjunct）

　　评论附加语也就是前面所说的说话人对事物表示评论的一些词或惯用语。这类词语在语法形式上比较凝固。母语人使用评论附加语时都觉得它是一种不可再切分的语法单位。评论附加语的语义非常丰富，如下：

表10.2　　　　　　　　　　当人际主位的评论附加语

类　　　型			评 论 附	加 语	是否能当人际主位
			词语	惯用语	
命题类	断言性		rõ ràng[zɔ³²⁵ zaŋ²¹] "明明"，rành rành[zɤ̆ ŋ²¹ zɤ̆ ŋ²¹] "明明"，tất nhiên [tɤ̆ t²⁴ ɲien³³]"必然"，đương nhiên[dɯɤŋ³³ ɲien³³] "当然"，hiển nhiên[hien³¹² ɲien³³] "显然"	không nghi ngờ gì [χoŋ³³ ɲi³³ ŋɤ²¹ zi²¹]"毫无疑问"	可当主位
	修辞性	预言	tình cờ [tiŋ²¹ kɤ²¹]"偶然"，đột nhiên [dot³² ɲien³³]"突然"，bỗng nhiên [boŋ³²⁵ ɲien³³]"突然"，tự nhiên[tɯ³² ɲien³³] "自然"	như đã dự kiến [ɲɯ³³ da³²⁵ zɯ³² kien²⁴]"正如所料"，rất ngạc nhiên [zɤ̆ t²⁴ ŋak³² ɲien³³]"很惊讶的事"，không ngờ [χoŋ³³ ŋɤ²¹]"没想到"，chết thật[tɕet²⁴ thɤ̆ t³²] "糟糕"	可当主位
		愿望	may [mǎ i³³]"幸好"，may mà [mǎ i³³ ma²¹]"幸好"，may sao [mǎ i³³ şau³³]"幸好"，vừa may [vɯɤ²¹ mǎ i³³]"恰巧"，	không may [χoŋ³³ mǎ i³³]"不巧"，tiếc thay [tiek²⁴ thǎ i³³]"可惜"，đáng tiếc[daŋ²⁴ tiek²⁴] "可惜"	可当主位
言语功能类	无修饰	说服	thật ra[thɤ̆ t³² za³³] "其实"	thật ra mà nói [thɤ̆ t³² za³³ ma²¹ nɔi²⁴]"老实说"，chẳng giấu gì [tɕɤ̆ ŋ³¹² zɤ̆ u²⁴ zi²¹]"不瞒你说"，(các) bạn xem [(kak²⁴) ban³² sɛm³³]"你（们）看、"，có khó gì đâu[kɔ²⁴ χɔ²⁴ zi²¹ dɤ̆ u³³] "没什么难"	可当主位
		事实	thực tế[thɯk³² te²⁴] "实际"	trên thực tế[tʂen³³ thɯk³² te²⁴]"实际上"	可当主位

类　型			评 论 附	加 语	是否能当人际主位
			词语	惯用语	
言语功能类	有修饰	有效	ít nhất [it²⁴ ɲɣ t²⁴]"至少", ít ra [it²⁴ za³³]"至少", chí ít [tɕi²⁴ it²⁴]"至少", tối thiểu [toi²⁴ thieu³¹²]"最少", nhiều nhất [ɲieu²¹ ɲɣ t²⁴]"最多", tối đa[toi²⁴ da³³] "最多"	nói chung [nɔi²⁴ tɕuŋ³³]"总体而言", nói riêng [nɔi²⁴ zjeŋ³³]"具体而言", nói rộng ra [nɔi²⁴ zɔŋ³² za³³]"概括而言", đại thể [dai³² the³¹²]"大体上", trên nguyên tắc[tʂen³³ ŋuien³³ tɐ̌ k²⁴]"原则上"	可当主位
		个人		nói thẳng ra[nɔi²⁴ thɐ̌ ŋ³¹² za³³]"直说", chính xác mà nói [tɕiɲ²⁴ sak²⁴ ma²¹ nɔi²⁴]"准确地说", đúng ra mà nói [duŋ²⁴ za³³ ma²¹ nɔi²⁴]"正确地说", nghe nói[ŋe³³nɔi²⁴] "听说", nói của đáng tội [nɔi²⁴ kuo³¹² daŋ²⁴ toi³²]"可怜地说", nói trộm vía[nɔi²⁴ tʂom³² vie²⁴] "呸呸"	可当主位

例如：

断言类：

Rõ ràng	là		chẳng ai		muốn	thế!
zɔ³²⁵ zaŋ²¹	la²¹		tɕɐ̌ ŋ³¹² ai³³		muon²⁴	the²⁴
明明	THM		没	谁	想	这样

人际		主题			
主位			述位		

明明是没人想这样。

预言类：

Tự	nhiên		nước	mắt Duệ		chảy	giàn dụa.
tɯ³²	ɲien³³		nɯɤk²⁴	mɐ̌ t²⁴ zue³²		tɕɐ i³¹²	zan²¹ zuo³²
自然			眼泪	阿 Due		流	多

人际		主题			
主位			述位		

突然间，阿 Due 流了很多眼泪。-NK

Rồi		đột nhiên		hắn	khát (……).
zoi²¹		dot³² ɲien³³		hɐ̌ n²⁴	χat²⁴ (……)
然后		突然		他	渴

篇章		人际	主题		
		主位		述位	

之后，他突然渴了。-NC

Chết thật,		cô ta	bị thương rồi !
tɕet²⁴ thɣ̌ t³²		ko³³ ta³³	bi³² thɯɣŋ³³ ʐoi²¹
死　真		她	受伤　　了
人际	主题	述位	
主位			

糟糕，她受伤了！-NMC

愿望类：

May mà	còn có	đất	mua	chịu được.
mǎ i³³ ma²¹	kɔn²¹ kɔ²⁴	dɣ̌ t²⁴	muo³³	tɕiu³² dɯɣk³²
幸亏	还　有	地方	买　赊　得	
人际	主题			
主位		述位		

幸亏还有地方给赊购。-NC

Rồi ra	may mà	ông giời	cho khá.
ʐoi²¹ ʐa³³	mǎ i³³ ma²¹	oŋ³³ zɣi²¹	tɕɔ³³ χa²⁴
然后	幸好	老天爷	给　生活好
篇章	人际	主题	
主位			述位

然后，幸亏老天爷让你们生活过得好一点。-KL

Tiếc là	anh	không có mặt	lúc đấy.
tiek²⁴ la²¹	ɛ̌ ŋ³³	χɔŋ³³ kɔ²⁴ mǎ t³²	luk²⁴ dɣ̌ i²⁴
可惜	你	不　在场	那时候
人际	主题		
主位		述位	

可惜，你那时不在场。

说服类：

Thật ra	thì	thị	cũng chẳng nghĩ ngợi nhiều đến thế.
thɣ̌ t³² ʐa³³	thi²¹	thi³²	kuŋ³²⁵ tɕǎ ŋ³¹² ŋi³²⁵ ŋɣi³² ɲieu²¹ den²⁴ the²⁴
其实　THM		她	也　不　考虑　多　如此
人际	主题		
主位		述位	

其实，她也没有那么多的考虑。　-NC

事实类：

Trên thực tế	anh	chỉ là	người [[để anh	đội	Lăng	sai vặt]].
tşen³³thɯk³²te²⁴	ɛ̆ ŋ³³	tɕi³¹²la²¹	ŋɯɤi²¹ [[de³¹² ɛ̆ ŋ³³	doi³² lɐ̆ ŋ³³	şai³³ vɐ̆ t³²]]
实际上	他	只 是	人　给	上司	阿Lang	打杂

人际	主题	
主位		述位

实际上，他只是给 Lang 上司打杂的人。-LL

有效类：

Ít ra thì		anh ấy	cũng	phải	đến	đây	trước.
ɪt²⁴ za³³ thi²¹		ɛ̆ ŋ³³ ɤ̆ i²⁴	kuŋ³²⁵	fai³¹²	den²⁴	dɤ̆ i³³	tşɯɤk²⁴
起码 THM		他	也	得	到	这儿	先

人际	主题	
主位		述位

至少他也要先到这儿。

个人类：

Nghe nói hình như	đồng chí ấy	có	một	cái	tên	nào khác?
ŋe³³nɔi²⁴ hiŋ²¹ ɲɯ³³	doŋ²¹ tɕi²⁴ ɤ̆ i²⁴	kɔ²⁴	mot³²	kai²⁴	ten³³	nau²¹ χak²⁴
听说　好像	同志　那	有	一	DEF	名字哪	别的

人际	人际	主题	
主位			述位

听说，好像那个同志还有别的名字？

Đúng ra	tên của tay này	phải là	Lưu Manh Hiêu (……).
duŋ²⁴ za³³	ten³³ kuo³¹² tɐ̆ i³³ nɐ̆ i²¹	fai³¹² la²¹	lɯɯ³³ mɛ̆ ŋ³³ hieu²⁴
对 言之	名字 的　家伙这	必 是	流　氓　笑

人际	主题	
主位		述位

准确地说，这个家伙的名字应该是流氓笑（而不是刘明孝）。-LL

（三）称呼语（Vocative Adjunct）

越语的称呼语可以出现在句首的位置上，也可以出现在句尾的位置上。这两个位置都不影响交际的效果。说话人同样能指出交际对方，限定命题约束的对象。例如：

Anh Huân ạ,	em	muốn	tâm	sự	với	anh	một câu	chuyện.
ɛ̆ ŋ³³ huɤ̆ n a³²	ɛm³³	muon²⁴	tɤ̆ m³³	şɯ³²	vɤi²⁴	ɛ̆ ŋ³³	mot³² kɤ̆ u³³	tɕuien³²
哥 勋 MOD	我	想	谈心事		与	你	一	故事

称呼语	

阿勋哥，我有心事想跟你谈谈。-NK

Giá	đôi	lạng	vàng	chứ	chưa	vị	tất	đã	bán	đâu	anh Huân ạ.
za²⁴	doi³³	laŋ³²	vaŋ²¹	tɕɯ²⁴	tɕɯɤ³³	vi³²	tɤ̌²⁴	da³²⁵	ban²⁴	dɤ̌ u³³	ɛ̌ ŋ³³ huɤ̌ n³³ a³²
价	两	两	黄金	而	没	未必		已	买	MOD	哥 勋 MOD

| | | | | | | | | | | | 称呼语 |

价格两两黄金也未必同意卖啊，阿勋哥。-NK

称呼语若出现在句首位置上就成为人际主位。因为，这时候的称呼语都出现在第一个经验成分的前面。这样划分下来，句首的称呼语也符合我们对主位的划分标准。换言之，如果小句开始于一个人际成分，我们跟着人际成分找到第一个及物性成分为止，这两种成分都是小句的主位。在其之后就是述位。

Các	anh ơi,	em	không biết hát đâu!
kak²⁴	ɛ̌ ŋ³³ ɤi³³	ɛm³³	χoŋ³³ biet²⁴ hat²⁴ dɤ̌ u³³
DEF-PLR 哥 MOD		我	不 会 唱 MOD

人际	主题	
主位		述位

先生们，我不会唱歌！-NK

Anh Chí ơi	sao	anh lại làm ra thế?
ɛ̌ ŋ³³ tɕi²⁴ ɤi³³	ʂau³³	ɛ̌ ŋ³³ lai³² lam²¹ za³³ the²⁴
阿志 MOD	为何	你 却 做 出 这样

人际	主题	
主位		述位

阿志，为什么你这样做？-NC

Các	cậu	ơi,	hãy	chịu khó	đợi một chút !
kak²⁴	kɤ̌ u³²	ɤi³³	hǎ i³²⁵	tɕiu³² χɔ²⁴	dɤi³² mot³² tɕut²⁴
DEF-PLR 兄弟 MOD			请	耐心	等 一点

人际	主题	
主位		述位

兄弟们，请耐心等一会儿！ -NMC

Thị	ơi,	thị	rụng bị bà!
thi³²	ɤi³³	thi³²	ʐʊŋ³² bi³² ba²¹
香果	MOD	香果	掉 包 我

人际	主题	
主位		述位

香果啊，你掉进我的包吧！

根据正式程度，越语称呼语可以分为正式和一般等两类。正式类的标记是 thưa[thɯv³³]、kính thưa[kiŋ²⁴ thɯv³³]、ạ[a³²]，一般类可以不带任何称呼标记，或者带 ơi[vi³³]、à[a²¹]。

（四）归一性附加语（Polarity Adjunct）

越语归一系统中的 không[χoŋ³³]"不"和 có[kɔ²⁴]"有"（或其他相等单位，如 vâng[vǎ ŋ³³]"是"、dạ[za³²]"是"）用在省略句而它们后面不引出任何小句的时候，就成为人际主位。归一性疑问句最简单的回答形式就是省略句。祈使句最简单的回复也是省略句。这时候，归一性附加语应该被处理为小句的人际主位。换言之，对归一性问句或祈使句做出回答的省略形式就有人际功能。

对话 1：

甲： Sao, có ý kiến gì không? 怎么了，有什么意见吗？
şau³³, kɔ²⁴ i²⁴ kien²⁴ zi²¹ χoŋ³³?

乙： Không! 没有！
χoŋ³³

对话 2：

甲： Thôi mà, anh biết em thức rồi! Dậy đi! 算了，我知道你睡醒了！起床吧！
thoi³³ ma²¹, ě ŋ³³ biet²⁴ ɛm³³ thɯk²⁴ zoi²¹! zǎ i³² di³³!

乙： Không! 不！
χoŋ³³

上面的两次回答都是为归一性附加语，单独构成省略句时带有重音。其主位分析如下：

Không

χoŋ³³

不

附加语：归一
语气部分
人际主位

（五）可独立的人际主位（Independent Interpersonal Theme）

以上所谈的都是非独立的人际主位。经考察，越语有一部分人际成分可以独立充当主位角色，而不需要主题主位的出现。这类叫做可独立的人际主位。D.Q.Ban (2005:267)也曾经提过"单项主位也可以是人际主位"，

例如：

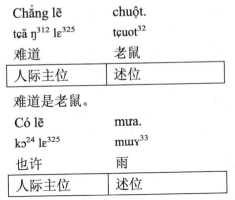

Chẳng lẽ tɕǎ ŋ³¹² lɛ³²⁵ 难道	chuột. tɕuot³² 老鼠
人际主位	述位

难道是老鼠。

Có lẽ kɔ²⁴ lɛ³²⁵ 也许	mưa. mɯɣ³³ 雨
人际主位	述位

也许下雨。

我们赞成这个观点，认为上面两个例句在越语中非常自然，使用的频率不低。而且，这两个句子都不是零句（Minor clause），它们都是整句（Major clause），完全可以单独使用。此外，主位述位结构是属于语篇元功能，所以主位是情态成分，述位是经验成分，这个现象是完全可以理解的。

我们也曾经考虑过上面两个例句是否是少数的、非典型的，只是主位结构的一两个特殊情况而已，不足以认定"越语人际主位是有单项性的"。但是，我们的语料表明，像这样的句子，越语中还有为数不少，例如：

Thật ra thɤ̌ t³² za³³ 其实	rất đắt. zɤ̌ t²⁴ dǎ t²⁴ 很 贵
人际主位	述位

其实很贵。

Công bằng mà nói thì
koŋ³³ bǎ ŋ²¹ ma²¹ nɔi²⁴ thi²¹
公平 而 说 THM
	vui，
	vui
	快乐
		// nhưng
		//ɲɯŋ³³
		但
			có lẽ
			kɔ²⁴ lɛ³²⁵
			也许
				hơi đắt.
				hɤi³³ dǎ t²⁴
				有点贵

人际主位	述位	篇章主位	人际主位	述位

平心而论，高兴，但也许有点贵。

Tự nhiên thì
tɯ³² ɲien³³ thi²¹
突然 THM
	lạm phát
	lam³² fat²⁴
	通货膨胀
		// sống
		//ʂoŋ²⁴
		活
			thế nào bây giờ?
			the²⁴ nau²¹ bɤ̌ i³³ zɤ²¹
			怎么 现在

人际主位	述位	人际主位	述位

突然发生通货膨胀，现在怎么活呢？

三　篇章主位

越语句首的连续附加语（continuative adjunct）及连接附加语（conjunctive adjunct）都可以是构成篇章主位的材料。连续附加语是指与上文（会话）保持连续的成分，有助于说话人给会话添加新内容。连接附加语是指在逻辑语义关系上与上下文保持连接的成分，可以是结构连接（structural，局部范围）或非结构连接（范围可很广）。篇章主位的主要功能是连接语句，引出其后的内容，不参与构成句子作为一个命题的基本语义。篇章主位即使在句首的位置上也不能单独充当主位的角色，至少要跟主题主位的成分结合，有时也有人际成分出现在中间。所以篇章主位也是一种复项主位。篇章主位和主题主位、人际主位相结合的正常语序是"篇章主位^人际主位^主题主位"。

（一）连续附加语（Continuative Adjunct）

在对话中，连续词用来标示说话人对原来的话题增加新的内容，或有意从这个话题转到新的话题。总之，连续词标示对话的转向。下面的对话（选自 Vũ Trọng Phụng 的《Số đỏ》）为例：

Bà Phó Đoan:　Anh đừng xưng con với tôi! Tôi là người văn minh, không
（副队长夫人）　phân biệt giai cấp, không chia rẽ sang hèn...

ɛ̆ ŋ³³ dɯɰ²¹ sɯŋ³³ kɔn³³ vɤi²⁴ toi³³! toi³³ la²¹ ŋɯɣi²¹ vă n³³ miŋ³³, χɔŋ³³ fɤ̆ n³³ biet³² zai³³ kɤ̆̌ p²⁴, χɔŋ³³ tɕie³³ zɛ³²⁵ saŋ³³ hɛn²¹

你不要跟我称呼"小人"！我是文明人，不注重阶级，不搞贫富分化。

Xuân tóc đỏ:　Bẩm vâng.
（红头发的阿　bɤ̆̌ m³¹² vɤ̆̌ ŋ
春）

是。

Bà Phó Đoan:　Thế anh còn bố mẹ không?

the²⁴ ɛ̆ ŋ³³ kɔn²¹ bo²⁴ mɛ³² χɔŋ³³

那你还有父母吗？

Xuân tóc đỏ:　Bẩm, tôi mồ côi cả bố lẫn mẹ từ sớm.

bɤ̆̌ m³¹², toi³³ mo²¹ koi³³ ka³¹² bo²⁴ lɤ̆̌ n³²⁵ mɛ³² tɯ²¹ sɤm²⁴

我从小就是孤儿。

Bà Phó Đoan:　Tội nghiệp! Thế anh đã có vợ con gì chưa?

toi³² ŋiep³²! the²⁴ ɛ̆ ŋ³³ da³²⁵ kɔ²⁴ vɤ³² kɔn³³ zi²¹ tɕɯɣ³³

可怜！那你娶妻生子了吗？

Xuân tóc đỏ:　Bẩm chưa.

bɤ̆̌ m³¹² tɕɯɣ³³

还没。

Bà Phó Đoan:	Tội nghiệp! Thế là tốt lắm! Bây giờ thời buổi khó khăn, cũng không nên vợ con làm gì vội. Thế anh có biết tôi gọi anh đến đây làm gì không?

toi³² ɲiep³²! the²⁴ la²¹ tot²⁴ lă m²⁴! bɤ̌ i³³ zɤ²¹ thɤi²¹ buoi³¹² χɔ²⁴ χă n³³, kuŋ³²⁵ χɔŋ³³ nen³³ vɤ³² kɔn³³ lam²¹ zi²¹ voi³². the²⁴ ɛ̌ ŋ³³ kɔ²⁴ biet²⁴ toi³³ γɔi³² ɛ̌ ŋ³³ den²⁴ dɤ̌ i³³ lam²¹ zi²¹ χɔŋ³³?

可怜！那是很好！现在是困难的时候，也要急得娶妻生子。那你知道我叫你来这里干什么吗？

Xuân tóc đỏ:	Bẩm chưa ạ. Chúng tôi chờ xem bà lớn phán bảo những gì.

bɤ̌ m³¹² tɕɯɤ³³ a³². tɕuŋ²⁴ toi³³ tɕɤ²¹ sɛm³³ ba²¹ lɤn²⁴ fan²⁴ bau³¹² ɲɯɯŋ³²⁵ zi²¹

不知道。我们在等您吩咐。

上面的对话中有三个问句开始于连续附加语"thôi[thoi³³]"。"thôi[thoi³³]"能使三个问句与交际中的其他句子贯穿在一起。"thôi[thoi³³]"标示女主人公对交际展开新的方向。第一方向是问父母情况，第二方向转到问娶妻生子的情况，最后的开展方向是侦探男主人公是否知道被叫来的原因。每个问句具体分析如下：

Thế	anh	còn bố mẹ	không?
the²⁴	ɛ̌ ŋ³³	kɔ²⁴ bo²⁴ mɛ³²	χɔŋ³³
那	你	有 父母	不

篇章	主题	述位
主位		

那，你还有父母吗？ -VTP

Thế	anh	đã	có	vợ	con	gì	chưa?
the²⁴	ɛ̌ ŋ³³	da³²⁵	kɔ²⁴	vɤ³²	kɔn³³	zi²¹	tɕɯɤ³³
那	你	已	有	妻	子	什么	没

篇章	主题	述位
主位		

那你娶妻生子了吗？ -VTP

Thế	anh	có	biết	tôi	gọi	anh	đến	đây	làm gì	không?
the²⁴	ɛ̌ ŋ³³	kɔ²⁴	biet²⁴	toi³³	γɔi³²	ɛ̌ ŋ³³	den²⁴	dɤ̌ i³³	lam²¹ zi²¹	χɔŋ³³
那	你	知道		我	叫	你	来	这儿	做 什么	不

篇章	主题	述位
主位		

那你知道我叫你来这里干什么吗？ -VTP

越语的连续附加语数量不少，除了 thế[the²⁴]之外，thôi[thoi³³]、thôi thì[thoi³³ thi²¹]、thế thì[he²⁴ thi²¹]、nào[he²⁴ thi²¹]、này[nǎ i²¹]、à[a²¹,]、ừ[ɯ²¹]、ờ[ɣ²¹]、ồ[o²¹]等词也是连续附加语，放在句首位置时就成为篇章主位。例如：

Thôi,	anh	không phải là	người thông minh!
thoi³³	ě ŋ³³	χoŋ³³ fai³¹² la²¹	ŋɯɣi²¹ thoŋ³³ min³³
好了	你	不　　是	人　聪明

篇章	主题	述位
主位		

算了，你不是聪明人！ -VTP

Này!	Anh	đã	biết gì chưa?
nǎ i²¹	ě ŋ³³	da³²⁵	biet²⁴ zi²¹ tçɯɣ³³
喂！	你	已	知道 什么 没

篇章	主题	述位
主位		

喂，你知道什么了吗？ -NC

Ờ!	Nói vậy	còn dễ nghe……
ɣ³¹²	nɔi²⁴ vɣ̌ i³²	kɔn²¹ ze³²⁵ ŋe³³
对！	说 那样	还 容易 听

篇章	主题	述位
主位		

对！这样说才顺耳……-NC

此外，归一性附加语也能充当篇章主位的角色。只要不出现在省略句，归一性附加语就可以用来引出后面的小句。因为这个作用，句首上的归一性附加语才有主位突出性。下面两个对话中的 vâng[vɣ̌ ŋ]"是"和 không[χoŋ³³]"不"是小句的篇章主位。

对话1：（选自 Nam Cao 的《Đôi mắt》）

甲：Mình thắp đèn to đấy à?　　　　　　你把灯调亮吗？

　　miŋ²¹ thǎ p²⁴ dɛn²¹ tɔ³³ dɣ̌ i²⁴ a²¹

乙：Vâng, tôi đổ thêm dầu đã.　　　　　　是，我多加油。

　　vɣ̌ ŋ, toi³³ do³¹² them³³ zɣ̌ u²¹ da³²⁵

对话2：

甲：Tối chú Vỹ mới đến hả cô?　　　　　　姑姑！伟叔刚来吗？

toi²⁴ tɕu²⁴ vi³²⁵ mɣi²⁴ den²⁴ ha³¹² ko³³

乙：Không, chẳng ai đến cả.　　　　　　不，没人来。

χoŋ³³, tɕă ŋ³¹² ai³³ den²⁴ ka³¹²

例句分析如下：

Vâng,	tôi	đổ thêm dầu	đã.
vɣ̌ ŋ³³	toi³³	do³¹² them³³ zɣ̌ u²¹	da³²⁵
是	我	加　多　油	MOD

归一性附加语	代词	动词词组	MOD
人际	经验		
主位		述位	

是，我多加油。-NC

Không,	chẳng	ai	đến	cả.
χoŋ³³	tɕă ŋ³¹²	ai³³	den²⁴	ka³¹²
不	没	人	到	MOD

归一性附加语	NEG	代词	动词	MOD
人际	经验			
主位			述位	

不，没人来。

越语中，两个连续附加语一起在句首出现这个情况也比较普遍，尤其是在口语中。例如：

Thôi	thế	me	xin lỗi	cậu	vậy!
thoi³³	the²⁴	mε³³	sin³³ loi³²⁵	kɣ̌ u³²	vɣ̌ i³²
算	那	妈	抱歉	你	MOD

篇章		主题	述位		
主位					

好了，就算妈对不起你吧！　-VTP

À,	thế thì	tôi	quên.
a²¹	the²⁴ thi²¹	toi³³	kuen³³
哟	那么	我	忘

篇章		主题		
主位			述位	

哟，那么我忘了（没记住）。　-VTP

Ừ,	thôi thì	[[các con đã phải duyên phải kiếp với nhau]],	u cũng mừng.
ɯ²¹	thoi³³ thi²¹	[[kak²⁴ kɔn³³da³²⁵fai³¹²zuien³³fai³¹²kiep²⁴vɤi²⁴ɲau³³]]	u³³kuŋ³²⁵mɯŋ²¹
好	那么	DEF-PLR 孩子已爱上　　互相	妈 也 高兴

篇章	篇章	主题/句项	
主位			述位

好了，那么你们相爱了，我心里也很高兴。-KL

（二）连接附加语（Conjunctive Adjunct）

连接附加语用来连接小句和小句、句子和句子、小句和句子。传统语言学将之排在句子的主干结构之外。功能上，它不属于语气系统（语气部分和剩余部分），也不属于及物性系统（参与者、过程和环境）。它可以将这个小句与其前面的小句、句子进行连接，也可以与其后面的小句进行连接。将之与后面小句进行连接的叫做"结构连接"。将之与前面小句、句子进行连接的，叫做"非结构连接"。简单说，结构连接是小句复合体中的小句与小句之间的连接，非结构连接是句子与句子之间的连接。因此，结构连接是指小句与它后面的小句发生连接，非结构连接是指小句与其前面的句子发生连接。

表 10.3　　　　　　　　　　**越语常用结构连接附加语**

意 义		联 合	主 从
附加	肯定	và[va²¹] "和"	
	转折	nhưng[ɲɯŋ³³] "但是", mà/ còn [ma²¹/ kɔn²¹] "而"	
变化	替换	nhưng[ɲɯŋ³³] "但是", còn[kɔn²¹] "而"	
选择		hay/ hoặc[hă i³³/ huă k³²] "或者"	
时间		rồi[zoi²¹] "然后", và[va²¹] "和"	
因果	原因		vì/ bởi/ tại/ do/ nhờ [vi²¹/ bɤi³¹²/ tai³²/ zɔ³³/ ɲɤ²¹] "因为"
	结果		nên/cho nên [nen³³/ tɕo³³ nen³³] "所以"
	目的		để[de³¹²] "以便"
条件	肯定		nếu[neu²⁴] "如果" ,hễ[he³²⁵] "一旦", miễn sao[mien³²⁵ ʂau³³] "只要"
让步			dù/ mặc dù/ tuy/ thà[zu²¹/ mă k³² zu²¹/ tɯ i³³/ tha²¹] "虽然"
假设			giá/ giả sử[za²⁴/ za³¹²ʂɯ³¹²] "假如"

例如：

(a)Thị　　thấy không buồn ngủ,　(b) và　　thị　　cứ　lăn ra lăn vào.

thi³²　　thɤ̌ i²⁴ χoŋ³³ buon²¹ ŋu³¹²　va²¹　thi³²　kɯ²⁴ lǎ n³³ zạ³³ lǎ n³³ vau²¹

她　　觉得 不 困　　　　　和　　她　　一直 翻 出 翻 进

主题		篇章	主题	
主位	述位	主位		述位

她觉得不困，总是翻来翻去。-NC

(a) Vợ　tôi　　không ác,　(b) nhưng　　thị　　khổ quá rồi.

vɤ³²　toi³³　χoŋ³³ ak²⁴　ɲɯŋ³³　　thi³²　χo³¹² kua²⁴ zọi²¹

妻子 我　不 恶　　但　　她　　苦 太 了

主题		篇章	主题	
主位	述位	主位		述位

我的妻子很善良，但她太辛苦了。-NC

(a) Giá　hắn　biết hát　(b) thì　　có lẽ　　hắn　không cần chửi.

za²⁴　hǎ n²⁴　biet²⁴hat²⁴　thi²¹　ko²⁴ lɛ³²⁵　hǎ n²⁴ χoŋ³³ kɤ̌ n²¹ tɕɯi³¹²

假如 他 会 唱　THM-CON 也许　他　不 需要 骂

篇章	主题		篇章	人际	主题	
主位	述位		主位			述位

假如他会唱，他也许不必骂人。　-NC

表 10.4　　　　　　　越语常用非结构连接附加语

意义		非结构连接
附加	肯定	và[va²¹] "和"
	转折	nhưng[ɲɯŋ³³] "但是"
时间	早期	trước đó[tʂɯɤk²⁴ dɔ²⁴] "之前"
	同时	trong khi đó[tʂɔŋ³³ χi³³ dɔ²⁴] "与此同时"
	后来	sau đó[ʂau³³ dɔ²⁴] "然后"，về sau[ve²¹ ʂau³³] "后来"，sau cùng[ʂau³³ kuŋ²¹] "最后"，cuối cùng[kuoi²⁴ kuŋ²¹] "最后"，rốt cuộc[zọt²⁴ kuok³²] "毕竟"，tóm lại/chung quy[tɔm²⁴ lai³²/tɕuŋ³³ kǔ i³³] "总之"，rồi[zọi²¹] "然后"，và[va²¹] "和"
因果	原因	bởi/bởi vì [bɤi³¹²/bɤi³¹² vi²¹] "因为"，hóa ra/thì ra[hua²⁴ zạ³³/thi²¹ zạ³³] "原来"
	结果	vì vậy[vi²¹ vɤ̌ i³²] "因此"，cho nên/thành ra[tɕɔ³³ nen³³/thɛ̌ ŋ²¹ zạ³³] "所以"，thảo nào/hèn chi[thau³¹² nau²¹/hɛn²¹ tɕi³³] "怪不得"
条件	否定	nếu không[neu²⁴ χoŋ³³] "否则"
	让步	dù sao[zu²¹ ʂau³³]/bất luận thế nào[bɤ̌ t²⁴ luɤ̌ n³² the²⁴ nau²¹]/dù thế nào đi chăng nữa[zu²¹ the²⁴ nau²¹ di³³ tɕǎ ŋ³³ nɯv³²⁵] "无论如何"，bằng mọi giá[bǎ ŋ²¹ mɔi³² za²⁴] "不管怎么样"
	比较	tương tự[tɯɤŋ³³ tɯ³²] "同样"

例如：

Thì ra		lão	đang nghĩ đến thằng con lão.
thi²¹ ẓa³³		lau³²⁵	daŋ³³ ŋi³²⁵ den²⁴ thă ŋ²¹ kɔn³³ lau³²⁵
原来		老人家	正 想到 CLS 儿子老人家
人际	主题		
主位			述位

原来，他老人家正在想他自己的儿子。-NC

Bởi	từ	đấy	thì	đối với	hắn	không còn ngày tháng nữa.
bɣi³¹²	tɯ²¹	dɣ̌ i²⁴	thi²¹	doi²⁴ vɣi²¹	hă n²⁴	χɔŋ³³ kɔn²¹ ŋǎ i²¹ thaŋ²⁴ nɯɣ³²⁵
因	从	那时	THM	对	他	没有 日子月 再
篇章	经验					
主位				述位		

因为从那时候起对他来说没有日月的概念了。-NC

Bởi vì		từ	đấy	hắn	bao giờ	cũng	say.
bɣi³¹² vi²¹		tɯ²¹	dɣ̌ i²⁴	hă n²⁴	bau³³ zɣ²¹	kuŋ³²⁵	şă i³³
因为		从	那时	他	时候	也	醉
篇章	经验						
主位				述位			

因为，从那时候起对他时时刻刻都在醉酒中。 -NC

Và		năm chục đồng bạc		đối với	nhà	mình	là	mấy
va²¹		nă m³³ tɕuk³² doŋ²¹ bak³²		doi²⁴ vɣi²⁴	ɲa²¹	miɲ²¹	la²¹	mɣ̌ i²⁴
和		五 十 块 钱		对	家	我	是	多少
篇章	经验							
主位				述位				

五十块钱对我们家来说能算多少！-NC

Vì thế,		Chí Phèo	mới	được	vênh vênh	ra	về.
vi²¹ the²⁴		tɕi²⁴ fɛu²¹	mɣi²⁴	dɯɣk³²	veŋ³³ veŋ³³	ẓa³³	ve²¹
因此		阿志	才	得	洋洋得意	回去	
篇章	经验						
主位			述位				

因此，阿志才能洋洋得意地回去。-NC

结构连接附加语可以表达附加、变化、选择、时间、因果、条件让步、假设等意义。非结构连接附加语以表达附加、时间、因果、条件、让步、比较等意义。其中，有一些附加语可以用来连接后面的小句，也可以用来连接前面的句子，所以，它们是兼类的，又是结构连接附加语，又是非结构连接附加语，比如：và[va²¹]"和"，rồi[ʐoi²¹]"然后"，nhưng[ɲɯŋ³³]"但是"，bởi vì[bɤi³¹² vi²¹]"因为"，cho nên[tɕo³³ nen³³]"所以"。

非结构连接附加语范围很广，不仅被限制在一句话中，还可以体现跨段落的逻辑语义关系，主位性非常强。非结构连接的主位性比结构连接的主位性突出得多。

四　句项主位

句项主位指的是整个小句可以充当主位的角色，功能上相当于主题主位。说到句项主位就涉及小句复合体的问题。在相互关系的选择中，并列型小句不能构成句项主位。因它们的关系是平等的，1 不依赖于 2，2 也不依赖于 1。所以，1 不充当 2 的主位角色，2 也不充当 1 的主位角色。但在主从关系的选择中，β 依赖于 α。从扩展关系来看，β 是给 α 说明肯定附加、替换、排除、时间、空间、方式、因果、条件、让步等关系。β 就成为句项主位。从投射关系来看，无论被投射的内容是思想还是话语，只要 β 是间接引述，β 就成为句项主位。（当然，若是直接引述，就不能构成句项主位了。）

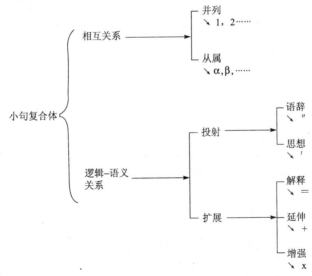

图 10.3　越语小句复合体的基本选择

在并列小句复合体中，每个小句都有自己的主位结构，而整个小句复合体就没有一个更大的主位结构，不能构成句项主位。并列小句复合体中的各小句是平等的，分析时只要指出它们的先后次序即可。一般用数词来标示。例如：

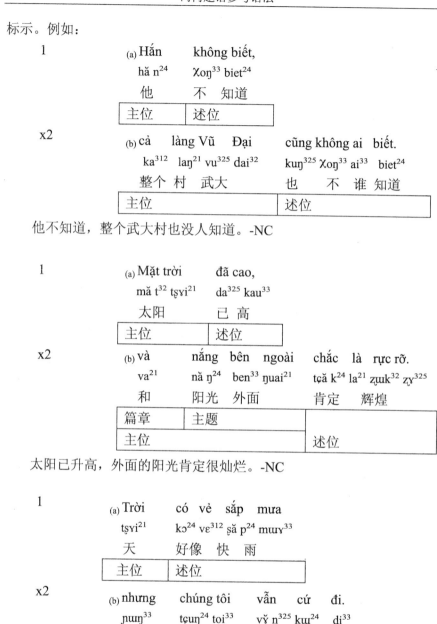

1　　(a) Hắn　　　không biết,
　　　hǎ n²⁴　　χoŋ³³ biet²⁴
　　　他　　　不　知道

主位	述位

x2　　(b) cả　　làng Vũ　Đại　　　cũng không ai　biết.
　　　ka³¹² laŋ²¹ vu³²⁵ dai³²　　kuŋ³²⁵ χoŋ³³ ai³³ biet²⁴
　　　整个 村　武大　　　　也　　不　谁 知道

主位	述位

他不知道，整个武大村也没人知道。-NC

1　　(a) Mặt trời　　đã cao,
　　　mǎ t³² tʂɤi²¹ da³²⁵ kau³³
　　　太阳　　　已 高

主位	述位

x2　　(b) và　　　nắng bên　ngoài　chắc là　rực rỡ.
　　　va²¹　　nǎ ŋ²⁴ ben³³ ŋuai²¹　tʂǎ k²⁴ la²¹ zuk³² zɤ³²⁵
　　　和　　　阳光　外面　　肯定　辉煌

篇章	主题	
主位		述位

太阳已升高，外面的阳光肯定很灿烂。-NC

1　　(a) Trời　　có vẻ　sắp　mưa
　　　tʂɤi²¹　kɔ²⁴ vɛ³¹² sǎ p²⁴ muɤ³³
　　　天　　好像　快 雨

主位	述位

x2　　(b) nhưng　chúng tôi　vẫn　cứ　đi.
　　　ɲɯŋ³³　tɕuŋ²⁴ toi³³　vɤ̌ n³²⁵ kɯ²⁴ di³³
　　　但是　　我们　　还 一直 去

篇章	主题	
主位		述位

天好像快要下雨，但我们还去。

　　在主从小句复合体中，除了每个小句有自己的主位之外，整个复合体可能有一个更大的主位，即由从句充当的主位角色。只要从句主出现在主句之前（即站居复合体的最前面的位置），就成为句项主位。换言之，若从句出现在主句之后，那就不能成为句项主位了。主句标示"α"，从句标示"β"。例如：

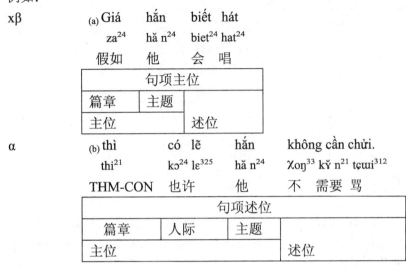

假如他会唱，也许他不必骂人。　-NC

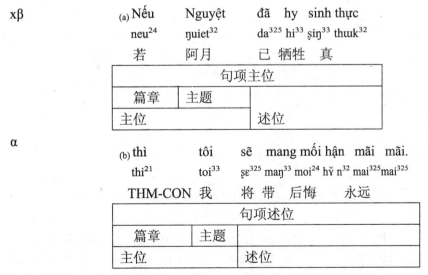

如果阿月真的牺牲，我会一辈子后悔的。-NMC

xβ　(a) Mặc dù những lý do cho đi nhờ xe　đồng chí lái phụ trình bày đều hợp lý,

mă k³² zu²¹　ɲuɯŋ³²⁵ li²⁴zɔ³³ tɕɔ³³ di³³ ɲɤ²¹ se³²　dɔŋ²¹ tɕi²⁴ lai²⁴ fu³² tʂiɳ²¹ bă i²¹ deu²¹ hɤp³² li²⁴

虽然	IND-PLR 理由给 搭车	同志 副驾驶 陈述 都 合理
句项主位		

篇章	主题	
主位		述位

α　(b) tôi　vẫn　giận　đồng chí ấy.

toi³³　vɤ̌ n³²⁵ zɤ̌ n³²　dɔŋ²¹ tɕi²⁴ ɤ̌ i²⁴

我	还	生气	同志	那
句项述位				

主位	述位

虽然给别人搭车的那些理由，副驾驶同志都说得很合理，但是我还生他的气。-NMC

注意 1： 在投射关系中，若投射句充当句项主位，那么，被投射句也一起充当句项主位。因为，被投射句是一种嵌入成分，被套在投射句中，不可分开。例如：

xβ　α[['β]]　(a) Thấy (b) [[hai　anh em　họ Cao vừa　đẹp　vừa hiền]],

thɤ̌ i²⁴　[[hai³³ ɛ̌ ŋ³³ ɛm³³ hɔ³² kau³³ vuɤ²¹ dɛp³² vuɤ²¹ hien²¹]]

α　xβ　见　　两　　兄 弟 姓 高 又　帅　又 贤

句项主位

α　(c) người con　gái đem　lòng

ŋuɤi²¹ kɔn³³ ɣai²⁴ dɛm³³ lɔŋ²¹

CLS 女孩　带 肠胃

(d) yêu mến.

ieu³³ men²⁴

爱　慕

觉得两位姓高的兄弟又帅又好，那个女孩子就喜欢上了。

xβ　α[['β　(a) Thấy (b) [[người em nhường (c) [[người anh　ăn　trước]]]],

α[['β]]]]　thɤ̌ i²⁴　[[ŋuɤi²¹ ɛm³³ ɲuɤŋ²¹　[[ŋuɤi²¹ ɛ̌ ŋ³³ ă n³³ tʂuɤk²⁴]]]]

看见　CLS 弟 让　　CLS 哥 吃 先

句项主位

α　　α　　　(d) người con gái mới nhận được

　　　　　　　　ŋɯɤi²¹ kɔn³³ ɣai²⁴ mɤi²⁴ ɲɤ̌ n³² dɯɤk³²

[['β]]　　　　CLS 女孩　才　认　得

　　　　　　(e) [[ai là anh, ai là em]].

　　　　　　　　[[ai³³ la²¹ ɛ̌ ŋ³³, ai³³ la²¹ ɛm³³]]

　　　　　　　　谁　是　哥　谁　是　弟

看见弟弟竟让给哥哥先吃，那个女孩才认出谁是哥哥，谁是弟弟。

注意 2：在连接过程（Serial Process）中，一般只分析第一个过程的主位，不必要分析所有过程的主位。理由有：（1）因为第二、第三、第四等过程都与第一过程在时间顺序、方式、目的、补充、投射等方面进行组合。（2）所有的过程只有共同唯一一个动作者。例如：

1　　　　　(a) **Người em** ngồi một mình

　　　　　　　ŋɯɤi²¹ ɛm³³ ŋoi²¹ mot³² miŋ²¹

　　　　　　　CLS 弟　坐　一　身体

x2　　　　| 主题主位 | | 述位 |

　　　　　(b) nhìn ra khu rừng xa xa,

　　　　　　　ɲin²¹ za³³ χu³³ zɯŋ²¹ sa³³ sa³³

x3　　　　　　看　出 CLS 林　远

　　　　　　　| 述位 |

　　　　　(c) cảm thấy cô quạnh,

x4　　　　　　kam³¹² thɤ̌ i²⁴ ko³³ kuɛ̌ ŋ³²

　　　　　　　感觉　　寂寞

　　　　　　　| 述位 |

　　　　　(d) lại càng buồn tủi.

　　　　　　　lai³² kaŋ²¹ buon²¹ tui³¹²

　　　　　　　又　更　委屈

　　　　　　　| 述位 |

弟弟一个人坐着，看着远方的森林，觉得寂寞又委屈。

1　　　　　(a) **Chàng** đi,

　　　　　　　tɕaŋ²¹　　di³³

x2　　　　　　他　　去

　　　　　　　| 主题主位 | 述位 |

x3

(b) đi　　mãi　　cho đến　　khu rừng phía　trước　mặt,
di³³　mai³²⁵　tɕɔ³³ den²⁴　 χu³³ zɯŋ²¹ fie²⁴ tʂuɤk²⁴ mǎ t³²
去　永远　　到　　　　CLS 林　　边　前面

述位

(c) rồi　　theo đường　mòn　đi　thẳng vào　rừng　âm　u.
zɔi²¹　tʰɛu³³ dɯɤŋ²¹ mɔn²¹ di³³ tʰǎ ŋ³¹² vau²¹ zɯŋ²¹ ɤ̆ m³³ u³³
然后　沿着 小路　　　去　直　　进　　林　暗沉

述位

他一直走到前面的森林，然后沿着小路走进黑暗的森林。

总之，句项主位只会出现在主从型小句复合体中。越语的句项主位一般也表达经验意义，相当于一种主题主位。

五　主位的重合问题

小句的主位跟整个段落的主要内容都存在一定的关系。所有的主题主位都容易构成衔接手段。因此，我们不考虑篇章主位的重合问题，我们只观察主题主位和人际主位是否能重合。

越语的人称代词系统比较特殊。所谓特殊在于：虽然人称代词系统本身有足够的基本人称代词，但在交际中，越语母语者却喜欢用"借用人称代词"。借用人称代词一般来源于家族称谓名词和社会职称。称谓上，必须注意性别、年龄、辈分、谦称、尊称（同辈、小辈、长辈、长一辈、长两辈等等）。因此，我们认为越语的借用人称代词在句中充当主位的时候，它又有经验意义，又有人际意义。所以，越语的主题主位和人际主位可以重合。

以下例子的主位是从家族称谓借来的人称代词 bác[bak²⁴] "伯伯"。这样的称呼表示说话人对听话人的一种礼貌。因为，在这个故事中，说话人曾经对听话人不礼貌，有拒绝听话人的意思。后来，到农村生活的时候，他才接待听话人，跟说话人亲密一点。所以称呼上，他使用他儿子的身份把听话人叫 bác。因此，bác 在句首时，既是主题主位又是人际主位。

Giá　　bác　　ở đây　　thì　　　　nhiều lúc　bác cũng cười đến chết.
za²⁴　　bak²⁴　ɤ³¹² i³³ thi²¹　　　ɲieu²¹ luk²⁴ bak²⁴ kuŋ³²⁵kɯvi²¹ den²⁴ tɕet²⁴
假如　你/伯伯　在这儿　THM-CON 多　时候 伯伯 也 笑　　到 死

篇章	主题/人际		篇章	主题	
主位		述位	主位		述位

假如您住在这儿，在很多时候您都能笑，搞笑死了。-NC

人际 / 主题		
Cháu	còn phải đi trước đã.	
tɕau²⁴	kɔn²¹ fai³¹² di³³ tʂɯɤk²⁴ da³²⁵	
侄子 / 我	还要 走 先 MOD	
主位	述位	

我还要先走。 -NC

人际 / 主题		
Ông	có cô con gái tuổi chừng mười sáu mười bảy.	
oŋ³³	kɔ²⁴ ko³³ kɔn³³ ɣai²⁴ tuoi³¹² tɕɯŋ²¹ mɯɤi²¹ ʂau²⁴ mɯɤi²¹ bă i³¹²	
教师 / 他	有 CLS 女孩 岁数 约 十六 十七	
主位	述位	

他有一个十六七岁的女孩。

社会职务称谓，如：

人际 / 主题		
Giám đốc	thì ai chẳng ngưỡng mộ.	
zam²⁴ dok²⁴	thi²¹ ai³³ tɕă ŋ³¹² ŋɯɤŋ³²⁵ mo³²	
经理 / 您	THM 谁 "不" 羡慕	
主位	述位	

大家都羡慕经理。

甚至又是社会职称又是家族称谓，如 ông giáo "教师爷爷"：

人际 / 主题		
Ông giáo	nói phải!	
oŋ³³ zau²⁴	nɔi²⁴ fai³¹	
教师 / 您	说 对	
主位	述位	

老师，您说得对！-NC

第三节 主题主位的性质

一 主题主位的标记性（无标记性和有标记性）

越语主位可分为无标记主位（unmarked theme）和有标记主位（marked theme）。无标记主位可理解为"最典型、最通常"的主位，有标记可理解为"非典型、不寻常"但有语用价值的主位。越语是 SVO 的语言，施事者都在受事者前面。这是正常的现象，不需要加上标记也可以传达内容。在周围的世界中，所有事物是同等的，无标记常常被选择。但有时候因某种交际目的或背景，交际者就有意选择"非典型"的方法，即有标记主位。由此可见，区别无标记主位和有标记主位，是需要的。

句法上，主位的标记性与语气系统的成分有关。若主位与主语重合，这是典型的现象，那么，这个主位就是无标记主位。若主位不与主语合为一体，那么这个主位是有标记的主位。例如：

Tôi	trồng rau chỗ này.
toi^{33}	tşoŋ^{21} ʐau^{33} tço^{325} nǎ i^{21}
我	种 菜 这儿
主位：无标记	述位

我在这儿种菜。

Chỗ này,	tôi trồng rau.
tço^{325} nǎ i^{21}	toi^{33} tşoŋ^{21} ʐau^{3}
这儿	我 种 菜
主位：有标记	述位

在这儿，我种菜。

越语常见的有标记主位是表示时间、空间、角度的环境成分以及第二参与者（表示受事的参与者），例如：

Sau cuộc hội họp,	ai nấy đều kính phục cái phương kế nhiệm mầu.
şau^{33} kuok^{32} hoi^{32} họp^{32}	ai^{33} nǐ i^{24} deu^{21} kiŋ^{24} fuk^{32} kai^{24} fuɤŋ^{33} ke^{24} ɲiem^{32} mỷ u^{21}
之后 PRE 开会	大家 都 敬佩 DEF 方法 多彩
主位：有标记	述位

开会之后，大家都很佩服那个精彩的方法。-VTP

Theo ý anh	thì Tào Tháo có giỏi không?
thɛu^{33} i^{24} ɛ̌ ŋ^{33}	thi^{21} tau^{21} thau^{24} kɔ^{24} ʐɔi^{312} χoŋ^{33}
根据 意见 你	THM 曹操 有 好 不
主位：有标记	述位

依你看，曹操厉害吗？ -NC

Đối với hắn lúc ấy,	nghệ thuật là tất cả.
Đoi^{24} vɤi^{24} hǎ n^{24} luk^{24} ɤ̌ i^{24}	ŋe^{32} thuɤ̌ t^{32} la^{21} tɤ̌ t^{24} ka^{312}
对 他 那时	艺术 是 一切
主位：有标记	述位

那时候对他来说，艺术是一切。-NC

由此可见，有标记的主题主位出现的频率比较多，可以说越语属于话题优先的语言。传统功能的"话题"这一说法与系统功能的"主题主位"相同。与汉语、英语、景颇语、韩语、日本语相比，我们认为越语是话题化程度高的语言：

TP（注重话题）	主语、主题都注重	SP（注重主语）
越语	景颇语	英语
汉语	朝鲜语	法语
	日语	

图 10.4　话题优先语言轴

二　主题主位的有定性

Li &Thompson（1976）将有定作为主题的必备特征，并以是否必然有定作为主题和主语的区别之一。他们说主题的主要特征之一是所指的事物必须是有定的，而主语则不一定是有定的。许多学者也认为有定性是主位（主题）的必备特征。比如 Đ.T.T.Lan（2002：67）曾经说过："与实在联系的词汇意义上，主位常指出事物、现象、概念等具体或抽象的实体。这种实体可以当思维或信息传递的主题。述位说明该实体的特征。这种特征可以是该实体的性质、状态、行为，甚至能揭示该实体特征的另一个实体。"毫无疑问，他的意思是主位是有定的成分。C.X.Hao（2004）认为主位包含经验成分，所以含表示指称的实义性。除了名词词组以外，动词词组、形容词词组、小句等也可以用于指称，作主题主位。例如：

主位是名词词组，如：

Các	anh ấy	chỉ	biết	uống bia	thôi.	他们只会喝啤酒而已。

kak^{24}　ɛ̆ ŋ^{33} ɣ̌ i^{24}　tɕi^{312} biet^{24} uoŋ^{24}　bie^{33} thoi^{33}

DEF-PLR 哥 那　只　会　喝　啤酒 MOD

主题主位	述位

主位是动词词组（省略型嵌入句），如：

Muốn đi	thì nhanh	lên.	想去就快一点儿。

muon^{24} di^{33}　thi^{21} ɲĕ ŋ^{33}　len^{33}

想　去　　THM 快　PHA

主题主位	述位

主位是形容词词组（省略型嵌入句），如：

Béo   thì   xấu.   胖就难看。

bɛu^{24} thi^{21} sɤ̌ u^{24}

胖   THM   丑

主题主位	述位

主位为介词短语，如：

Đối với   các anh ấy,   bia   là   trên hết. 对他们来说，啤酒是第一。

doi^{24} vɤi^{24} kak^{24} ɛ̌ ŋ^{33} ɤ̌ i^{24},   bie^{33} la^{21} tşen^{33} het^{24}

对于   DEF-PLR 哥那   啤酒   是   第一

主题主位	述位

主位是完整的嵌入句，如：

Anh đến   thì   tốt.   你来就好了。

ɛ̌ ŋ^{33} den^{24} thi^{21} tot^{24}

你   来   THM   好

句项主位	述位

    一般来讲，名词性成分的指称性可以脱离语境而定，其余需要依靠语境。从语篇的角度来说，一般都有具体的上下文，所以主位常常是有定的成分。同样的道理，我们完全可以推测有标记的主位肯定有有定性。这都是语境所起的作用。

    越语无标记的主位常常也是有定的，有时可以是无定的。无定的情况，据我们的考察，一般有下面的几种：

    （a）Một con   chuột   làm tổ   trong   bếp. 一只老鼠在厨房做了个窝。

          mot^{32} kɔn^{33} tɕuot^{32} lam^{21} to^{312} tşɔŋ^{33} bep^{24}

          一   CLS 老鼠 做 窝 在   厨房

    越语中，"一"是泛指的冠词。句中"一"的出现，所以我们不能确定是哪个老鼠。这种句子的使用价值不在于通知某人／某物的动作行为，而在于某人／某物在哪里的位置，表示某人／某物的存在、在哪里的存在而已。这样的句子也有其他的表达形式。越南人常常这样说：

    （b）Có   một con chuột làm tổ trong bếp. 一只老鼠在厨房做了个窝。

          kɔ^{24} mot^{32} kɔn^{33} tɕuot^{32} lam^{21} to^{312} tşɔŋ^{33} bep^{24}

          有   一   CLS 老鼠 做 窝 在   厨房

主题主	述 位

    例句（a）和（b）表示同样的意思。据我们考察，（b）句的出现频率比（a）句多。这证明越语的主位对无定成分有排斥的倾向。

越语中也存在这样的说法：Có lẽ chuột[kɔ²⁴ le³²⁵ tɕuot³²]"也许老鼠"，May mà mưa[mǎ i³³ ma²¹ muɤ³³] "幸亏下雨"。

Có　lẽ	chuột.
kɔ²⁴ le³²⁵	tɕuot³²
也许	老鼠
May　mà	mưa.
mǎ i³³ ma²¹	muɤ³³
幸亏	雨
人际主位（无定）	述位

可能是老鼠。

幸亏下雨。

这样的句子只有人际主位，没有主题主位。换言之，该句子的出发点是一个表示情态的成分，而后面就直接是句子的新信息。对这样的句子，可以使用以下的问句：Có lẽ gì[kɔ²⁴ le³²⁵ zi²¹]? "也许什么？"， May mà gì[mǎ i³³ ma²¹ zi²¹ʔ]? "幸亏什么？"。这证明由"什么"代替的部分就是述位。"老鼠"、"下雨"之前的成分是主位。这种主位是表示情态的人际主位，不是表示经验的主题主位，所以是无定的。

第四节　主位的标记

主位标志是标示主位存在的一种形式手段，尤其是非典型性主位更需要靠标志以加强突出性。广义的主位标志可以包括各种音段成分、超音段成分（即韵律）以及成分的排列顺序（即语序）。狭义的主位标志只包括音段成分，在语法属于形态或附属性的虚词。由于全方位的考虑，本文试图寻找主位的各种标志，即广义的标志。

一　标记词"thì"

越语中，thì[thi²¹]是主位结构的专用标记词，是主位标志语法化程度较高的一种。Thì[thi²¹]的前面是主位，thì[thi²¹]的后面是述位。在小句单体中，哪里可以出现 thì[thi²¹]，哪里就是单项主位和述位的界限。在小句复合体中，哪里出现 thì[thi²¹]，哪里就是句项主位和述位的界限。Thì[thi²¹]不带重音，语流上是述位的一种前加因素（prolitique）。句子的语序是"主位^thì[thi²¹]^述位"。

Thì[thi²¹]在名词或名词词组的后面：

Anh chị ấy　thì　　　　làm　gì　có　tiền.
ě ŋ³³ tɕi³² ɣ̌ i²⁴ thi²¹　　lam²¹ zi²¹　kɔ²⁴ tien²¹
哥　姐　那　THM　　　　作　什么　有　　钱

Phòng giam thì　　　　bằng　cái　lỗ　mũi !
fɔŋ²¹ zam³³ thi²¹　　bǎ ŋ²¹ kai²⁴　lo³²⁵ mui³²⁵
拘留室　　THM　　　　如　DEF　鼻孔

主位	述位

他们哪有钱！

拘留室像鼻孔那么小！ -VTP

Lúc thiếu　thời　thì　　cậu　vất　vả　lắm.
luk²⁴ thieu²⁴ thɤi²¹ thi²¹　kɤ̌ u³² vɤ̌ t²⁴ va³¹² lă m²⁴
时　少年　　THM　　你　辛苦　　很

Lần　này　thì　　　　bà đã bỏ cái áo dài và cái khăn vành dây.
lɤ̌ n²¹ nǎ i²¹ thi²¹　　ba²¹ da³²⁵ bɔ³¹² kai²⁴ au²⁴ zai²¹ va²¹ kai²⁴ ӼA n³³ vě ŋ²¹ zɤ̌ i³³
次　这　THM　　　　她 已 弃 DEF 长跑 和 DEF 围巾 边带

主位	述位

少年的时候，你很辛苦。 　-VTP
这次，她已经不选用长袍和有带的围巾。 　-VTP

Thì[thi²¹]在动词、动词词组的后面：

Đương ngủ　ngoài đường　thì　　bắt　vào　bóp.
dɯɤŋ³³ ŋu³¹² ŋuai²¹　dɯɤŋ²¹　thi²¹　bǎ t²⁴ vau²¹ bɔp²⁴
正在　睡　外　　路　THM-CON　抓　进　派出所

Không chiều　thì　　　cậu　lại　khóc !
Ӽoŋ³³　tɕieu²¹　thi²¹　kɤ̌ u³² lai³² Ӽɔk²⁴
不　宠爱　THM-CON　　他　又　哭

主位	述位

正在路边睡就被抓进派出所。 　-VTP
不宠他，他就哭！ -VTP

Thì[thi²¹]在形容词或形容词词组的后面，例如：

Gai ngạnh lắm thì　chết !
ɣai³³ ŋě ŋ³² lă m²⁴ thi²¹　tɕet²⁴
固执　太　THM　死

主位	述位
Lẳng lơ thì lă ŋ³¹² lɤ³³ thi²¹ 娇媚 THM	cũng chẳng mòn…… kuŋ³²⁵ tçă ŋ³¹² mɔn²¹ 也 不 耗损

太固执就必死! -VTP

娇媚也没什么损失。 -VTP

Thì[thi²¹]也可以在小句之后,例如:

主位	述位
Một cô đầm đi vào buồng thay quần áo thì mot³² ko³³ dɤ̌ m²¹ di³³ vau²¹ buoŋ²¹ thă i³³ kuɤ̌ n²¹ au²⁴ thi²¹ 一 姑娘 走进 室 换 衣服 THM-CON Chị hàng mía đưa trả hào chín tiền thừa thì tçi³² haŋ²¹ mie²⁴ dɯɤ³³ tʂa³¹² hau²¹ tçin²⁴ tien²¹ thɯɤ²¹ thi²¹ 姐 店 甘蔗 找 毛九钱多余 THM-CON	Xuân cũng biến mất. suɤ̌ n³³ kuŋ³²⁵ bien²⁴ mɤ̌ t²⁴ 阿春 也 消失 hắn (...) không nhận. hă n²⁴ ɣoŋ³³ ɲɤ̌ n³² 他 不 收

一个姑娘走进更衣室,阿春就不见了。 -VTP

卖甘蔗的姐姐找他一毛九分钱,他就是不收。-VTP

上面指出 thì[thi²¹]前面的成分,现在我们考察 thì[thi²¹]后面的成分。Thì[thi²¹]后面的成分常常是动词、动词词组、形容词、形容词词组、名词、名词词组,甚至一个小句。例如:

主位	述位
Về nhà thì ve²¹ ɲa²¹ thi²¹ 回家 THM Cậu Vỹ thì kɤ̌ u³² vi³²⁵ thi²¹ 叔 伟 THM	lại sợ cái bà ba còn trẻ này. lai³² ʂɤ³² kai²⁴ ba²¹ ba³³ kɔn²¹ tʂe³¹² nă i²¹ 又 怕 DEF 三房 还 年轻 这 biến đâu mất. bien²⁴ dɤ̌ u³³ mɤ̌ t²⁴ 消失 哪儿

回家就怕年轻的三房。 -VTP

伟叔就不见了。 -VTP

Vớt bèo thì vɤt²⁴ bɛu²¹ thi²¹ 捞 浮萍 THM	ngứa. ŋɯɤ²⁴ 痒
Thổi cơm thì thoi³¹² kɤm³³ thi²¹ 煮饭 THM	khê. ɣe³³ 糊

主位	述位
ông lý ra đình thì oŋ³³ li²⁴ za³³ diŋ²¹ thi²¹ 爷长理 出 亭 THM	hách dịch hě k²⁴ zik³² 作威作福

捞浮萍就发痒。

饭煮糊了。

长理爷在亭子的时候会作威作福。 -NC

主位	述位
Tháng bảy thì thaŋ²⁴ bǎ i³¹² thi²¹ 月 七 THM	gió vừa vừa zɔ²⁴ vɯɣ²¹ vɯɣ²¹ 风 一般
Mây vàng thì mɤ̌ i³³ vaŋ²¹ thi²¹ 云 黄 THM	gió, zɔ²⁴ 风
Mây đỏ thì mɤ̌ i³³ dɔ³¹² thi²¹ 云 红 THM	mưa mɯɣ³³ 雨

七月刮小风。

黄云就刮风。

红云就下雨。

主位	述位
Nói thì nɔi²⁴ thi²¹ 说 THM	nó làm ngược lại. nɔ²⁴ lam²¹ ŋɯɣk³² lai³² 它 做 反
Điều ấy thì dieu²¹ ɤ̌ i²⁴ thi²¹ 事 那 THM	ai cũng thừa biết ai³³ kuŋ³²⁵ thɯɣ²¹ biet²⁴ 谁 也 知道

他言行不一。

那件事谁都知道。

注意：thì[thi²¹]虽然只是主位标记词，但在很多情况下，非有 thì 不可。若没有 thì 切分主位和述位，句子会不合乎语法，或者产生歧义。必须有 thì 出现的情况如下：

1. 对于单项主位来说，想突出主位就必须加 thì。

Tôi thì	tôi không biết.
toi³³ thi²¹	toi³³ χoŋ³³ biet²⁴
我 THM	我 不　　知道
Tiền thì	ai cũng cần.
tien²¹ thi²¹	ai³³ kuŋ³²⁵ kɤ̌ n²¹
钱 THM	谁 也　需要

主位	述位

我不知道。

钱，谁都需要。

2. 对句项主位来说，两个小句之间的关系是条件、假设、时间先后，尤其是投射等关系，必须在两个小句中间加上 thì。具体如下：

两句关系是条件、假设，而两句的句法结构相同。如：

Béo	thì	xấu.	胖就难看。
bɛu²⁴	thi²¹	sɤ̌ u²⁴	
胖	THM-CON	丑	

主位	述位

Không làm	thì	không ăn.	不做就不吃。
χoŋ³³ lam²¹	thi²¹	χoŋ³³ ă n³³	
不 作	THM-CON	不 吃	

主位	述位

Anh mời	thì	tôi đến.	你请，我就来。
ɛ̌ ŋ³³ mɤi²¹	thi²¹	toi³³ den²⁴	
你 请	THM-CON	我 来	

主位	述位

无论前面有几个小句，若最后一个小句是表示情态，就在最后小句前加上 thì。如：

Anh làm	thế	máy hỏng	thì	chết.	你这样做，机械坏了，就死定了。
ɛ̌ ŋ³³ lam²¹	the²⁴	mă i²⁴ hoŋ³¹²	thi²¹	tɕet²⁴	
你 作	这样	机械 坏	THM-CON	死	

主位	述位

Anh đến　thì　　　　tốt.　　　　　　　　　你来就好。

ɛ̆ ŋ³³ den²⁴ thi²¹　　　tot²⁴

你　来 THM-CON　　好

主位	述位

两句关系是方式。如：

Anh Nam làm　việc　thì　　chăm　chỉ　và　cẩn　thận　hết　mức.

ɛ̆ ŋ³³ nam³³ lam²¹ viek³² thi²¹　　tçă m³³ tçi³¹² va²¹ kɣ̆ n³¹² thɣ̆ n³² het²⁴ muɯk²⁴

哥　南　工作 THM-CON　勤劳　和　仔细　　非常

主位	述位

阿南哥工作又勤劳又仔细。

Nó đánh bóng　thì　　cứ　như gấu　làm　xiếc　ấy.

nɔ²⁴ dɛ̆ ŋ²⁴ bɔŋ²⁴ thi²¹　　kuɯ²⁴ ɲuɯ³³ ɣɣ̆ u²⁴ lam²¹ siek²⁴　ɣ̆ i²⁴

他　打　球 THM-CON　像　　熊　表演杂技 MOD

主位	述位

他像熊表演杂技那样地打球。

若第一小句的过程是心理过程或言语过程，第二小句开始必须加 thì，否则第二小句就被以为是第一小句的被投射现象，会产生误会。

Trông thấy địch thì　　triển khai　đội hình.　看到敌人就展开队形。

tʂoŋ³³ thɣ̆ i²⁴ dik³²　thi²¹　　tʂien³¹² χai³³ doi³² hiŋ²¹

看　见　敌人 THM-CON　展开　　队形

主位	述位

Muốn đi　　thì　　nhanh lên.　　　　想走就快一点。

muon²⁴ di³³　thi²¹　　ɲɛ̆ ŋ³³ len³³

想　走 THM-CON　快　上

主位	述位

Không muốn　thì　　thôi.　　　　　　不想就算了。

χoŋ³³　muon²⁴ thi²¹　　thoi³³

不　想　THM-CON　停

主位	述位

总之，thì 一般出现在描写性的句子中。

二　标记词 "là"

Là[la²¹]本身有很多功能（系动词、连词、助词），但主要的功能是用来分开主位和述位。尤其是主位后面的成分不是典型的述位（非谓词）时，常常出现 là[la²¹]。Là[la²¹]后面的成分最常见的是名词、名词词组、介词短语，然后是形容词或动词。所以我们完全可以将 là[la²¹]视为"有述位化作用的词"，给后面的词语述位化。标记词 là[la²¹]常常出现以下四种情况：

1. 用来故意刻画述位。在心理过程小句中，若想将现象称为述题（即把过程提升成主位）就放 là[la²¹]在现象的前面。比较下面两个例句"我最喜欢巧克力糖"和"我最喜欢的是巧克力糖。"：

Em　　thích nhất　kẹo　sô-cô-la.　　　　　　　我最喜欢巧克力糖。
εm³³　thik²⁴ ɲɣ̆ t²⁴ kɛu³² ʂo³³-ko³³-la³³
我　　喜欢　最　糖　　巧克力

主位	述位

Em thích nhất　　　là　kẹo　　sô-cô-la.　　我最喜欢的是巧克力糖。
εm³³ thik²⁴ ɲɣ̆ t²⁴　　la²¹　kɛ³²ɔ³³ ʂo³³-ko³³-la³³
我　喜欢　最　　　THM 糖　巧克力

主位	述位

有时，也能重复过程（动词），如：

Họ nể trọng　là　nể trọng công sức của anh.　他们尊敬的就是你的功劳。
hɔ³² ne³¹² tʂɔŋ³²　la²¹　ne³¹² tʂɔŋ³² koŋ³³ ʂɯk²⁴ kuo³¹² ɛ̆ ŋ³³
他们尊敬　THM 尊敬　　功劳　　的　你

主位	述位

无论现象是事件（以上例句），还是动作（以下的例句），都可以加 là[la²¹]在前面。如。

Chúng tôi mong đợi tha thiết hơn cả　là　được đi du lịch Vịnh Hạ Long.
tɕuŋ²⁴ toi³³ mɔŋ³³ dɣi³² tha³³ thiet²⁴ hɣn³³ ka³¹²　la²¹　dɯɣk³² di³³ zu³³ lik³² viŋ³² ha³² lɔŋ³³
我们　期待　非常　比 所有　THM 得到 去 旅游 湾 下龙

主位	述位

我们非常期待能去下龙湾旅游。

2. 述位确定动作者，主位是给动作者说明环境。在环境成分后前加 là[la²¹]，如：

Đứng trên　bục giảng　　là　một　ông già cao　và　gầy.
dɯŋ²⁴ tʂen³³ buk³² zaŋ³¹²　la²¹ mot³² oŋ³³ za²¹ kau³³ va²¹ ɣ̆ i²¹
站　上　　讲台　　　THM 一 老头　高 和 瘦

主位	述位

站在讲台上的是一个高而瘦的老头儿。

3. 述位表示环境，在环境成分前加 là[la²¹]，如：

Họ　gặp　nhau lần　cuối cùng　　là　trong chiến　dịch Tây　Bắc.

hɔ³² yă p³² ɲau³³ lɤ̆y n²¹ kuoi²⁴ kuŋ²¹　la²¹ tʂɔŋ³³ tɕien²⁴ zik³² tɤ̆ i³³ bă k²⁴

他们见 互相　次　最后　　　　THM 在　战役　　西北

主位	述位

他们最后一次见面是在西北战役时。

4. 述位表示情态，主位是表示条件、假设、因果的嵌入句。

Nó còn　mắng cho　nữa　là　khác.　　他还要再骂呢

nɔ²⁴ kɔn²¹ mă ŋ²⁴ tɕɔ³³ nɯɤ³²⁵　la²¹ χak²⁴

他 还　骂 EMP 再　　THM 别的

主位	述位

Cái　ấy dùng được 5　ngày　　là còn phúc. 那个东西能用 5 天就不错了。

kai²⁴ ɤ̆ i²⁴ zuŋ²¹ dɯɤk³² nă m³³ŋă i²¹ la²¹ kɔn²¹ fuk²⁴

PRE 那 用 得　5 天　　THM 还 福

主位	述位

Chỉ　phải đợi 3　tháng nữa　　là cùng.　　最多只要等 3 个月。

tɕi³¹² fai³¹² dɤi³²ba³³thaŋ²⁴ nɯɤ³²⁵　la²¹ kuŋ²¹

只 要　等 3 个月 再　　THM 终

主位	述位

Nói hỗn　với　mẹ　là　không được.　　不能跟妈妈放肆。

nɔi²⁴ hon³²⁵ vɤi²⁴ mɛ³²　la²¹ χɔŋ³³ dɯɤk³²

说 无礼 与妈妈　THM 不 能

主位	述位

Anh đi　là phải.　　你走是对的。

ɛ̆ ŋ³³ di³³ la²¹ fai³¹²

你 走 THM 对

主位	述位

总之，là[la²¹] 一般出现在解释性句子。

三　标记词 "mà"

　　除了当介词、连词、句末助词之外，mà[ma²¹] 还可以当主位和述位的标记词。出现的情况常常是其中三种之一。

1. 在小句范围内，标记词 mà[ma²¹]用在表示惊讶的否定句或疑问句中。如：

主位	述位
Người thế	mà điêu!
ŋɯɤi²¹ the²⁴	ma²¹ dieu³
人　那样	THM 刁讹
Trông thị thế	mà có duyên.
tʂoŋ³³ thi³² the²⁴	ma²¹ kɔ²⁴ zuien³³
看　她　那样	THM 有　缘
Đoán thế	mà đòi lấy tiền!
duan²⁴ the²⁴	ma²¹ dɔi²¹ lɤ̌ i²⁴ tien²¹
猜　那样	THM 要　拿　钱
Một bà trạc ngoại tứ tuần	mà y phục còn trai lơ hơn của các thiếu nữ!
mot³² ba²¹ tʂak³² ŋuai³² tɯ²⁴ tuɤ̌ n²¹	ma²¹ i³³fuk³² kɔn²¹ tʂai³³lɤ³³ hɤn³³kuo³¹²kak²⁴ thieu²⁴nɯ³²⁵
一　婆婆　大概　　四十	THM 衣服　还　年轻　比　的　DEF-PLR 少女

他这个人刁讹。

看起来她很可爱。-NC

这样算命怎么还要钱呢！-VTP

四十出头的一个大姐穿衣服穿得比少女还性感！　-VTP

主位	述位
Quái, thứ năm gì	mà vắng thế!?
kuai²⁴, thɯ²⁴ nǎ m³³ zi²¹	ma²¹ vǎ ŋ²⁴ the²⁴
怪　周四　什么	THM 少人
Đi đâu	mà đi?
di³³ dɤ̌ u³³	ma²¹ di
去哪儿	THM 去
Nhà mình sung sướng gì	mà giúp lão?
ɲa²¹ miɲ²¹ ʂuŋ³³ ʂɯɤŋ²⁴ zi²¹	ma²¹ zup²⁴ lau³²⁵
家　我　幸福　　什么	THM 帮　他

周四人怎么那么少呢！？　-VTP

去什么去啊？

我们家富裕到能帮他吗？-NC

在句法上，这些例句的结构都是"A^mà[ma²¹]^B"。A 是主位，B 是述位，B 有时是 A 的部分重复。有的学者认为 A 应该是述位，B 应该是主位。但我们的观点与 L.Đông&N.V.Hiệp（1996）相同，认为这不是主位后移现象，主位是 A，不是 B。在语义、语用方面，这些例句都是元语言的表现，即使用这样的结构是说话者想质问、反驳对方的意见、观点。A 和 B 的语义表示相反，比如上面的例句"那样的人怎么能说谎"的"那个人"和"说谎"在这里不应该搭配，含义是那个人在说话人的想象中是好人、老实人，所以说话人想不到他既然能说谎。同样"周四，人怎么那么少呢！?"的意思是其他周四的时候很热闹，很多人，这个周四怎么没多少人？这些例句都是用 B 来对 A 进行质问、反驳。

2. 在小句复合体范围内，标记词 mà[ma²¹]用在表示假设关系的小句复合体。有 mà 出现的小句是整个复合体的句项主位，而 mà[ma²¹]前面的成分就是该句项主位的一种次主位。

主位		述位	主位	述位
Tôi	mà	nói sai	thì tôi	làm con anh.
toi³³	ma²¹	nɔi²⁴ ʂai³³	thi²¹ toi³³	lam²¹ kɔn³³ ɛ̆ ŋ³³
我	THM-CON	说 错	THM-CON 我	做 儿子你
Hòn đất	mà	biết nói năng	thì thầy địa lý	hàm răng chẳng còn.
hɔn²¹ dv̌ t²⁴	ma²¹	biet²⁴ nɔi²⁴ nǎ ŋ³³	thỷ i²¹ die³² li²⁴	ham²¹ zǎ ŋ³³ tɕǎ ŋ³¹² kɔn²¹
块 土	THM-CON	会 说话	THM-CON算命先生	牙床　　　　没有

如果我说错，我就是你的儿子。

如果土地会说话，风水先生就没有牙齿了。

上面的例句中，第一小句是的第二小句的假设，mà[ma²¹]出现在假设小句中，架设小句是小句复合体的一级主位。Mà[ma²¹]的前面成分就是假设小句的二级主位。这样的句式是用不可能实现的结果来否定假设，或者用不可能实现的假设来讽刺结果。

四　句首介词

在位于句首位置上的有一些介词或降级动词可以充当主位标志，这些词构成表示角度或原因的环境成分。如：theo[thɛu³³]"根据"、vì……mà[vi²¹……ma²¹]"因为所以"、vì[vi²¹]"因"、đối với[doi²⁴ vɤi²⁴]"对于"、nhờ[ɲɤ²¹]"由于"。Theo[thɛu³³]、vì……mà[vi²¹……ma²¹]常常出现在句首位置上，vì[vi²¹]、đối với[doi²⁴ vɤi²⁴]、nhờ[ɲɤ²¹]等一般都出现在句末。因此，由 theo[thɛu³³]、vì……mà[vi²¹……ma²¹]构成的环境成分常常充当主位，由 vì[vi²¹]、đối với[doi²⁴ vɤi²⁴]、nhờ[ɲɤ²¹]构成的环境成分一般在句末，方便带来新信息，很少充当主位。

Theo　ông ấy,　thì　đàn　bà ai　cũng phải　là　thị này,　thị　nọ.

thεu³³ oŋ³³　ɤ̆ i²⁴, thi²¹　dan²¹ ba²¹ ai³³ kuŋ³²⁵ fai³¹² la²¹ thi³² nă i²¹, thi³² nɔ³²

据　爷爷　那 THM　妇女　谁 也　要　是　氏 这　氏 那

主位	述位

根据他（的说法），女人名字必须有"氏"这个字。　　-NC

Theo lời　hàng xóm　thì　nhà ấy　chẳng　bao　giờ cãi　nhau.

thεu³³ lɤi²¹ haŋ²¹ sɔm²⁴ thi²¹　ɲa²¹ ɤ̆ i²⁴ tɕǎ ŋ³¹² bau³³ zɤ²¹ kai³²⁵ ɲau³³

人　话　邻居　THM　家 那　从来不　吵架　互相

主位	述位

根据邻居的话，那个家庭从来没有吵过架。

Vì　anh ấy,　　　con　có　thể　làm　tất　cả.

vi²¹　ɛ̆ ŋ³³ ɤ̆ i²⁴　　　kɔn³³ kɔ²⁴ the³¹² lam²¹ tɤ̆ t²⁴ ka³¹²

因　他　　　　　　　我　可以　作　一切

Vì　con cái,　　　anh　sẽ　làm　thêm　ngoài giờ.

vi²¹ kɔn³³ kai²⁴　　ɛ̆ ŋ³³ sε³²⁵ lam²¹ them³³ ŋuai²¹ zɤ²¹

因　孩子　　　　　他　将　作　添　外　时间

主位	述位

（妈妈啊！）因为他，我可以做一切。

因为孩子，他会加班。

Với tư cách trưởng phòng,　tôi yêu cầu　mọi người đi　họp đầy　đủ.

vɤi²⁴ tɯ³³ kɛ̆ k²⁴ tʂɯɤŋ³¹² fɔŋ²¹　toi³³ ieu³³ kɤ̆ u²¹ mɔi³² ŋɯɤi²¹ di³³ hɔp³² dɤ̆ i²¹ du³¹²

与　资格　科长　　我　要求　大家　去　开会 齐全

主位	述位

以科长的身份，我要求大家全部都来开会。

Nhờ　cái　đồng hồ　mẹ mua,　　tôi đã　có　thể　đến　lớp　đúng giờ.

ɲɤ²¹　kai²⁴ doŋ²¹ ho²¹ mε³² muo³³　toi³³ da³²⁵ kɔ²⁴ the³¹² den²⁴ lɤp²⁴ duŋ²⁴ zɤ²¹

由于 DEF　钟　妈 买　　我　已.可以　上课　准时

主位	述位

有妈妈买的钟，我现在可以准时上课了。

　　从语言的共性来讲，表示角度的环境成分一般都位于句首，在传达信息之前人们都善于表示自己的角度，以便给信息确立有效的条件。越语的角度环境也不例外。

　　越语表示原因的环境成分一般都带新信息，所以很少放在命题主干之前，一般是动词的后置，用来补充刚说的命题，引出命题所存在、动作所发生的原因。因此，越语表示原因的主位很少见。

五　语序

广义上，语序也是越语主位结构的一种标志。言语是一种线性的结构，有前有后。主位常常出现在前面，述位出现在后面。这种语序帮助我们确定主位的结构，一旦确定主位，之后剩下的部分就是述位。换言之，我们只需要确定主位部分，而述位的部分是按语序的线性性质来确定。由此可见，线性语序是主位的重要标志。

主位	述位
Nó thì nɔ²⁴ thi²¹ 他 THM	chỉ thích xem phim Hàn Quốc thôi. tɕi³¹² thik²⁴ sem³³ fim³³ han²¹ kuok²⁴ thoi³³ 只 喜欢 看 电影 韩国 MOD
Việc liên doanh với N&N thì viek³² lien³³ zuě ŋ³³ vvi²⁴ n&n thi²¹ 事 联营 与 N&N THM	ai cũng đồng ý. ai³³ kuŋ³²⁵ doŋ²¹ i²⁴ 谁 都 清楚
Hoa quả thì hua³³ kua³¹² thi²¹ 水果 THM	nó chỉ thích ăn táo. nɔ²⁴ tɕi³¹² thik²⁴ ă n³³ tau²⁴ 他 只 喜欢 吃 苹果

他只喜欢看韩国电影。

与 N&N 公司合资的问题，大家都同意。

对于水果，他只喜欢吃苹果。

无论是参与者、目标还是范围，凡是占据句首位置的都成为主位。

第五节　述位的复杂性

虽然说到主位结构，人们常将注意力放在主位部分，但这不意味着述位部分没什么可谈。述位有自己的信息价值，是命题向右展开的线性方向。简单的述位就很简单，单复杂的述位也很复杂。述位可以简单到只有一个词充当，例（a），也可以复杂成一个小句，例（b），甚至"内孕"嵌入句，例（c）。

（a）

主位	述位
Hắn hă n²⁴ 他	đến. den²⁴ 来
Nhà này ɲa²¹ nă i²¹ 家 这	của tôi. kuo³¹² toi³³ 的 我

他来。

这个家是我的。

（b）

主位	述位

Bố tôi　　　tóc đã bạc

bo²⁴ toi³³　　tɔk²⁴ da³²⁵ bak³²

爸 我　　　头发已 白

Mẹ tôi　　　tính tình hiền lành

me³² toi³³　　tiŋ²⁴ tiŋ²¹ hien²¹ lɛ̌ ŋ²¹

妈 我　　　性格 善良

我爸头发白了。

我妈性格善良。

（c）

主位	述位

Gia đình bên ấy　　　có ý chê [[con không nhanh nhẹn]].

za³³ diŋ²¹ ben³³ ɤ̌ i²⁴　　kɔ²⁴ i²⁴ tɕe³³ [[kɔn³³ χoŋ³³ ɲɛ̌ ŋ³³ ɲen³²]]

家庭　　那边　　　有意嫌　女儿　不　灵活

Điều quan trọng　　　là [[anh phải thật thà]].

dieu²¹ kuan³³ tʂɔŋ³²　　la²¹ [[ɛ̌ ŋ³³ fai³¹² thɤ̌ t³² tha²¹]]

事　重要　　　是你　要　老实

他家嫌女儿不灵活。

重要的是你要老实。

例句（b）是"整体部分"关系句。越语"整体部分"关系句的述位本身就以主位和述位的形式出现。这个降级主位和降级述位表示关系过程，常有"载体和属性"（Carrier- Attribute）的关系，单独成句时也合乎语法。上面的例句可以更具体地分析：

	主位	述位	
一阶	主位	述位	
二阶		主位	述位

Con bé đó　　　mặt mũi lúc nào cúng lem luốc.

kɔn³³ be²⁴ do²⁴　　mǎ t³² mui³²⁵ luk²⁴ nau²¹ kuŋ²⁴ lɛm³³ luok²⁴

姑娘　那　　　脸部　　　时常　也　污漫

Mẹ tôi　　　tính tình hiền lành.

me³² toi³³　　tiŋ²⁴ tiŋ²¹ hien²¹ lɛ̌ ŋ²¹

妈 我　　　性格　善良

那个小姑娘时常黑眉乌嘴。

我妈性格善良。

除了整体部分关系句有复杂的述位以外，越语还有连动句、使动句、被动句等。越语没有"把"字句，可以用"连动"或"使动"结构来表达同样的意思。

连过程（连动句）：

Con	đem	thư	đi		gửi	hộ	mẹ.
kɔn³³	ɛm³³	thɯ³³	di³³		ɣ ui³¹²	hɔ³²	mɛ³²
孩子	带	信	去		寄	替	我

Chị	nhổm dậy,	đi	vài	bước	tới	trước	mặt	Huân,	ngâm nga	(……).
tɕi³²	ɲom³¹² zɤ̌ i³²,	di³³	vai²¹	bɯ ʌk²⁴	tʌi²⁴	tʂ ɯʌk²⁴	mă³²	t huɤ̌ n³³,	ɲɤ̌ m ŋa³³	(……)
她	起来	走	几	步	到	前面		阿勋	吟诵	

一阶	主位	述位		
二阶		述位 1	述位 2	述位 3

孩子，你替我把这封信寄出去。

她起来，走到阿勋的前面吟诵。-NK

使动句：

Hai	gia đình	cho phép	họ	cưới nhau.
hai³³	za³³ diɲ²¹	tɕɔ³³ f ɛp²⁴	hɔ³²	kɯ ʌ i²⁴ ɲau³³
二	家庭	允许	他们	结婚 互相

Công việc này	khiến	anh	mệt mỏi.
koŋ³³ viek³² nă i²¹	χien²⁴	ɛ̌ ŋ³³	met³² mɔi³¹²
工作 这	使	他	疲劳

一阶	主位	述位		
二阶		主位	述位	
三阶			主位	述位

两个家庭允许他们结婚。

这件事使他感到疲劳。

被动句：

Thư	được	Giáp	gửi	đi	cho	Tị.
thɯ³³	dɯ ɤk³²	zap²⁴	ɣ ui³¹²	di³³	tɕɔ³³	ti³²
信	被	阿甲	寄	去	给	阿己

Tranh	được	chủ nhà	treo	đầy	tường.
tʂ ɛ̌ ŋ³³	dɯ ɤk³²	tɕu³¹² ɲa²¹	tʂ ɛu³³	dɤ̌ i²¹	tɯ ʌŋ²¹
画儿	被	房东	挂	满	墙

Tường	được	chủ nhà	treo đầy tranh.
tɯɤŋ²¹	dɯɤk³²	tɕu³¹² ɲa²¹	tʂɛu³³ dɤ̌ i²¹ tʂɛ̌ ŋ³³
墙	被	房东	挂 满 画儿

一阶	主位	述位	
二阶		主位	述位

信被阿甲寄给阿己。

画儿被房东在墙上挂满了。

墙上被房东挂满了画儿。

连过程的述位的复杂在于述位不是单项述位，而是复项述位。所谓的复项述位是指由若干个述位按照同位关系一起合成一个更大的述位。再者说，连动句的述为本来就是一种"话题链"。使动句的述位复杂在于一级述位里面"内孕"二级和三级的主位结构。被动句的述位复杂在于被动标记词后面引出二级主位结构。更多的讨论，请看第二章的"汉语述位的复杂性"部分。

越语的整体部分关系句很容易与连动句相结合构成"话题链"，例如：

Bố tôi	tóc	muối tiêu	da	bánh mật	luôn là niềm tự hào của mẹ con tôi.
bo²⁴toi³³	tɔk²⁴	muoi²⁴ tieu³³	za³³	bɛ̌ ŋ²⁴ mɤ̌ t³²	luon³³la²¹niem²¹tɯ³²hau²¹kuo³¹²mɛ³²kɔn³³toi³³
我爸	白发斑斑		皮肤	赭色	常 是 PRE 自豪 的 妈儿子 我

Lâm	ngồi dạng chân,	tay	tách lạc,	mắt nhìn Đào nhấm nháy!
lɤ̌ m	ŋoi²¹ zaŋ³² tɕɤ̌ n³³	tă i³³	tɛ̌ k²⁴ lak³²	mă t²⁴ ɲin²¹ dau²¹ ɲɤ̌ m²⁴ ɲă i²⁴
阿林	坐 伸开 脚	手	剥花生	眼睛 看 阿桃 连睐

主位	述位		
	述位1	述位2	述位3

我爸白发斑斑，赭皮肤，是妈妈和我的骄傲。

阿林伸开着两腿坐，手剥着花生皮，眼睛看着阿桃。-NK

总之，越语小句主位结构中的述位部分可以很简单，也可以很复杂。本节针对小句进行讨论。关于从属关系的小句复合体，述位情况更复杂。

第六节　主位系统与信息系统

一　信息单位与结构

从交际的角度看，信息结构是说话者在主观或客观原因的影响下对句子的句法和语义结构进行组织或重新编码。信息结构中最有价值的部分就是焦点。越语焦点可分为：自然焦点和对比焦点。对比焦点是句中最突出的信息，又是针对上下文或共享知识中存在的特定对象而特意突出，有跟句外的背景对象对比的作用。自然焦点是在没有对比焦点的前提下自然成为句中信息重点突出的对象。信息结构是由旧信息和新信息组成。这就是信息结构的两个重要单位。信息结构一般离不开交际背景，所以确定信息结构的"新"和"旧"非常需要交际背景。

在没有交际背景的情况下，我们只能依靠自然焦点来确定"新"与"旧"。越语是 SVO 语言，自然焦点一般落在句末的部分。那么，"旧^新"是越语的基本信息结构。

Con　　đi　　Hải Phòng.

kɔn³³　di³³　　hai³¹² fɔŋ²¹

孩子　去　　海防

旧	新

我去海防。（孩子对妈妈说的话）

根据对比焦点，我们可以考察更多的情况。

（a）旧^新

　　—— Con đang làm gì đấy? 你在做什么？（妈妈对孩子说）

　　　kɔn³³ daŋ³³ lam²¹ zi²¹ dỷ i²

　　—— Con chuẩn bị đi Hải Phòng. 我准备东西去海防。（孩子回答）

　　　tɕuỷ n³¹² bi³² di³³ hai³¹² fɔŋ²¹

（b）新^旧

　　—— Bao giờ con về? 你什么时候回来？

　　　bau³³ zɤ²¹ kɔn³³ ve²¹

　　—— Xong việc thì con lại về. 办完事，我就回来。

　　　sɔŋ³³ viek³² thi²¹ kɔn³³ lai³² ve²¹

（c）旧^新^旧

　　—— Con làm　gì ở　đấy? 你在那里做什么？

　　　kɔn³³ lam²¹ zi²¹ ɤ³¹² dỷ i²⁴

　　—— Con khảo sát ở đấy. 我在那里考察。

　　　kɔn³³ χau³¹² ʂat²⁴ ɤ³¹² dỷ i²⁴

（d）旧^旧

　　—— Con lúc nào cũng đi! 你经常出差！（妈妈自言自语）

　　　kɔn³³ luk²⁴ nau²¹ kuŋ³²⁵ di³³

（e）新^新

—— Sao con hay đi thế? 你为什么常常去？

şau³³ kɔn³³ hă i³³ di³³ the²⁴

—— Công ty chẳng còn ai, (mẹ ạ.) 公司没人了，妈妈！

kɔŋ³³ ty tçă ŋ³¹² kɔn²¹ ai³³, (mɛ³² a³²)

—— Công ty gì mà lạ thế? 什么公司那么奇怪？

kɔŋ³³ ti³³ zi²¹ ma²¹ la³² the²⁴

—— Công ty tư nhân mà! 私人公司嘛！

kɔŋ³³ ty tɯ³³ ɲy̌ n³³ ma²¹

值得说明的是越语"旧^新^旧"模式不常见。不管提问人使用"旧^新^旧"来提问，回答者一般使用"旧^新"或"新^旧"来回答，不用重复问句中的某种旧信息。例如：

—— Con làm gì ở đấy? 你在那里做什么？

kɔn³³ lam²¹ zi²¹ ɣ³¹² dy̌ i²⁴

—— Con đi khảo sát theo yêu cầu của sếp. 我因老板的要求去考察。

kɔn³³ di³³ χau³¹² şat²⁴ theu³³ ieu³³ ky̌ u²¹ kuo³¹² şep²⁴

—— Con làm gì ở đấy? 你在那里做什么

kɔn³³ lam²¹ zi²¹ ɣ³¹² dy̌ i²⁴

—— Chỉ là khảo sát định kỳ ở đấy. 只是在那边定期考察。

tçi³¹² la²¹ χau³¹² şat²⁴ diŋ³² ki²¹ ɣ³¹² dy̌ i²⁴

二 主位和述位的信息性质

我们上面讨论过越语信息结构的一些模式，现在我们逐一分析每一种模式的主位结构。

Con	khảo sát		ở đấy.
kɔn³³	χau³¹² şat²⁴		ɣ³¹² dy̌ i²⁴
我	考察		在那儿

旧	新	旧
主位	述位	

我在那儿考察。

Xong việc	thì	con lại về.
sɔŋ³³ viek³²	thi²¹	kɔn³³ lai³² ve²¹
完 事	THM-CON	孩子又 回

新	旧
主位	述位

办完事，我就回来。

Con	đi	Hải Phòng.
kɔn³³	di³³	hai³¹² fɔŋ²¹
孩子	去	海防
旧	新	
主位	述位	

我去海防。

Con	chuẩn bị đi Hải Phòng.
kɔn³³	tɕuǔ n³¹² bi³² di³³ hai³¹² fɔŋ²¹
我	准备 去 海防
旧	新
主位	述位

我快要去海防。

Con	lúc nào cũng đi!
kɔn³³	luk²⁴ nau²¹ kuŋ³²⁵ di³³
孩子	经常 也 去
旧	
主位	述位

你经常出差。

Công ty	chẳng còn ai.
koŋ³³ ti³³	tɕǎ ŋ³¹² kɔn²¹ ai³³
公司	没人
新	
主位	述位

公司没人。

　　总之，从上面的例句看，主位可以是旧信息也可以是新信息。主位的旧信息常常是参与者或过程（谓词）。主位的新信息一般是参与者或环境成分。述位可以是新信息，也可以是旧信息，甚至新旧都有。述位的新信息常是第二参与者或方式、目的、原因环境成分。述位的旧信息一般是过程或空间环境成分。因此，我们总结出以下两点：（1）越语主位结构和信息结构是两种不同的结构。（2）越语主位结构的信息性质比较丰富。

第七节　主位系统与态系统

动作者、受事者和中介都可以充当主位。例如：

主动态：

Cháu	làm mất	tiền.
tɕau²⁴	lam²¹ mɤ̆ t²⁴	tien²¹
我	使 丢	钱
施事者/动作者	过程	目标
主位	述位	

我弄丢了钱。

Lúc rửa bát,	cháu	làm vỡ	một cái cốc.
luk²⁴ zɯɤ³¹² bat²⁴	tɕau²⁴	lam²¹ vɤ³²⁵	mot³² kai²⁴ kok²⁴
时候 洗 碗	我	打碎	一 CLS 杯子
环境	施事者/动作者	过程	目标
主位	述位		

洗碗的时候，我打碎了一个杯子。

Mẹ	gọt	khoai	từ sáng nay rồi.
mɛ³²	ɣɔt³²	χuai³³	tɯ²¹ ʂaŋ²⁴ nă i³³ zɔi²¹
妈妈	削	土豆	从 今天上午 了
施事者/动作者	过程	目标	环境
主位	述位		

妈妈削土豆皮。

Anh	đánh	em	rất đau	vào mông.
ɛ̆ ŋ³³	dɛ̆ ŋ²⁴	ɛm³³	zɤ̆ t²⁴ dau³³	vau²¹ moŋ³³
哥哥	打	弟弟	很 疼	进 屁股
施事者/动作者	过程	目标		环境
主位	述位			

哥哥打弟弟的屁股打得很疼。

Nhà trường	tặng	nó	bằng khen.
ɲa²¹ tʂɯɤŋ²¹	tă ŋ³²	nɔ²⁴	bă ŋ²¹ χɛn³³
学校	送	他	奖状
施事者/动作者	过程	受事者/目标 1	目标 2
主位	述位		

学校给他发了奖状。

Đội　Tảo	trừng trị	nó	từ lâu rồi.
doi³²　　tau³¹²	tʂɯŋ²¹ tʂi³²	nɔ²⁴	tɯ²¹ lɤ̌ u³³ ʐɔi²¹
上司 阿 Tao	整治	他	从 久 了
施事者/动作者	过程	受事者/目标	环境
主位	述位		

很久以前，他已经被上司阿 Tao 惩罚了。

被动态：

Nó	được	nhà trường	tặng	bằng khen.
nɔ²⁴	dɯɤ̆k³²	ɲa²¹ tʂɯɤŋ²¹	tă ŋ³²	bă ŋ²¹　χɛn³³
他	得	学校	送	奖状
受事者/目标 1	被动标记	施事者/动作者	过程	目标 2
主位	述位			

学校给他发了奖状。

Nó	bị	đội　Tảo	trừng trị	từ lâu rồi.
nɔ²⁴	bi³²	doi³²　　tau³¹²	tʂɯŋ²¹ tʂi³²	tɯ²¹ lɤ̌ u³³ ʐɔi²¹
他	被	上司 阿 Tao	整治	从 久 了
受事者/目标	被动标记	施事者/动作者	过程	环境
主位	述位			

很久以前，他已经被上司阿 Tao 惩罚了。

Nó	bị	trừng trị	bởi　đội　Tảo.
nɔ²⁴	bi³²	tʂɯŋ²¹ tʂi³²	bɤi³¹²　doi³²　tau³¹²
他	被	整治	由于 上司 Tao
受事者/目标	被动标记	过程	
主位	述位		

他被上司 Tao 惩罚了。

Chương trình	được	tài trợ	bởi Viettel.
tɕɯɤŋ³³　tʂiŋ²¹	dɯɤk³²	tai²¹ tʂɤ³²	bɤi³¹² viettel
节目	得	赞助	由于 Viettel 公司
受事者/目标 1	被动标记	过程	施事者/目标 2
主位	述位		

此节目由 Viettel 公司赞助。

Nó	bị	tóm	bởi　đặc vụ.
nɔ²⁴	bi³²	tɔm²⁴	bɤi³¹² dă k³² vu³²
他	被	抓	由于 特工
受事者/目标	被动标记	过程	环境
主位	述位		

他被特工抓了。

中性态：

Bát cháo	húp xong rồi.
bat²⁴ tɕau²⁴	hup²⁴ sɔŋ³³ zɔi²¹
碗 粥	吸 完 了
中介/目标	过程
主位	述位

（那）碗粥喝完了。

Luận văn	đã làm xong	từ tháng trước rồi.
luɤ̌ n³² vă n³³	da³²⁵ lam²¹ sɔŋ³³	tɯ²¹ thaŋ²⁴ tʂɯɤk²⁴ zɔi²¹
论文	已 作 完	从 月 前 了
中介/目标	过程	环境
主位	述位	

从上个月起，论文已作完了。

Khoai	gọt	từ sáng nay rồi.
χuai³³	ɣɔt³²	tɯ²¹ ʂaŋ²⁴ nă i³³ zɔi²¹
土豆	削皮	从今天上午 了
中介/目标	过程	环境
主位	述位	

从今天上午起，土豆已削完皮了。

Tiền	mất rồi.
tien²¹	mɤ̌ t²⁴　ʐɔi²¹
钱	丢　了
中介/占有物	过程
主位	述位

　　钱丢了。

Cửa	mở.
kɯɤ³¹²	mɤ³¹²
门	开
中介/范围	过程
主位	述位

　　门开着。

Nhà	quét rồi.
ɲa²¹	kuɛt²⁴　ʐɔi²¹
房子	打扫　了
中介/范围	过程
主位	述位

　　房子打扫了。

Tôi	lạnh.
toi³³	lɛ̌ ŋ³²
我	冷
中介/感觉者	过程
主位	述位

　　我冷。

Máy	hỏng rồi.
mǎ i²⁴	hɔŋ³¹²　ʐɔi²¹
机器	坏　了
中介/载体	过程
主位	述位

　　机器坏了。

第八节　小结

一　理论总结

从系统功能角度来讲，只根据人际元功能来分析越语句子是不够的，还需要从语篇元功能的角度进行分析。因此，这个问题是本书研究的重点。我们得到的结论是：越语的主位结构也可视为基本句式。主位部分位于句首，后面的是述位。从性质的标准来讲，主位分为主题主位、人际主位及篇章主位，分别由经验成分、人际成分和语篇成分充当，如下图所示。从数量的标准来讲，主位可分为单项主位和复项主位，句项主位是对小句复合体而言的。有时，若干个主位类别可以重合，叫做重合主位。一般情况下，各主位的排列顺序如下：篇章主位^人际主位^主题主位。与其他 SVO 语言相比，此顺序也符合类型学的规律。

本文发现越语的人际主位有独立性，不像英语人际主位必须在有主题主位出现的条件下才能出现。

主位结构在越语语法研究中越来越重要，"主语—谓语"结构有时不足以解释越语的一些常用句子。运用"主位—述位"结构，很多句子可以得到合理的分析。这证明缺少形态变化的越语使用主位分析法是比较适当的。它能解释很多句式，同时对整篇语段的分析也有所启发。

从越语主位的标记性来看，有标记的主题主位比较多。与汉语、英语、景颇语、韩语、日本语相比，越语属于话题优先的语言。

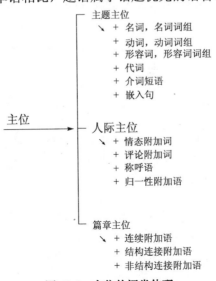

主位
- 主题主位
  - ＋ 名词，名词词组
  - ＋ 动词，动词词组
  - ＋ 形容词，形容词词组
  - ＋ 代词
  - ＋ 介词短语
  - ＋ 嵌入句
- 人际主位
  - ＋ 情态附加词
  - ＋ 评论附加词
  - ＋ 称呼语
  - ＋ 归一性附加语
- 篇章主位
  - ＋ 连续附加语
  - ＋ 结构连接附加语
  - ＋ 非结构连接附加语

图 10.5　主位的词类体现

二　语料论证

我们使用长篇语料来说明主位系统可以揭示越语的主题/话题问题。

（一）故事 10.1：

符号：　单项主位：字符边框　　　　主题主位：加黑

人际主位：下画线　　　　篇章主位：倾斜

句项主位（从句作伪主位）：字符底纹

Sự Tích Trầu Cau "槟榔传"

ʂɯ³² tik²⁴ tʂɤ̌ u²¹ kă u³³

事迹　青蒌　槟榔

小句单体　(1) **Thời xưa**, một nhà quan lang họ Cao có hai người con trai

thɤi²¹ sɯɤ³³, mot³² ɲa²¹ kuan³³ laŋ³³ hɔ³³ kau³³ kɔ²⁴ hai³³ ŋɯɤi²¹ kɔn³³ tʂai³³

以前　一　家　医官　姓　高　有　两　CLS　儿子

[[嵌入句]]　[[hơn nhau một tuổi ‖ và giống nhau như in]].

[[hɤn³³ ɲau³³ mot³² tuoi³¹² ‖ va²¹ zoŋ²⁴ ɲau³³　ɲɯ³³ in³³]]

比　互相　一　岁　和　相似　互相　如　印

1　(2a) **Hai anh em** giống nhau

hai³³ ɛ̌ ŋ³³ ɛm³³ zoŋ²⁴ ɲau³³

两　兄弟　相同　互相

+2 α　(2b) đến nỗi người ngoài không phân biệt được

den²⁴ noi³²⁵ ŋɯɤi²¹ ŋuai²¹ χoŋ³³ fɤ̌ n³³ biet³² dɯɤk³²

甚至　人　外　不　分别　得

'β　(2c) ai　là anh, ai là em.

ai³³ la²¹ ɛ̌ ŋ³³, ai³³ la²¹ ɛm³³

谁　是　哥　谁　是　弟

小句单体　(3) **Năm [[hai anh em mười bảy mười tám tuổi]]** thì cha mẹ đều chết cả.

nă m³³ [[hai³³ ɛ̌ ŋ³³ɛm³³ mɯɤi²¹bă i³¹² mɯɤi²¹ tam²⁴ tuoi³¹²]] thi²¹ tɕa³³mɛ³² deu²¹ tɕet²⁴ka³¹²

年　两兄弟　十七　十八　岁　THM爸妈　都　死　全

1　(4a) **Hai anh em** vốn đã thương yêu nhau,

hai³³ ɛ̌ ŋ³³ ɛm³³ von²⁴ da³²⁵ thɯɤŋ³³ ieu³³ ɲau³³,

两　兄　弟　本来　已　疼爱　互相

+2 'β (4b) nay gặp cảnh hiu quạnh,

nă i³³ ɣă p³² kě ŋ³¹² hiu³³ kuě ŋ³²,

现在　遇　景　孤寂

α (4c) lại càng yêu thương nhau hơn trước.

lai³² kaŋ²¹ ieu³³ thɯɣŋ³³ ɲau³³ hɤn³³ tʂɯɤk²⁴

又　更　疼爱　　互相　比　以前

xβ (5a) **Không còn được cha dậy dỗ cho nữa**,

χoŋ³³ kɔn²¹ dɯɣk³² tɕa³³ zɤ̌ i³² zo³²⁵ tɕo³³ nɯ³²⁵,

不　还　得　爸　教育　　给　再

α α (5b) hai anh em xin

hai³³ ɛ̌ ŋ³³ ɛm³³ sin³³

两　兄　弟　求

'β (5c) học ông đạo sĩ　họ Lưu.

hɔk³² oŋ³³ dau³² ʂi³²⁵ hɔ³² lɯu³³

学　CLS　道士　姓　刘

xβ (6a) **Hai anh em** học hành chăm chỉ lại đứng đắn

hai³³ ɛ̌ ŋ³³ ɛm³³ hɔk³² hɛ̌ ŋ²¹ tɕă m³³ tɕi³¹² lai³² dɯŋ²⁴ dă n²⁴

两　兄　弟　学习　努力　　又　诚挚

α (6b) nên　được thầy yêu như con.

nen³³　dɯɣk³² thɤ̌ i²¹ ieu³³ ɲɯ³³ kɔn³³

所以　得　老师　爱　如　孩子

小句单体 (7a) Ông Lưu có một cô　con gái [[tuổi chừng mười sáu mười bảy,

oŋ³³ lɯu³³ kɔ²⁴ mot³² ko³³　kɔn³³ ɣai²⁴ [[tuoi³¹² tɕɯɯŋ²¹ mɯɣi²¹ ʂau²⁴ mɯɣi²¹ bă i³¹²,

CLS 刘 有　一　CLS 女儿　岁　大概　十六　十七

‖nhan sắc tươi tắn, ‖con gái trong vùng không người nào sánh kịp]].

‖ɲan³³ ʂă k²⁴ tɯɤi³³ tă n²⁴, ‖kɔn³³ ɣai²⁴ tʂoŋ³³ vuŋ²¹ χoŋ³³ ŋɯɣi²¹ nau²¹ ʂě ŋ²⁴ kip³²]]

颜色　鲜艳　女孩　里　地区　不　人　哪　比得上

xβ α (8a) **Thấy**

thɤ̌ i²⁴

见（觉得）

'β (8b) [[hai anh em họ Cao vừa đẹp vừa hiền]],

hai³³ ɛ̌ ŋ³³ ɛm³³ hɔ³² kau³³ vɯɣ²¹ dɛp³² vɯɣ²¹ hien²¹,

两　兄　弟　姓　高　又　帅　又　贤

α　xβ　(8c) người con gái đem lòng
　　　　　ŋɯɤi²¹ kɔn³³ ɣai²⁴ dɛm³³ lɔŋ²¹
　　　　　CLS 女孩　带 肠胃

　　α　(8d) yêu mến,
　　　　　ieu³³ men²⁴,
　　　　　爱　慕

xɣ　1　α　(8e) muốn
　　　　　muon²⁴
　　　　　想

　　'β　α　(8f) kén
　　　　　kɛn²⁴
　　　　　选

　　　'β　(8g) người anh làm chồng,
　　　　　ŋɯɤi²¹ ɛ̌ ŋ³³ lam²¹ tɕoŋ²¹,
　　　　　CLS 哥 当 丈夫

+2　α　(8h) nhưng không biết
　　　　　ɲɯɯŋ³³ χoŋ³³ biet²⁴
　　　　　但　不　知道

　　　'β　(8i) người nào là anh, người nào là em.
　　　　　ŋɯɤi²¹ nau²¹ la²¹ ɛ̌ ŋ³³, ŋɯɤi²¹ nau²¹ la²¹ ɛm³³
　　　　　人　哪 是 哥 人　哪 是 弟

xβ　(9a) **Một hôm**, nhân nhà nấu cháo,
　　　　　mot³² hom³³, ɲɤ̌ n³³ ɲa²¹ nɤ̌ u²⁴ tɕau²⁴,
　　　　　一　天　趁　家　煮 粥

α　xβ　(9b) người con gái　lấy một bát cháo và một đôi đũa
　　　　　ŋɯɤi²¹ kɔn³³ ɣai²⁴ lɤ̌ i²⁴ mot³² bat²⁴ tɕau²⁴ va²¹ mot³² doi³³ duo³²⁵
　　　　　CLS 女孩 拿 一 碗 粥 和 一 双 筷子

　　α　α　(9c) mời
　　　　　mɤi²¹
　　　　　请

　　　'β　(9d) hai người ăn.
　　　　　hai³³ ŋɯɤi²¹ ă n³³
　　　　　两 人　吃

xβ　α　(10a) **Thấy**
　　　　　thɤ̌ i²⁴
　　　　　看见

'β　α　(10b) [[người em nhường

ŋɯɤi²¹ ɛm³³ ɲɯɤŋ²¹

CLS　弟 让

'β　(10c) [[người anh ăn trước]]]],

ŋɯɤi²¹　ě ŋ³³ ǎ n³³ tʂɯɤk²⁴,

CLS　哥 吃 先

α　α　(10d) người con gái mới nhận được

ŋɯɤi²¹ kɔn³³ ɣai²⁴ mɤi²⁴ ɲɤ̌ n³² dɯɤk³²

CLS 女孩 才 认　得

'β　(10e) ai là anh, ai là em.

ai³³ la²¹ ě ŋ³³, ai³³ la²¹ em

谁是 哥 谁 是 弟

α [['β]]　(11) *Sau đó,* **người con gái** nói với cha mẹ [[cho phép mình lấy

ʂau³³ dɔ²⁴, ŋɯɤi²¹ kɔn³³ ɣai²⁴ nɔi²⁴ vɤi²⁴ tɕa³³ mɛ³² [[tɕɔ³³ fɛp²⁴ miɲ²¹ lɤ̌ i²⁴

然后　CLS 女孩　说 与 爸妈 允许　自己　嫁给

người anh [[làm chồng]]]].

ŋɯɤi²¹ ě ŋ³³ [[lam²¹ tɕoŋ²¹]]]]

CLS　哥　当　丈夫

xβ　(12a) *Từ khi* **người anh** có vợ

tɯ²¹ χi ŋɯɤi²¹ ě ŋ³³ kɔ²⁴ vɤ³²

从 时候 CLS 哥 有 妻子

α　(12b) thì thương yêu giữa hai anh em không thắm thiết nữa.

thi²¹ thɯɤŋ³³ ieu　zɯɤ³²⁵ hai³³ ě ŋ³³ ɛm³³ χɔŋ³³ thǎ m²⁴ thiet²⁴ nɯɤ³²⁵

THM 疼爱　　间 两 兄 弟 不　亲热　再

1　(13a) **Người em** rất là buồn,

ŋɯɤi²¹ ɛm³³ zɤ̌ t²⁴ la²¹ buon²¹

CLS 弟 很　难过

+2　(13b) *nhưng* **người anh** vô tình không để ý đến.

ɲɯŋ³³ ŋɯɤi²¹ ě ŋ³³ vo³³ tiɲ²¹ χɔŋ³³ de³¹² i²⁴ den²⁴

但 CLS 哥 无 情 不 留意 到

1　(14a) **Một hôm** hai anh em cùng lên nương,

mot³² hom³³ hai³³ ě ŋ³³ ɛm³³ kuŋ²¹ len³³ nɯɤŋ³³

一 天 两 兄 弟 一起 上 梯田

x2 (14b) tối mịt mới về,

toi²⁴ mit³² mɤi²⁴ ve²¹

深晚　　才　回

x3 (14c) **người em** vào nhà trước,

ŋɯɤi²¹ ɛm³³ vau²¹ ɲa²¹ tʂɯɤk²⁴

CLS 弟 进 家 先

x4　xβ (14d) **chàng** vừa bước chân qua ngưỡng cửa

tɕaŋ²¹ vɯɤ²¹ bɯɤk²⁴ tɕɤ̌ n³³ kua³³ ŋɯɤŋ³²⁵ kɯɤ³¹²

他 刚 踏 脚 过 槛 门

α　1 (14e) thì người chị dâu ở trong buồng chạy ra

thi²¹ ŋɯɤi²¹ tɕi³² zɤ̌ u³³ ɤ³¹² tʂɔŋ³³ buoŋ²¹ tɕai³² za³³

THM CLS 嫂子 在 里 房 跑 出

x2　xβ (14f) lầm chàng là chồng mình,

lɤ̌ m²¹ tɕaŋ²¹ [[la²¹ tɕoŋ²¹ miŋ²¹]]

错 他 为 丈夫 自己

(14g) vội ôm chầm lấy.

voi³² om³³ tɕɤ̌ m²¹ lɤ̌ i²⁴

急 抱 孟 PHA

1 (15a) **Người em** liền kêu lên,

ŋɯɤi²¹ ɛm³³ lien²¹ keu len³³

CLS 弟 立刻 叫 PHA

x2 (15b) **cả hai** đều xấu hổ.

ka³¹² hai³³ deu²¹ sɤ̌ u²⁴ ho³¹²

全 两 都 害羞

小句单体 (16) **Giữa lúc ấy**, người anh cũng bước vào nhà.

zɯɤ³²⁵ luk²⁴ ɤ̌ i²⁴, ŋɯɤi²¹ ɛ̌ ŋ³³ kuŋ³²⁵ bɯɤk²⁴ vau²¹ ɲa²¹

间 那时 CLS 哥 也 踏 进 家

α　α (17a) *Từ đấy* **người anh** nghi

tɯ²¹ dɤ̌ i²⁴ ŋɯɤi²¹ ɛ̌ ŋ³³ ŋi³³

从此 CLS 哥 怀疑

'β (17b) em có tình ý với vợ mình,

ɛm³³ kɔ²⁴ tiŋ²¹ i²⁴ vɤi²⁴ vɤ³² miŋ²¹

弟 有 情意 与 妻子 自己

xβ　　　　(17c) càng hững hờ với em hơn trước.

kaŋ²¹ hɯŋ³²⁵ hɤ²¹ vvi²⁴ ɛm³³ hɤn³³ tʂɯvk²⁴

更　冷淡　　与　弟　比　前

xβ　　　　(18a) **Một buổi chiều**, anh chị đều đi vắng cả,

mot³² buoi³¹² tɕieu²¹, ɛ̆ ŋ³³　tɕi³² deu²¹ di³³ vă ŋ²⁴ ka³¹²

一　CLS　下午　哥　嫂子都　不在家　全部

α　1　　(18b) người em ngồi một mình

ŋɯɤi²¹ ɛm³³ ŋoi²¹　mot³² miŋ²¹

CLS　弟　坐　　一　身体

　x2　　(18c) nhìn ra khu rừng xa xa,

ɲin²¹ ʐa³³ ᵡu³³ ʐɯŋ²¹ sa³³ sa³³

看　出　CLS　林　远

　x3　　(18d) cảm thấy cô quạnh,

kam³¹² thɤ̌ i²⁴ ko³³ kuɛ̆ ŋ³²

感觉　　　寂寞

x4　xβ　(18e) lại càng buồn tủi,

lai³² kaŋ²¹ buon²¹ tui³¹²

又　更　委屈

　α　1　(18f) vùng đứng dậy

vuŋ²¹ dɯŋ²⁴ zɤ̌ i³²

猛　站　PHA

　　x2　(18g) ra đi.

ʐa³³ di

出　去

1　　　(19a) **Chàng** đi,

tɕaŋ²¹　di³³

他　去

　x2　　(19b) đi mãi　cho đến khu rừng phía trước mặt,

di³³　mai³²⁵ tɕɔ³³ den²⁴ ᵡu³³ ʐɯŋ²¹ fie²⁴ tʂɯvk²⁴ mă t³²

去　永远　到　CLS　林　边　前面

　x3　　(19c) rồi theo　đường mòn đi thẳng vào rừng âm u.

ʐoi²¹ theu³³　dɯvŋ²¹ mɔn²¹ di³³ thă ŋ³¹² vau²¹ ʐɯŋ²¹ ɤ̌ m³³ u³³

然后　沿着　小路　去　直　进　林　暗沉

1　　(20a) **Trời** tối dần,

tʂɤi²¹ toi²⁴ zɤ̌ n²¹

天　黑　慢

=2　　(20b) **trăng** đã lên,

tʂă ŋ³³ da³²⁵ len³³

月亮　已　上

x3　　(20c) *mà chàng* vẫn　cứ　đi.

ma²¹ tɕaŋ²¹　vɤ̌ n³²⁵ kɯ²⁴　di

但　他　还　一直　走

小句单体　(21) **Chàng** đi mãi.

tɕaŋ²¹　di³³ mai³²⁵

他　走永远

xβ　　(22a) **Đi** đến một con suối rộng nước sâu và xanh biếc,

Đi den²⁴ mot³² kɔn³³ suoi²⁴ zɔŋ³² nɯɤk²⁴ ʂɤ̌ u³³ va²¹ sɛ ŋ³³ biek²⁴

走　到　一 CLS 溪　款　水　深　和　清澈

α　1　(22b) **chàng** không lội qua được,

tɕaŋ²¹　χoŋ³³　loi³²　kua³³ dɯɤk³²

他　不　徒涉　过得

x2　(22c) đành ngồi

xβ　　dɛ̌ ŋ²¹ ŋoi²¹

只好　坐

(22d) nghỉ bên bờ.

α　　ŋi³¹² ben³³ bɤ²¹

休息　边　岸

1　　(23a) **Chàng** khóc ̩thổn thức,

tɕaŋ²¹　χɔk²⁴　thon³¹² thɯk²⁴

他　哭　唏嘘

x2 α　(23b) **tiếng suối** reo　và cứ reo,

tieŋ²⁴ suoi²⁴ zɛu³³　va²¹　kɯ²⁴ zɛu³³

声　溪　袅袅　和一直　袅袅

xβ　(23c) át cả tiếng khóc của chàng.

at²⁴　ka³¹²　tieŋ²⁴ χɔk²⁴ kuo³¹² tɕaŋ²¹

湮没 MOD 声　哭　的　他

1　　(24a) **Đêm** mỗi lúc một khuya,

dem³³ moi³²⁵ luk²⁴ mot³² χuie³³,

夜　越来越　　深

=2   (24b) **sương** xuống mỗi lúc một nhiều,

ʂɯɤŋ³³ suoŋ²⁴   moi³²⁵ luk²⁴ mot³² ɲieu²¹

霜 下 越来越 多

=3   (24c) **sương lạnh** thấm dần vào da thịt chàng.

ʂɯɤŋ³³ lĕ ŋ³² thɤ̌ m²⁴ zɤ̌ n²¹ vau²¹ za³³ thit³² tɕaŋ²¹

霜 冷 浸透 慢 进 皮 肉 他

1   (25a) **Chàng** chết

tɕaŋ²¹ tɕet²⁴

他 死

x2   (25b) mà vẫn ngồi trơ trơ,

ma²¹ vɤ̌ n³²⁵ ŋoi²¹ tʂɤ³³ tʂɤ³³

但 还 坐 不动

x3   (25c) biến thành một tảng đá.

bien²⁴ thĕ ŋ²¹ mot³² taŋ³¹² da²⁴

变 成 一 CLS 石头

1   (26a) **Người anh** cùng vợ về nhà,

ŋɯvi²¹ ĕ ŋ³³ kuŋ²¹ vɤ³² ve²¹ ɲa²¹

CLS 哥 与 妻子 回 家

x2 α   (26b) không thấy em đâu,

χoŋ³³ thɤ̌ i²⁴ ɛm³³ dɤ̌ u³³

不 见 弟 哪

xβ 1 xβ   (26c) lẳng lặng đi

lă ŋ³¹² lă ŋ³² di³³

静静 去

(26c) tìm,

tim²¹

α   找

=2   (26d) không nói cho vợ biết.

χoŋ³³ nɔi²⁴ tɕɔ³³ vɤ³² [[biet²⁴]]

不 说 给 妻 知

1 1   (27a) **Theo con đường mòn vào rừng**, chàng đi mãi,

theu³³ kɔn³³ dɯɤŋ²¹ mɔn²¹ vau²¹ zɯŋ²¹, tɕaŋ²¹ di³³ mai³²⁵

沿着 CLS 小路 进 林 他 走 永远

x2   (27b) đi mãi,

di³³ mai³²⁵

走 永远

x3 (27c) và sau cùng đến con suối xanh biếc [[đang chảy cuồn cuộn

va²¹ ṣau³³ kuŋ²¹ den²⁴ kɔn³³ ṣuoi²⁴ sĕ ŋ³³ biek²⁴ [[daŋ³³ tçă i³¹² kuon²¹ kuon³²

和 终究 到 CLS 溪 清澈 正在 流 滚滚

dưới ánh trăng]],

zɯɣi²⁴ ĕ ŋ²⁴ tʂă ŋ³³]],

下 光 月亮

x2 1 (27d) **chàng** không thể lội qua được,

tçaŋ²¹ χoŋ³³ the³¹² loi³² kua³³ dɯɣk³²

他 不能 徒涉 过 的

=2 (27e) đành ngồi bên bờ suối,

dĕ ŋ²¹ ŋoi²¹ ben³³ bɣ²¹ ṣuoi²⁴

只好 坐 边 岸 溪

x3 (27f) tựa mình vào một tảng đá.

tuɣ³² miŋ²¹ vau²¹ mot³² taŋ³¹² da²⁴

依靠 身体 进 一 CLS 石头

α (28a) **Chàng** có ngờ đâu

tçaŋ²¹ kɔ²⁴ ŋɣ²¹ dɣ u³³

他 有 疑惑 MOD

'β (28b) [[chính tảng đá là em mình]]!

tçiŋ²⁴ taŋ³¹² da²⁴ la²¹ ɛm³³ miŋ²¹

EMP CLS 石头 是 弟 自己

1 (29a) **Sương** vẫn xuống đều,

ṣɯɣŋ³³ vɣ̆ n³²⁵ suoŋ²⁴ deu²¹

霜 还 下 连续

=2 (29b) **sương lạnh** rơi lã chã từ cành lá xuống.

ṣɯɣŋ³³ lĕ ŋ³² zɣi³³ la³²⁵ tça³²⁵ tɯ²¹ kĕ ŋ²¹ la²⁴ suoŋ²⁴

霜 冷落 潸潸 从 枝 叶 下

1 (30a) **Chàng** rầu rĩ khóc than hồi lâu,

tçaŋ²¹ zɣ̆ u²¹ zĭ³²⁵ χɔk²⁴ than³³ hoi²¹ lɣ̆ u³³

他 愁 哭 叹 很久

x2 (30b) ngất đi

ŋɣ̆ t²⁴ di³³

昏迷 PHA

x3 (30c) và chết cứng,

va²¹ tçet²⁴ kɯŋ²⁴

　　　　　　和　死　硬

x4　　(30d) biến thành một cây không cành, [[mọc thẳng bên tảng đá]].

　　　　bien²⁴ thě ŋ²¹ mot³² kỷ i³³ χoŋ³³ kě ŋ²¹, [[mɔk³² thǎ ŋ³¹² ben³³ taŋ³¹² da²⁴]]

　　　　变　成　一　树　没有　枝　长　直　边　CLS 石头

1　　(31a) **Ở nhà**, vợ không thấy chồng đâu,

　　　　ỷ³¹² ɲa²¹, vỵ³² χoŋ³³ thỷ i²⁴ tɕoŋ²¹　dỷ u³³

　　　　在 家　妻 不　见　丈夫　哪

x2　1　xβ　(31b) vội đi

　　　　voi³² di³³

　　　　急　去

　α　(31c) tìm

　　　　tim²¹

　　　　找

　=2　(31d) và cũng theo con đường mòn đi vào rừng thẳm.

　　　　va²¹ kuŋ³²⁵ theu³³ kɔn³³ dɯɤŋ²¹ mɔn²¹ di³³ vau²¹ zɯŋ²¹ thǎ m³¹²

　　　　和 也　沿着 CLS 小路　　去 进 森林

1　　(32a) **Nàng** đi mãi,

　　　　naŋ²¹ di³³ mai³²⁵

　　　　她　走 永远

x2　　(32b) bước　thấp bước cao,

　　　　bɯɤk²⁴ thỷ p²⁴ bɯɤk²⁴ kau³³

　　　　踏　低 踏　高

x3　　(32c) rồi　cuối cùng gặp con　suối nước sâu　và　xanh biếc.

　　　　zoi²¹ kuoi²⁴ kuŋ²¹ yǎ p³² kɔn³³ suoi²⁴ nɯɤk²⁴ sỷ u³³ va²¹ sě ŋ³³ biek²⁴

　　　　然后 终究　遇 CLS 溪 水 深 和 清澈

小句单体　(33) **Nàng** không còn đi được nữa.

　　　　naŋ²¹　χɔŋ³³　kɔn²¹ di³³ dɯɤk³² nɯɤ³²⁵

　　　　她　不 还 走 得　再

1　　(34a) **Nàng** ngồi tựa vào gốc cây không cành [[mọc bên tảng đá]],

　　　　naŋ²¹ ŋoi²¹ tɯɤ³² vau²¹ yok²⁴ kỷ i³³ χoŋ³³ kě ŋ²¹ [[mɔk³² ben³³ taŋ³¹² da²⁴]]

　　　　她 坐 靠 进 根 树 没有 枝 长 边 CLS 石头

x2　　(34b) vật mình than khóc.

　　　　vỷ t³² miɲ²¹ than³³ χɔk²⁴

　　　　翻身　叹 哭

α　　　(35a) **Nàng** có ngờ đâu

　　　　naŋ²¹　　kɔ²⁴　　ŋɤ²¹　dˇɤ u³³

　　　　她　　　　有　　疑　　MOD

'β　　　(35b) nàng đã ngồi tựa vào chồng mình và [[sát đó　là em chồng]].

　　　　naŋ²¹ da³²⁵ ŋoi²¹ tuɤ³² vau²¹ tɕoŋ²¹　miŋ²¹ va²¹ [[sat²⁴ dɔ²⁴ la²¹ ɛm tɕoŋ²¹]]

　　　　她　　已　坐　　靠　　进　丈夫自己　和　近　那儿是　弟　丈夫

1　　　(36a) **Nàng** than khóc,

　　　　naŋ²¹　than³³　χɔk²⁴

　　　　她　　叹　　哭

+2　　　(36b) *nhưng* **tiếng suối** to hơn　　cả　　tiếng than khóc của nàng.

　　　　ɲɯŋ³³ tieŋ²⁴ ʂuoi²⁴ tɔ³³ hɤn³³　ka³¹² tieŋ²⁴ than³³ χɔk²⁴ kuo³¹² naŋ²¹

　　　　但　声　溪　大　比　EMP　声　叹　　哭　的　她

1　　　(37a) **Đêm** đã ngả dần　về sáng,

　　　　dem³³ da³²⁵ ŋa³¹² zˇɤ n³¹² ve²¹ ʂaŋ²⁴

　　　　夜　已　倾向慢慢回　早晨

=2　α　(37b) **sương** xuống càng nhiều,

　　　　ʂɯɤŋ³³ suoŋ²⁴　kaŋ²¹　ɲieu²¹

　　　　霜　　　下　　　更　　多

　　xβ　(37c) **mù** mịt cả　núi rừng,

　　　　mu²¹ mit³² ka³¹² nui²⁴ zɯŋ²¹

　　　　弥漫　　全　　山　　林

x3　　　(37d) **nàng** vật　vã khóc　than.

　　　　naŋ²¹　vˇɤ t³² va³²⁵ χɔk²⁴ than³³

　　　　她　翻滚　　哭　　叹

xβ　　　(38a) **Chưa đầy** nửa đêm

　　　　tɕɯɤ³³　dˇɤ i²¹ nuɤ³¹² dem³³

　　　　没　　满　　一半　夜

α　1　(38b) mà nàng đã mình gầy xác ve,

　　　　ma²¹ naŋ²¹ da³²⁵ miŋ²¹ ɣˇɤ i²¹ sak²⁴ ve³³

　　　　而　她　已　身体　瘦　蝉翼

　　=2　(38c) thân mình dài lêu nghêu,

　　　　thˇɤ n³³ miŋ²¹ zai²¹ leu³³ ŋeu³³

　　　　身体　　　长　　细高挑儿

　　x3　(38d) biến thành một cây leo [[quấn chặt lấy　cây không cành

　　　　bien²⁴ thˇe ŋ²¹ mot³² kˇɤ i³³ leu³³ [[kuˇɤ n²⁴ tɕˇɤ t³² lˇɤ i²⁴　kˇɤ i³³ χoŋ³³ kˇe ŋ²¹

　　　　变　成　一　树　攀　捆　　紧　PHA　树　没有　枝

[[mọc bên tảng đá]]]].

[[mɔk³² ben³³ taŋ³¹² da²⁴]]]]

长　边　CLS　石头

xβ　(39a) **Về sau** chuyện ấy đến tai mọi người,

ve²¹ ʂau³³ tɕuien³² ɤ̌ i²⁴ den²⁴ tai³³ mɔi³² ŋuɤi²¹

以后　　事情　那　到　耳朵　大家

α　(39b) ai nấy đều thương xót.

ai³³ nɤ̌ i²⁴ deu²¹ thɯɤŋ³³ sɔt²⁴

谁　　都　　可怜

xβ　(40a) **Một hôm**, vua Hùng đi qua chỗ ấy,

mot³² hom³³, vuo³³ huŋ³³ di³³ kua³³ tɕo³²⁵ ɤ̌ i²⁴

一　天　　王　雄　走　PHA　那儿

α xβ　(40b) nhân dân đem chuyện ba người

ɲɤ̌ n³³ zɤ̌ n³³ dɛm³³ tɕuien³² ba³³ ŋuɤi²¹

人民　　拿　故事　三　人

α　(40c) kể lại cho vua.

ke³¹² lai³² tɕɔ³³ vuo³³

讲　PHA　给　王

1　(41a) **Vua** bảo

vuo³³ bau³¹²

王　说

"2 xβ　(41b) "**Hãy lấy** lá cây leo và quả ở cái cây không cành

hǎ i³²⁵ lɤ̌ i²⁴ la²⁴ kɤ̌ i³³ leu³³ va²¹ kua³¹² ɤ³¹² kai²⁴ kɤ̌ i³³ χoŋ³³ kě ŋ²¹

MOD　拿　叶　树　攀生　和　果　在　DEF　树　没有　枝

α　(41c) nghiền với nhau

ŋien²¹ vvi²⁴ ɲau³³

擀　与　互相

xγ　(41d) xem sao?".

xɛm³³ ʂau³³

看　怎样

α　(42a) *Thì* **thấy**

thi²¹ thɤ̌ i²⁴

THM-CON　见

'β　(42b) [[mùi vị cay cay]].

mui²¹ vi³² kǎ i³³ kǎ i³³

味道　辣　辣

1　xβ　(43a) **Nhai thử**,
　　　　　　　ɲai³³　thɯ³¹²
　　　　　　咀嚼　试

　　α　(43b) thấy thơm ngon
　　　　　　thɤ̆ i²⁴ thɤm³³ ŋɔn³³
　　　　　见　香　好吃

x2　xβ　(43c) *và nhổ* nước vào tảng đá
　　　　　　va²¹ ɲo³¹² nɯɤk²⁴ vau²¹ taŋ³¹² da²⁴
　　　　　和　啐　水　进　CLS 石头

　　α　α　(43d) thì　　thấy
　　　　　　thi²¹　　thɤ̆ i²⁴
　　　　　THM-CON 见

'β　(43e) [[bãi nước biến dần ra　sắc đỏ]].
　　　　　bai³²⁵ nɯɤk²⁴ bien²⁴ zɤ̆ n²¹ za³³ sǎ k²⁴ dɔ³¹²
　　　　CLS 水　变　慢　出色　红

xγ　(44a) *Lại lấy* tảng đá ở bên
　　　　　lai³² lɤ̆ i²⁴ taŋ³¹² da²⁴ ɤ³¹² ben³³
　　　　又　拿　CLS 石头 在 边

α　1　(44b) đem về
　　　　　dɛm³³ ve²¹
　　　　带　回

　x2　α　(44c) nung cho xốp
　　　　　nuŋ　tɕɔ³³ sop²⁴
　　　　煅　给 松软

xβ　α　(44d) để ăn với　trầu cau,
　　　　　de³¹² ǎ n³³ vɤi²⁴ tʂɤ̆ u²¹ kǎ u³³
　　　　以便 吃 与 妻叶 槟榔

xβ　(44e) cho miệng thơm,
　　　　　tɕɔ³³　mieŋ³² thɤm³³,
　　　　为了　嘴　香

　xγ　(44f) môi đỏ.
　　　　　moi³³ dɔ³¹²
　　　　嘴唇　红

α　(45a) **Nhân dân** gọi
　　　　　ɲɤ̆ n³³ zɤ̆ n³³ ɣɔi³²
　　　　人民　叫

'β　　　(45b) [[cái cây　mọc thẳng kia là　cây　cau]],

[[kai²⁴ kɤ̌ i³³ mɔk³² thă ŋ³¹² kie³³ la²¹ kɤ̌ i³³ kă u³³]],

DEF 树 长 直 那 是 树 薯

'γ　　　(45c) [[cây dây leo　kia　là　cây trầu]].

[[kɤ̌ i³³ zɤ̌ i³³ leu³³ kie³³　la²¹ kɤ̌ i³³ tʂɤ̌ u²¹]]

树 线 攀 生 那　是 树 槟榔

α　α　(46a) **Ba người** tuy đã chết

ba³³ ŋɯɤi²¹ tŭ i³³ da³²⁵ tɕet²⁴

三 人 虽 已 死

xβ　　　(46b) mà tình duyên vẫn　gắn bó thắm thiết,

ma²¹ tiŋ²¹ zuien³³ vɤ̌ n³²⁵ ɤ̆ n²⁴ bɔ²⁴ thă m²⁴ thiet²⁴

但 情缘　还 紧密　亲热

xβ　α　(46c) nên trong mọi sự gặp gỡ　của người Việt, miếng trầu bao giờ

nen³³ tʂɔŋ³³ mɔi³² sɯ³² ɤ̆ p³² ɤɤ³²⁵ kuo³¹² ŋɯɤi²¹ viet³², mieŋ²⁴ tʂɤ̌ u²¹ bau³³ zɤ²¹

所以 在 每 PRE 见面 的 人 越 CLS 薯 何时

cũng là đầu câu chuyện,

kuŋ³²⁵ la²¹ dɤ̌ u²¹ kɤ̌ u³³ tɕuien³

也 是 头 故事

xβ　　　(46d) để bắt đầu mối lương duyên.

de³¹² bă t²⁴ dɤ̌ u²¹ moi²⁴ lɯɤŋ³³ zuien³³

以便 开始　CLS 良缘

xβ　　　(47a) *Và khi có* lễ nhỏ, lễ lớn, cưới xin hoặc hội hè,

va²¹ χi³³　kɔ²⁴ le³²⁵ ɲɔ³¹², le³²⁵ lɤn²⁴, kɯɤi²⁴ sin³³ huă k³² hoi³² hɛ²¹

和时候 有 节 小 节 大 结婚 或 聚会

α　　　(47b) tục ăn trầu　đã　trở thành một thói quen cố hữu　của

tuk³² ă n³³ tʂɤ̌ u²¹ da³²⁵ tʂɤ³¹² thă ŋ²¹ mot³² thoi²⁴ kuen³³ ko²⁴ hɯɯ³²⁵ kuo³¹²

习俗 吃 薯叶 已 变成　一 习惯　固有　的

dân tộc Việt Nam.

zɤ̌ n³³ tok³² viet³² nam³³

民族　越南

汉译：请看第七章小结的故事部分。

（二）**故事 10.2：** Ăn mày thời hiện đại "新时代的乞丐"

ă n³³ mă i²¹ thɤi²¹ hien³² dai³²

乞丐　时代 现代

小句单体 (1) **Mười một giờ đêm**, có tiếng chuông [[gọi cửa ngôi biệt thự]].

muɤi²¹ mot³² zɤ²¹ dem³³, kɔ²⁴ tieŋ²⁴ tɕuoŋ³³ [[ɣɔi³² kɯɤ³¹² ŋoi³³ biet³² thɯ³²]]

　　11 点　　　　夜间　有　铃声　　　　叫　门　CLS　别墅

1 (2a) **Bà chủ nhà** ra

ba²¹ tɕu³¹² ɲa²¹ za³³

　　女主人　　　出

x2 (2b) mở cửa

mɤ³¹² kɯɤ³¹²

　　开　门

x3 (2c) thấy một người ăn mày.

thɤ̌ i²⁴ mot³² ŋɯɤi²¹ ă n³³ mă i²¹

　　见　一　CLS　乞丐

1 (3a) "Xin lỗi quý bà!",

"sin³³ loi³²⁵ kǔ i²⁴ ba²¹!"

　　对不起　夫人

<"2> (3b) ⟨**anh chàng khốn khổ** nói một cách dè dặt⟩,

ě ŋ³³ tɕaŋ²¹ χon²⁴ χo³¹² nɔi²⁴ mot³² kě k²⁴ zɛ²¹ ză t³²

　　家伙　　辛苦　说　EMP　　慎重

1 xβ (3c) "*Vì hôm nay* chẳng ai cho tôi cái ăn,

"vi²¹ hom³³ nǎ i³³ tɕă ŋ³¹² ai³³ tɕo³³ toi³³ kai²⁴ ă n³³

　　因今天　　没　谁　给我　PRE 吃

α (3d) **xin hãy bố thí** cho tôi một chút!"

sin³³ hǎ i³²⁵ bo²⁴ thi²⁴ tɕo³³ toi³³ mot³² tɕut²⁴!"

　　MOD　布施　给我　一点

α[['β]] (4) "**Anh** có biết [[bây giờ là mấy giờ]] không?"

"ě ŋ³³ kɔ²⁴ biet²⁴ [[bɤ̌ i³³ zɤ²¹ la²¹ mɤ̌ i²⁴ zɤ²¹]] χoŋ³³?"

　　你　有 知　现在　是 几点　不

小句单体 (5) "*Dạ, thưa bà,* **tôi** biết chứ!

"za³², thɯɤ³³ ba²¹, toi³³ biet³² tɕɯ²⁴!

　　INT 回您话 我 知道 MOD

1 (6a) **Nhưng vào thời khủng hoảng kinh tế như thế này**, thiên hạ

ɲɯ ŋ³³ vau²¹ thɤi²¹ χuŋ³¹² huaŋ³¹² kiŋ³³ te²⁴ ɲɯ³³ the²⁴ nǎ i²¹, thien³³ ha³²

　　但　在　时代 危机　　　经济 如 此　天下

ngày càng trở nên hà tiện,

x2

ŋǎ i²¹ kaŋ²¹ tʂɤ³¹² nen³³ ha²¹ tien³²

越来越　变成　悭吝

(6b) *nên tôi* phải làm thêm giờ."

nen³³ toi³³ fai³¹² lam²¹ them³³ zɤ²¹ "

所以我　须　作　添　小时

下面是这个故事的主位推进（Theme progress）方向：

T：Theme 主位，　　R：Rheme 述位

小句	主位种类	主位推进
1	主题：有标记性	$T_1 \rightarrow R_1$
2a	主题：无标记性	$T_{2a} \rightarrow R_{2a}$
2b	(主题：无标记性)	$\rightarrow R_{2b}$
2c	(主题：无标记性)	$\rightarrow R_{2c}$
3a		
3b	主题：无标记性	$R_{3a} \rightarrow R_{3b}$
3c	篇章^主题：有标记性/句项：有标记性	$T_{3c} \rightarrow R_{3c}$
3d	主题：无标记性	$T_{3d} \rightarrow R_{3d}$
4	主题：无标记性	$T_4 \rightarrow R_4$
5	篇章^人际^主题：无标记性	$T_5 \rightarrow R_5$
6a	篇章^主题：有标记性	$T_{6a} \rightarrow R_{6a}$
6b	篇章^主题：无标记性	$T_{6b} \rightarrow R_{6b}$

图 10.6　故事 2 的主位推进

第十一章 结语

一 总结与创新

本文综合运用现代语言学的基本理论，借鉴参考语法的描写与分析原则，同时兼顾系统功能语法的写作范式，对越语的语法结构及特点进行了较为全面、系统、深入的共时描写与分析，内容涵盖了音系、语音实验、词类、词汇、词组、句子的人际成分、经验成分、语篇成分及小句复合体等几个部分。文中既注重了语法研究的全面性，同时又对一些有价值的语言现象和语法事实进行了重点的归纳与论述，尤其是试图解释为什么可以从人际、经验、逻辑及语篇等元功能的角度分析越语语法。

本研究是将参考语法编写的原则与系统功能语法的理论相结合对越语语法进行描写与归纳的第一研究。越语是东南亚诸语言中一种具有独特研究价值的语言。一个世纪以来，国内外的越语研究已经取得了一些重要的成果。但总体而论，以往的研究大多数是从传统功能的角度研究越语语法或语法的某一方面。本文首次从系统功能的理论观点、参考语法的编写原则将越语的语法系统作为考察对象，对其语法结构特点进行了全面、系统的分析与论述，对一些重要的有价值的语法现象进行了深入的探讨。这是本书在研究对象与研究内容方面的第一个创新。

第二个创新是在运用系统功能理论的同时，我们还从越语的实际情况对其理论进行解释。有一些专著部分运用系统功能的观点，但主要注重套用，尚未进行某个语法点的成因解释。本文对一些重要的语法点都加以解释，阐明为何可将之分析。换言之，本书除了使用前人的理论以外，还尽力依靠语料对理论进行具体的解释。这是本书在研究理论与方法方面的一个创新。

第三个创新是对韩礼德的理论框架作了一些调整。在运用系统功能理论的同时，我们都在某些语法问题上（比如物质过程与行为过程的归纳问题）对韩礼德的理论框架作了一些调整，以符合越语语法的实际情况。之所以能这样做是因为有真实而丰富的语料作为基础和保障。本书作者是越语母语人，对越语非常熟悉，除了使用自己生成的一些例句之外，还使用许多著名文学家的长篇语料。这样做，材料既丰富又客观，完全可靠。本书的研究材料包括语音样本（500 个）、词汇（2900 个常用词和 3700 个汉语借词）、语法例句和长篇语料（20万字）。这些丰富的研究材料对于越语的语法描写和理论更新都是不可或缺的。

研究成果方面，由于研究方法和使用的语料丰富，发现了越语的一些新问题：（1）在语音部分中，对一些声母进行 VOT 测量，发现现在河内人的两个塞音声母带有擦音的特征，可视为塞擦音。对单元音进行共振峰 F_1 和 F_2 考察，发现有一些元音分布太近，可视为某个元音的若干个变体，这样可以减轻音系系统。对声调进行基频 F_0 分析，确定新调值，发现越语声调现在有音高开头（Onset）集中在 3 度的倾向。（2）在句法部分中，对"主语—谓语"结构进行新角度的分类与描写，说明可通过人际视野看越语的小句。从经验视野看，可进行越语小句的界定。小句是以动词为中心的语法单位。根据越语的特点，对小句进行语义上的分类，归纳成四大过程：物质、关系、言语及心理。每种过程对时间系统、空间系统、态系统有不同的联系。在经验成分确定的基础上，可进行"主位—述位"的界定，发现必须根据第一经验成分的位置来界定。这是经验视野与语篇视野的交叉点。发现越语的篇章主位、人际主位和经验主位对句子的展开起了很大作用。我们认为"主语—谓语"结构不足以解释越语句法的各种庞杂现象，应该同时采用及物性结构和主位结构。从越语主位的标记性来看，有标记的主题主位比较多。与汉语、英语、景颇语、韩语、日本语相比，越语属于话题优先的语言。

应用方面，本文的研究成果可使用在越语教学工作、计算语言学（Computational Linguistics）的分析工作和翻译工作上。

二 不足与展望

本书还存在一些不足，主要是语料采集方面存在"用力不均"的问题。具体表现为反映某些语法点的语料采集较多，数量较丰富，而反映另外一些语法点的语料相对缺乏，甚至是空白。此外，部分语料还存在简单重复的问题，这也是因为各语法点之间本身也有交叉关系（如：动词的体和小句的体）。在后续研究中，笔者将针对这方面存在的欠缺与不足，对真实语境下的日常话语材料，尤其是篇章语料做一些必要的补充。

理论掌握的深度仍显不足。系统功能语法可算是目前最新的语言学流派之一，与其他学派相比，其论著不是很丰富，在中国或越南境内公开出版的更少。笔者在阅读系统功能语法的原文的时候也遇到许多难题。所以，对某些语法事实的分析不够透；对某些语法现象的成因解释不够详尽。在后续研究中，继续运用系统功能语言学理论对语法结构及其特点进行科学归类与深入分析是本课题一个重要的任务和方向。

越语是最初受芒语和泰语的影响，之后受汉语深入影响的一种语言，语言结构中存在着大量的"借用"、"叠加"和"混合"现象。本文对这种客观存在的结构特点的关注尚嫌不足。对语言接触背景下语法现象的分析研究是后续工作的重点之一。

以小句为基础单位，本书已分析描写小句以下的单位（如词组和词），但小句以上的单位（如语段）尚未得到系统的描写。本书只指出各小句之间如何构成小句复合体的逻辑语义关系。指出语段的连接问题将是后续重点工作，也是深化本课题研究的一个重要步骤和环节。

附录一 长篇语料

一 故事1

越文：

Sự Tích Trầu Cau 槟榔传

事迹 青萋 槟榔

(1) Thời xưa, một nhà quan lang họ Cao có hai người con trai [[hơn nhau

以前 一 家 医官 姓 高 有两 CLS 儿子 比 互相

một tuổi và giống nhau như in]]. (2a)Hai anh em giống nhau (2b)đến nỗi người ngoài

一岁 和 相似互相 如印 两兄弟 相同 互相 甚至 人 外

không phân biệt được (2c)ai là anh, (2d)ai là em.

不 分别 得 谁是哥 谁是弟

(3) Năm hai anh em mười bảy mười tám tuổi thì cha mẹ đều chết cả.

年 两兄弟 十七 十八 岁 THM 爸 妈 都 死 全

(4a) Hai anh em vốn đã thương yêu nhau, (4b) nay gặp cảnh hiu quạnh,

两兄 弟 本来已 疼爱 互相 现在 遇 景 孤寂

(4c) lại càng yêu thương nhau hơn trước.

又 更 疼爱 互相 比 以前

(5a) Không còn được cha dậy dỗ cho nữa, (5b) hai anh em xin học

不 还 得 爸 教育 给 再 两兄弟 求学

ông đạo sĩ họ Lưu. (6a) Hai anh em học hành chăm chỉ lại đứng đắn

CLS 道士 姓 刘 两兄 弟 学习 努力 又 诚挚

(6b) nên được thầy yêu như con. (7a) Ông Lưu có một cô con gái [[tuổi

所以得 老师 爱 如 孩子 CLS 刘 有 一 CLS 女儿 岁

chừng mười sáu mười bảy, nhan sắc tươi tắn,

大概 十六 十七 颜色 鲜艳

con gái trong vùng không người nào sánh kịp]].

女孩 里 地区 不 人 哪 比得上

(8a) Thấy (8b)hai anh em họ Cao vừa đẹp vừa hiền, (8c) người con gái đem lòng

见 两兄弟 姓高 又帅 又贤 CLS 女孩 带 肚子

(8d)yêu mến, (8e)muốn (8f)kén (8g)người anh làm chồng,
　　爱慕　　　想　　选　　CLS　哥　当　丈夫

(8h)nhưng không biết (8i)người nào là anh, người nào là em.
　　旦　　不　知道　人　哪　是哥　人　哪　是弟

(9a)Một hôm, nhân nhà nấu cháo, (9b)người con gái lấy một bát cháo
　　一　天　趁　家　煮粥　　CLS　女孩　拿一碗粥

và một đôi đũa (9c)mời (9d)hai người ăn. (10a)Thấy (10b)người em nhường
和　一双筷子　请　　两人　吃　　看　　　CLS　弟　让

(10c)người anh ăn trước, (9b)người con gái mới nhận được ai là anh, ai là em.
　　CLS　哥　吃　先　　CLS　女孩　才认得　谁是哥　谁是弟

(11) Sau đó, người con gái nói với cha mẹ [[cho phép mình lấy người anh làm chồng]].
　　然后　CLS　女孩　说　与爸妈　允许　自己嫁　CLS　哥　当丈夫

(12a)Từ khi người anh có vợ (12b)thì thương yêu giữa hai anh em không thắm thiết nữa.
　　从　时候CLS　哥有妻子　THM疼爱　间　两兄弟　不　　亲热　　再

(13a)Người em rất là buồn, (13b)nhưng người anh vô tình không để ý đến.
　　CLS　弟很难过　　但　CLS　哥无情　不　留意　到

(14a)Một hôm hai anh em cùng lên nương, (14b)tối mịt mới về,
　　一　天　两兄弟　一起上梯田　　深晚　才回

(14c)người em vào nhà trước, (14d)chàng vừa bước chân qua ngưỡng cửa
　　CLS　弟　进家　先　　他刚踏脚过槛　　门

(14e)thì　　người chị dâu ở trong buồng chạy ra (14f)lầm chàng là chồng mình,
　　THM-CON CLS　嫂子　在里房　跑出　错　他　为丈夫自己

(14g)vội ôm chầm lấy. (15a)Người em liền kêu lên, (15b)cả hai đều xấu hổ.
　　急抱孟　PHA　CLS　弟立刻叫起　　全两都害羞

(16) Giữa lúc ấy, người anh cũng bước vào nhà. (17a)Từ đấy người anh nghi
　　间那时　CLS　哥也踏进家　　从此　CLS　哥怀疑

(17b)em có tình ý với　　vợ mình, (17c)càng hững hờ với em hơn trước.
　　弟有情意与妻子自己　更冷淡　与弟比前

(18a)Một buổi chiều, anh chị　đều đi vắng cả, (18b)người em ngồi một mình
　　一　CLS下午　哥嫂子都不在家　EMP　CLS弟坐一身体

(18c)nhìn ra khu rừng xa xa, (18d)cảm thấy cô quạnh, (18e)lại càng buồn tủi,
　　看出CLS林远　　感觉　寂寞　　又更委屈

(18f)vùng đứng dậy (18g)ra đi.
　　猛站起　　出去

(19a)Chàng đi, (19b)đi　mãi cho đến khu rừng phía trước mặt,
　　他　去　　去一直 到　CLS 林　边　　前面

(19c)rồi　theo đường mòn đi thẳng vào rừng âm u. (20a)Trời tối dần,
　　然后 沿着 小路　　去 直　进 林 暗沉 天　黑 慢

(20b)trăng đã lên, (20c)mà chàng vẫn cứ　đi. (21)Chàng đi mãi.
　　月亮 已 上　　但 他　还一直 走　　他　走 一直

(22a)Đi đến một con suối rộng nước sâu và xanh biếc,
　　走 到　一 CLS 溪 款　水　深 和 清澈

(22b)chàng không lội qua được, (22c)đành ngồi nghỉ bên bờ.
　　他　　不　徒涉 过 得　　只好 坐 休息 边 岸

(23a)Chàng khóc thổn thức, (23b)tiếng suối reo　và cứ　reo,
　　他　哭　唏嘘　　声 溪 袅袅 和 一直 袅袅

(23c)át　cả　tiếng khóc của chàng. (24a)Đêm mỗi lúc một khuya,
　　淹没 mod 声　哭　的 他　　　夜　越来越　深

(24b)sương xuống mỗi lúc một nhiều, (24c)sương lạnh thấm dần vào da thịt chàng.
　　霜　下　越来越　多　　　霜　冷 浸透 慢　进 皮 肉 他

(25a)Chàng chết (25b)mà vẫn ngồi trơ trơ, (25c)biến thành một tảng đá.
　　他　死　　但 还 坐 呆　　　变 成　一 CLS 石头

(26a)Người anh cùng vợ về nhà, (26b)không thấy em đâu, (26c)lẳng lặng đi (26d)tìm,
　　CLS 哥 与 妻子 回家　　不 见 弟 MOD　静静 去 找

(26e)không nói cho vợ biết.
　　不　说 给 妻 知

(27a)Theo con đường mòn vào rừng, chàng đi mãi, (27b)đi mãi,
　　沿着 CLS 小路　　进 林 他 走 一直　走 一直

(27c)và sau cùng đến con suối xanh biếc đang chảy cuồn cuộn dưới ánh trăng
　　和 终究　到 CLS 溪 清澈　正在 流 滚滚　下　光 月亮

(27d)và không thể lội qua được, (27e)đành ngồi bên bờ suối,
　　和 不能　徒涉 过 的　　只好 坐　边 岸 溪

(27f)tựa mình vào một tảng đá. (28a)Chàng có ngờ đâu (28b)chính tảng đá　là em mình!
　　依靠 身体 进 一 CLS 石头 他　有 疑惑 哪 EMP CLS 石头 是 弟 自己

(29a)Sương vẫn xuống đều, (29b)sương lạnh rơi lã chã từ cành lá xuống.
　　霜　还 下　连续　霜　冷 落 潸潸 从 枝　叶 下

(30a)Chàng rầu rĩ khóc than hồi lâu, (30b)ngất đi (30c)và chết cứng,
　　他　愁 哭 叹 很久　　昏迷 去 和 死 硬

(30d) biến thành một cây không cành, [[mọc thẳng bên tảng đá]].
变 成 一 树 没有 枝 长 直 边 CLS 石头

(31a) Ở nhà, vợ không thấy chồng đâu, (31b) vội đi (31c) tìm
在 家 妻 不 见 丈夫 哪 急 去 找

(31d) và cũng theo con đường mòn đi vào rừng thẳm. (32a) Nàng đi mãi,
和 也 沿着 CLS 小路 去 进 森林 她 走 一直

(32b) bước thấp bước cao, (32c) rồi cuối cùng gặp con suối nước sâu và xanh biếc.
踏 低 踏 高 然后 终究 遇 CLS 溪 水 深 和 清澈

(33) Nàng không còn đi được nữa.
她 不 还 走 得 再

(34a) Nàng ngồi tựa vào gốc cây không cành [[mọc bên tảng đá]], (34b) vật mình than khóc.
她 坐 靠 进 根 树 没有 枝 长 边 CLS 石头 翻身 叹哭

(35a) Nàng có ngờ đâu (35b) nàng đã ngồi tựa vào chồng mình và [[sát đó là em chồng]].
她 有 疑 MOD 她 已 坐 靠 进 丈夫 自己 和 近 那儿 是 弟 丈夫

(36a) Nàng than khóc, (36b) nhưng tiếng suối to hơn cả tiếng than khóc của nàng.
她 叹 哭 但 声 溪 大 比 EMP 声 叹 哭 的 她

(37a) Đêm đã ngả dần về sáng, (37b) sương xuống càng nhiều,
夜 已 慢慢 回 亮 霜 下 更 多

(37c) mù mịt cả núi rừng, (37d) nàng vật vã khóc than.
弥漫 全 山 林 她 翻滚 哭 叹

(38a) Chưa đầy nửa đêm (38b) mà nàng đã mình gầy xác ve, (38c) thân mình dài lêu nghêu,
没 满 一半 夜 而 她 已 身体 瘦 蝉翼 身体 长 细高挑儿

(38d) biến thành một cây leo [[quấn chặt lấy cây không cành [[mọc bên tảng đá]]]].
变 成 一 树 攀 捆 紧 PHA 树 没有 枝 长 边 CLS 石头

(39a) Về sau chuyện ấy đến tai mọi người, (39b) ai nấy đều thương xót.
以后 事情 那 到 耳朵 大家 谁 那 都 可怜

(40a) Một hôm, vua Hùng đi qua chỗ ấy, (40b) nhân dân đem chuyện ba người
一 天 王 雄 走过 那儿 人民 拿 故事 三 人

(40c) kể lại cho vua. (41a) Vua bảo (41b) "Hãy lấy lá cây leo
讲 给 王 王 说 MOD 拿 叶 树 攀生

và quả ở cái cây không cành (41c) nghiền với nhau (41d) xem sao?".
和 果 在 CLS 树 没有 枝 擀 与 互相 看 怎样

(42a) Thì thấy mùi vị cay cay. (43a) Nhai thử, (43b) thấy thơm ngon
THM-CON 见 味道 辣 辣 咀嚼 试 见 香 好吃

(43c) và nhổ nước vào tảng đá (43d) thì　　thấy (43e) bãi nước biến dần ra sắc đỏ.
和　啐　水　进 CLS 石头 THM-CON 见　CLS 水　变满出色红

(44a) Lại lấy tảng đá　ở bên (44b) đem về (44c) nung cho xốp (44d) để　ăn với trầu cau,
和　拿 CLS 石头在边　带回　煅　给松软 以便 吃与妻叶槟榔

(44e) cho miệng thơm, (44f) môi đỏ.　(45a) Nhân dân gọi (45b)[[cái cây mọc thẳng kia
为了嘴香　嘴唇红　　人民　叫　DEF 树长直那

là cây cau]], (45c) [[cây dây leo kia là　cây trầu]],
是树薯　　树线攀生那是树槟榔

(46a) Ba người tuy đã chết (46b) mà tình duyên vẫn gắn bó thắm thiết,
三人虽已死　但情缘　还紧密亲热

(46c) nên trong mọi sự gặp gỡ của người Việt, miếng trầu bao giờ cũng là đầu câu chuyện,
所以在每 PRE 见面的人越　CLS 薯何时也是头故事

(46d) để bắt đầu mối lương duyên. (47a) Và khi　có lễ nhỏ, lễ lớn, cưới xin hoặc hội hè,
以便开始 CLS 良缘　和时候有节小节大结婚或聚会

(47b) tục　ăn trầu đã trở thành một thói quen cố hữu của dân tộc Việt Nam.
习俗 吃槟榔已变成一习惯　固有　的民族越南

国际音标：

şɯ³² tik²⁴ tʂɤ̌ u²¹ kǎ u³³ 槟榔传
事迹　青薯 槟榔

(1) thɤi²¹ sɯɤ³³, mot³² ɲa²¹ kuan³³ laŋ³³ ho³² kau³³ kɔ²⁴ hai³³ ŋɯɤi²¹ kɔn³³ tṣai³³ hɤn³³ ɲau³³
以前　　一家医官姓高有两 CLS 儿子比互相

mot³² tuoi³¹² va²¹ zoŋ²⁴ ɲau³³ ɲɯ³³ in³³. (2) hai³³ ɛ̌ ŋ³³ ɛm³³ zoŋ²⁴ ɲau³³ den²⁴ noi³²⁵ ŋɯɤi²¹ ŋuai²¹
一岁和相似互相如印两兄弟　相同互相甚至　人　外

χoŋ³³ fɤ̌ n³³ biet³² dɯɤk³² ai³³ la²¹ ɛ̌ ŋ³³, ai³³ la²¹ ɛm³³.
不　分别　得谁是哥谁是弟

(3) nǎ m³³ hai³³ ɛ̌ ŋ³³ ɛm³³ mɯɤi²¹ bǎ i³¹² mɯɤi²¹ tam²⁴ tuoi³¹² thi²¹ tɕa³³ mɛ³² deu²¹ tɕet²⁴ ka³¹².
年两兄弟十七　十八　岁 THM 爸妈都死全

(4) hai³³ ɛ̌ ŋ³³ ɛm³³ von²⁴ da³²⁵ thɯɤŋ³³ ieu³³ ɲau³³, nǎ i³³ yǎ p³² kɛ̌ ŋ³¹² hiu³³ kuɛ̌ ŋ³²,
两兄弟本来已疼爱　互相现在遇景孤寂

lai³² kaŋ²¹ ieu³³ thɯɤŋ³³ ɲau³³ hɤn³³ tʂɯɤk²⁴
又更疼爱　互相比　以前

(5) χoŋ³³ kɔn²¹ dɯɤk³² tɕa³³ zɤ̌ i³² zo³²⁵ tɕɔ³³ nɯɤ³²⁵, hai³³ ɛ̌ ŋ³³ ɛm³³ sin³³ hɔk³²
不　还得爸教育给再两兄弟求学

oŋ³³ dau³² s̺i³²⁵ hɔ³² lɯɯ³³. (6) hai³³ ɛ̌ ŋ³³ ɛm³³ hɔk³² hɛ̌ ŋ²¹ tɕǎ m³³ tɕi³¹² lai³² dɯŋ²⁴ dǎ n²⁴
CLS 道士　姓 刘　两兄　弟 学习　　努力　　 又　诚挚

nen³³ dɯɤk³² thɤ̌ i²¹ ieu³³ ɲɯ³³ kɔn³³. (7) oŋ³³ lɯɯ³³ kɔ²⁴ mot³² ko³³ kɔn³³ ɣai²⁴ tuoi³¹²
所以 得　老师 爱　如　孩子 CLS 刘 有 一 CLS 女儿　岁

tɕɯŋ²¹ mɯɤi²¹ s̺au²⁴ mɯɤi²¹ bǎ i³¹², ɲan³³ s̺ǎ k²⁴ tuɤi³³ tǎ n²⁴,
大概　 十六　 十七　　　　　 颜色　 鲜艳

kɔn³³ ɣai²⁴ tʂɔŋ³³ vuŋ²¹ χɔŋ³³ ŋɯɤi²¹ nau²¹ s̺ě ŋ²⁴ kip³².
女孩　 里 地区 不 人　 哪 比得上

(8) thɤ̌ i²⁴ hai³³ ɛ̌ ŋ³³ ɛm³³ hɔ³² kau³³ vuɤ²¹ dɛp³² vuɤ²¹ hien²¹, ŋɯɤi²¹ kɔn³³ ɣai²⁴ dɛm³³ lɔŋ²¹
见　两 兄　 弟 姓 高　 又 帅　 又 贤 CLS 女孩　 带 肚子

ieu³³ men²⁴, muon²⁴ ken²⁴ ŋɯɤi²¹ ɛ̌ ŋ³³ lam²¹ tɕɔŋ²¹,
爱慕　 想　 选 CLS 哥 当 丈夫

ɲɯŋ³³ χɔŋ³³ biet²⁴ ŋɯɤi²¹ nau²¹ la²¹ ɛ̌ ŋ³³, ŋɯɤi²¹ nau²¹ la²¹ ɛm³³.
但　不　知道 人　 哪 是 哥　 人　 哪 是 弟

(9) mot³² hom³³, ɲɤ̌ n³³ ɲa²¹ nɤ̌ u²⁴ tɕau²⁴, ŋɯɤi²¹ kɔn³³ ɣai²⁴ lɤ̌ i²⁴ mot³² bat²⁴ tɕau²⁴
一　天　 趁　家 煮　粥　 CLS 女孩　 拿 一 碗　粥

va²¹ mot³² doi³³ duo³²⁵ mɤi²¹ hai³³ ŋɯɤi²¹ ǎ n³³. (10) thɤ̌ i²⁴ ŋɯɤi²¹ ɛm³³ ɲɯɤŋ²¹
和 一 双　 筷子　请 两 人　 吃 看　 CLS 弟　 让

ŋɯɤi²¹ ɛ̌ ŋ³³ ǎ n³³ tʂɯɤk²⁴, ŋɯɤi²¹ kɔn³³ ɣai²⁴ mɤi²⁴ ɲɤ̌ n³² dɯɤk³² ai²¹ la²¹ ɛ̌ ŋ³³, ai³³ la²¹ ɛm³³.
CLS 哥 吃　先　 CLS 女孩　　 才 认得 谁 是 哥 谁 是 弟

(11) s̺au³³ dɔ²⁴, ŋɯɤi²¹ kɔn³³ ɣai²⁴ nɔi²⁴ vɤi²⁴ tɕa³³ mɛ³² tɕɔ³² fɛp²⁴ miŋ²¹ lɤ̌ i²⁴ ŋɯɤi²¹ ɛ̌ ŋ³³ lam²¹ tɕɔŋ²¹.
然后 CLS 女孩　说 与 爸 妈　 允许　　自己 嫁 CLS 哥 当　丈夫

(12) tɯ²¹ χi³³ ŋɯɤi²¹ ɛ̌ ŋ³³ kɔ²⁴ vɤ³² thi²¹ thɯɤŋ³³ ieu²¹ zɯɤ³²⁵ hai³³ ɛ̌ ŋ³³ ɛm³³ χɔŋ³³ thǎ m²⁴ thiet²⁴ nɯɤ³²⁵.
从 时候 CLS 哥 有 妻子 THM 疼爱　 间　 两 兄　 弟 不　亲热　　再

(13) ŋɯɤi²¹ ɛm³³ zɤ̌ t²⁴ la²¹ buon²¹, ɲɯŋ³³ ŋɯɤi²¹ ɛ̌ ŋ³³ vo³³ tiŋ²¹ χɔŋ³³ de³¹² i²⁴ den²⁴.
CLS 弟 很　 难过 但 CLS 哥 无 情 不　留意　 到

(14) mot³² hom³³ hai³³ ɛ̌ ŋ³³ ɛm³³ kuŋ²¹ len²¹ nɯɤŋ³³, toi²⁴ mit³² mɤi²⁴ ve²¹,
一　天　 两 兄　 弟 一起 上　梯田　 深晚　 才 回

ŋɯɤi²¹ ɛm³³ vau²¹ ɲa²¹ tʂɯɤk²⁴, tɕaŋ²¹ vuɤ²¹ bɯɤk²⁴ tɕɤ̌ n³³ kua³³ ŋɯɤŋ³²⁵ kɯɤ³¹²
CLS 弟 进 家　 先　 他 刚　 踏　 脚　 过 槛　　 门

thi²¹ ŋɯɤi²¹ tɕi³² zɤ̌ u³³ ɤ³¹² tʂɔŋ³³ buoŋ²¹ tɕǎ i³² za³³ lɤ̌ m²¹ tɕaŋ²¹ la²¹ tɕɔŋ²¹ miŋ²¹,
THM-CON CLS 嫂子 在　里 房　 跑　 出 错　 他 为 丈夫 自己

voi³² om³³ tɕɤ̌ m²¹ lɤ̌ i²⁴, ŋɯɤi²¹ ɛm³³ lien²¹ keu len³³, ka³¹² hai³³ deu²¹ s̺ɤ̌ u²⁴ ho³¹².
急 抱 孟 PHA CLS 弟 立刻　叫 起　 全 两　 都　 害羞

zɯɣ³²⁵ luk²⁴ ɣ̌ i²⁴, ŋuɣvi²¹ ɛ̌ ŋ³³ kuŋ³²⁵ bɯɣk²⁴ vau²¹ ɲa²¹. (17) tɯ²¹ dɣ̌ i²⁴ ŋuɣvi²¹ ɛ̌ ŋ³³ ɲi³³
间　那时　CLS哥　也　踏　进　家　从此　　CLS　哥　怀疑

ɛm³³ kɔ²⁴ tiŋ²¹ i²⁴ vɣi²⁴ vɣ³² miŋ²¹, kaŋ²¹ hɯŋ³²⁵ hɣ²¹ vɣi²⁴ ɛm³³ hɣn³³ tʂɯɣk²⁴.
弟　有　情意　与　妻子自己　更　冷淡　　与　弟　比　前

(18) mot³² buoi³¹² tɕieu²¹, ɛ̌ ŋ³³ tɕi³² deu²¹ di³³ vǎ ŋ²⁴ ka³¹², ŋuɣvi²¹ ɛm³³ ŋoi²¹ mot³² miŋ²¹
一　CLS　下午　哥　嫂子都　不在家　MOD CLS　弟　坐　一　自己

ɲin²¹ za³³ χu³³ zɯɯŋ²¹ sa³³ sa³³, kam³¹² thɣ̌ i²⁴ ko³³ kuě ŋ³², lai³² kaŋ²¹ buon²¹ tui³¹²,
看　出　CLS　林　远　　感觉　寂寞　　又　更　委屈

vun²¹ dɯɯŋ²⁴ zɣ̌ i³² za̱³³ di³³.
猛　站　起　出去

(19) tɕaŋ²¹ di³³, di³³ mai³²⁵ tɕɔ³³ den²⁴ χu³³ zɯɯŋ²¹ fie²⁴ tʂɯɣk²⁴ mǎ t³²,
他　去去　永远　到　CLS林　边　前面

zɔi²¹ theu³³ dɯɣŋ²¹ mɔn²¹ di³³ thǎ ŋ³¹² vau²¹ zɯɯŋ²¹ ɣ̌ m³³ u³³. (20) tʂɣi²¹ toi²⁴ zɣ̌ n²¹,
然后　沿着　小路　　去　直　进　林　暗沉　　天　黑　慢

tʂǎ ŋ³³ da³²⁵ len³³, ma²¹ tɕaŋ²¹ vɣ̌ n³²⁵ kɯ²⁴ di³³. (21) tɕaŋ²¹ di³³ mai³²⁵.
月亮　已　上　但　他　还　一直　走　他　走　一直

(22) di³³ den²⁴ mot³² kɔn³³ suoi²⁴ zɔŋ³² nɯɯk²⁴ ʂɣ̌ u³³ va²¹ sɛ̌ ŋ³³ biek²⁴,
走　到　一　CLS溪　款　水　深　和　清澈

tɕaŋ²¹ χoŋ³³ loi³² kua³³ dɯɣk²⁴, dě ŋ²¹ ŋoi²¹ ɲi³¹² ben³³ bɣ²¹
他　不　徒涉过　得　只好　坐　休息　边　岸

(23) tɕaŋ²¹ χɔk²⁴ thon³¹² thuk²⁴, tieŋ²⁴ suoi²⁴ zɛu³³ va²¹ kɯ²⁴ zɛu³³,
他　哭　唏嘘　　声　溪　袅袅和一直　袅袅

at²⁴ ka³¹² tieŋ²⁴ χɔk²⁴ kuo³¹² tɕaŋ²¹. (24) dem³³ moi³²⁵ luk²⁴ mot³² χuie³³,
渐没 MOD 声　哭　的　他　　夜　越来越　　深

ʂɯɣŋ³³ suon²⁴ moi³²⁵ luk²⁴ mot³² ɲieu²¹, ʂɯɣŋ³³ lě ŋ³² thɣ̌ m²⁴ zɣ̌ n²¹ vau²¹ za³³ thit³² tɕaŋ²¹
霜　下　越来越　　多　霜　冷　浸透　慢　进　皮肉他

(25) tɕaŋ²¹ tɕet²⁴ ma²¹ vɣ̌ n³²⁵ ŋoi²¹ tʂɣ³³ tʂɣ³³, bien²⁴ thě ŋ²¹ mot³² taŋ³¹² da²⁴.
他　死　但　还　坐　呆　　变　成　一　CLS　石头

(26) ŋuɣvi²¹ ɛ̌ ŋ³³ kuŋ²¹ vɣ³² ve²¹ ɲa²¹, χoŋ³³ thɣ̌ i²⁴ ɛm³³ dɣ̌ u³³, lǎ ŋ³¹² lǎ ŋ³² di³³ tim²¹,
CLS　哥　与　妻子回家　不　见弟　MOD　静静　　去　找

χoŋ³³ nɔi²⁴ tɕɔ³³ vɣ³² biet²⁴.
不　说　给　妻　知

(27) theu³³ kɔn³³ dɯɣŋ²¹ mɔn²¹ vau²¹ zɯɯŋ²¹, tɕaŋ²¹ di³³ mai³²⁵, di³³ mai³²⁵,
沿着　CLS　小路　　进　林　他　走　永远　走　永远

va²¹ ʂau³³ kuŋ²¹ den²⁴ kɔn³³ ʂuoi²⁴ sě ŋ³³ biek²⁴ daŋ³³ tɕă i³¹² kuon²¹ kuon³² zuɤi²⁴ ɛ̌ ŋ²⁴ tʂ̌ă ŋ³³
和　　终究　　到　CLS　溪　清澈　　正在　流　　滚滚　　　　下　光　月亮

va²¹ χoŋ³³ the³¹² loi³² kua³³ duɤk³², dě ŋ²¹ ŋoi²¹ ben³³ bɤ²¹ ʂuoi²⁴,
和　不能　　徒涉　过　得　　只好　坐　边　岸　溪

tuɤ³² miŋ²¹ vau²¹ mot³² taŋ³¹² da²⁴. (28) tɕaŋ²¹ kɔ²⁴ ŋɤ²¹ dʏ̌ u³³ tɕiŋ²⁴ taŋ³¹² da²⁴ la²¹ ɛm³³ miŋ²¹!
依靠　身体　进　一　CLS　石头　　他　有疑惑　MOD MOD CLS 石头　是　弟　自己

(29) ʂɯɤŋ³³ vʏ̌ n³²⁵ ʂuoŋ²⁴ deu²¹, ʂɯɤŋ³³ lě ŋ³² zʏi³³ la³²⁵ tɕa³²⁵ tu²¹ kě ŋ²¹ la²⁴ ʂuoŋ²⁴
　　霜　　还　下　连续　霜　冷　落　潜潜　　从　枝　叶　下

(30) tɕaŋ²¹ zʏ̌ u²¹ zi³²⁵ χɔk²⁴ than³³ hoi²¹ lʏ̌ u³³, ŋ̌ t²⁴ di³³ va²¹ tɕet²⁴ kuŋ²⁴,
　　他　愁　　哭　叹　很久　昏迷　去　和　死　硬

bien²⁴ thě ŋ²¹ mot³² kʏ̌ i³³ χoŋ³³ kě ŋ²¹, mɔk²⁴ thă ³¹² ben³³ taŋ³¹² da²⁴.
变　成　一　树　没有　枝　长　直　边　CLS 石头

(31) ʏ̌ ³¹² ɲa²¹, vɤ³² χoŋ³³ thʏ̌ i²⁴ tɕoŋ²¹ dʏ̌ u³³, voi³² di³³ tim²¹
　在　家　妻　不　见　丈夫　哪　　急　去　找

va²¹ kuŋ³²⁵ theu³³ kɔn³³ duɤŋ²¹ mɔn³³ di³³ vau²¹ zɯŋ²¹ thă m³¹². (32) naŋ²¹ di³³ mai³²⁵,
和　也　沿着　CLS 小路　　去　进　森林　　　　她　走　永远

buɤk²⁴ thʏ̌ p²⁴ buɤk²⁴ kau³³, zɔi²¹ kuoi²⁴ kuŋ²¹ ʏ̌ p³² kɔn³³ ʂuoi²⁴ nuɤk²⁴ ʂʏ̌ u³³ va²¹ sě ŋ³³ biek²⁴.
踏　低　踏　高　然后　终究　遇　CLS 溪　水　深　和　清澈

(33) naŋ²¹ χoŋ³³ kɔn²¹ di³³ duɤk³² nuɤ³²⁵.
她　不　还　走　得　再

(34) naŋ²¹ ŋoi²¹ tuɤ³² vau²¹ ɣok²⁴ kʏ̌ i³³ χoŋ³³ kě ŋ²¹ mɔk³² ben³³ taŋ³¹² da²⁴, vʏ̌ t³² miŋ²¹ than³³ χɔk²⁴.
她　坐　靠　进　根　树　没有　枝　长　边　CLS 石头　　翻身　叹哭

(35) naŋ²¹ kɔ²⁴ ŋɤ²¹ dʏ̌ u³³ naŋ²¹ da³²⁵ ŋoi²¹ tuɤ³² vau²¹ tɕoŋ²¹ miŋ²¹ va²¹ ʂat²⁴ dɔ²⁴ la²¹ ɛm³³ tɕoŋ²¹.
她　有疑　MOD 她　已　坐　靠　进　丈夫　自己　和　近　那儿　是　弟　丈夫

(36) naŋ²¹ than³³ χɔk²⁴, ɲuŋ³³ tieŋ²⁴ ʂuoi²⁴ tɔ³³ hɤn³³ ka³¹² tieŋ²⁴ than³³ χɔk²⁴ kuo³¹² naŋ²¹.
她　叹哭　但　声　溪　大　比　MOD 声　叹哭　的　她

(37) dem³³ da³²⁵ ŋa³¹² zʏ̌ n²¹ ve²¹ ʂaŋ²⁴, ʂɯɤŋ³³ ʂuoŋ²⁴ kaŋ²⁴ ɲieu²¹,
　夜　已　慢慢　回　亮　霜　下　更　多

mu²¹ mit³² ka³¹² nui²⁴ zɯŋ²¹, naŋ²¹ vʏ̌ t³² va³²⁵ χɔk²⁴ than³³.
弥漫　全　山　林　她　翻滚　哭叹

(38) tɕuɤ³³ dʏ̌ i²¹ nuɤ³¹² dem³³ ma²¹ naŋ²¹ da³²⁵ miŋ²¹ ʏ̌ i²¹ sak²⁴ ve³³, thʏ̌ n³³ miŋ²¹ zai²¹ leu³³ ŋeu³³,
　没　满　一半　夜　而　她　已　身体　瘦　蝉翼　身体　长　细高挑儿

bien²⁴ thě ŋ²¹ mot³² kʏ̌ i³³ leu³³ kuʏ̌ n²⁴ tɕă t³² lʏ̌ i²⁴ kʏ̌ i³³ χoŋ³³ kě ŋ²¹ mɔk³² ben³³ taŋ³¹² da²⁴.
变　成　一　树　攀　捆　紧　PHA 树　没有　枝　长　边　CLS 石头

(39) ve²¹ ʂau³³ tɕuien³² ɣ̌ i²⁴ den²⁴ tai³³ mɔi³² ŋɯɣi²¹, ai³³ nɣ̌ i²⁴ deu²¹ thɯɯŋ³³ sɔt²⁴.
以后 事情 那 到 耳朵 大家 谁 那 都 可怜

(40) mot³² hom³³, vuo³³ huŋ²¹ di³³ kua³³ tɕɔ³²⁵ ɣ̌ i²⁴, nɣ̌ n³³ zɣ̌ n³³ dɛm³³ tɕuien³² ba³³ ŋɯɣi²¹
一 天 王 雄 走过 那儿 人民 拿 故事 三 人

ke³¹² lai³² tɕɔ³³ vuo³³. (41) vuo³³ bau³¹² "hǎ i³²⁵ lɣ̌ i²⁴ la²⁴ kɣ̌ i³³ leu³³
讲 给 王 王 说 MOD 拿 叶 树 攀生

va²¹ kua³¹² ɣ³¹² kai²⁴ kɣ̌ i³³ χɔŋ³³ kě ŋ²¹ ŋien²¹ vvi²⁴ ɲau³³ sɛm³³ ʂau³³?"
和 果 在 CLS 树 没有 枝 撺 与 互相 看 怎样

(42) thi²¹ thɣ̌ i²⁴ mui²¹ vi³² kǎ i³³ kǎ i³³. (43) ɲai³³ thɯɯ³¹², thɣ̌ i²⁴ thɣm³³ ŋɔn³³
THM-CON 见 味道 辣辣 咀嚼 试 见 香 好吃

va²¹ ɲo³¹² nuɯɣk²⁴ vau²¹ taŋ³¹² da²⁴ thi²¹ thɣ̌ i²⁴ bǎ i³²⁵ nuɯɣk²⁴ bien²⁴ zɣ̌ n²¹ ẓa³³ ʂǎ k²⁴ do³¹².
和 啐 水 进 CLS 石头 THM-CON 见 CLS 水 变 满 出 色 红

(44) lai³² lɣ̌ i²⁴ taŋ³¹² da²⁴ ɣ³¹² ben³³ dɛm³³ ve²¹ nuŋ³³ tɕɔ³³ sɔp³² de³¹² ǎ n³³ vvi²⁴ tʂɣ̌ u²¹ kǎ u³³,
和 拿 CLS 石头 在 边 带 回 煅 给 松软 以便 吃 与 妻 叶 槟榔

tɕɔ³³ mien³² thɣm³³, moi³³ do³¹². (45) nɣ̌ n³³ zɣ̌ n³³ ɣɔi³² kai²⁴ kɣ̌ i³³ mɔk³² thǎ ŋ³¹² kie³³
为了 嘴 香 嘴唇 红 人民 叫 DEF 树 长 直 那

la²¹ kɣ̌ i³³ kǎ u³³, kɣ̌ i³³ zɣ̌ i³³ leu³³ kie³³ la²¹ kɣ̌ i³³ tʂɣ̌ u²¹.
是 树 槟榔 树 线 攀生 那 是 树 蒌

(46) ba³³ ŋɯɣi²¹ tǔ i³³ da³²⁵ tɕet²⁴ ma²¹ tiŋ²¹ zuien³³ vɣ̌ n³²⁵ yǎ n²⁴ bo²⁴ thǎ m²⁴ thiet²⁴,
三 人 虽 已 死 但 情缘 还 紧密 亲热

nen³³ tʂɔŋ³³ mɔi³² ʂɯ³² yǎ p³² ɣɣ³²⁵ kuo³¹² ŋɯɣi²¹ viet³², mien²⁴ tʂɣ̌ u²¹ bau³³ zɣ²¹ kuŋ³²⁵ la²¹
所以 在 每 PRE 见面 的 人 越 CLS 蒌 何时 也 是

dɣ̌ u²¹ kɣ̌ u³³ tɕuien³², de³¹² bǎ t²⁴ dɣ̌ u²¹ moi²⁴ luɯŋ³³ zuien³³. (47) va²¹ χi³³ kɔ²⁴ le³²⁵ ɲɔ³¹²,
头 故事 以便 开始 CLS 良缘 和 时候 有 节 小

le³²⁵ lɣn²⁴, kuɯi²¹ sin³³ huǎ k³² hoi³² hɛ²¹ŋ tuk³² ǎ n³³ tʂɣ̌ u²¹ da³²⁵ tʂɣ³¹² thě ŋ²¹ mot³² thɔi²⁴ kuɛn³³
节 大 结婚 或 聚会 习俗 吃 妻 叶 已 变成 一 习惯

ko²⁴ hɯɯ³²⁵ kuo³¹² zɣ̌ n³³ tok³² viet³² nam³³.
固有 的 民族 越南

汉译：

槟榔传

(1)从前，一个姓高的医官有两个儿子，年龄相差一岁。(2)他们长得一模一样，连外人都分不出谁是哥哥，谁是弟弟。(3)两个兄弟十八岁的那年，父母都去世了。(4)本来两个兄弟互相很关心，现在遇到这样的情况就比以前更加互相关心了。

(5)没有父亲教育他们，两个兄弟就到姓刘的道士那里求学。(6)两个兄弟又努力又诚挚所以老师爱如亲子。(7)刘老师有一个十六七岁的外貌出众的女儿，周围的女孩们没有一个人能比得上她。

(8)觉得姓高的兄弟才貌双全，她就喜欢上了，想选哥哥为丈夫，但不知道哪个人是哥哥，哪个人是弟弟。

(9)一天，趁家里煮粥的时候，她拿出一碗粥和一双筷子请两个人吃。(10)看到弟弟敬让给哥哥，她才知道谁是哥哥，谁是弟弟，(11)然后，她恳求父母允许把自己嫁给哥哥。

(12)自从哥哥有了妻子，两个兄弟的关系不像以前那么亲密。(13)弟弟很难过，但哥哥并没有注意到。

(14)一天，两个兄弟一起上梯田，很晚才回来，弟弟先进屋子，他刚把脚踏进门槛，嫂子就从里面跑出来，以为他是自己的丈夫，急忙抱住。(15)弟弟立刻叫起来，两个人都害羞起来，(16)正在这时，哥哥也走进屋子。(17)从此哥哥就怀疑弟弟对他的妻子有情意，对弟弟更加冷淡了。

(18)一天下午，哥哥和嫂子都不在家，弟弟一个人坐着看到远方的一片林，觉得寂寞就更加难过和委屈，一下子站起来就出去了。

(19)他走着走着，走到前面的暗林，然后沿着小路走进去。(20)天开始黑了，月亮出来了，而他还继续走着。(21)他走着。(22)走到一条清澈而深邃的溪水旁，他没法走过去，只好在岸边坐着休息。(23)他唏嘘地哭泣，溪水袅袅，湮没了他的哭声。(24)夜越来越深，霜下得越来越重，冷霜慢慢侵入他的皮肉。(25)最后弟弟死了，但还保持坐着时的姿式，变成一块石头。

(26)哥哥与妻子回家，哥哥没看到弟弟就默默地去找，没有让妻子知道。(27)沿着进入森林的小路，他走着走着，最后走到在月亮下潺潺流动的清澈小溪，他走不过去，只好坐在岸边，背靠着一块石头。(28)他想不到那块石头就是自己的弟弟！(29)霜还在下着，冷霜从树上噗噗地落下来。(30)他难过，哭了很久，昏迷过去，最后死了，变成一种没有树枝的树，在石头旁边长得很直。

(31)家中的妻子没见到丈夫，急忙去找，也沿着进入森林的小路走进了森林。(32)她走着走着，跌跌撞撞，最后也看到一条清澈而深邃的溪水。(33)她走不动了。(34)她坐着靠在石头边没有长出枝子的树上，不停地哭。(35)她没想到她靠着的正是丈夫，紧挨着的是小叔子。(36)她哭泣但水声比她的哭声大。(37)天也快亮了，霜下得越来越重，弥漫了整个山林，她不停地哭。(38)天还没亮，她就已薄如蝉翼，变成石头旁那棵树上的、个子细高的攀藤植物。

(39)后来这个故事越传越远，大家都觉得可怜。(40)有一天，雄大王路过这个地方，当地人把这个故事讲给大王听。(41)大王说，试拿攀藤树的叶子和无枝树的果子一起捣碎看看？(42)结果发现味道有点辣。(43)咀嚼后觉得很香，将其吐在石头上，看到口水变成红色。(44)然后，把旁边的那块石头带回来，煅成松软，跟槟榔果和青蒌叶一起吃，味道会更香，嘴唇会更红。(45) 于是民间就把那棵无枝树叫做槟榔树，把那棵攀藤树叫做青蒌树。

　　(46)虽然那三个人已经不在了，但他们的感情还是非常亲密，所以当越南人见面的时候，槟榔和青蒌都是谈话的开始，以便喜结新缘。(47)每次有大节日、小节日、婚礼、庙会等等都有吃槟榔的习俗，这已经成为了越南民族的固有习俗。

二　故事2

越文：

Ăn mày thời hiện đại 新时代的乞丐
　乞丐　　　时代　现代

(1) 11h　đêm,　có tiếng chuông [[gọi cửa ngôi biệt thự]].
　11点 夜间　有 铃声　　　叫 门 CLS 别墅

(2a) Bà chủ nhà ra (2b) mở cửa (2c) thấy một người ăn mày.
　女主人　　出 开 门　见 一 CLS 乞丐

(3a) "Xin lỗi quý bà!" , (3b) anh chàng khốn khổ nói một cách dè dặt,
　对不起 夫人　　　家伙　辛苦　说 EMP　慎重

(3c) "Vì hôm nay chẳng ai cho tôi　cái ăn, (3d) xin hãy bố thí cho tôi một chút! "
　因今天　　没 谁 给我 PRE 吃　MOD　布施 给 我 一点

(4) "Anh có biết bây giờ là mấy giờ không?" (5) "Dạ, thưa bà, tôi biết　chứ!
　你 有 知 现在 是 几 点 不　　　INT 回您话 我 知道 MOD

(6a) Nhưng vào thời khủng hoảng kinh tế như thế này, thiên hạ ngày càng trở nên
　但　在　时代危机　　　经济 如 此　　　天下 越来越　变成

hà tiện, (6b) nên　tôi phải làm thêm giờ!"
　悭吝　　所以 我 须 作 添 小时

国际音标：

ă n³³ mă i²¹ thʏi²¹ hien³² dai³² 新时代的乞丐
　乞丐　　　时代　现代

(1) mɯɤi²¹mot³²zʏ²¹ dem³³, ko²⁴ tien²⁴ tɕuɔŋ³³ ɣɔi³² kɯɤ³¹² ŋoi³³ biet³² thɯ³².
　11点　　　夜间 有 铃声　　　叫　门　CLS 别墅

(2) ba²¹ tɕu³¹² ɲa²¹ za³³ mʏ³¹² kɯɤ³¹² thʏ i²⁴ mot³² ŋɯɤi²¹ ă n³³ mă i²¹.
　女主人　　出 开门　　见 一 CLS 乞丐

(3) "sin³³ loi³²⁵ kǔ i²⁴ ba²¹!", ɛ̌ ŋ³³ tɕaŋ²¹ χon²⁴ χo³¹² nɔi²⁴ mot³² kɛ̌ k²⁴ zɛ²¹ zǎ t³²,

　　对不起　　夫人　　　家伙　　辛苦　　说　EMP　　慎重

"vi²¹ hom³³ nǎ i³³ tɕǎ ŋ³¹² ai³³ tɕɔ³³ toi³³ kai²⁴ ǎ n³³, sin³³ hǎ i³²⁵ bo²⁴ thi²⁴ tɕɔ³³ toi³³ mot³² tɕut²⁴ ! "

　　因　今天　没　谁　给　我　PRE　吃　MOD　布施　　给　我　一点

(4) "ɛ̌ ŋ³³ kɔ²⁴ biet²⁴ bɣ̌ i³³ zɣ²¹ la²¹ mɣ̌ i²⁴ zɣ²¹ χoŋ³³?" (5) "za³², thuɣ³³ ba²¹, toi³³ biet²⁴ tɕɯ²⁴!

　　你　有　知　现在　是　几　点　不　　　INT　回您话　我　知道　MOD

(6) ɲɯŋ³³ vau²¹ thɣi²¹ χuŋ³¹² huaŋ³¹² kiŋ³³ te²⁴ ɲɯ³³ the²⁴ nǎ i²¹, thien³³ ha³² ŋǎ i²¹ kaŋ²¹ tʂɣ³¹² nen³³

　　但　在　时代　危机　　经济　　如　此　天下　　越来越　　变成

ha²¹ tien³², nen³³ toi³³ fai³¹² lam²¹ them³³ zɣ²¹!"

硻吝　　所以　我　须　作　添　小时

汉译:

新时代的乞丐

(1)晚上 11 点,某别墅门铃响了。(2)女主人出来开门,看见一个乞丐。(3)"对不起夫人!",苦恼的家伙慎重地说:"因今天没人给我吃的,请给我施舍一点!"(4)"你知道现在是几点吗?"(5)"是,回您话,我知道啊!"(6)但是在这样经济危机的时代中,人们越来越硻吝,所以我必须加班。"

附录二　分类词汇

一　天文地理

天	trời	tʂɤi²¹
天空	bầu trời	bɤ̌ u²¹ tʂɤi²¹
太阳	mặt trời	mǎ t³² tʂɤi²¹
光	ánh sáng	ɛ̌ ŋ²⁴ ʂaŋ²⁴
月亮	mặt trăng	mǎ t³² tʂǎ ŋ³³
月食	nguyệt thực	ŋuiet³² thɯk³²
（月）晕	quầng	kuɤ̌ ŋ²¹
星星	ngôi sao	ŋoi³³ ʂau³³
流星	sao băng	ʂau³³ bǎ ŋ³³
天气	thời tiết	thɤi²¹ tiet²⁴
阴天	trời mát	tʂɤi²¹ mat²⁴
晴天	trời nắng	tʂɤi²¹ nǎ ŋ²⁴
云	mây	mɤ̌ i³³
雷	sấm	ʂɤ̌ m²⁴
闪电（电）	chớp	tɕɤp²⁴
风	gió	zɔ²⁴
雨	mưa	mɯɤ³³
虹	cầu vồng	kɤ̌ u²¹ voŋ²¹
雪	tuyết	tuiet²⁴
雹子	mưa đá	mɯɤ³³ da²⁴
霜	sương muối	ʂɯɤŋ³³ muoi²⁴
露水	sương	ʂɯɤŋ³³
雾（雾气）	sương mù	ʂɯɤŋ³³ mu²¹
冰	băng	bǎ ŋ³³

火	lửa	lɯɤ³¹²
烟	khói	χɔi²⁴
气	hơi	hɤi³³
蒸气	hơi nước	hɤi³³ nɯɤk²⁴
地	đất	dɤ̌t²⁴
山	núi	nui²⁴
苍山	non xanh	nɔn³³ sɛ̌ ŋ³³
岭	đèo	dɛu²¹
山坡	sườn núi	ʂɯɤn²¹ nui²⁴
山峰	ngọn núi	ŋɔn³² nui²⁴
山谷	hẻm núi	hɛm³¹² nui²⁴
悬崖	vách núi	vɛ̌ k²⁴ nui²⁴
岩石	đá	da²⁴
山洞	hang núi	haŋ³³ nui²⁴
洞	hang	haŋ³³
河	sông	ʂoŋ³³
湖	hồ	ho²¹
海	biển	bien³¹²
池塘	bồn tắm	bon²¹ tǎ m²⁴
沟	rãnh	zɛ̌ ŋ³²⁵
井	giếng	zieŋ²⁴
坑	hố	ho²⁴
坝	đê	de
路	đường	dɯɤŋ²¹
平坝子（平原）	đồng bằng	doŋ²¹ bǎ ŋ²¹
田地	ruộng đất	ʐuoŋ³² dɤ̌ t²⁴
水田	ruộng nước	ʐuoŋ³² nɯɤk²⁴
旱地	ruộng cạn	ʐuoŋ³² kan³²
石头	đá	da²⁴
沙子	cát	kat²⁴
尘土	bụi	bui³²
泥巴	bùn	bun²¹

水	nước	nɯɤk²⁴
水泡	bong bóng	bɔŋ³³ bɔŋ²⁴
山泉	suối	ʂuoi²⁴
泉水	nước suối	nɯɤk²⁴ ʂuoi²⁴
瀑布	thác	thak²⁴
洪水	lũ	lu³²⁵
树林（森林）	rừng cây (rừng rậm)	zʐɯŋ²¹ kv̌ i³³ (zʐɯŋ²¹ zʐv̌ m³²)
矿	mỏ	mɔ³¹²
金子	vàng	vaŋ²¹
银子	bạc	bak³²
铜	đồng	doŋ²¹
铜锈	gỉ đồng	zi³¹² doŋ²¹
铁	sắt	ʂă t²⁴
铁锈	gỉ sắt	zi³¹² ʂă t²⁴
锡	thiếc	thiek²⁴
铅	chì	tɕi²¹
铝	nhôm	ɲom³³
煤	than đá	than³³ da²⁴
（木）炭	than gỗ	than³³ ɣo³²⁵
盐	muối	muoi²⁴
碱	kiềm	kiem²¹
灰（草木灰）	tro	tʂɔ³³
石灰	vôi	voi³³
地方	nơi	nɣi³³
国家	nước	nɯɤk²⁴
城市	thành phố	thɛ̌ ŋ²¹ fo²⁴
越南	Việt Nam	viet³² nam³³
河内	Hà Nội	ha²¹ noi³²
胡志明	Hồ Chí Minh	ho²¹ tɕi²⁴ miɲ³³
西贡	Sài Gòn	ʂai²¹ ɣɔn²¹
海防	Hải Phòng	hai³¹² ɣɔŋ²¹
岘港	Đà Nẵng	da²¹ nă ŋ³²⁵

北部	bắc bộ	bă k²⁴ bo³²
中部	trung bộ	tʂuŋ bo³²
南部	nam bộ	nam³³ bo³²
谅山省	tỉnh Lạng Sơn	tiŋ³¹² laŋ³² ʂɤn³³
北宁省	tỉnh Bắc Ninh	tiŋ³¹² bă k²⁴ niŋ³³
高平省	tỉnh Cao Bằng	tiŋ³¹² kau³³ bă ŋ²¹
北衍省	tỉnh Bắc Cạn	tiŋ³¹² bă k²⁴ kan³²
河江省	tỉnh Hà Giang	tiŋ³¹² ha²¹ zɑŋ³³
河北省	tỉnh Hà Bắc	tiŋ³¹² ha²¹ bă k²⁴
广宁省	tỉnh Quảng Ninh	tiŋ³¹² kuaŋ³¹² niŋ³³
老街省	tỉnh Lào Cai	tiŋ³¹² lau²¹ kai³³
安沛省	tỉnh Yên Bái	tiŋ³¹² ien³³ bai²⁴
山罗省	tỉnh Sơn La	tiŋ³¹² ʂɤn³³ la³³
宣光省	tỉnh Tuyên Quang	tiŋ³¹² tuien³³ kuaŋ³³
莱州省	tỉnh Lai Châu	tiŋ³¹² lai³³ tɕ̌ u³³
奠边省	tỉnh Điện Biên	tiŋ³¹² dien³² bien³³
海阳省	tỉnh Hải Dương	tiŋ³¹² hai³¹² zɯɤŋ³³
兴安省	tỉnh Hưng Yên	tiŋ³¹² huɯŋ³³ ien³³
和平省	tỉnh Hòa Bình	tiŋ³¹² hua²¹ biŋ²¹
河南省	tỉnh Hà Nam	tiŋ³¹² ha²¹ nam³³
泰原省	tỉnh Thái Nguyên	tiŋ³¹² thai²⁴ ŋuien³³
太平省	tỉnh Thái Bình	tiŋ³¹² thai²⁴ biŋ²¹
宁平省	tỉnh Ninh Bình	tiŋ³¹² niŋ³³ biŋ²¹
河静省	tỉnh Hà Tĩnh	tiŋ³¹² ha²¹ tiŋ³²⁵
富寿省	tỉnh Phú Thọ	tiŋ³¹² fu²⁴ thɔ³²
永福省	tỉnh Vĩnh Phúc	tiŋ³¹² viŋ³²⁵ fuk²⁴
南定省	tỉnh Nam Định	tiŋ³¹² nam³³ diŋ³²
清化省	tỉnh Thanh Hóa	tiŋ³¹² thě ŋ³³ hua²⁴
艺安省	tỉnh Nghệ An	tiŋ³¹² ŋe³² ɑn³³
承天—顺化省	tỉnh Thừa Thiên-Huế	tiŋ³¹² thɯɤ²¹ thien³³ hue²⁴
广平省	tỉnh Quảng Bình	tiŋ³¹² kuaŋ³¹² biŋ²¹
广治省	tỉnh Quảng Trị	tiŋ³¹² kuaŋ³¹² tʂi³²

广南省	tỉnh Quảng Nam	tiŋ³¹² kuaŋ³¹² nam³³
广义省	tỉnh Quảng Ngãi	tiŋ³¹² kuaŋ³¹² ŋai³²⁵
崑嵩省	tỉnh Kon Tum	tiŋ³¹² kɔn³³ tum³³
平定省	tỉnh Bình Định	tiŋ³¹² biŋ²¹ diŋ³²
嘉莱省	tỉnh Gia Lai	tiŋ³¹² za³³ lai³³
得乐省	tỉnh Đắc Lắc	tiŋ³¹² dă k²⁴ lă k²⁴
富安省	tỉnh Phú An	tiŋ³¹² fu²⁴ ɑn³³
庆和省	tỉnh Khánh Hòa	tiŋ³¹² χɛ̌ ŋ²⁴ hua²¹
宁顺省	tỉnh Ninh Thuận	tiŋ³¹² niŋ³³ thuɣ̌ n³²
林同省	tỉnh Lâm Đồng	tiŋ³¹² lɣ̌ m doŋ²¹
平福省	tỉnh Bình Phúc	tiŋ³¹² biŋ²¹ ɣuk²⁴
平顺省	tỉnh Bình Thuận	tiŋ³¹² biŋ²¹ thuɣ̌ n³²
同奈省	tỉnh Đồng Nai	tiŋ³¹² doŋ²¹ nai³³
西宁省	tỉnh Tây Ninh	tiŋ³¹² tɣ̌ i³³ niŋ³³
平阳省	tỉnh Bình Dương	tiŋ³¹² biŋ²¹ zɯɣŋ³³
巴地头顿省	tỉnh Bà Rịa Vũng Tàu	tiŋ³¹² ba²¹ zi̯e³² vuŋ³²⁵ tau²¹
隆安省	tỉnh Long An	tiŋ³¹² lɔŋ³³ ɑn³³
同塔省	tỉnh Đồng Tháp	tiŋ³¹² doŋ²¹ thap²⁴
前江省	tỉnh Tiền Giang	tiŋ³¹² tien²¹ zaŋ³³
坚江省	tỉnh Kiên Giang	tiŋ³¹² kien³³ zaŋ³³
永龙省	tỉnh Vĩnh Long	tiŋ³¹² viŋ³²⁵ lɔŋ³³
槟榔省	tỉnh Bến Tre	tiŋ³¹² ben²⁴ tʂɛ³³
茶荣省	tỉnh Trà Vinh	tiŋ³¹² tʂa²¹ viŋ³³
芹苴省	tỉnh Cần Thơ	tiŋ³¹² kɣ̌ n²¹ thɤ³³
溯庄省	tỉnh Sóc Trăng	tiŋ³¹² ʂɔk²⁴ tʂă ŋ³³
薄寮省	tỉnh Bạc Liêu	tiŋ³¹² bak³² lieu³³
金瓯省	tỉnh Cà Mau	tiŋ³¹² ka²¹ mau³³
还剑湖	hồ Hoàn Kiếm	ho²¹ huan²¹ kiem²⁴
巴亭广场	quảng trường Ba Đình	kuaŋ³¹² tʂɯɣŋ²¹ ba³³ diŋ²¹
红河	sông Hồng	ʂoŋ³³ hoŋ²¹
湄公河	sông Mê Kông	ʂoŋ³³ me³³ koŋ³³
邻居	hàng xóm	haŋ²¹ sɔm²⁴

学校	trường học	tʂɯɤŋ²¹ hɔk³²
医院	bệnh viện	beŋ³² vien³²
银行	nhà băng	ɲa²¹ bă ŋ³³
商店	cửa hàng	kɯɤ³¹² haŋ²¹
人家（户）	gia đình	za³³ diŋ²¹
牢（监牢）	tù	tu²¹
庙（寺庙）	đền thờ	den²¹ thɤ²¹
神像	thần tượng	thɤ̌ n²¹ tɯɤŋ³²
碑	bia	bie³³
棚子	lều	leu²¹
桥	cầu	kɤ̌ u²¹
坟	mộ	mo³²
塔	tháp	thap²⁴
超市	siêu thị	ʂieu³³ thi³²
中心	trung tâm	tʂuŋ³³ tɤ̌ m
地区	khu vực	χu³³ vɯk³²

二　身体器官

身体	cơ thể	kɤ³³ the³¹²
头（脑袋）	đầu	dɤ̌ u²¹
后脑勺	sọ khỉ	ʂɔ³² χi³¹²
头发	tóc	tɔk²⁴
头旋儿	xoáy đầu	ʂuă i²⁴ dɤ̌ u²¹
辫子	đuôi tóc	duoi³³ tɔk²⁴
额头	trán	tʂan²⁴
眉毛	lông mày	loŋ³³ mă i²¹
眼睛	mắt	mă t²⁴
眼珠	con ngươi	kɔn³³ ŋɯɤi³³
睫毛	lông mi	loŋ³³ mi
鼻子	mũi	mui³²⁵
鼻孔	lỗ mũi	lo³²⁵ mui³²⁵
耳朵	tai	tai³³

耳洞	lỗ tai	lo³²⁵ tai³³
脸	mặt	mă t³²
腮	quai hàm	kuai³³ ham²¹
嘴	mồm	mom²¹
嘴唇	môi	moi³³
酒窝	lúm đồng tiền	lum²⁴ doŋ²¹ tien²¹
胡子	râu	zʐ̌ u³³
连鬓胡	râu quai nón	zʐ̌ u³³ kuai³³ nɔn²⁴
发髻	búi tóc	bui²⁴ tɔk²⁴
下巴	cằm	kă m²¹
脖子	cổ	ko³¹²
后颈	gáy	ɣă i²⁴
肩膀	vai	vai³³
背	lưng	lɯŋ³³
腋窝/胳肢窝	nách	nĕ k²⁴
胸脯	ngực	ŋɯk³²
乳房	vú	vu²⁴
肚子	bụng	buŋ³²
肚脐	rốn	zɔn²⁴
腰	eo	ɛu³³
屁股	mông	moŋ³³
大腿	đùi	dui²¹
膝盖	đầu gối	dʐ̌ u²¹ ɣoi²⁴
小腿	cẳng chân	kă ŋ³¹² tɕʐ̌ n³³
脚	bàn chân	ban²¹ tɕʐ̌ n³³
胳膊	cánh tay	kĕ ŋ²⁴ tă i³³
腋窝	nách	nĕ k²⁴
肘	giò	zɔ²¹
手	tay	tă i³³
手心	lòng bàn tay	lɔŋ²¹ ban²¹ tă i³³
手背	mu bàn tay	mu³³ ban²¹ tă i³³
手指头	đầu ngón tay	dʐ̌ u²¹ ŋɔn²⁴ tă i³³

拇指	ngón tay	ŋɔn²⁴ tă i³³
小指	ngón út	ŋɔn²⁴ ut²⁴
指甲	móng tay	mɔŋ²⁴ tă i³³
拳	nắm tay	nă m²⁴ tă i³³
肛门	lỗ đít	lo³²⁵ dit²⁴
男生殖器	cơ quan sinh dục nam	kɤ³³ kuan³³ ʂiŋ³³zuk³² nam³³
睾丸	tinh hoàn	tiŋ³³ huan²¹
女生殖器	cơ quan sinh dục nữ	kɤ³³ kuan³³ ʂiŋ³³ zuk³² nɯ³²⁵
胞衣（胎盘）	nhau thai	ɲau³³ thai³³
脐带	cuống rốn	kuoŋ²⁴ zon²⁴
皮肤	da	za³³
皱纹	nếp nhăn	nep²⁴ ɲă n³³
汗毛	lông tơ	loŋ³³ tɤ³³
痣	nốt ruồi	not²⁴ zuoi²¹
疮	lở loét	lɤ³¹² luɛt²⁴
疤	sẹo	ʂuɛ³²
疹子	bệnh sởi	beŋ³² ʂɤi³¹²
藓	rêu	zɛu³³
天花	bệnh đậu mùa	beŋ³² dɤ̆ u³² muo²¹
痢疾	kiết lị	kiet²⁴ li³²
肉	thịt	thit³²
血	máu	mau²⁴
筋	gân	ɣɤ̆ n³³
脑髓	óc	ɔk²⁴
骨头	xương	ʂɯɤŋ³³
脊椎骨	xương cột sống	ʂɯɤŋ³³ kot³² ʂoŋ²⁴
肋骨	xương sườn	ʂɯɤŋ³³ ʂɯɤn²¹
骨节（关节）	khớp	χɤp²⁴
牙齿	răng	ză ŋ³³
牙龈	lợi	lɤi³²
臼齿	răng hàm	ză ŋ³³ ham²¹
舌头	lưỡi	lɯɤi³²⁵

上颚	hàm trên	ham²¹ tʂen³³
喉咙	cổ họng	ko³¹² hɔŋ³²
嗓子	cuống họng	kuoŋ²⁴ hɔŋ³²
喉结	hầu	hɣ̌ u²¹
肺	phổi	foi³¹²
心脏（心）	tim	tim³³
肝	gan	ɣan³³
肾（腰子）	thận	thɣ̌ n³²
脾	lá lách	la²⁴ lɛ̌ k²⁴
胃	dạ dày	za³² ză i²¹
胆（苦胆）	mật	mɣ̌ t³²
肠子	ruột	ʐuot³²
膀胱（尿泡）	bàng quang	baŋ²¹ kuaŋ³³
屎	cứt	kɯt²⁴
尿	nước đái	nɯɣk²⁴ dai²⁴
屁	mông	moŋ³³
汗	mồ hôi	mo²¹ hoi³³
乳汁	sữa tươi	ʂɯɣ³²⁵ tɯɣi³³
痰	đờm	dɣm²¹
口水	nước bọt	nɯɣk²⁴ bɔt³²
鼻涕	nước mũi	nɯɣk²⁴ mui³²⁵
鼻屎	gỉ mũi	zi³¹² mui³²⁵
眼泪	nước mắt	nɯɣk²⁴ mă t²⁴
耳屎	dáy tai	ză i²⁴ tai³³
脓	mủ	mu³¹²
污垢	ghét	ɣɛt²⁴
声音	giọng	zɔŋ³²
气息	mùi	mui²¹
尸体	xác chết	sak²⁴ tɕet²⁴
生命	tính mạng	tiŋ²⁴ maŋ³²
寿命	tuổi thọ	tuoi³¹² thɔ³²

三　人物、亲属

越族（京族）	dân tộc Việt (Kinh)	zɣ̌ n³³ tok³² viet³² (kiŋ³³)
芒族	dân tộc Mường	zɣ̌ n³³ tok³² mɯɣŋ²¹
傣族	dân tộc Tày	zɣ̌ n³³ tok³² tǎ i²¹
农族	dân tộc Nùng	zɣ̌ n³³ tok³² nuŋ²¹
华族	dân tộc Hoa	zɣ̌ n³³ tok³² ɣua³³
人	người	ŋɯɣi²¹
成年人	người lớn	ŋɯɣi²¹ lɣn²⁴
小孩儿	trẻ con	tʂɛ³¹² kɔn³³
婴儿	em bé	ɛm³³ bɛ²⁴
老人	người già	ŋɯɣi²¹ za²¹
老头儿	ông già	oŋ³³ za²¹
老太太	bà già	ba²¹ za²¹
男人	nam giới	nam³³ zɣi²⁴
女人	nữ giới	nɯ³²⁵ zɣi²⁴
妇女	đàn bà	dan²¹ ba²¹
小伙子	chàng trai	tɕaŋ²¹ tʂai³³
姑娘	cô gái	ko³³ ɣai²⁴
百姓	trăm họ	tʂǎ m³³ hɔ³²
农民	nông dân	noŋ³³ zɣ̌ n³³
兵	lính	liŋ²⁴
军队	quân đội	kuɣ̌ n³³ doi³²
商人	doanh nhân	zɔ³³ɛ̌ ŋ³³ ɲɣ̌ n³³
干部	cán bộ	kan²⁴ bo³²
主席	chủ tịch	tɕu³¹² tik³²
总理	thủ tướng	thu³¹² tɯɣŋ²⁴
老师	giáo viên	zau²⁴ vien³³
学生	học sinh	hɔk³² ʂiŋ³³
师傅	thầy	thɣ̌ i²¹
徒弟	đồ đệ	do²¹ de³²
医生	bác sỹ	bak²⁴ ʂi³²⁵
木匠	thợ mộc	thɣ³² mok³²

铁匠	thợ rèn	thɣ³² zɛn²¹
石匠	thợ đá	thɣ³² da²⁴
泥水匠	thợ xây	thɣ³² sɣ̌ i³³
瓦匠	thợ nề	thɣ³² ne²¹
裁缝	thợ may	thɣ³² mă i³³
船夫	lái đò	lai²⁴ dɔ²¹
猎人	thợ săn	thɣ³² sǎ n³³
厨师	đầu bếp	dɣ̌ u²¹ bep²⁴
和尚	nhà sư	ɲa²¹ ʂɯ³³
道士	đạo sỹ	dau³² ʂi³²⁵
尼姑	ni cô	ni³³ ko³³
巫师	phù thủy	fu²¹ thǔ i³¹²
算命先生	thầy bói	thɣ̌ i²¹ bɔi²⁴
邻居	hàng xóm	haŋ²¹ sɔm²⁴
乞丐	ăn mày	ǎ n³³ mă i²¹
贼	trộm	tʂom³²
扒手	kẻ móc túi	kɛ³¹² mɔk²⁴ tui²⁴
土匪	cướp	kɯɣp²⁴
强盗	trộm cướp	tʂom³² kɯɣp²⁴
凶手	hung thủ	huŋ thu³¹²
病人	người bệnh	ŋuɣi²¹ beŋ³²
仇人	kẻ thù	kɛ³¹² thu²¹
敌人	kẻ địch	kɛ³¹² dik³²
媒人	môi giới	moi³³ zɣi²⁴
皇帝	vua	vuo³³
官	quan	kuan³³
国王	quốc vương	kuok²⁴ vɯɣŋ³³
朋友	bạn	ban³²
瞎子	người mù	ŋuɣi²¹ mu²¹
跛子	thằng què	thǎ ŋ²¹ kuɛ²¹
聋子	người điếc	ŋuɣi²¹ diek²⁴
秃子	người hói	ŋuɣi²¹ hɔi²⁴

麻子	mặt rỗ	mă t³² z̥o³²⁵
驼子	thằng gù	thă ŋ²¹ ɣu²¹
傻子	thằng ngốc	thă ŋ²¹ ŋok²⁴
疯子	thằng điên	thă ŋ²¹ dien³³
结巴	nói lắp	nɔi²⁴ lă p²⁴
哑巴	người câm	ŋɯɤi²¹ kɤ̆ m
主人	chủ	tɕu³¹²
客人	khách	χɤ̆ k²⁴
新郎	chú rể	tɕu²⁴ z̥e³¹²
新娘	cô dâu	ko³³ zɤ̆ u³³
祖宗	tổ tiên	to³¹² tien³³
曾祖父	cụ (ông)	ku³² (oŋ³³)
曾祖母	cụ (bà)	ku³² (ba²¹)
爷爷	ông	oŋ³³
奶奶	bà	ba²¹
父亲	bố	bo²⁴
母亲	mẹ	mɛ³²
儿子	con trai	kɔn³³ tʂai³³
儿媳妇	con dâu	kɔn³³ zɤ̆ u³³
女儿	con gái	kɔn³³ ɣai²⁴
女婿	con rể	kɔn³³ z̥e³¹²
孙子	cháu trai	tɕau²⁴ tʂai³³
孙女儿	cháu gái	tɕau²⁴ ɣai²⁴
曾孙	chắt	tɕă t²⁴
双生子	sinh đôi	ʂiŋ³³ doi³³
哥哥	anh trai	ɤ̆ ŋ³³ tʂai³³
姐姐	chị gái	tɕi³² ɣai²⁴
弟弟	em trai	ɛm³³ tʂai³³
妹妹	em gái	ɛm³³ ɣai²⁴
伯父	bác trai	bak²⁴ tʂai³³
伯母	bác gái	bak²⁴ ɣai²⁴
叔叔	chú	tɕu²⁴

婶母	thím	thim²⁴
堂哥	anh họ	ɛ̌ ŋ³³ hɔ³²
堂姐	chị họ	tɕi³² hɔ³²
堂弟	em họ (trai)	ɛm³³ hɔ³² (tʂai³³)
堂妹	em họ (gái)	ɛm³³ hɔ³² (ɣai²⁴)
侄儿	cháu trai	tɕau²⁴ tʂai³³
兄弟	anh em	ɛ̌ ŋ³³ ɛm³³
姐妹	chị em	tɕi³² ɛm
叔侄（姑侄）	ông trẻ (bà trẻ)	oŋ³³ tʂɛ³¹² (ba²¹ tʂɛ³¹²)
姑父	dượng	zuɣŋ³²
姑母（父亲之姐）	bác gái	bak²⁴ ɣai²⁴
姑母（父亲之妹）	cô	ko³³
嫂子	chị dâu	tɕi³² zɣ̌ u³³
妯娌	chị em cột chèo	tɕi³² ɛm³³ kot³²tɕɛu²¹
连襟（担挑）	anh em cột chèo (đồng hao)	ɛ̌ ŋ³³ ɛm³³ kot³² tɕɛu²¹ (doŋ²¹ hau³³)
岳父	bố vợ	bo²⁴ vɣ³²
岳母	mẹ vợ	mɛ³² vɣ³²
公公	ông ngoại	oŋ³³ ŋuai³²
婆婆	bà ngoại	ba²¹ ŋuai³²
外公	ông ngoại	oŋ³³ ŋuai³²
外婆	bà ngoại	ba²¹ ŋuai³²
舅父	cậu	kɣ̌ u³²
舅母	mợ	mɣ³²
姨父	dượng	zuɣŋ³²
姨母（母亲之姐）	bác	bak²⁴
姨母（母亲之妹）	dì	zi²¹
表哥	anh họ	ɛ̌ ŋ³³ hɔ³²
表姐	chị họ	tɕi³² hɔ³²
表弟/表妹	em họ	ɛm³³ hɔ³²
亲戚	họ hàng	hɔ³² haŋ²¹
丈夫	chồng	tɕoŋ²¹
妻子	vợ	vɣ³²

配偶	bạn đời	ban³² dɣi²¹
继母	dì ghẻ	zi²¹ ɣɛ³¹²
继父	bố dượng	bo²⁴ zɯɣŋ³²
干爹	cha nuôi	tɕa³³ nuoi³³
干妈	mẹ nuôi	mɛ³² nuoi³³
情夫/情妇	tình nhân	tiŋ²¹ ɲɣ̌ n³³
寡妇	bà quả phụ	ba²¹ kua³¹² fu³²
单身汉	người độc thân	ŋɯɣi²¹ dok³² thɣ̌ n³³
子孙	con cháu	kɔn³³ tɕau²⁴
后代	đời sau	dɣi²¹ ʂau³³
孤儿	trẻ mồ côi	tʂɛ³¹² mo²¹ koi³³
私生子	con ngoài giá thú	kɔn³³ ŋuai²¹ za²⁴ thu²⁴
跟前妻生的孩子	con riêng	kɔn³³ zieŋ³³

四 动物

畜生	súc vật	ʂuk²⁴ vɣ̌ t³²
角	sừng	ʂɯŋ²¹
蹄	móng	mɔŋ²⁴
皮	da	za³³
毛	lông	loŋ³³
尾巴	đuôi	duoi³³
牛	trâu, bò	tʂɣ̌ u³³, bɔ²¹
黄牛	bò	bɔ²¹
水牛	trâu	tʂɣ̌ u³³
牛犊	bê	be³³
公牛	bò đực	bɔ²¹ dɯk³²
母牛	bò cái	bɔ²¹ kai²⁴
牛奶	sữa	ʂɯɣ³²⁵
牛粪	phân bò	fɣ̌ n³³ bɔ²¹
马	ngựa	ŋɯɣ³²
马驹	ngựa con	ŋɯɣ³² kɔn³³
公马	ngựa đực	ŋɯɣ³² dɯk³²

母马	ngựa cái	ŋɯɣ³² kai²⁴
马鬃	bờm ngựa	bɣm²¹ ŋɯɣ³²
马粪	phân ngựa	fɣ̃ n³³ ŋɯɣ³²
羊	dê	ze³³
绵羊	cừu	kɯu²¹
山羊	dê núi	ze³³ nui²⁴
羊羔	dê con, cừu non	ze³³ kɔn³³, kɯu²¹ nɔn³³
羊毛	lông cừu	loŋ³³ kɯu²¹
羊粪	phân cừu	fɣ̃ n³³ kɯu²¹
骡子	la	la³³
驴	lừa	lɯɣ²¹
骆驼	lạc đà	lak³² da²¹
猪	lợn	lɣn³²
公猪	lợn đực	lɣn³² dɯk³²
母猪	lợn nái	lɣn³² nai²⁴
猪崽	lợn sữa	lɣn³² ʂɯɣ³²⁵
猪粪	phân lợn	fɣ̃ n³³ lɣn³²
狗	chó	tɕɔ²⁴
公狗	chó đực	tɕɔ²⁴ dɯk³²
母狗	chó cái	tɕɔ²⁴ kai²⁴
小狗	cún	kun²⁴
猎狗	chó săn	tɕɔ²⁴ ʂă n³³
猫	mèo	mɛu²¹
兔子	thỏ	thɔ³¹²
鸡	gà	ɣa²¹
公鸡	gà trống	ɣa²¹ tʂoŋ²⁴
母鸡	gà mái	ɣa²¹ mai²⁴
小鸡	gà con	ɣa²¹ kɔn³³
阉鸡	lợn thiến	lɣn³² thien²⁴
鸡冠	mào gà	mau²¹ ɣa²¹
鸡嗉囊	diều gà	zieu²¹ ɣa²¹
翅膀	cánh	kɛ̆ ŋ²⁴

羽毛	lông	loŋ³³
鸡爪	chân gà	tçɣ̌ n³³ ɣa²¹
鸭子	vịt	vit³²
鹅	ngỗng	ŋoŋ³²⁵
鸽子	bồ câu	bo²¹ kɣ̌ u³³
野兽	dã thú	za³²⁵ thu²⁴
老虎	hổ	ho³¹²
狮子	sư tử	ʂɯ³³ tɯ³¹²
龙	rồng	ʐoŋ²¹
凤凰	phượng hoàng	fɯɤŋ³² huaŋ²¹
爪子	chân	tçɣ̌ n³³
猴子	khỉ	χi³¹²
象	voi	vɔi³³
象牙	ngà voi	ŋa²¹ vɔi³³
豹子	báo	bau²⁴
熊	gấu	ɣɣ̌ u²⁴
野猪	lợn rừng	lɤn³² ʐɯŋ²¹
鹿	hươu	hɯɤu³³
麂子	hoẵng	huǎ ŋ³²⁵
穿山甲	tê tê	te³³ te³³
水獭	rái cá	ʐai²⁴ ka²⁴
豪猪	nhím	ɲim²⁴
刺猬	nhím	ɲim²⁴
老鼠	chuột	tçuot³²
松鼠	sóc	ʂɔk²⁴
黄鼠狼	chồn	tçon²¹
狼	sói	ʂɔi²⁴
狐狸	cáo	kau²⁴
鸟	chim	tçim³³
鸟窝	tổ chim	to³¹² tçim³³
老鹰	đại bàng	dai³² baŋ²¹
鹞子	diều hâu	zieu²¹ hɣ̌ u³³

雕	kền kền	ken²¹ ken²¹
鱼鹰	chim cốc	tɕim³³ kok²⁴
猫头鹰	cú mèo	ku²⁴ mɛu²¹
燕子	yến	yen²⁴
大雁（天鹅）	ngỗng trời	ŋoŋ³²⁵ tʂɤi²¹
野鸭	vịt cỏ	vit³² kɔ³¹²
白鹤	hạc trắng	hak³² tʂǎ ŋ²⁴
麻雀	chim sẻ	tɕim³³ ʂɛ³¹²
蝙蝠	dơi	zɤi³³
喜鹊	chim khách	tɕim³³ χě k²⁴
乌鸦	quạ	kua³²
野鸡	gà đồng	ɣa²¹ doŋ²¹
八哥（鹦鹉）	vẹt	vet³²
斑鸠	chim cu	tɕim³³ ku
啄木鸟	chim gõ kiến	tɕim³³ ɣɔ³²⁵ kien²⁴
布谷鸟	chim cuốc	tɕim³³ kuok²⁴
孔雀	công	koŋ³³
鹭鸶	cò	kɔ²¹
乌龟	rùa	ʐuo²¹
蛇	rắn	ʐǎ n²⁴
四脚蛇	thằn lằn	thǎ n²¹ lǎ n²¹
青蛙	ếch	ek²⁴
癞蛤蟆	cóc	kɔk²⁴
蝌蚪	nòng nọc	nɔŋ²¹ nɔk³²
鱼	cá	ka²⁴
鳞	vảy cá	vǎ i³¹² ka²⁴
鳝鱼（黄鳝）	lươn	lɯɤn³³
泥鳅	cá trạch	ka²⁴ tʂak³²
虾	tôm	tom³³
虫	sâu	ʂǎ u³³
臭虫	rệp	ʐɛp³²
跳蚤	bọ chét	bɔ³² tɕɛt²⁴

虱	rận	$\text{z}\text{ʐ̌ n}^{32}$
头虱	chấy	tɕʐ̌ i^{24}
虮子	trứng chấy, trứng rận	$\text{tʂɯŋ}^{24}\text{ tɕʐ̌ i}^{24}, \text{tʂɯŋ}^{24}\text{ zʐ̌ n}^{32}$
苍蝇	ruồi	zʯoi^{21}
蟑螂	gián	zan^{24}
蛆	dòi	zɔi^{21}
蚊子	muỗi	muoi^{325}
蜘蛛	nhện	ɲen^{32}
蜘蛛网	mạng nhện	$\text{maŋ}^{32}\text{ ɲen}^{32}$
蜈蚣	rết	zet^{24}
蝎子	bò cạp	$\text{bɔ}^{21}\text{ kap}^{32}$
壁虎	thạch sùng	$\text{thak}^{32}\text{ ʂuŋ}^{21}$
蜥蜴	thằn lằn	$\text{thă n}^{21}\text{ lă n}^{21}$
蚯蚓	giun đất	zun dʐ̌ t^{24}
蛔虫	giun đũa	zun duo^{325}
蚂蟥	đỉa	die^{312}
蟋蟀	dế mèn	$\text{ze}^{24}\text{ mɛn}^{21}$
蚂蚁	kiến	kien^{24}
蚕	tằm	tă m^{21}
茧	cái kén	$\text{kai}^{24}\text{ kɛn}^{24}$
蝉	ve	vɛ
萤火虫	đom đóm	$\text{dɔm}^{33}\text{ dɔm}^{24}$
蜜蜂	ong mật	$\text{ɔŋ}^{33}\text{ mʐ̌ t}^{32}$
黄蜂	ong vàng	$\text{ɔŋ}^{33}\text{ vaŋ}^{21}$
蝗虫	châu chấu	$\text{tɕʐ̌ u}^{33}\text{ tɕʐ̌ u}^{24}$
蚱蜢	châu chấu	$\text{tɕʐ̌ u}^{33}\text{ tɕʐ̌ u}^{24}$
螳螂	bọ ngựa	$\text{bɔ}^{32}\text{ ŋɯ̌}^{32}$
蜻蜓	chuồn chuồn	$\text{tɕuon}^{21}\text{ tɕuon}^{21}$
蝴蝶	bướm	bɯɤm^{24}
毛虫	sâu róm	$\text{sʐ̌ u}^{33}\text{ zɔm}^{24}$
螃蟹	cua	kuo^{33}
蚌	trai	tʂai^{33}

螺蛳	ốc	ok²⁴
小螺蛳	ốc mít	ok²⁴ mit²⁴

五　植物

树	cây	kɤ̌ i³³
树梢	ngọn cây	ŋɔn³² kɤ̌ i³³
树皮	vỏ cây	vɔ³¹² kɤ̌ i³³
根	rễ	zɛ³²⁵
叶子	lá	la²⁴
花	hoa	hua³³
花蕊	nhụy hoa	ɲŭ i³² hua³³
果核	hột/hạt	hot³²/hat³²
芽儿	mầm	mɤ̌ m²¹
蓓蕾	nụ hoa	nu³² hua³³
桃树	cây đào	kɤ̌ i³³ dau²¹
李树	cây mận	kɤ̌ i³³ mɤ̌ n³²
梨树	cây lê	kɤ̌ i³³ le³³
杏树	cây hạnh	kɤ̌ i³³ hɛ̌ ŋ³²
柿子树	cây hồng	kɤ̌ i³³ hoŋ²¹
石榴树	cây lựu	kɤ̌ i³³ lɯɯ³²
芭蕉树	cây chuối	kɤ̌ i³³ tɕuoi²⁴
柳树	cây liễu	kɤ̌ i³³ lieu³²⁵
松树	cây thông	kɤ̌ i³³ thoŋ³³
柏树	cây bách	kɤ̌ i³³ bɛ̌ k²⁴
桉树	cây khuynh diệp	kɤ̌ i³³ χuiŋ³³ ziep³²
松香	tùng hương	tuŋ²¹ hɯɤ̌ŋ³³
椿	cây xuân	kɤ̌ i³³ suɤ̌ n³³
蓖麻	thầu dầu	thɤ̌ u²¹ zɤ̌ u²¹
竹子	tre	tʂɛ³³
竹笋	măng	mǎ ŋ³³
藤子	mây	mɤ̌ i³³
刺儿	gai	ɣai³³

桃	đào	dau²¹
梨	lê	le³³
棠梨	lê ngọt	le³³ ŋɔt³²
李子	mận	mɤ̆ n³²
槟榔	cau	kă u³³
杏儿	hạnh	hɛ̆ ŋ³²
橘子	quýt	kuit²⁴
柿子	hồng	hoŋ²¹
苹果	táo	tau²⁴
葡萄	nho	ɲɔ³³
石榴	lựu	lɯu³²
板栗	hạt dẻ	hat³² zɛ³¹²
芭蕉	chuối tiêu	tɕuoi²⁴ tieu³³
香蕉	chuối tây	tɕuoi²⁴ tɤ̆ i³³
菠萝	dứa	zɯɤ²⁴
海棠	hải đường	hai³¹² dɯɤŋ²¹
林檎	cây hoa hồng	kɤ̆ i³³ hua³³ hoŋ²¹
甘蔗	mía	mie²⁴
山楂	sơn chà	ʂɤn³³ tɕa²¹
梅子	mơ	mɤ³³
杨梅	mai	mai³³
核桃	óc chó	ɔk²⁴ tɕɔ²⁴
荸荠	mã thầy	ma³²⁵ thɤ̆ i²¹
桑椹	dâu	zɤ̆ u³³
花	hoa	hua³³
荷花	hoa sen	hua³³ ʂɛn
茶花	hoa sơn trà	hua³³ ʂɤn³³ tʂa²¹
兰花	hoa lan	hua³³ lan³³
百合	hoa loa kèn	hua³³ lua³³ kɛn²¹
芦荟	lô hội	lo³³ hoi³²
葫芦	hồ lô	ho²¹ lo³³
刺	gai	ɣai³³

蒿子	cây ngải	kɤ̌ i³³ ŋai³¹²
荨麻	cây gai	kɤ̌ i³³ ɣai³³
青苔（水田里的）	rong	z̥ɔŋ³³
青苔（水井里的）	rêu	z̥ɐu³³
草	cỏ	kɔ³¹²
稗子	hạt cỏ	hat³² kɔ³¹²
草	cỏ	kɔ³¹²
茅草	cỏ tranh	kɔ³¹² tʂɐ̌ ŋ³³
松毛	sâu róm	ʂɤ̌ u³³ zɔm²⁴
秧草	cỏ non	kɔ³¹² nɔn³³
庄稼	hòa màu	hua²¹ mau²¹
粮食	lương thực	luɤŋ³³ thɯk³²
水稻	lúa nước	luo²⁴ nɯɣk²⁴
糯米	gạo nếp	ɣau³² nep²⁴
种子	hạt giống	hat³² zoŋ²⁴
秧	cây giống	kɤ̌ i³³ zoŋ²⁴
穗	bông lúa	boŋ³³ luo²⁴
稻草	rơm	zɤm³³
谷粒	hạt ngũ cốc	hat³² ŋu³²⁵ kok²⁴
麦子	lúa mì	luo²⁴ mi²¹
小麦	lúa mì	luo²⁴ mi²¹
大麦	lúa mạch	luo²⁴ mak³²
谷子	kê	ke
高粱	cao lương	kau³³ luɤŋ³³
荞麦	kiều mạch	kieu²¹ mak³²
麦秆	thân lúa	thɤ̌ n³³ luo²⁴
麦芒	râu	zɤ̌ u³³
玉米（苞谷）	ngô	ŋo³³
小米、	cám	kam²⁴
棉花	bông	boŋ³³
麻子	đay	dǎ i³³
菜	rau	zau³³

白菜	cải trắng	kai³¹² tʂ̌ă ŋ²⁴
圆白菜	cải bắp	kai³¹² bă p²⁴
青菜	cải xanh	kai³¹² sĕ ŋ³³
菠菜	rau chân vịt	zạu³³ tɕ̌ʏ n³³ vit³²
菜花	súp lơ trắng	ʂup²⁴ lɤ³³ tʂ̌ă ŋ²⁴
西蓝花	súp lơ xanh	ʂup²⁴ lɤ³³ sĕ ŋ³³
韭菜	hẹ	hɛ³²
韭黄	hẹ	hɛ³²
芫荽	rau mùi	zạu³³ mui²¹
茴香	thì là	thi²¹ la²¹
萝卜	củ cải	ku³¹² kai³¹²
胡萝卜	cà rốt	ka²¹ zot²⁴
苤蓝	su hào	ʂu³³ hau²¹
芋头	khoai môn	χuai³³ mon³³
红薯	khoai lang	χuai³³ laŋ³³
地瓜	củ đậu	ku³¹² dˇ u³²
茄子	cà tím	ka²¹ tim²⁴
辣椒	ớt	ɤt²⁴
大葱	tỏi tây	tɔi³¹² tˇ i³³
小葱	hành	hĕ ŋ²¹
蒜	tỏi	tɔi³¹²
蒜苗	ngồng tỏi	ŋoŋ²¹ tɔi³¹²
蒜薹	cọng hoa tỏi	kɔŋ³² hua³³ tɔi³¹²
藠头	củ kiệu	ku³¹² kieu³²
姜	gừng	ɣɯŋ²¹
芦笋	măng tây	mă ŋ³³ tˇ i³³
海菜	đồ biển	do²¹ bien³¹²
海带	rong biển	zɔŋ³³ bien³¹²
马铃薯	khoai tây	χuai³³ tˇ i³³
红薯	khoai lang	χuai³³ laŋ³³
香椿	hương thung	hɯɣŋ³³ thuŋ
冬瓜	bí	bi²⁴

南瓜	bí đỏ	bi²⁴ dɔ³¹²
黄瓜	dưa chuột	zɯɣ³³ tɕuot³²
苦瓜	mướp đắng	mɯɣp²⁴ dǎ ŋ²⁴
丝瓜	mướp	mɯɣp²⁴
洋丝瓜	su su	ʂu³³ ʂu³³
木瓜	đu đủ	du³³ du³¹²
葫芦	quả bầu	kua³¹² bɣ̌ u²¹
豆	đậu	dɣ̌ u³²
黄豆	đậu nành	dɣ̌ u³² nɣ̌ ŋ²¹
黑豆	đậu đen	dɣ̌ u³² dɛn
蚕豆	đậu tằm	dɣ̌ u³² tǎ m²¹
赤小豆	đậu đỏ	dɣ̌ u³² dɔ³¹²
豌豆	đậu Hà Lan	dɣ̌ u³² ɣa²¹ lan³³
豇豆	đậu đũa	dɣ̌ u³² duo³²⁵
蘑菇	nấm	nɣ̌ m²⁴
木耳	mộc nhĩ	mok³² ɲi³²⁵
花生	lạc	lak³²
芝麻	vừng	vɯŋ²¹
烟叶	lá thuốc lá	la²⁴ thuok²⁴ la²⁴

六　食品

米	gạo	ɣau³²
糯米	gạo nếp	ɣau³² nep²⁴
米汤	nước cơm	nɯɣk²⁴ kɣm³³
饭	cơm	kɣm³³
早点	bữa sáng	bɯɣ³²⁵ ʂaŋ²⁴
中午饭	bữa trưa	bɯɣ³²⁵ tʂɯɣ³³
午点	bữa trưa	bɯɣ³²⁵ tʂɯɣ³³
晚饭	bữa tối	bɯɣ³²⁵ toi²⁴
消夜	ăn đêm	ă n³³ dem³³
粥（稀饭）	cháo	tɕau²⁴
绿豆粉	bột đậu xanh	bot³² dɣ̌ u³² sɣ̌ ŋ³³

河粉	phở	fɤ³¹²
糍粑	bánh dày	bě ŋ²⁴ zǎ i²¹
米线	bún	bun²⁴
面粉	bột mì	bot³² mi²¹
面条	mỳ	mi²¹
米面	bột gạo	bot³² ɣau³²
糯米面	bột nếp	bot³² nep²⁴
饼	bánh	bě ŋ²⁴
肉	thịt	thit³²
肥肉	thịt mỡ	thit³² mɤ³²⁵
瘦肉	thịt nạc	thit³² nak³²
腊肉	thịt muối	thit³² muoi²⁴
干巴	khô	χo³³
牛肉	thịt bò	thit³² bɔ²¹
羊肉	thịt dê	thit³² ze
猪肉	thịt lợn	thit³² lɤn³²
鸡肉	thịt gà	thit³² ɣa²¹
狗肉	thịt chó	thit³² tɕɔ²⁴
脂肪油（动物油）	mỡ	mɤ³²⁵
清油（植物油）	dầu ăn	zǎ u²¹ ǎ n³³
香油（芝麻油）	dầu mè	zǎ u²¹ mɛ²¹
酥油（黄油）	bơ	bɤ³³
油渣	tóp mỡ	tɔp²⁴ mɤ³²⁵
酱	tương	tɯɤŋ³³
豆豉	chao	tɕau³³
腐乳	đậu phụ nhự	dǎ u³² fu³² ɲɯ³²
酸菜	dưa chua	zɯɤ³³ tɕuo³³
酱油	magi, xì dầu	ma³³z, si²¹ zǎ u²¹
豆腐	đậu phụ	dǎ u³² fu³²
豆腐皮	váng đậu	vaŋ²⁴ dǎ u³²
臭豆腐	đậu phụ thối	dǎ u³² fu³² thoi²⁴
猪血	tiết lợn	tiet²⁴ lɤn³²

醋	dấm	$z\v{y}\ m^{24}$
胡椒	hạt tiêu	$hat^{32}\ tieu^{33}$
花椒	hạt hoa tiêu	$hat^{32}\ hua^{33}\ tieu^{33}$
糖	đường	$du\gamma\eta^{21}$
白糖	đường trắng	$du\gamma\eta^{21}\ t\c{s}\v{a}\ \eta^{24}$
红糖	đường đỏ	$du\gamma\eta^{21}\ d\sigma^{312}$
冰糖	đường phèn	$du\gamma\eta^{21}\ f\epsilon n^{21}$
蜂蜜	mật ong	$m\v{y}\ t^{32}\ \sigma\eta^{33}$
蛋	trứng	$t\c{s}\text255\eta^{24}$
鸡蛋	trứng gà	$t\c{s}\text255\eta^{24}\ \gamma a^{21}$
鸡蛋壳	vỏ trứng gà	$v\sigma^{312}\ t\c{s}\text255\eta^{24}\ \gamma a^{21}$
双黄蛋	trứng hai lòng đỏ	$t\c{s}\text255\eta^{24}\ hai^{33}\ l\sigma\eta^{21}\ d\sigma^{312}$
鸭蛋	trứng vịt	$t\c{s}\text255\eta^{24}\ vit^{32}$
菜肴	món ăn	$m\sigma n^{24}\ \v{a}\ n^{33}$
汤	canh	$k\v{e}\ \eta^{33}$
酒	rượu	$z\text255\gamma u^{32}$
酒酿	rượu nếp	$z\text255\gamma u^{32}\ nep^{24}$
开水	nước sôi	$nu\gamma k^{24}\ \c{s}oi^{33}$
茶水	nước chè	$nu\gamma k^{24}\ t\c{c}\epsilon^{21}$
茶叶	chè	$t\c{c}\epsilon^{21}$
鸦片	thuốc phiện	$thuok^{24}\ fien^{32}$
烟叶	thuốc lá	$thuok^{24}\ la^{24}$
烟丝	thuốc lá sợi	$thuok^{24}\ la^{24}\ \c{s}\gamma i^{32}$
粽子	bánh chưng	$b\v{e}\ \eta^{24}\ t\c{c}\text255\eta^{33}$
零食	đồ ăn vặt	$do^{21}\ \v{a}\ n^{33}\ v\v{a}\ t^{32}$
药	thuốc	$thuok^{24}$
药丸	thuốc viên	$thuok^{24}\ vien^{33}$
草药	thuốc nam	$thuok^{24}\ nam^{33}$
糠	cám	kam^{24}
麦麸	cám lúa mì	$kam^{24}\ luo^{24}\ mi^{21}$
泔水	nước gạo	$nu\gamma k^{24}\ \gamma au^{32}$

七　衣着

棉花	bông	boŋ³³
麻线	chỉ gai	tɕi³¹² ɣai³³
绸线	lụa	luo³²
线（缝纫机用）	chỉ	tɕi³¹²
布	vải	vai³¹²
花布	vải hoa	vai³¹² hua³³
丝	tơ	tɤ³³
绸子	lụa	luo³²
缎子	gấm	ɣɤ̌ m²⁴
呢子	dạ	za³²
衣	áo	au²⁴
衣领	cổ áo	ko³¹² au²⁴
衣襟	tay táo	tă i³³ tau²⁴
衣袖	gấu áo	ɣɤ̌ u²⁴ au²⁴
衣袋	túi áo	tui²⁴ au²⁴
衣尾	đuôi áo	duoi³³ au²⁴
棉衣	áo bông	au²⁴ boŋ³³
长衫	áo dài	au²⁴ zai²¹
坎肩	áo gile	au²⁴ zlɛ
扣子	khuy áo	χŭ i³³ au²⁴
扣眼儿	khuyết	χuiet²⁴
补丁	miếng vá	mieŋ²⁴ va²⁴
裤子	quần	kuɤ̌ n²¹
裤腿儿	ống quần	oŋ²⁴ kuɤ̌ n²¹
裤裆	đũng quần	duŋ³²⁵ kuɤ̌ n²¹
短裤	quần đùi	kuɤ̌ n²¹ dui²¹
长裤	quần dài	kuɤ̌ n²¹ zai²¹
裙子	váy	vă i²⁴
薄纱长袍	áo the	au²⁴ thɛ
盘斤	khăn xếp	χă n³³ sep²⁴
北部女人的长袍	áo tứ thân	au²⁴ tɯ²⁴ thɤ̌ n³³

南部和中部女人的便服	áo bà ba	au²⁴ ba²¹ ba³³
长袍	áo dài	au²⁴ zai²¹
斗笠	nón	nɔn²⁴
硬帽	mũ cối	mu³²⁵ koi²⁴
帽子	mũ	mu³²⁵
围巾	khăn	χă n³³
围裙	tạp dề	tap³² ze²¹
腰带	thắt lưng	thă t²⁴ luɯŋ³³
裤带	cạp quần	kap³² kǔ n²¹
裹腿	xà cạp	sa²¹ kap³²
袜子	tất	tɤ̌ t²⁴
鞋	giày	ză i²¹
鞋底	đế giày	de²⁴ ză i²¹
鞋带	dây giày	zɤ̌ i³³ ză i²¹
鞋帮	mạn giày	man³² ză i²¹
拖鞋	xăng đan	să ŋ³³ dan³³
布鞋	giày ba ta	ză i²¹ ba³³ ta³³
皮鞋	giày da	ză i²¹ za³³
雨鞋	ủng	uŋ³¹²
草鞋	giày cỏ	ză i²¹ kɔ³¹²
球鞋	giày thể thao	ză i²¹ the³¹² thau³³
靴子	bốt	bot²⁴
梳子	lược	luɤk³²
篦子	lược bí	luɤk³² bi²⁴
面貌	dáng vẻ	zaŋ²⁴ vɛ³¹²
宝贝	của quý	kuo³¹² kǔ i²⁴
玉石	đá quý	da²⁴ kǔ i²⁴
耳环	hoa tai	hua³³ tai³³
戒指	nhẫn	ɲɤ̌ n³²⁵
手镯	vòng	vɔŋ²¹
脚圈	vòng chân	vɔŋ²¹ tɕɤ̌ n³³

毛巾	khăn mặt	ɣă n³³ mă t³²
手绢儿	khăn mùi xoa	ɣă n³³ mui²¹ sua³³
荷包	túi, ví tiền	tui²⁴, vi²⁴ tien²¹
背袋	dây đeo	zɣ̌ i³³ dɛu³³
被子	chăn	tçă n³³
被窝	chăn	tçă n³³
被里	mặt dưới chăn	mă t³² zɯɣi²⁴ tçă n³³
被面	mặt chăn	mă t³² tçă n³³
里子	ruột chăn	zuot³² tçă n³³
面子	vỏ chăn	vɔ³¹² tçă n³³
棉絮	ruột bông	zuot³² boŋ³³
床单	ga trải giường	ɣa³³ tʂai³¹² zɯɣŋ²¹
褥子	đệm	dem³²
毡子	chăn lông	tçă n³³ loŋ³³
枕头	gối	ɣoi²⁴
席子	chiếu	tçieu²⁴
垫子	đệm	dem³²
蓑衣	áo tơi	au²⁴ tɣi³³

八　房屋建筑

房子	buồng	buoŋ²¹
房顶	trần nhà	tʂɣ̌ n²¹ ɲa²¹
房檐	mái hiên	mai²⁴ hien³³
地基	móng nhà	mɔŋ²⁴ ɲa²¹
院子	sân	ʂɣ̌ n³³
走廊	hành lang	hɛ̌ ŋ²¹ laŋ³³
厕所	nhà xí	ɲa²¹ si²⁴
厨房	bếp	bep²⁴
楼	gác	ɣak²⁴
楼上	trên gác	tʂen³³ ɣak²⁴
楼下	dưới nhà	zɯɣi²⁴ ɲa²¹
堂屋	gian chính	zan³³ tçiŋ²⁴

厨房	bếp	bep²⁴
仓库	kho	χɔ³³
牛圈	chuồng bò	tɕuoŋ²¹ bɔ²¹
猪圈	chuồng lợn	tɕuoŋ²¹ lɤn³²
马圈	chuồng ngựa	tɕuoŋ²¹ ŋuɤ³²
羊圈	chuồng dê	tɕuoŋ²¹ ze
鸡圈	chuồng gà	tɕuoŋ²¹ ɣa²¹
鸡窝	ổ gà	o³¹² ɣa²¹
鸟窝	tổ chim	to³¹² tɕim³³
穴	hang	haŋ³³
砖	gạch	ɣak³²
土砖	gạch	ɣak³²
四方砖	gạch lát nền	ɣak³² lat²⁴ nen²¹
墙	tường	tɯɤŋ²¹
围墙	tường vây	tɯɤŋ²¹ vɤ̌ i³³
板墙	vách ngăn	vɤ̌ k²⁴ ŋɤ̌ n³³
山墙	đầu hồi	dɤ̌ u²¹ hoi²¹
木板	gỗ tấm	ɣo³²⁵ tɤ̌ m²⁴
木头	gỗ	ɣo³²⁵
柱子	cột nhà	kot³² ɲa²¹
门	cửa	kɯɤ³¹²
门框（两侧）	khung cửa	χuŋ kɯɤ³¹²
门栓	chốt cửa	tɕot²⁴ kɯɤ³¹²
门槛儿	bậc cửa	bɤ̌ k³² kɯɤ³¹²
门帘	rèm cửa	zɛm²¹ kɯɤ³¹²
大门	cửa chính	kɯɤ³¹² tɕiŋ²⁴
窗子	cánh cửa	kɤ̌ ŋ²⁴ kɯɤ³¹²
梁	dầm	zɤ̌ m²¹
主梁	dầm chính	zɤ̌ m²¹ tɕiŋ²⁴
椽子	xà	sa²¹
飞檐	mái cong	mai²⁴ kɔŋ³³
台阶	ban công	ban³³ koŋ³³

| 篱笆 | hàng rào | haŋ²¹ zau²¹ |
| 园子 | vườn | vɯɤn²¹ |

九　用品、工具

东西	đồ vật	do²¹ vɤ̌ t³²
桌子	bàn	ban²¹
椅子	ghế	ɣe²⁴
凳子	ghế băng	ɣe²⁴ bă ŋ³³
草墩	đống cỏ	doŋ²⁴ kɔ³¹²
蒲团	đệm cói	dem³² kɔi²⁴
沙发	sa lông	ʂa³³ loŋ³³
座钟	đồng hồ để bàn	doŋ²¹ ho²¹ de³¹² ban²¹
闹钟	đồng hồ báo thức	doŋ²¹ ho²¹ bau²⁴ thɯk²⁴
日历	lịch	lik³²
床	giường	zɯɤŋ²¹
箱子	va li	va³³ li
抽屉	ngăn kéo	ŋă n³³ kɛu²⁴
柜子	tủ	tu³¹²
壁橱	tủ tường	tu³¹² tɯɤŋ²¹
盒子	hộp	hop³²
脸盆	chậu rửa mặt	tɕɤ̌ u³² zɯɤ³¹² mă t³²
肥皂	xà phòng thơm	sa²¹ fɔŋ²¹ thɤm³³
镜子	gương	ɣɯɤŋ³³
玻璃	kính	kiŋ²⁴
刷子	bàn chải	ban²¹ tɕai³¹²
扫帚	chổi	tɕoi³¹²
抹布	giẻ lau	zɛ³¹² lau³³
口袋	túi / bao	tui²⁴ / bau³³
麻袋	bao đay	bau³³ dă i³³
灯	đèn	dɛn²¹
菜油灯	đèn dầu	dɛn²¹ zɤ̌ u²¹
灯芯	bấc đèn	bɤ̌ k²⁴ dɛn²¹

灯罩	chụp đèn	tɕup³² dɛn²¹
灯笼	đèn lồng	dɛn²¹ loŋ²¹
蜡烛	nến	nen²⁴
棺材	quan tài	kuan³³ tai²¹
拐棍	ba toong	ba³³ tɔ³³ɔŋ³³
柴	củi	kui³¹²
火炭	than	than³³
火石	đá lửa	da²⁴ lɯɤ³¹²
火柴	diêm	ziem³³
火把	đuốc	duok²⁴
火盆	lò sưởi	lɔ²¹ ʂɯɤi³¹²
香	hương	hɯɤŋ³³
垃圾	rác	zak̩²⁴
草木灰	tro	tʂɔ³³
颜料	thuốc nhuộm	thuok²⁴ ɲuom³²
锈	gỉ	zi³¹²
松明	đuốc cành thông	duok²⁴ kɛ̌ ŋ²¹ thoŋ³³
灶	bếp lò	bep²⁴ lɔ²¹
铁锅	nồi	noi²¹
铝锅	nồi nhôm	noi²¹ ɲom³³
炒菜锅	chảo	tɕau³¹²
锅盖	nắp vung	nǎ p²⁴ vuŋ
盖子	nắp	nǎ p²⁴
蒸笼	lồng hấp	loŋ²¹ hɤ̌ p²⁴
蒸笼底	vỉ hấp	vi³¹² hɤ̌ p²⁴
甑子	chõ	tɕɔ³²⁵
刀	dao	zau³³
刀背	sống dao	ʂoŋ²⁴ zau³³
刀刃	lưỡi dao	lɯɤi³²⁵ zau³³
刀鞘	vỏ dao	vɔ³¹² zau³³
把儿	chuôi	tɕuoi³³
磨刀石	đá mài	da²⁴ mai²¹

切板	thớt	thɤt²⁴
笊篱	muôi thủng	muoi³³ thuŋ³¹²
筲箕	rổ rá	zo³¹² za²⁴
垃圾铲	xẻng hót rác	sɛŋ³¹² hɔt²⁴ zak²⁴
漏斗	phễu	feu³²⁵
筷篓	ống đựng đũa	oŋ²⁴ dɯŋ³² duo³²⁵
勺子	thìa	thie²¹
调羹（匙子）	thìa canh	thie²¹ kě ŋ³³
碗	bát	bat²⁴
盘子	khay	χǎ i³³
碟子	đĩa	die³²⁵
筷子	đũa	duo³²⁵
瓶子	chai	tɕai³³
土锅	nồi đất	noi²¹ dɤ̌ t²⁴
罐子	lọ	lɔ³²
坛子	giỏ	zɔ³¹²
杯子	cốc	kok²⁴
壶	ấm	ɤ̌ m²⁴
缸	vại	vai³²
水桶	xô nước	so³³ nɯɤk²⁴
木盆	chậu	tɕɤ̌ u³²
箍儿	cái sàng	kai²⁴ ʂaŋ²¹
箍子(绣花用)	khung thêu	χuŋ³³ theu³³
瓢	gáo	ɣau²⁴
三脚架	kiềng	kieŋ²¹
火钳	cái gắp than	kai²⁴ ɣǎ p²⁴ than³³
吹火筒	cái thổi lửa	kai²⁴ thoi³¹² lɯɤ³¹²
竹筒	ống tre	oŋ²⁴ tʂɛ³³
篮子	cái làn	kai²⁴ lan²¹
摇篮	cái nôi	kai²⁴ noi³³
扇子	quạt	kuat³²
算盘	bàn tính	ban²¹ tiŋ²⁴

秤	cái cân	kai²⁴ kɣ̌ n³³
秤砣	quả cân	kua³¹² kɣ̌ n³³
秤星	hoa đòn cân	hua³³ dɔn²¹ kɣ̌ n³³
秤杆	cán cân	kan²⁴ kɣ̌ n³³
斗（名）	đấu	dɣ̌ u²⁴
升（名）	lít	lit²⁴
钱	tiền	tien²¹
价钱	giá cả	za²⁴ ka³¹²
工钱	tiền công	tien²¹ koŋ³³
定钱	tiền đặt cọc	tien²¹ dă t³² kɔk³²
路费	lộ phí	lo³² fi²⁴
本钱	tiền vốn	tien²¹ von²⁴
债	nợ	nɣ³²
货	hàng	haŋ²¹
利息	lãi	lai³²⁵
尺子	thước	thɯɣk²⁴
针	kim	kim³³
顶针儿	cái đê	kai²⁴ de
锥子	tuốc nơ vít	tuok²⁴ nɣ³³ vit²⁴
钉子	cái đinh	kai²⁴ diŋ³³
剪刀	dao	zau³³
梯子	cái thang	kai²⁴ thaŋ³³
伞	ô	o³³
锁	ổ khóa	o³¹² χua²⁴
钥匙	chìa khóa	tɕie²¹ χua²⁴
链子	cái xích	kai²⁴ sik²⁴
棍子	gậy	ɣɣ̌ i̚³²
车	xe	sɛ³³
轮子	bánh xe	bɛ̌ ŋ²⁴ sɛ
鞍垫	yên ngựa	ien³³ ŋɯɣ³²
马鞍	yên ngựa	ien³³ ŋɯɣ³²
马	ngựa	ŋɯɣ³²

马掌	móng ngựa	mɔŋ²⁴ ŋɯɤ³²
马槽	máng ngựa	maŋ²⁴ ŋɯɤ³²
缰绳	dây cương	zɤ̌ i³³ kuɤŋ³³
鞭子	roi	z̥ɔi³³
牛轭	ách trâu	ĕ k²⁴ tʂɤ̌ u³³
稻草人	hình nộm	hiŋ²¹ nom³²
猪食槽	máng lợn	maŋ²⁴ lɤn³²
轿子	kiệu	kieu³²
包袱	tay áo	tă i³³ au²⁴
船	thuyền	thuien²¹
木筏	bè	bɛ²¹
舵	bánh lái	bĕ ŋ²⁴ lai²⁴
斧头	rìu	z̥ɪu²¹
斧子	rìu	z̥ɪu²¹
锤子	búa	buo²⁴
凿子	đục	duk³²
锯子	cưa	kɯɤ³³
钻子	khoan	χuan³³
锉	dũa	zuo³²⁵
刨子	bào	bau²¹
刨花	vỏ bào	vɔ³¹² bau²¹
铲子	xẻng	sɛŋ³¹²
木马	ngựa gỗ	ŋɯɤ³² ɣo³²⁵
曲尺	thước ê ke	thuɤk²⁴ e³³ kɛ³³
墨斗	ống mực	oŋ²⁴ mɯk³²
胶	keo	kɛu³³
牛皮胶	keo da trâu	k̥ɛu³³ za³³ tʂɤ̌ u³³
犁	cày	kă i²¹
铧	lưỡi cày	lɯɣi³²⁵ kă i²¹
耙	bừa	bɯɤ²¹
钉耙	đinh ba	diŋ³³ ba³³
锄头	cuốc	kuok²⁴

锹	cái mai	kai²⁴ mai³³
扁担	đòn gánh	dɔn²¹ ɣɛ̌ ŋ²⁴
绳子	sợi dây	ʂɣi³² zɣ̌ i³³
麻袋	túi vải	tui²⁴ vai³¹²
箩筐	sọt	ʂɔt³²
叉子	dĩa	zie³²⁵
楔子	đinh gỗ, đinh tre	diŋ³³ ɣo³²⁵, diŋ³³ tʂɛ
楔（动）	đóng	dɔŋ²⁴
桩子	cọc	kɔk³²
背篓	cái gùi	kai²⁴ ɣui²¹
筐	sọt	ʂɔt³²
笼子	lồng	loŋ²¹
鸡笼	lồng gà	loŋ²¹ ɣa²¹
提篮	làn xách	lan²¹ sɛ̌ k²⁴
粪箕	sọt rác	ʂɔt³² zak²⁴
撮箕	hót rác	hɔt²⁴ zak²⁴
肥料	phân bón	fɣ̌ n³³ bɔn²⁴
镰刀	cái liềm	kai²⁴ liem²¹
铡刀	dao cầu	zau³³ kɣ̌ u²¹
水槽	ống máng	oŋ²⁴ maŋ²⁴
碓	cối giã gạo	koi²⁴ za³²⁵ ɣau³²
臼	cái cối	kai²⁴ koi²⁴
杵臼	chày cối	tɕǎ i²¹ koi²⁴
杵	cái chày	kai²⁴ tɕǎ i²¹
研臼	nghiền cối	ŋien²¹ koi²⁴
研	nghiền	ŋien²¹
杵（动）	giã	za³²⁵
筛子	cái sàng	kai²⁴ ʂaŋ²¹
连枷	dàn đập lúa	zan²¹ dɣ̌ p³² luo²⁴
簸箕	cái nia	kai²⁴ nie³³
磨	nghiền	ŋien²¹
囤	cái bồ	kai²⁴ bo²¹

大箩	thúng, sọt	thuŋ²⁴, ʂɔt³²
梭子	con thoi	kɔn³³ thɔi³³
柴刀	dao chặt củi	zau³³ tɕă t³² kui³¹²
菜刀	dao thái rau	zau³³ thai²⁴ ẓau³³
剃须刀	dao cạo râu	zau³³ kau³² ẓ̌y u³³
刀鞘	vỏ dao	vɔ³¹² zau³³
手推车	xe đẩy	sɛ³³ dy̌ i³¹²
手扶式拖拉机	máy kéo kiểu đẩy tay	mă i²⁴ kɛu²⁴ kieu³¹² dy̌ i³¹² tă i³³
碾米机	máy xát gạo	mă i²⁴ sat²⁴ ɣau³²
武器	vũ khí	vu³²⁵ χi²⁴
枪	súng	ʂuŋ²⁴
剑	gươm	ɣɯɤm³³
炮	pháo	fau²⁴
弓	cung	kuŋ
箭	tên	ten³³
陷阱	hố bẫy	ho²⁴ by̌ i³²⁵
火药	thuốc nổ	thuok²⁴ no³¹²
毒	độc	dok³²
毒药	thuốc độc	thuok²⁴ dok³²
网	lưới	lɯɤi²⁴
渔网	lưới đánh cá	lɯɤi²⁴ dɛ̌ ŋ²⁴ ka²⁴
木筏	bè gỗ	bɛ²¹ ɣo³²⁵
撑杆	cái sào	kai²⁴ ʂau²¹
罩子(捕鱼）	cái chụp	kai²⁴ tɕup³²
钩子	móc câu	mɔk²⁴ ky̌ u³³
鱼篓	nơm cá	nɤm³³ ka²⁴
鱼笼	lồng cá	loŋ²¹ ka²⁴
粪	cứt	kɯt²⁴
化肥	phân bón hóa học	fy̌ n³³ bɔn²⁴ hua²⁴ hɔk³²

十　文化娱乐

字	chữ	tɕɯ³²⁵
信	thư	thɯ³³
画	tranh	tʂĕ ŋ³³
书	sách	ʂĕ k²⁴
本子	vở	vɤ³¹²
纸	giấy	zɤ̆ i²⁴
笔	bút	but²⁴
毛笔	bút lông	but²⁴ loŋ³³
水笔	bút mực	but²⁴ mɯk³²
墨水	mực	mɯk³²
墨盒	lọ mực	ɫɔ³² mɯk³²
橡皮	tẩy	tɤ̆ i³¹²
图章	con dấu	kɔn³³ zɤ̆ u²⁴
算盘	bàn tính	ban²¹ tiŋ²⁴
旗子	cờ	kɤ²¹
棋子	quân cờ	kuɤ̆ n³³ kɤ²¹
胶水	hồ dán	ho²¹ zan²⁴
学问	học vấn	hɔk³² vɤ̆ n²⁴
话	lời	lɤi²¹
故事	câu chuyện	kɤ̆ u³³ tɕuien³²
笑话	chuyện cười	tɕuien³² kɯɤi²¹
谜语	câu đố	kɤ̆ u³³ do²⁴
打油诗	bài vè	bă i²¹ vɛ²¹
诗	thơ	thɤ³³
歌	bài hát	bai²¹ hat²⁴
曲	bài hát	bai²¹ hat²⁴
戏	trò chơi	tʂɔ²¹ tɕɤi³³
球	bóng	bɔŋ²⁴
棋	cờ	kɤ²¹
鼓	trống	tʂoŋ²⁴
锣	cồng chiêng	koŋ²¹ tɕieŋ³³

钹	chũm chọe	tɕum³²⁵ tɕɔ³²ɛ
笛子	sáo	ʂau²⁴
箫	tiêu	tieu³³
胡琴（二胡）	đàn nhị	dan²¹ ɲi³²
三弦	đàn ba dây	dan²¹ ba³³ zɣ̌ i³³
铃	chuông	tɕuoŋ³³
木鱼	mõ	mɔ³²⁵
钟	chuông	tɕuoŋ³³
喇叭	kèn đồng	kɛn²¹ doŋ²¹
唢呐	kèn xô na	kɛn²¹ so³³ na³³
哨子	cái còi	kai²⁴ kɔi²¹
鞭炮	pháo	fau²⁴
风筝	diều	zieu²¹
秋千	xích đu	sik²⁴ du

十一　宗教意识

宗教	tôn giáo	ton³³ zau²⁴
神仙	thần tiên	thɣ̌ n²¹ tien³³
鬼	ma	ma³³
妖精	yêu tinh	ieu³³ tiŋ³³
龙王	long vương	lɔŋ³³ vɯɤŋ³³
阎王	diêm vương	ziem³³ vɯɤŋ³³
佛	phật	fɣ̌ t³²
活佛	phật sống	fɣ̌ t³² ʂoŋ²⁴
佛像	tượng phật	tɯɤŋ³² fɣ̌ t³²
菩萨	bồ tát	bo²¹ tat²⁴
观音	quan âm	kuan³³ ɣ̌ m
巫师	phù thủy	fu²¹ thŭ i³¹²
算命先生	thầy bói	thɣ̌ i²¹ bɔi²⁴
山神	thần núi	thɣ̌ n²¹ nui²⁴
祖先	tổ tiên	to³¹² tien³³
祖宗	tổ tông	to³¹² toŋ³³

天堂	trời, thiên đường	tʂɤi²¹, thien³³ dɯɤŋ²¹
地狱	âm phủ, địa ngục	ɤ̌ m fu³¹², die³² ŋuk³²
宝座	ngai vàng	ŋai³³ vaŋ²¹
法术	phép thuật	fɛp²⁴ thuɤ̌ t³²
灵魂	linh hồn	liŋ³³ hon²¹
命运	tính mạng	tiŋ²⁴ maŋ³²
运气	số	ʂo²⁴
福气	tốt số	tot²⁴ ʂo²⁴
灾难	tai nạn	tai³³ nan³²
力气	sức lực	ʂɯk²⁴ lɯk³²
精神	tinh thần	tiŋ³³ thɤ̌ n²¹
意思	ý nghĩ	i²⁴ ŋi³²⁵
想法	cách nghĩ	kɛ̌ k²⁴ ŋi³²⁵
事情	sự tình	ʂɯ³² tiŋ²¹
道理	lý lẽ	li²⁴ le³²⁵
原因	nguyên nhân	ŋuien³³ ɲɤ̌ n³³
经验	kinh nghiệm	kiŋ³³ ŋiem³²
办法	cách làm	kɛ̌ k²⁴ lam²¹
本事	tài năng	tai²¹ nɐ̌ ŋ³³
脾气	tức giận	tɯk²⁴ zɤ̌ n³²
情意	tình ý	tiŋ²¹ i²⁴
信息	thông tin	thoŋ³³ tin³³
消息	tin tức	tin³³ tɯk²⁴
记号	ký hiệu	ki²⁴ hieu³²
生活	cuộc sống	kuok³² ʂoŋ²⁴
生日	ngày sinh	ŋɐ̌ i²¹ ʂiŋ³³
礼物	qùa tặng	quo²¹ tɐ̌ ŋ³²
风俗	phong tục	fɔŋ³³ tuk³²
习惯	tập quán	tɤ̌ p³² kuan²⁴
年纪	tuổi	tuoi³¹²
姓	họ	hɔ³²
名字	tên	ten³³

名声	thanh danh	thɛ̌ ŋ³³ zɛ̌ ŋ³³
语言	ngôn ngữ	ŋon³³ ŋɯ³²⁵
越语	tiếng Việt	tieŋ²⁴ viet³²
汉语	tiếng Hán	tieŋ²⁴ ɣan²⁴
希望	hi vọng	hi³³ vɔŋ³²
痛苦	khổ đau	χo³¹² dau³³
秘密	bí mật	bi²⁴ mɥ̌ t³²
错误	sai lầm	ʂai³³ lɥ̌ m²¹
条件	điều kiện	dieu²¹ kien³²
危险	nguy hiểm	ŋɥ̌ i³³ hiem³¹²
滋味	hương vị	hɯɤŋ³³ vi³²
区别	khác biệt	χak²⁴ biet³²
份儿	suất	ʂuɥ̌ t²⁴
根本	căn bản	kɥ̌ n³³ ban³¹²
根据	theo	thɛu³³
政府	chính quyền	tɕiŋ²⁴ kuien²¹
经济	kinh tế	kiŋ³³ te²⁴
文化	văn hóa	vɥ̌ n³³ hua²⁴
卫生	vệ sinh	ve³² ʂiŋ³³
团结	đoàn kết	duan²¹ ket²⁴
问题	vấn đề	vɥ̌ n²⁴ de²¹
礼貌	lễ phép	le³²⁵ fɛp²⁴
教育	giáo dục	zau²⁴ zuk³²
计划	kế hoạch	ke²⁴ huak³²
空闲	rảnh rỗi	zɥ̌ ŋ³¹² zoi³²⁵
关系	quan hệ	kuan³³ he³²
谎话	nói dối	nɔi²⁴ zoi²⁴
回声	tiếng vang	tieŋ²⁴ vaŋ³³
技巧	kỹ xảo	ki³²⁵ sau³¹²
空隙	khe hở	χɛ³³ hɣ³¹²
裂缝	vết nứt	vet²⁴ nɯt²⁴
疙瘩	nốt	not²⁴

痕迹	vết	vet²⁴
渣滓	cặn bã	kă n³² ba³²⁵
斑点	đốm	dom²⁴
样子	dáng vẻ	zaŋ²⁴ ve³¹²
影子	hình bóng	hiŋ²¹ bɔŋ²⁴
梦	mơ	mɤ³³
好处	mặt tốt	mă t³² tot²⁴
用处	tác dụng	tĕ k²⁴ zuŋ³²
颜色	màu sắc	mau²¹ şă k²⁴

十二　方位、时间

方向	phương hướng	fuɤŋ³³ huɤŋ²⁴
东	đông	doŋ³³
南	nam	nam³³
西	tây	tɤ̆ i³³
北	bắc	bă k²⁴
东南	đông nam	doŋ³³ nam³³
西北	tây bắc	tɤ̆ i³³ bă k²⁴
中间	ở giữa	ɤ³¹² zɯɤ³²⁵
中心	trung tâm	tʂuŋ³³ tɤ̆ m
旁边	bên cạnh	ben³³ kĕ ŋ³²
左	trái	tʂai²⁴
右	phải	fai³¹²
前（边）	trước	tʂɯɤk²⁴
后（边）	sau	şau³³
外（边）	ngoài	ŋuai²¹
里（边）	trong	tʂɔŋ³³
里面	bên trong	ben³³ tʂɔŋ³³
角落	góc	ɣɔk²⁴
尖儿	đầu nhọn	dɤ̆ u²¹ ɲɔn³²
边儿	cạnh	kĕ ŋ³²
周围	xung quanh	suŋ kuĕ ŋ³³

附近	gần	ɣǐ n²¹
界线	ranh giới	ʐě ŋ³³ zɤi²⁴
对面	đối diện	doi²⁴ zien³²
正面	mặt chính	mǎ t³² tɕiŋ²⁴
上方（地势、河流）	thượng du	thɯɤŋ³² zu³³
下方（地势、河流）	hạ du	ha³² zu³³
（桌子）上	mặt (bàn)	mǎ t³² (ban²¹)
（桌子）下	gầm (bàn)	ɣǐ m²¹ (ban²¹)
（天）上	trên (trời)	tʂen³³ (tʂɤi²¹)
（天）底下	gầm (trời)	ɣǐ m²¹ (tʂɤi²¹)
（墙）上	trên (tường)	tʂen³³ (tɯɤŋ²¹)
顶上	trên đỉnh	tʂen³³ diŋ³¹²
（山）下	dưới núi	zɯɤi²⁴ nui²⁴
以上	trở lên	tʂɤ³¹² len³³
以下	trở xuống	tʂɤ³¹² suoŋ²⁴
往上	hướng lên	hɯɤŋ²⁴ len³³
往下	hướng xuống	hɯɤŋ²⁴ suoŋ²⁴
上半身	nửa thân trên	nɯɤ³¹² thǐ n³³ tʂen³³
下半身	nửa thân dưới	nɯɤ³¹² thǐ n³³ zɯɤi²⁴
时间	thời gian	thɤi²¹ zan³³
今天	hôm nay	hom³³ nǎ i³³
昨天	hôm qua	hom³³ kua³³
前天	hôm kia	hom³³ kie³³
大前天	hôm kìa	hom³³ kie²¹
明天	ngày mai	ŋǎ i²¹ mai³³
后天	ngày kia	ŋǎ i²¹ kie³³
大后天	ngày kìa	ŋǎ i²¹ kie²¹
今晚	tối nay	toi²⁴ nǎ i³³
明晚	tối mai	toi²⁴ mai³³
昨晚	tối qua	toi²⁴ kua³³
白天	ban ngày	ban³³ ŋǎ i²¹
早晨	sáng sớm	ʂaŋ²⁴ ʂɤm²⁴

黎明	bình minh	biŋ²¹ miŋ³³
上午	buổi sáng	buoi³¹² ʂaŋ²⁴
中午	buổi trưa	buoi³¹² tʂɯɣ³³
下午	buổi chiều	buoi³¹² tɕieu²¹
晌午	buổi trưa	buoi³¹² tʂɯɣ³³
黄昏	hoàng hôn	huaŋ²¹ hon³³
晚上	buổi tối	buoi³¹² toi²⁴
夜里	buổi đêm	buoi³¹² dem³³
半夜	nửa đêm	nɯɣ³¹² dem³³
子	tý	ti²⁴
丑	sửu	ʂɯɯ³¹²
寅	dần	zɣ̌ n²¹
卯	mão	mau³²⁵
辰	thìn	thin²¹
巳	tỵ	ti³²
午	ngọ	ŋɔ³²
未	mùi	mui²¹
申	thân	thɣ̌ n³³
酉	dậu	zɣ̌ u³²
戌	tuất	tuɣ̌ t²⁴
亥	hợi	hɣi³²
属相	cầm tinh	kɣ̌ m²¹ tiŋ³³
鼠	chuột	tɕuot³²
牛	trâu	tʂɣ̌ u³³
虎	hổ	ho³¹²
兔	thỏ	thɔ³¹²
龙	rồng	zɔŋ²¹
蛇	rắn	zɣ̌ n²⁴
马	ngựa	ŋuɣ³²
羊	dê	ze³³
猴	khỉ	χi³¹²
鸡	gà	ɣa²¹

狗	chó	tɕɔ²⁴
猪	lợn	lɤn³²
日、日子	ngày	ŋǎ i²¹
初一	mùng một	muŋ²¹ mot³²
初二	mùng hai	muŋ²¹ hai³³
初三	mùng ba	muŋ²¹ ba³³
初四	mùng bốn	muŋ²¹ bon²⁴
初五	mùng năm	muŋ²¹ nǎ m³³
初六	mùng sáu	muŋ²¹ ʂau²⁴
初七	mùng bảy	muŋ²¹ bǎ i³¹²
初八	mùng tám	muŋ²¹ tam²⁴
初九	mùng chín	muŋ²¹ tɕin²⁴
初十	mùng mười	muŋ²¹ mɯɤi²¹
十二	mười hai	mɯɤi²¹ hai³³
二十	hai mươi	hai³³ mɯɤi³³
二十一	hai mươi mốt	hai³³ mɯɤi³³ mot²⁴
月	tháng	thaŋ²⁴
一月（正月）	tháng một	thaŋ²⁴ mot³²
二月	tháng hai	thaŋ²⁴ hai³³
三月	tháng ba	thaŋ²⁴ ba³³
四月	tháng bốn	thaŋ²⁴ bon²⁴
五月	tháng năm	thaŋ²⁴ nǎ m³³
六月	tháng sáu	thaŋ²⁴ ʂau²⁴
七月	tháng bảy	thaŋ²⁴ bǎ i³¹²
八月	tháng tám	thaŋ²⁴ tam²⁴
九月	tháng chín	thaŋ²⁴ tɕin²⁴
十月	tháng mười	thaŋ²⁴ mɯɤi²¹
十一月	tháng mười một	thaŋ²⁴ mɯɤi²¹ mot³²
十二月	tháng mười hai	thaŋ²⁴ mɯɤi²¹ hai³³
闰月	tháng nhuận	thaŋ²⁴ ɲuˇ n³²
月初	đầu tháng	dˇɤ u²¹ thaŋ²⁴
月底	cuối tháng	kuoi²⁴ thaŋ²⁴

上半月	nửa tháng đầu	nɯɤ³¹² thaŋ²⁴ dɤ̌ u²¹
下半月	nửa tháng cuối	nɯɤ³¹² thaŋ²⁴ kuoi²⁴
年	năm	nǎ m³³
今年	năm nay	nǎ m³³ nǎ i³³
去年	năm ngoái	nǎ m³³ ŋuai²⁴
前年	năm trước	nǎ m³³ tʂɯɤk²⁴
明年	sang năm	ʂaŋ³³ nǎ m³³
后年	sang năm nữa	ʂaŋ³³ nǎ m³³ nɯɤ³²⁵
从前	trước kia	tʂɯɤk²⁴ kie³³
古时候	thời cổ	thɤi²¹ ko³¹²
小时候	lúc nhỏ	luk²⁴ ɲɔ³¹²
现在	bây giờ	bɤ̌ i³³ zɤ²¹
此刻	lúc này	luk²⁴ nǎ i²¹
刚才	vừa nãy	vɯɤ²¹ nǎ i³²⁵
近来	gần đây	ɤ̌ n²¹ dɤ̌ i³³
将来	tương lai	tɯɤŋ³³ lai³³
（三年）以前	(ba năm) trước	(ba³³ nǎ m³³) tʂɯɤk²⁴
（两天）以后	(hai ngày) sau	(hai³³ ŋǎ i²¹) ʂau³³
今后	sau này	ʂau³³ nǎ i²¹
开始	bắt đầu	bǎ t²⁴ dɤ̌ u²¹
最后	cuối cùng	kuoi²⁴ kuŋ²¹
星期	thứ	thɯ²⁴
星期一	thứ hai	thɯ²⁴ hai³³
星期二	thứ ba	thɯ²⁴ ba³³
星期三	thứ tư	thɯ²⁴ tɯ³³
星期四	thứ năm	thɯ²⁴ nǎ m³³
星期五	thứ sáu	thɯ²⁴ ʂau²⁴
星期六	thứ bảy	thɯ²⁴ bǎ i³¹²
星期日	chủ nhật	tɕu³¹² ɲɤ̌ t³²
季节	mùa	muo²¹
春	xuân	suɤ̌ n³³
夏	hạ	ha³²

秋	thu	thu³³
冬	đông	doŋ³³
立春	lập xuân	lɤ̌ p³² suɤ̌ n³³
雨水	vũ thủy	vu³²⁵ thɯ̌ i³¹²
惊蛰	kinh trập	kiŋ³³ tʂɤ̌ p³²
春分	xuân phân	suɤ̌ n³³ fɤ̃ n³³
清明	thanh minh	thɛ̌ ŋ³³ miŋ³³
谷雨	cốc vũ	kok²⁴ vu³²⁵
立夏	lập hạ	lɤ̌ p³² ha³²
小满	tiểu mãn	tieu³¹² man³²⁵
芒种	mang chủng	maŋ³³ tɕuŋ³¹²
夏至	hạ chí	ha³² tɕi²⁴
小暑	tiểu thử	tieu³¹² thɯ³¹²
大暑	đại thử	dai³² thɯ³¹²
立秋	lập thu	lɤ̌ p³² thu³³
处暑	xử thử	sɯ³¹² thɯ³¹²
白露	bạch lộ	bak³² lo³²
秋分	thu phân	thu³³ fɤ̃ n³³
寒露	hàn lộ	han²¹ lo³²
霜降	sương giáng	ʂɯɤŋ³³ zaŋ²⁴
立冬	lập đông	lɤ̌ p³² doŋ³³
小雪	tiểu tuyết	tieu³¹² tuiet²⁴
大雪	đại tuyết	dai³² tuiet²⁴
冬至	đông chí	doŋ³³ tɕi²⁴
小寒	tiểu hàn	tieu³¹² han²¹
大寒	đại hàn	dai³² han²¹
除夕	đêm giao thừa	dem³³ zau³³ thɯɤ²¹
新年	năm mới	nă m³³ mɤi²⁴
春节	tiết xuân	tiet²⁴ suɤ̌ n³³
端午节	đoan ngọ	duan³³ ŋɔ³²
火把节	lễ đốt đuốc	le³²⁵ dot²⁴ duok²⁴
祭祖节	cũng giỗ	kuŋ³²⁵ zo³²⁵

中秋节	trung thu	tʂuŋ³³ thu³³
重阳节	tết trùng dương	tet²⁴ tʂuŋ²¹ zɯɤŋ³³
节日	ngày lễ	ŋǎ i²¹ le³²⁵
吉日	ngày lành	ŋǎ i²¹ lě ŋ²¹

十三　数词、类别词与单位词

一	một	mot³²
二	hai	hai³³
三	ba	ba³³
四	bốn	bon²⁴
五	năm	nǎ m³³
六	sáu	ʂau²⁴
七	bảy	bǎ i³¹²
八	tám	tam²⁴
九	chín	tɕin²⁴
十	mười	mɯɤi²¹
十一	mười một	mɯɤi²¹ mot³²
十二	mười hai	mɯɤi²¹ hai³³
十三	mười ba	mɯɤi²¹ ba³³
十四	mười bốn	mɯɤi²¹ bon²⁴
十五	mười lăm	mɯɤi²¹ lǎ m³³
十六	mười sáu	mɯɤi²¹ ʂau²⁴
十七	mười bảy	mɯɤi²¹ bǎ i³¹²
十八	mười tám	mɯɤi²¹ tam²⁴
十九	mười chín	mɯɤi²¹ tɕin²⁴
二十	hai mươi	hai³³ mɯɤi³³
二十一	hai mươi mốt	hai³³ mɯɤi³³ mot²⁴
三十	ba mươi	ba³³ mɯɤi³³
三十一	ba mươi mốt	ba³³ mɯɤi³³ mot²⁴
四十	bốn nươi	bon²⁴ nɯɤi³³
四十一	bốn mươi mốt	bon²⁴ mɯɤi³³ mot²⁴
五十	năm mươi	nǎ m³³ mɯɤi³³

五十一	năm mươi mốt	nă m³³ mɯɤi³³ mot²⁴
六十	sáu mươi	ʂau²⁴ mɯɤi³³
六十一	sáu mươi mốt	ʂau²⁴ mɯɤi³³ mot²⁴
七十	bảy mươi	bă i³¹² mɯɤi³³
七十一	bảy mươi mốt	bă i³¹² mɯɤi³³ mot²⁴
八十	tám mươi	tam²⁴ mɯɤi³³
八十一	tám mươi mốt	tam²⁴ mɯɤi³³ mot²⁴
九十	chín mươi	tɕin²⁴ mɯɤi³³
九十一	chín mươi mốt	tɕin²⁴ mɯɤi³³ mot²⁴
（一）百	(một) trăm	(mot³²) tʂă m³³
零	không	χoŋ³³
一百零一	một trăm linh một	mot³² tʂă m³³ liŋ³³ mot³²
千	nghìn	ŋin²¹
三千零五十四	ba nghìn không trăm năm mươi tư	ba³³ ŋin²¹ χoŋ³³ tʂă m³³ nă m³³ mɯɤi³³ tɯ³³
万	chục nghìn	tɕuk³² ŋin²¹
十万	trăm nghìn	tʂă m³³ ŋin²¹
百万	triệu	tʂieu³²
千万	chục triệu	tɕuk³² tʂieu³²
亿（万万）	trăm triệu	tʂă m³³ tʂieu³²
第一	thứ nhất	thɯ²⁴ ɲɤ̆ t²⁴
第二	thứ hai	thɯ²⁴ hai³³
第三	thứ ba	thɯ²⁴ ba³³
第四	thứ tư	thɯ²⁴ tɯ³³
第五	thứ năm	thɯ²⁴ nă m³³
第六	thứ sáu	thɯ²⁴ ʂau²⁴
第七	thứ bảy	thɯ²⁴ bă i³¹²
第八	thứ tám	thɯ²⁴ tam²⁴
第九	thứ chín	thɯ²⁴ tɕin²⁴
第十	thứ mười	thɯ²⁴ mɯɤi²¹
第十一	thứ mười một	thɯ²⁴ mɯɤi²¹ mot³²
甲	giáp	zap²⁴

乙	ất	ɤ̌ t²⁴
丙	bính	biŋ²⁴
丁	đinh	diŋ³³
戊	mậu	mɤ̌ u³²
己	kỷ	ki³¹²
庚	canh	kɛ̌ ŋ³³
辛	tân	tɤ̌ n³³
壬	nhâm	ɲɤ̌ m³³
癸	quý	kǔ i²⁴
（一）个（人）	(một) con (người)	(mot³²) kɔn³³ (ŋɯɤi²¹)
（一）个（鬼）	(một) con (ma)	(mot³²) kɔn³³ (ma³³)
（一）个（碗）	(một) cái (bát)	(mot³²) kai²⁴ (bat²⁴)
（一）个（篮子）	(một) cái (giỏ)	(mot³²) kai²⁴ (zɔ³¹²)
（一）个（鸡蛋）	(một) quả (trứng)	(mot³²) kua³¹² (tʂɯŋ²⁴)
（一）个（线团）	(một) vòng (hương vòng)	(mot³²) vɔŋ²¹ (hɯɤŋ³³ vɔŋ²¹)
（一）个（手指）	(một) ngón (tay)	(mot³²) ŋɔn²⁴ (tǎ i³³)
（一）个（梦）	(một) giấc (mơ)	(mot³²) zɤ̌ k²⁴ (mɤ³³)
（一）只（线）	(một) cuộn (chỉ)	(mot³²) kuon³² (tɕi³¹²)
（三）条（绳子）	(ba) sợi (dây thừng)	(ba³³) ʂɤi³² (zɤ̌ i³³ thɯŋ²¹)
（一）张（纸）	(một) tờ (giấy)	(mot³²) tɤ²¹ (zɤ̌ i²⁴)
（一）张（脸）	(một) khuôn (mặt)	(mot³²) χuon³³ (mǎ t³²)
（一）页（书）	(một) trang (sách)	(mot³²) tʂaŋ³³ (ʂɛ̌ k²⁴)
（一）支（线）	(một) sợi (chỉ)	(mot³²) ʂɤi³² (tɕi³¹²)
（一）支（香）	(một) mùi (thơm)	(mot³²) mui²¹ (thɤm³³)
（两）只（鸟）	(hai) con (chim)	(hai³³) kɔn³³ (tɕim³³)
（一）根（棍子）	(một) chiếc (gậy)	(mot³²) tɕiek²⁴ (yɤ̌ i³²)
（一）根（草）	(một) ngọn (cỏ)	(mot³²) ŋɔn³² (kɔ³¹²)
（一）根（鸡毛）	(một) chiếc (lông gà)	(mot³²) tɕiek²⁴ (loŋ³³ ɣa²¹)
（一）根（线）	(một) sợi (chỉ)	(mot³²) ʂɤi³² (tɕi³¹²)
（一）根（扁担）	(một) cái đòn gánh	(mot³²) kai²⁴ dɔn²¹ ɣɛ̌ ŋ²⁴
（一）根（鞋带）	(một) sợi (dây giày)	(mot³²) ʂɤi³² (zɤ̌ i³³ zǎ i²¹)
（一）粒（米）	(một) hạt (gạo)	(mot³²) hat³² (ɣau³²)

（一）把（扫帚）	(một) cái (chổi)	(mot³²) kai²⁴ (tɕoi³¹²)
（一）把（刀）	(một) con (dao)	(mot³²) kɔn³³ (zau³³)
（一）把（钥匙）	(một) chiếc (chìa khóa)	(mot³²) tɕiek²⁴ (tɕie²¹ χua²⁴)
（两）本（书）	(hai) quyển (sách)	(hai³³) kuien³¹² (ʂɛ̆ k²⁴)
（一）杯（水）	(một) cốc (nước)	(mot³²) kok²⁴ (nɯɤk²⁴)
（一）壶（水）	(một) ấm (nước)	(mot³²) ɤ̆ m²⁴ (nɯɤk²⁴)
（一）蔸（禾）	(một) gùi (lúa)	(mot³²) ɣui²¹ (luo²⁴)
（一）行（麦子）	(một) luống (lúa mì)	(mot³²) luoŋ²⁴ (luo²⁴ mi²¹)
（一）座（桥）	(một) cây (cầu)	(mot³²) kɤ̆ i³³ (kɤ̆ u²¹)
（一）把（菜）	(một) bó (rau)	(mot³²) bɔ²⁴ (zau³³)
（一）把（米）	(một) nắm (gạo)	(mot³²) nă m²⁴ (ɣau³²)
（一）场（雨）	(một) trận (mưa)	(mot³²) tʂɤ̆ n³² (mɯɤ³³)
（两）枝（笔）	(hai) cái (bút)	(hai³³) kai²⁴ (but²⁴)
（一）堆（粪）	(một) đống (cứt)	(mot³²) doŋ²⁴ (kɯt²⁴)
（一）顶（帽子）	(một) chiếc (mũ)	(mot³²) tɕiek²⁴ (mu³²⁵)
（一）桶（水）	(một) xô (nước)	(mot³²) so³³ (nɯɤk²⁴)
（一）碗（饭）	(một) bát (cơm)	(mot³²) bat²⁴ (kɤm³³)
（一）大碗（饭）	(một) bát ô tô (cơm)	(mot³²) bat²⁴ o³³ to³³ (kɤm³³)
（一）棵（树）	(một) cây	(mot³²) kɤ̆ i³³
（一）颗（星星）	(một) ngôi (sao)	(mot³²) ŋoi³³ (ʂau³³)
（一）块（地）	(một) mảnh (đất)	(mot³²) mɛ̆ ŋ³¹² (dɤ̆ t²⁴)
（一）块（石头）	(một) cục (đá)	(mot³²) kuk³² (da²⁴)
（一）块（手表）	(một) cái (đồng hồ)	(mot³²) kai²⁴ (doŋ²¹ ho²¹)
（一）块（木板）	(một) tấm (gỗ)	(mot³²) tɤ̆ m²⁴ (ɣo³²⁵)
（一）块（豆腐）	(một) miếng (đậu)	(mot³²) mieŋ²⁴ (dɤ̆ u³²)
（一）块（肥皂）	(một) bánh (xà phòng)	(mot³²) bɛ̆ ŋ²⁴ (sa²¹ fɔŋ²¹)
（一）块（糍粑）	(một) cái (bánh dày)	(mot³²) kai²⁴ (bɛ̆ ŋ²⁴ ză i²¹)
（一）口（饭）	(một) miếng (cơm)	(mot³²) mieŋ²⁴ (kɤm³³)
（一）口（水）	(một) ngụm (nước)	(mot³²) ŋum³² (nɯɤk²⁴)
（一）口（锅）	(một) cái (nồi)	(mot³²) kai²⁴ (noi²¹)
（一）朵（花）	(một) bông (hoa)	(mot³²) boŋ³³ (hua³³)
（一）句（话）	(một) câu (nói)	(mot³²) kɤ̆ u³³ (nɔi²⁴)

（一）首（歌）	(một) bài hát	(mot³²) bai²¹ hat²⁴
（一）件（衣）	(một) bộ (quần áo)	(mot³²) bo³² (kuɤ̌ n²¹ au²⁴)
（一）件（蓑衣）	(một) cái (áo tơi)	(mot³²) kai²⁴ (au²⁴ tɤi³³)
（一）件（事）	(một) việc	(mot³²) viek³²
（一）双（鞋）	(một) đôi (giày)	(mot³²) doi³³ (zɤ̌ i²¹)
（一）对（兔子）	(một) đôi (thỏ)	(mot³²) doi³³ (thɔ³¹²)
（一）对（双胞胎）	(một) cặp (song sinh)	(mot³²) kɤ̌ p³² (ʂɔŋ³³ ʂiŋ³³)
（一）片（云）	(một) đám (mây)	(mot³²) dam²⁴ (mɤ̌ i³³)
（一）片（瓦）	(một) viên (ngói)	(mot³²) vien³³ (ŋɔi²⁴)
（一）片（树叶）	(một) chiếc (lá)	(mot³²) tɕiek²⁴ (la²⁴)
（一）片（田）	(một) mảnh (ruộng)	(mot³²) mɤ̌ ŋ³¹² (ʐuoŋ³²)
（一）群（羊）	(một) đàn (dê)	(mot³²) dan²¹ (ze)
（一）批（货）	(một) lô (hàng)	(mot³²) lo³³ (haŋ²¹)
（一）段（路）	(một) đoạn (đường)	(mot³²) duan³² (dɯɤŋ²¹)
（一）节（竹子）	(một) khúc (tre)	(mot³²) χuk²⁴ (tʂɛ)
（一）天（路）	(một) ngày (đường)	(mot³²) ŋɤ̌ i²¹ (dɯɤŋ²¹)
（一）只（鞋）	(một) chiếc (giày)	(mot³²) tɕiek²⁴ (zɤ̌ i²¹)
（一）剂（药）	(một) tuýp (thuốc)	(mot³²) tuip²⁴ (thuok²⁴)
（一）卷（布）	(một) cuộn (vải)	(mot³²) kuon³² (vai³¹²)
（一）方（布）	(một) miếng (vải)	(mot³²) mien²⁴ (vai³¹²)
（一）筐（菜）	(một) giỏ (rau)	(mot³²) zɔ³¹² (ʐau³³)
（一）坛	(một) luống	(mot³²) luoŋ²⁴
（一）背（菜）	(một) gùi (rau)	(mot³²) ɣui²¹ (ʐau³³)
（一）捆	(một) bó	(mot³²) bɔ²⁴
（一）捧	(một) nắm	(mot³²) nɤ̌ m²⁴
（一）驮	(một) thồ	(mot³²) tho²¹
（一）团（线）	(một) cuộn (chỉ)	(mot³²) kuon³² (tɕi³¹²)
（一）袋（烟）	(một) bao (thuốc)	(mot³²) bau³³ (thuok²⁴)
（一）队（人马）	(một) đoàn (người ngựa)	(mot³²) duan²¹ (ŋɯɤi²¹ ŋɯɤ³²)
（一）艘（船）	(một) chiếc (thuyền)	(mot³²) tɕiek²⁴ (thuien²¹)
（一）排（房）	(một) dãy (phòng)	(mot³²) zɤ̌ i³²⁵ (fɔŋ²¹)

（一）串（珠子）	(một) chuỗi (hạt)	(mot^{32}) tɕuoi^{325} (hat^{32})
（一）串（项链）	(một) sợi (dây chuyền)	(mot^{32}) ʂɤi^{32} (zɤ̌ i^{33} tɕuien^{21})
（一）滴（油）	(một) giọt (dầu)	(mot^{32}) zɔt^{32} (zɤ̌ u^{21})
（一）面（旗）	(một) lá (cờ)	(mot^{32}) la^{24} (kɤ^{21})
（一）面（镜）	(một) tấm (gương)	(mot^{32}) tɤ̌ m^{24} (ɣɯɤŋ^{33})
（两）层（楼）	(hai) tầng (lầu)	(hai^{33}) tɤ̌ ŋ^{21} (lɤ̌ u^{21})
（一）封（信）	(một) bức (thư)	(mot^{32}) bɯk^{24} (thɯ^{33})
（一）间（房）	(một) căn (phòng)	(mot^{32}) kă n^{33} (fɔŋ^{21})
（一）扇（门）	(một) cánh (cửa)	(mot^{32}) kě ŋ^{24} (kɯɤ^{312})
（一）扇（窗）	(một) cánh (cửa sổ)	(mot^{32}) kě ŋ^{24} (kɯɤ^{312} ʂo^{312})
（一）包（东西）	(một) túi (đồ)	(mot^{32}) tui^{24} (do^{21})
（一）包（药）	(một) túi (thuốc)	(mot^{32}) tui^{24} (thuok^{24})
（一）瓶（酒）	(một) bình (rượu)	(mot^{32}) biŋ^{21} (ʐɯɤu^{32})
（一）盘（菜）	(một) đĩa (rau)	(mot^{32}) die^{325} (ʐau^{33})
（一）盒（药）	(một) hộp (thuốc)	(mot^{32}) hop^{32} (thuok^{24})
（一）副（药）	(một) bài (thuốc)	(mot^{32}) bai^{21} (thuok^{24})
（一）副（扑克）	(một) bộ (bài)	(mot^{32}) bo^{32} (bai^{21})
（一）贴（膏药）	(một) miếng (cao dán)	(mot^{32}) mieŋ^{24} (kau^{33} zan^{24})
（一）摊（泥或牛粪）	(một) đống (bùn hoặc phân)	(mot^{32}) doŋ^{24} (bun^{21} huă k^{32} fɤ̌ n^{33})
（一）窝（鸡）	(một) chuồng (gà)	(mot^{32}) tɕuoŋ^{21} (ɣa^{21})
（一）窝（猪）	(một) chuồng (lợn)	(mot^{32}) tɕuoŋ^{21} (lɤn^{32})
（一）窝（狗）	(một) chuồng (chó)	(mot^{32}) tɕuoŋ^{21} (tɕɔ^{24})
（一）座（坟）	(một) ngôi (mộ)	(mot^{32}) ŋoi^{33} (mo^{32})
（一）座（山）	(một) quả (núi)	(mot^{32}) kua^{312} (nui^{24})
（一）斤	(một) cân	(mot^{32}) kɤ̌ n^{33}
两（斤）	hai (cân)	hai^{33} (kɤ̌ n^{33})
半（斤）	nửa (cân)	nɯɤ^{312} (kɤ̌ n^{33})
一斤半	một cân rưỡi	mot^{32} kɤ̌ n^{33} ʐɯɤi^{325}
（二）两（酒）	(hai) lạng (rượu)	(hai^{33}) laŋ^{32} (ʐɯɤu^{32})
（一）辆（车）	(một) chiếc (xe)	(mot^{32}) tɕiek^{24} (sɛ)
（两）钱（银子）	(hai) đồng (bạc)	(hai^{33}) doŋ^{21} (bak^{32})

（一）斗	(một) đấu	(mot^{32}) dɤ̌ u^{24}
（一）升	(một) lít	(mot^{32}) lit^{24}
（一）里	(một) dặm	(mot^{32}) ză m^{32}
（一）庹	(một) sải	(mot^{32}) ʂai^{312}
（一）尺	(một) thước	(mot^{32}) thɯɤk^{24}
（一）拃	(một) gang	(mot^{32}) ɣaŋ^{33}
（一）步	(một) bước	(mot^{32}) bɯɤk^{24}
（一）寸	(một) tấc	(mot^{32}) tɤ̌ k^{24}
（一）分	(một) xu	(mot^{32}) su^{33}
（一）元（块）	(một) đồng	(mot^{32}) doŋ^{21}
（一）角（毛）	(một) hào	(mot^{32}) hau^{21}
（一）亩	(một) mẫu	(mot^{32}) mɤ̌ u^{325}
（一）点（钟）	(một) giờ (đồng hồ)	(mot^{32}) zɤ^{21} (doŋ^{21} ho^{21})
一会儿	(một) lát	(mot^{32}) lat^{24}
（一）天	(một) ngày	(mot^{32}) ŋă i^{21}
（一）夜	(một) đêm	(mot^{32}) dem^{33}
（一）昼夜	(một) ngày (một) đêm	(mot^{32}) ŋă i^{21} (mot^{32}) dem^{33}
（一个）月	(một) tháng	(mot^{32}) thaŋ^{24}
（一）年	(một) năm	(mot^{32}) nă m^{33}
（一）岁	(một) tuổi	(mot^{32}) tuoi^{312}
（一）辈子	(một) đời	(mot^{32}) dɤi^{21}
（一）代（人）	(một) đời (người)	(mot^{32}) dɤi^{21} (ŋɯɤi^{21})
（去一）次	(đi một) lần	(di^{33} mot^{32}) lɤ̌ n^{21}
（来一）回	(đến một) lần	(den^{24} mot^{32}) lɤ̌ n^{21}
（吃一）顿	(ăn một) bữa	(ă n^{33} mot^{32}) bɯɤ^{325}
（喊一）声	(gọi một) tiếng	(ɣɔi^{32} mot^{32}) tieŋ^{24}
（打一）下	(đánh một) cái	(dɤ̌ ŋ^{24} mot^{32}) kai^{24}
（踢一）脚	(đá một) cái	(da^{24} mot^{32}) kai^{24}
（咬一）口	(cắn một) miếng	(kă n^{24} mot^{32}) mieŋ^{24}
（吵一）架	(cãi nhau một) trận	(kai^{325} ɲau^{33} mot^{32}) tʂɤ̌ n^{32}
（睡一）觉	(ngủ một) giấc	(ŋu^{312} mot^{32}) zɤ̌ k^{24}
一些	một vài	mot^{32} vai^{21}

几个	mấy cái	mɤ̌ i²⁴ kai²⁴
每天	mỗi ngày	moi³²⁵ ŋă i²¹
每个	mỗi cái	moi³²⁵ kai²⁴
一倍	gấp đôi	ɣɤ̌ p²⁴ doi³³
三分之一	một phần ba	mot³² fɤ̌ n²¹ ba³³

十四　代替、指示、疑问

我	tôi	toi³³
我俩	hai chúng tôi	hai³³ tɕuŋ²⁴ toi³³
我们	chúng tôi	tɕuŋ²⁴ toi³³
你	bạn	ban³²
您	ngài	ŋă i²¹
你俩	hai bạn	hai³³ ban³²
你们	các bạn	kak²⁴ ban³²
他	anh ấy	ɛ̌ ŋ³³ ɤ̌ i²⁴
他俩	hai đứa bọn họ	hai³³ dɯɤ²⁴ bɔn³² hɔ³²
他们	bọn họ	bɔn³² hɔ³²
咱们	chúng ta	tɕuŋ²⁴ ta³³
咱们俩	hai chúng ta	hai³³ tɕuŋ²⁴ ta³³
大家	mọi người	mɔi³² ŋɯɤi²¹
自己	mình	miŋ²¹
别人	người khác	ŋɯɤi²¹ χak²⁴
这	đây	dɤ̌ i³³
这个	cái này	kai²⁴ nă i²¹
这些	những cái này	ɲɯŋ³²⁵ kai²⁴ nă i²¹
这里	ở đây	ɤ³¹² dɤ̌ i³³
这边	bên này	ben³³ nă i²¹
这样	như thế này	ɲɯ³³ the²⁴ nă i²¹
那儿 1（较远指）	đó	dɔ²⁴
那儿 2（最远指）	đấy	dɤ̌ i²⁴
那个	cái đó	kai²⁴ dɔ²⁴
那些	những cái đó	ɲɯŋ³²⁵ kai²⁴ dɔ²⁴

那里	chỗ đó	tɕo³²⁵ dɔ²⁴
那边	bên đó	ben³³ dɔ²⁴
那样	như thế kia	ɲɯ³³ the²⁴ kie³³
谁	ai	ai³³
什么	cái gì	kai²⁴ zi²¹
这么	như thế này	ɲɯ³³ the²⁴ nă i²¹
那么	như thế kia	ɲɯ³³ the²⁴ kie³³
哪个	cái nào	kai²⁴ nau²¹
哪里	chỗ nào	tɕo³²⁵ nau²¹
几时	bao giờ	bau³³ zɤ²¹
怎么	như thế nào	ɲɯ³³ the²⁴ nau²¹
多少	bao nhiêu	bau³³ ɲieu³³
几个	mấy cái	mɤ̌ i²⁴ kai²⁴
为什么	tại sao	tai³² ʂau³³
不少	không ít	χoŋ³³ it²⁴
其他	cái khác	kai²⁴ χak²⁴
各自	mỗi cái	moi³²⁵ kai²⁴
一切	tất cả	tɤ̌ t²⁴ ka³¹²
全部	toàn bộ	tuan²¹ bo³²
这次	lần này	lɤ̌ n²¹ nă i²¹

十五　性质状态

大	to	tɔ³³
小	nhỏ	ɲɔ³¹²
粗（胳膊）	(tay) to	(tă i³³) tɔ³³
细（腿）	(chân) thon	(tɕɤ̌ n³³) thɔn³³
粗（碗）	(bát) tô	(bat²⁴) to³³
高	cao	kau³³
低	thấp	thɤ̌ p²⁴
凸	lồi	loi²¹
凹	lõm	lɔm³²⁵
矮	lùn	lun²¹

长	dài	ʐai²¹
短	ngắn	ŋăn²⁴
远	xa	sa³³
近	gần	ɣỹn²¹
宽	rộng	ʐo̝ŋ³²
窄	hẹp	hɛp³²
宽敞	rộng rãi	ʐo̝ŋ³² ʐai³²⁵
狭窄	hẹp	hɛp³²
厚	dầy	ʐỹ i²¹
薄	mỏng	mɔŋ³¹²
深	sâu	ʂỹ u³³
浅	nông	noŋ³³
满	đầy	dỹ i²¹
空	rỗng	ʐo̝ŋ³²⁵
瘪	lép, méo	lɛp²⁴, mɛu²⁴
多	nhiều	ɲieu²¹
少	ít	it²⁴
方	vuông	vuoŋ³³
园	tròn	tʂɔn²¹
扁	bẹt	bɛt³²
尖	nhọn	ɲɔn³²
秃	trọc, trụi	tʂɔk³², tʂui³²
平	phẳng	fã ŋ³¹²
皱	nhăn	ɲăn³³
正	phải	fai³¹²
反	trái	tʂai²⁴
（打得）准	chuẩn	tɕuỹ n³¹²
偏	chếch	tɕek²⁴
歪	nghiêng	ŋieŋ³³
斜	nghiêng	ŋieŋ³³
顺	thuận	thuỹ n³²
倒	ngược	ŋɯɤk³²

横	ngang	ŋaŋ³³
竖（纵）	dọc	zɔk³²
直	thẳng	thă ŋ³¹²
弯	cong	kɔŋ³³
黑	đen	dɛn
白	trắng	tʂă ŋ²⁴
红	đỏ	dɔ³¹²
黄	vàng	vaŋ²¹
绿	xanh lá cây	sĕ ŋ³³ la²⁴ ǩ i³³
青	xanh	sĕ ŋ³³
蓝	xanh da trời	sĕ ŋ³³ za³³ tʂɤi²¹
紫	tím	tim²⁴
灰	xám	sam²⁴
亮	sáng	ʂaŋ²⁴
暗	tối	toi²⁴
重	nặng	nă ŋ³²
轻	nhẹ	ɲɛ³²
快	nhanh	ɲĕ ŋ³³
慢	chậm	tɕɤ̌ m³²
早	sớm	ʂɤm²⁴
迟	muộn	muon³²
利（快）	sắc	ʂă k²⁴
钝	cùn	kun²¹
清	trong	tʂɔŋ³³
浑浊	đục	duk³²
胖	béo	bɛu²⁴
（猪）肥	béo	bɛu²⁴
壮	khỏe	χuɛ³¹²
（人）瘦	gầy	ɣɤ̌ i²¹
（地）瘦	(đất) nghèo	(dɤ̌ t²⁴) ŋɛu²¹
强	mạnh	mĕ ŋ³²
弱	yếu	yeu²⁴

干	khô	ꭓo³³
湿	ướt	ɯɤt²⁴
浓	đậm	dɤ̌m³²
淡	nhạt	ɲat³²
（粥）稠	(cháo) đặc	(tɕau²⁴) dǎk³²
（粥）稀	(cháo) loãng	(tɕau²⁴) luaŋ³²⁵
（布）密	(vải) dày	(vai³¹²) zai²¹
（布）稀	(vải) mỏng	(vai³¹²) mɔŋ³¹²
硬	cứng	kɯŋ²⁴
软	mềm	mem²¹
粘	dính	ziŋ²⁴
光滑	trơn	tʂɤn³³
粗糙	thô ráp	tho³³ zap²⁴
细（米）	(gạo) lép	(ɣau³²) lɛp²⁴
（路）滑	(đường) trơn	(dɯɤŋ²¹) tʂɤn³³
紧	chặt	tɕǎt³²
松	lỏng	lɔŋ³¹²
脆	giòn	zɔn²¹
牢固（坚固）	chắc (vững chắc)	tɕǎk²⁴ (vɯŋ³²⁵ tɕǎk²⁴)
结实	rắn	zǎn²⁴
乱	loạn	luan³²
对	đúng	duŋ²⁴
错	sai	ʂai³³
真	thật	thɤ̌t³²
假	giả	za³¹²
生的	sống	ʂoŋ²⁴
新	mới	mɤi²⁴
旧	cũ	ku³²⁵
好	tốt	tot²⁴
坏	xấu	sɤ̌u²⁴
差	kém	kɛm²⁴
贵	đắt	dǎt²⁴

贱（便宜）	rẻ	$z\underset{.}{e}^{312}$
老	già	za^{21}
嫩	non	$nɔn^{33}$
年老	tuổi già	$tuoi^{312}\ za^{21}$
年轻	tuổi trẻ	$tuoi^{312}\ t\underset{.}{s}e^{312}$
美	đẹp	$dɛp^{32}$
丑	xấu	$s\breve{y}\ u^{24}$
热	nóng	$nɔŋ^{24}$
（天气）冷	(thời tiết) lạnh	$(th\gamma i^{21}\ tiet^{24})\ l\breve{e}\ ŋ^{32}$
（水）冷	(nước) mát	$(nɯ\gamma k^{24})\ mat^{24}$
（水）温	(nước) ấm	$(nɯ\gamma k^{24})\ \breve{y}\ m^{24}$
暖和	ấm áp	$\breve{y}\ m^{24}\ ap^{24}$
凉快	mát mẻ	$mat^{24}\ mε^{312}$
难	khó	$\chi ɔ^{24}$
容易	dễ	ze^{325}
（气味）香	(mùi) thơm	$(mui^{21})\ th\gamma m^{33}$
臭	thối	$thoi^{24}$
（味道）香	(vị) thơm	$(vi^{32})\ th\gamma m^{33}$
酸	chua	$t\underset{.}{c}uo^{33}$
甜	ngọt	$ŋɔt^{32}$
苦	đắng	$d\breve{a}\ ŋ^{24}$
辣	cay	$k\breve{a}\ i^{33}$
咸	mặn	$m\breve{a}\ n^{32}$
（盐）淡	(muối) nhạt	$(muoi^{24})\ ɲat^{32}$
涩	chát	$t\underset{.}{c}at^{24}$
腥	tanh	$t\breve{e}\ ŋ^{33}$
腻	ngán	$ŋan^{24}$
奇怪	kỳ cục	$ki^{21}\ kuk^{32}$
稀奇	hiếm lạ	$hiem^{24}\ la^{32}$
耐得住（疼）	chịu được (đau)	$t\underset{.}{c}iu^{32}\ dɯ\gamma k^{32}\ (dau^{33})$
闲	rỗi	$zɔi^{325}$
忙	bận	$b\breve{y}\ n^{32}$

富	giàu	zau^{21}
穷	nghèo	ŋɛu^{21}
干净（清洁）	sạch sẽ	ʂak^{32} ʂe^{325}
脏	bẩn	bɤ̌ n^{312}
热闹	nhộn nhịp	ɲon^{32} ɲip^{32}
安静	vắng lặng	vǎ ŋ^{24} lǎ ŋ^{32}
新鲜	tươi	tɯɤi^{33}
活的	sống	ʂoŋ^{24}
死的	chết	tɕet^{24}
稀奇	hiếm lạ	hiem^{24} la^{32}
明亮	sáng ngời	ʂaŋ^{24} ŋɤi^{21}
清楚	rõ ràng	zɔ^{325} zaŋ^{21}
模糊	mơ hồ	mɤ^{33} ho^{21}
好吃	ngon	ŋɔn^{33}
难吃	không ngon	χoŋ^{33} ŋɔn^{33}
上等	xịn	sin^{32}
中等	bình dân	biŋ^{21} zɤ̌ n^{33}
下等	thấp cấp	thɤ̌ p^{24} kɤ̌ p^{24}
好听	dễ nghe	ze^{325} ŋɛ^{33}
（花儿）好看	đẹp	dɛp^{32}
（东西）难看	xấu	sɤ̌ u^{24}
好笑	buồn cười	buon^{21} kɯɤi^{21}
响	vang	vaŋ^{33}
辛苦	vất vả	vɤ̌ t^{24} va^{312}
闷	oi bức	ɔi^{33} bɯk^{24}
慌	luống cuống	luoŋ^{24} kuoŋ^{24}
急忙	vội vàng	voi^{32} vaŋ^{21}
花（衣服）	(áo) hoa	(au^{24}) hua^{33}
聪明	thông minh	thoŋ^{33} miŋ^{33}
傻	ngu	ŋu^{33}
蠢	ngốc	ŋok^{24}
机灵	nhanh nhẹn	ɲɛ̌ ŋ^{33} ɲɛn^{32}

老实	thật thà	thɤ̌ t³² tha²¹
狡猾	gian manh	zan³³ mɛ̌ ŋ³³
粗暴	cục súc	kuk³² ʂuk²⁴
马虎	qua loa	kua³³ lua³³
细心	kỹ tính	ki³²⁵ tiŋ²⁴
和气	điềm đạm	diem²¹ dam³²
骄傲	kiêu căng	kieu³³·kǎ ŋ³³
谦虚	khiêm tốn	χiem³³ ton²⁴
合适	thích hợp	thik²⁴ hɤp³²
勇敢	dũng cảm	zuŋ³²⁵ kam³¹²
凶恶	hung ác	huŋ³³ ak²⁴
狠毒	ác độc	ak²⁴ dok³²
厉害	ghê gớm	ɣe³³ ɣɤm²⁴
客气	khách sáo	χɛ̌ k²⁴ ʂau²⁴
小气	nhỏ mọn	ɲɔ³¹² mɔn³²
勤快	chịu khó	tɕiu³² χɔ²⁴
懒	lười	luɤi²¹
巧	khéo	χɛu²⁴
笨拙	ngốc nghếch	ŋok²⁴ ŋek²⁴
乖	ngoan	ŋuan³³
努力	chăm chỉ	tɕǎ m³³ tɕi³¹²
啰嗦	lèm bèm	lɛm²¹ bɛm²¹
可怜	đáng thương	daŋ²⁴ thuɤŋ³³
高兴	vui mừng	vui³³ mɯŋ²¹
幸福	hạnh phúc	hɛ̌ ŋ³² fuk²⁴
平安	an lành	an³³ lɛ̌ ŋ²¹
痛快	sung sướng	ʂuŋ ʂɯɤŋ²⁴
难受	khó chịu	χɔ²⁴ tɕiu³²
痛苦	đau khổ	dau³³ χo³¹²
舒服	thoải mái	thuai³¹² mai²⁴
悲哀（难过）	đau khổ	dau³³ χo³¹²
亲热	thân thiêt	thɤ̌ n³³ thie³³t

讨厌	ghét	$\gamma\epsilon t^{24}$
麻烦	phiền phức	$fien^{21}$ $fuuk^{24}$
单独	lẻ loi	$l\epsilon^{312}$ $lɔi^{33}$
陡峭	dốc ngược	zok^{24} $ŋuɤk^{32}$
顽固	bướng bỉnh	$buɤŋ^{24}$ $biŋ^{312}$
贪心	tham lam	$tham^{33}$ lam^{33}
勉强	miễn cưỡng	$mien^{325}$ $kuɤŋ^{325}$
（眼）花（了）	(mắt) hoa (rồi)	$(mă\ t^{24})$ hua^{33} $(zɔi^{21})$
（果子）熟（了）	(quả) chín (rồi)	(kua^{312}) $tɕin^{24}$ $(zɔi^{21})$
（衣服）干了	(quần áo) khô rồi	$(kuy̌\ n^{21}$ $au^{24})$ χo^{33} $zɔi^{21}$
（衣服）破（了）	(quần áo) rách (rồi)	$(kuy̌\ n^{21}$ $au^{24})$ $ze̮\ k^{24}$ $(zɔi^{21})$
（漆）剥落	(sơn) bong tróc	$(ʂɤn^{33})$ $bɔŋ^{33}$ $tʂɔk^{24}$
（手）冻了	(tay) cóng rồi	$(tă\ i^{33})$ $kɔŋ^{24}$ $zɔi^{21}$
（伤）痊愈	(vết thương) lành	$(vet^{24}$ $thuɤŋ^{33})$ $le̮\ ŋ^{21}$
吵	ầm ĩ	$y̌\ m^{21}$ i^{325}
扁了	bẹp rồi	$bɛp^{32}$ $zɔi^{21}$
着凉	bị lạnh	bi^{32} $le̮\ ŋ^{32}$
发愁	buồn	$buon^{21}$
弯	cong	$kɔŋ^{33}$
聋	điếc	$diek^{24}$
疯	điên	$dien^{33}$
够、足够	đủ	du^{312}
够（数）	đủ (số)	du^{312} $(ʂo^{24})$
够（岁数）	đủ (tuổi)	du^{312} $(tuoi^{312})$
瘦（了）	gầy (đi)	$\gamma y̌\ i^{21}$ (di)
生锈	gỉ	zi^{312}
熟悉	quen thuộc	$kuɛn\ thuok^{32}$
澄清	trong vắt	$tʂɔŋ^{33}$ $vă\ t^{24}$
害羞	xấu hổ	$sy̌\ u^{24}$ ho^{312}

十六　动作行为

| （大夫给人）看病 | (bác sỹ) khám bệnh | $(bak^{24}$ $ʂi^{325})$ χam^{24} $beŋ^{32}$ |

（碗）破（了）	(bát) vỡ (rồi)	(bat²⁴) vɤ³²⁵ (ʐoi²¹)
（被狗）咬	(bị chó) cắn	(bi³² tɕɔ²⁴) kǎ n²⁴
（被火烧）焦（了）	(bị lửa đốt) cháy khét (rồi)	(bi³² luɤ³¹² dot²⁴) tɕǎ i²⁴ χɛt²⁴ (ʐoi²¹)
（鸟）鸣	(chim) kêu	(tɕim³³) keu³³
（给别人）看	(cho người khác) xem	(tɕɔ³³ ŋuɤi²¹ χak²⁴) sɛm
（老鼠）钻（洞）	(chuột) đào (hang)	(tɕuot³²) dau²¹ (haŋ³³)
（饭）熟（了）	(cơm) chín (rồi)	(kɤm³³) tɕin²⁴ (ʐoi²¹)
（刀）扎	(dao) đâm	(zau³³) dǎ m
（冻）僵（了）	(đông) cứng (rồi)	(doŋ³³) kɯŋ²⁴ (ʐoi²¹)
（用杠子）撑住	(dùng cột) chống	(zuŋ²¹ kot³²) tɕoŋ²⁴
（用尖刀）剜	(dùng mũi dao) khoét	(zuŋ²¹ mui³²⁵ zau³³) χɔ³³ɛt²⁴
（用鞭子）抽打	(dùng roi) quật	(zuŋ²¹ ʐoi³³) kuɤ̌ t³²
（用衣襟）兜着	(dùng tay áo) bọc lại	(zuŋ²¹ tǎ i³³ au²⁴) bɔk³² lai³²
（腋下）夹（着一本书）	(dưới nách) kẹp (một quyển sách)	(zuɤi²⁴ nǎ k²⁴) kɛp³² (mot³² kuien³¹² ʂɤ̌ k²⁴)
（路）通	thông (đường)	thoŋ³³ (duɤŋ²¹)
（鸡）扒（土）	(gà) bới (đất)	(ɣa²¹) bɤi²⁴ (dɤ̌ t²⁴)
（鸡）下（蛋）	(gà) đẻ (trứng)	(ɣa²¹) de³¹² (tʂuŋ²⁴)
（花）开（了）	(hoa) nở (rồi)	(hua³³) nɤ³¹² (ʐoi²¹)
（扣子）散开	(khuy) mở	(χǔ i³³) mɤ³¹²
（刺）扎	(kim) châm	(kim³³) tɕɤ̌ m
（母猪）下（小猪）	(lợn mẹ) đẻ (lợn con)	(lɤn³² mɛ³²) de³¹² (lɤn³² kɔn³³)
（猪）拱（土）	(lợn) ủi (đất)	(lɤn³²) ui³¹² (dɤ̌ t²⁴)
（火）灭（了）	(lửa) tắt (rồi)	(luɤ³¹²) tǎ t²⁴ (ʐoi²¹)
（脉）跳	(mạch) đập	(mak³²) dǎ p³²
（太阳）落	(mặt trời) lặn	(mǎ t³² tʂɤi²¹) lǎ n³²
（太阳）出来了	(mặt trời) mọc	(mǎ t³² tʂɤi²¹) mɔk³²
（油脂）凝固	(mỡ) đông	(mɤ³²⁵) doŋ³³
（蚊子）叮	(muỗi) đốt	(muoi³²⁵) dot²⁴
（马）驮（货）	(ngựa) thồ (hàng)	(ŋuɤ³²) tho²¹ (haŋ²¹)
（病人去）看病	(người ốm đi) khám bệnh	(ŋuɤi²¹ om²⁴ di) χam²⁴ beŋ³²

（房子）毁塌	(nhà) sụp đổ	(ɲa²¹) ʂup³² do³¹²
（水）流动	(nước) chảy	(nɯɤk²⁴) tɕai³¹²
涨（水）	(nước) dâng	(nɯɤk²⁴) zɤ̌ ŋ
（水）开（了）	(nước) sôi (rồi)	(nɯɤk²⁴) ʂoi³³ (zoi²¹)
（水）溢（出来）	(nước) tràn (ra)	(nɯɤk²⁴) tʂan²¹ (za³³)
（水）漩	(nước) xoáy	(nɯɤk²⁴) suai²⁴
（马蜂）蜇（人）	(ong vò vẽ) ngủ đông	(ɔŋ³³ vɔ²¹ vɛ³²⁵) ŋu³¹² doŋ³³
（晒）蔫（了）	(phơi) héo (rồi)	(fɤi³³) hɛu²⁴ (zoi²¹)
（房子）漏（雨）	(phòng) dột (nước mưa)	(fɔŋ²¹) zot³² (nɯɤk²⁴ mɯɤ³³)
（蛇）盘	(rắn) cuộn (mình)	(zǎ n²⁴) kuon³² (miŋ²¹)
（虫子）爬	(sâu) bò	(ʂɤ̌ u³³) bɔ²¹
叫（名字）	(tên) là	(ten³³) la²¹
（肉）冻了	(thịt) đông rồi	(thit³²) doŋ³³ zoi²¹
（碗里）有（水）	(trong bát) có (nước)	(tʂɔŋ³³ bat²⁴) kɔ²⁴ (nɯɤk²⁴)
（墙）倒了	(tường) đổ rồi	(tɯɤŋ²¹) do³¹² zoi²¹
（雪）崩了	(tuyết) sụt	(tuiet²⁴) ʂut³²
吃	ăn	ă n³³
吃	ăn	ă n³³
（往下）按	ấn	ɤ̌ n²⁴
吹（喇叭）	ấn (còi)	ɤ̌ n²⁴ (kɔi²¹)
忌嘴	ăn kiêng	ă n³³ kieŋ³³
过年	ăn tết	ă n³³ tet²⁴
孵（小鸡）	ấp (trứng)	ɤ̌ p²⁴ (tʂɯŋ²⁴)
挨近	áp sát	ap²⁴ ʂat²⁴
剁（肉）	băm (thịt)	bă m³³ (thit³²)
卖	bán	ban²⁴
射（箭）	bắn (cung)	bă n²⁴ (kuŋ)
打枪	bắn (súng)	bă n²⁴ (ʂuŋ²⁴)
商量	bàn bạc	ban²¹ bak³²
赏赐	ban tặng	ban³³ tă ŋ³²
打中	bắn trúng	bă n²⁴ tʂuŋ²⁴
射中	bắn trúng	bă n²⁴ tʂuŋ²⁴

刨（光一点）	bào (nhẵn)	bau²¹ (n̆ă n³²⁵)
包围	bao vây	bau³³ vy̌ i³³
包围	bao vây	bau³³ vy̌ i³³
保护	bảo vệ	bau³¹² ve³²
守卫	bảo vệ	bau³¹² ve³²
抓	bắt	b̆ă t²⁴
捉	bắt	b̆ă t²⁴
弹（棉花）	bật (bông)	by̌ t³² (boŋ³³)
开始	bắt đầu	b̆ă t²⁴ dy̌ u²¹
捉住	bắt được	b̆ă t²⁴ dɯɤk³²
欺负	bắt nạt	b̆ă t²⁴ nat³²
握手	bắt tay	b̆ă t²⁴ t̆ă i³³
飞	bay	b̆ă i³³
（桌上）摆着（东西）	bày	b̆ă i²¹
抬	bê	be³³
搬（凳子）	bê (ghế băng)	be³³ (ɣe²⁴ b̆ă ŋ³³)
抱（小孩）	bế (trẻ)	be²⁴ (tʂɛ³¹²)
抬得动	bê được	be³³ dɯɤk³²
使卡住	bị kẹt	bi³² kɛt³²
辩论	biện luận	bien³² luy̌ n³²
褪色	phai màu	fai³³ mau²¹
知道	biết	biet²⁴
会（织布）	biết (dệt vải)	biet²⁴ (zet³² vai³¹²)
认字	biết chữ	biet²⁴ tɕɯ³²⁵
认得	biết được	biet²⁴ dɯɤk³²
赠送	biếu	bieu²⁴
堵（漏洞）	bịt (lỗ thủng)	bit³² (lo³²⁵ thuŋ³¹²)
捂（着嘴）	bịt (miệng(	bit³² (mieŋ³²(
箍（桶）	bó buộc	bɔ²⁴ buok³²
捆紧	bó chặt	bɔ²⁴ tɕ̆ă t³²
冒（烟）	bốc (khói)	bok²⁴ (χɔi²⁴)
剥（花生）	bóc (lạc)	bɔk²⁴ (lak³²)

游泳	bơi	bɤi³³
烫（手）	bỏng (tay)	bɔŋ³¹² (tă i³³)
吮（奶）	bú (tí)	bu²⁴ (ti²⁴)
耙（田）	bừa (đất)	buɯ²¹ (dɤ̌ t²⁴)
跨（一步）	bước	buɤk²⁴
拴（牛）	buộc (bò)	buok³² (bɔ²¹)
发愁	buồn	buon²¹
做生意	buôn bán	buon³³ ban²⁴
聊天	buôn chuyện	buon³³ tɕuien³²
困	buồn ngủ	buon²¹ ŋu³¹²
恶心	buồn nôn	buon²¹ non³³
打赌	cá cược	ka²⁴ kuɤk³²
隔（一条河）	cách (một dòng sông)	kě k²⁴ (mot³² zɔŋ²¹ şoŋ³³)
佩戴	cài	kai²¹
闩（门）	cài (cửa)	kai²¹ (kuɤ³¹²)
打架	cãi nhau	kai³²⁵ ɲau³³
禁止	cấm	kɤ̌ m²⁴
拿	cầm	kɤ̌ m²¹
感冒	cảm	kam³¹²
握（笔）	cầm (bút)	kɤ̌ m²¹ (but²⁴)
拿到	cầm được	kɤ̌ m²¹ duɤk³²
忌讳	cấm ky	kɤ̌ m²⁴ ki³²
感谢	cám ơn	kam²⁴ ɤn³³
咬	cắn	kă n²⁴
咬	cắn	kă n²⁴
要（不要）	cần (không)	kɤ̌ n²¹ (χoŋ³³)
称（粮食）	cân (lương thực)	kɤ̌ n³³ (luɤŋ³³ thɯk³²)
小心	cẩn thận	kɤ̌ n³¹² thɤ̌ n³²
剃（头）	cạo (đầu)	kau³² (dɤ̌ u²¹)
刮（毛）	cạo (lông)	kau³² (loŋ³³)
告状	cáo trạng	kau²⁴ tʂaŋ³²
拨给	cấp	kɤ̌ p²⁴

切	cắt	kă t²⁴
裁	cắt	kă t²⁴
割（肉）	cắt	kă t²⁴
剪	cắt	kă t²⁴
割（草）	cắt (cỏ)	kă t²⁴ (kɔ³¹²)
割（绳子）	cắt (dây)	kă t²⁴ (zɣ̌ i³³)
收（衣服）	cất (quần áo)	kɣ̌ t²⁴ (kuɣ̌ n²¹ au²⁴)
割下	cắt bỏ	kă t²⁴ bɔ³¹²
割断	cắt rời	kă t²⁴ ʐɣi²¹
钓（鱼）	câu (cá)	kɣ̌ u³³ (ka²⁴)
求（人帮忙）	cầu (người giúp đỡ)	kɣ̌ u²¹ (ŋɯɣi²¹ zup²⁴ dɣ³²⁵)
辣	cay	kă i³³
插（秧）	cấy (mạ)	kɣ̌ i²⁴ (ma³²)
耕（田）	cày (ruộng)	kă i²¹ (ʐuoŋ³²)
梳（头发）	chải (đầu)	tɕai³¹² (dɣ̌ u²¹)
点（灯）	châm (đèn)	tɕɣ̌ m (dɛn²¹)
点（火）	châm (lửa)	tɕɣ̌ m (lɯɣ³¹²)
蘸（墨水）	chấm (mực)	tɕɣ̌ m²⁴ (mɯk³²)
挡（风）	chắn (gió)	tɕă n²⁴ (zɔ²⁴)
放牧	chăn thả	tɕă n³³ tha³¹²
砍，斩	chặt	tɕă t³²
紧	chặt	tɕă t³²
砍（树）	chặt (cây)	tɕă t³² (kɣ̌ i³³)
砍（骨头）	chặt (xương)	tɕă t³² (sɯɣŋ³³)
着（火）	cháy	tɕă i²⁴
跑	chạy	tɕă i³²
淌（眼泪）	chảy (nước mắt)	tɕă i³¹² (nɯɣk²⁴ mă t²⁴)
逃跑	chạy chốn	tɕă i³² tɕon²⁴
劈（柴）	chẻ (củi)	tɕɛ³¹² (kui³¹²)
破（篾）	chẻ (tre)	tɕɛ³¹² (tʂɛ)
隐瞒	che dấu	tɕɛ³³ zɣ̌ u²⁴
遮蔽	che lấp	tɕɛ³³ lɣ̌ p²⁴

制造	chế tạo	tɕe²⁴ tau³²
挤	chen	tɕɛn³³
挤（脚）	chen (chân)	tɕɛn³³ (tɕɤ̌ n³³)
挤进	chen vào	tɕɛn³³ vau²¹
压碎	chèn vỡ	tɕɛn²¹ vɤ³²⁵
划（船）	chèo (thuyền)	tɕɛu²¹ (thuien²¹)
抄（书）	chép (sách)	tɕɛp²⁴ (ʂɤ̌ k²⁴)
断气	chết	tɕet²⁴
死	chết	tɕet²⁴
指	chỉ	tɕi³¹²
分离	chia ly	tɕie³³ li³³
占	chiếm	tɕiem²⁴
霸占	chiếm	tɕiem²⁴
占有	chiếm hữu	tɕiem²⁴ huɯ³²⁵
沉	chìm	tɕim²¹
挨打	chịu đòn	tɕiu³² dɔn²¹
忍耐	chịu đựng	tɕiu³² dɯŋ³²
给	cho	tɕɔ³³
等待	chờ	tɕɤ²¹
放（盐）	cho (muối)	tɕɔ³³ (muoi²⁴)
喂（奶）	cho bú	tɕɔ³³ bu²⁴
允许	cho phép	tɕɔ³³ fɛp²⁴
滑稽	chọc cười	tɕɔk³² kɯɤi²¹
戳破	chọc thủng	tɕɔk³² thuŋ³¹²
戳	chọc, đâm, xuyên	tɕɔk³², dɤ̌ m, suien³³
埋	chôn	tɕon³³
挑选	chọn lựa	tɕɔn³² lɯɤ³²
拄（拐棍）	chống (ba toong)	tɕoŋ²⁴ (ba³³ to³³ɔŋ³³)
（头）晕	chóng mặt	tɕɔŋ²⁴ mǎ t³²
打闪	chớp	tɕɤp²⁴
眯	chợp mắt	tɕɤp³² mǎ t²⁴
装（粮食）	chứa (lương thực)	tɕuɤ²⁴ (luɤŋ³³ thɯk³²)

医治	chữa bệnh	tɕɯɣ³²⁵ beŋ³²
装得下	chứa được hết	tɕɯɣ²⁴ dɯɣk³² het²⁴
准备	chuẩn bị	tɕuɣ̌ n³¹² bi³²
骂	chửi	tɕɯi³¹²
赎回	chuộc về	tɕuok³² ve²¹
（肚子）胀	chướng (bụng)	tɕɯɣŋ²⁴ (buŋ³²)
搬（家）	chuyển (nhà)	tɕuien³¹² (ɲa²¹)
转动	chuyển động	tɕuien³¹² doŋ³²
转让	chuyển nhượng	tɕuien³¹² ɲɯɣŋ³²
有（树）	có (cây)	kɔ²⁴ (kɣ̌ i³³)
有（眼睛）	có (mắt)	kɔ²⁴ (mɣ̌ t²⁴)
有（人）	có (người)	kɔ²⁴ (ŋɯɣi²¹)
有（钱）	có (tiền)	kɔ²⁴ (tien²¹)
用尽	cố gắng	ko²⁴ ɣɣ̌ ŋ²⁴
有益	có ích	ko²⁴ ik²⁴
怀孕	có thai	ko²⁴ thai³³
故意	cố tình	ko²⁴ tiŋ²¹
（动物）蹭（痒）	cọ xát (làm cho ngứa)	kɔ³² sat²⁴ (lam²¹ tɕɔ³³ ŋɯɣ²⁴)
拔火罐	giác hơi	zak²⁴ hɣi³³
脱（衣）	cởi (áo)	kɣi³¹² (au²⁴)
（鞋带）开了	cởi (dây giày)	kɣi³¹² (zɣ̌ i³³ zɣ̌ i²¹)
硌（脚）	cộm (chân)	kom³² (tɕɣ̌ n³³)
背（孩子）	cõng (trẻ)	kɔŋ³²⁵ (tʂɛ³¹²)
派（人）	cử (người)	kɯ³¹² (ŋɯɣi²¹)
锯	cưa	kɯɣ³³
低（头）	cúi (đầu)	kui²⁴ (dɣ̌ u²¹)
磕头	cụng đầu	kuŋ³² dɣ̌ u²¹
锄	cuốc	kuok²⁴
笑	cười	kɯɣi²¹
骑（马）	cưỡi (ngựa)	kɯɣi³²⁵ (ŋɯɣ³²)
卷（布）	cuộn (vải)	kuon³² (vai³¹²)
蜷缩	cuộn tròn	kuon³² tʂɔn²¹

抢	cướp	kɯɤp²⁴
抢夺	cướp đoạt	kɯɤp²⁴ duat³²
收（伞）	cụp (ô)	kup³² (o³³)
救（命）	cứu (mạng)	kɯu²⁴ (maŋ³²)
踢	đá	da²⁴
敢	dám	zam²⁴
踩	dẫm	zɤ̌m³²⁵
跺（脚）	dậm (chân)	zɤ̌m³² (tɕɤ̌n³³)
捅	đâm, chọc	dɤ̌m, tɕɔk³²
贴	dán	zan²⁴
带（路）	dẫn (đường)	zɤ̌n³²⁵ (dɯɤŋ²¹)
引（路）	dẫn (đường)	zɤ̌n³²⁵ (dɯɤŋ²¹)
编（篮子）	đan (làn)	dan³³ (lan²¹)
奉上	dâng	zɤ̌ŋ
值得	đáng	daŋ²⁴
弹（琴）	đánh (đàn)	dɛ̌ŋ²⁴ (dan²¹)
打（人）	đánh (người)	dɛ̌ŋ²⁴ (ŋɯɤi²¹)
赌博	đánh bạc	dɛ̌ŋ²⁴ bak³²
捶打	đánh đập	dɛ̌ŋ²⁴ dɤ̌p³²
打仗	đánh nhau	dɛ̌ŋ²⁴ ɲau³³
放屁	đánh rắm	dɛ̌ŋ²⁴ zǎm²⁴
（把碗）打破	đánh vỡ (bát)	dɛ̌ŋ²⁴ vɤ³²⁵ (bat²⁴)
挖	đào	dau²¹
挖（地）	đào (đất)	dau²¹ (dɤ̌t²⁴)
掘（树根）	đào (rễ cây)	dau²¹ (ze³²⁵ kɤ̌i³³)
拍（桌子）	đập (bàn)	dɤ̌p³² (ban²¹)
筑（堤）	đắp (đê)	dǎp²⁴ (de)
盖（一层土）	đắp (một lớp đất)	dǎp²⁴ (mot³² lɤp²⁴ dɤ̌t²⁴)
（碗）砸（了）	đập vỡ (bát)	dɤ̌p³² vɤ³²⁵ (bat²⁴)
踏	đạp, dẫm	dap³², zɤ̌m³²⁵
牵（牛）	dắt (bò)	zǎt²⁴ (bɔ²¹)
获得	đạt được	dat³² dɯɤk³²

（头）疼	đau (đầu)	dau³³ (dǔ u²¹)
藏（东西）	dấu (đồ)	zǔ u²⁴ (do²¹)
降伏	đầu hàng	dǔ u²¹ haŋ²¹
起来	dậy	zǔ i³²
满	đầy	dǔ i²¹
推	đẩy	dǔ i³¹²
撑（船）	đẩy (thuyền)	dǔ i³¹² (thuien²¹)
勒	ghì cương	ɣi²¹ kɯɣŋ³³
充满	đầy đủ	dǔ i²¹ du³¹²
推动	đẩy mạnh	dǔ i³¹² mě ŋ³²
教书	dạy học	zai³² hɔk³²
生（孩子）	đẻ (con)	dɛ³¹² (kɔn³³)
理睬	để ý	de³¹² i²⁴
带（孩子）	đem (con) theo	dɛm³³ (kɔn³³) theu³³
数（数目）	đếm (số)	dem²⁴ (ʂo²⁴)
来	đến	den²⁴
赔偿	đền	den²¹
到了（家里）	đến (nhà)	den²⁴ (ɲa²¹)
偿还	đền bù	den²¹ bu²¹
轮到	đến lượt	den²⁴ lɯɤt³²
系（腰带）	đeo (thắt lưng)	dɛu³³ (thă t²⁴ luŋ³³)
戴（手镯）	đeo (vòng)	dɛu³³ (vɔŋ²¹)
纺（纱）	dệt (vải)	zet³² (vai³¹²)
织（布）	dệt (vải)	zet³² (vai³¹²)
去	đi	di³³
走	đi	di³³
绕（道）	đi (đường) vòng	di³³ (dɯɤŋ²¹) vɔŋ²¹
穿（鞋）	đi (giày)	di³³ (ză i²¹)
撒（尿）	đi (tiểu)	di³³ (tieu³¹²)
赶集	đi chợ	di³³ tɕɤ³²
散步	đi dạo	di³³ zau³²
拉屎	đi ỉa	di³³ ie³¹²

打猎	đi săn	di³³ ʂă n³³
搀扶	dìu đỡ	ziu²¹ dɤ³²⁵
拆（房子）	dỡ (nhà)	zɤ³²⁵ (ɲa²¹)
（把水）倒掉	đổ (nước)	do³¹² (nɯɤk²⁴)
塌（下去）	đổ (xuống)	do³¹² (suoŋ²⁴)
吓唬	dọa nạt	zua³² nat³²
猜（谜语）	đoán (câu đố)	duan²⁴ (kɤ̌ u³³ do²⁴)
猜中	đoán trúng	duan²⁴ tʂuŋ²⁴
夺	đoạt	duat³²
读	đọc	dɔk³²
读（书）	đọc (sách)	dɔk³² (ʂɛ̌ k²⁴)
饿	đói	dɔi²⁴
讨回来	đòi	dɔi²¹
换	đổi	doi³¹²
戴（帽子）	đội (mũ)	doi³² (mu³²⁵)
索取	đòi lấy	dɔi²¹ lɤ̌ i²⁴
扣（扣子）	đơm (khuy)	dɤm³³ (χǔ i³³)
打柴	đốn củi	don²⁴ kui³¹²
迎接	đón tiếp	don²⁴ tiep²⁴
关	đóng	dɔŋ²⁴
动	động	doŋ³²
关（门）	đóng (cửa)	dɔŋ²⁴ (kɯɤ³¹²)
锤钉子	đóng (đinh)	dɔŋ²⁴ (diŋ³³)
（水）积	đọng (nước)	dɔŋ³² (nɯɤk²⁴)
结冰	đóng băng	dɔŋ²⁴ bă ŋ³³
地震	động đất	doŋ³² dɤ̌ t²⁴
关住	đóng lại	dɔŋ²⁴ lai³²
答应	đồng ý	doŋ²¹ i²⁴
肯	đồng ý	doŋ²¹ i²⁴
量	đong, đo	dɔŋ³³, dɔ³³
燃烧	đốt	dot²⁴

引诱	dụ dỗ	zu^{32} zo^{325}
送（东西）	đưa (đồ)	duɤ^{33} (do^{21})
靠（墙）	dựa (vào tường)	zuɤ^{32} (vau^{21} tuɤŋ^{21})
依靠	dựa vào	zuɤ^{32} vau^{21}
凿	đục	duk^{32}
穿孔	đục (lỗ)	duk^{32} (lo^{325})
揉（面）	dụi (mặt)	zui^{32} (mǎ t^{32})
用（使用）	dùng	zuŋ^{21}
站	đứng	duɯŋ^{24}
盛得下	đựng được	duɯŋ^{32} duɯɤk^{32}
停止	dừng lại	zuɯŋ^{21} lai^{32}
得到	được	duɯɤk^{32}
追	đuổi	duoi^{312}
（线）断	đứt (dây)	duɯt^{24} (zɤ̌ i^{33})
伤（了手）	đứt (tay)	duɯt^{24} (tǎ i^{33})
逼迫	ép	ɛp^{24}
压	ép	ɛp^{24}
榨（油）	ép (dầu)	ɛp^{24} (zɤ̌ u^{21})
压扁	ép bẹp	ɛp^{24} bɛp^{32}
嫁（女儿）	gả (con gái)	ɣa^{312} (kɔn^{33} ɣai^{24})
出嫁	gả chồng	ɣa^{312} tɕoŋ^{21}
搔（痒）	gãi	ɣai^{325}
挠（痒）	gãi (ngứa)	ɣai^{325} (ŋuɯɤ^{24})
（狮子）叫	gầm	ɣɤ̌ m^{21}
啃	gặm	ɣǎ m^{32}
粘（住了）	gắn (chặt)	ɣǎ n^{24} (tɕǎ t^{32})
担	gánh	ɣɛ̌ ŋ^{24}
（用扁担）挑	gánh (bằng đòn gánh)	ɣɛ̌ ŋ^{24} (bǎ ŋ^{21} dɔn^{21} ɣɛ̌ ŋ^{24})
叠（被子）	gấp (chăn)	ɣɤ̌ p^{24} (tɕǎ n^{33})
夹（菜吃）	gắp (thức ăn)	ɣǎ p^{24} (thuɯk^{24} ǎ n^{33})
蜷曲	gấp lại	ɣɤ̌ p^{24} lai^{32}
遇见	gặp phải	ɣǎ p^{32} fai^{312}

收割	gặt	ɣă t³²
点（头）	gật (đầu)	ɣɣ̆ t³² (dɣ̆ u²¹)
（公鸡）叫	gáy	ɣă i²⁴
（棍子）断（折）	gãy	ɣɣ̆ i³²⁵
挑拨	gây xích mích	ɣɣ̆ i³³ sik²⁴ mik²⁴
嫉妒	ghen ghét	ɣɛn ɣɛt²⁴
攒下	ghép lại	ɣɛp²⁴ lai³²
恨	ghét	ɣɛt²⁴
（用笔）记	ghi (bằng bút)	ɣi³³ (bă ŋ²¹ but²⁴)
钉（钉子）	ghim	ɣim³³
老	già	za²¹
舂（米）	giã (gạo)	za³²⁵ (ɣau³²)
假装	giả vờ	za³¹² vɣ²¹
捣碎	giã vụn	za³²⁵ vun³²
解释	giải thích	zai³¹² thik²⁴
减	giảm	zam³¹²
发脾气	giận	zɣ̆ n³²
气（人）	giận	zɣ̆ n³²
膨胀	giãn nở	zan³²⁵ nɣ³¹²
交付	giao phó	zau³³ fɔ²⁴
洗（衣）	giặt (quần áo)	ză t³² (kuɣ̆ n²¹ au²⁴)
受惊	giật mình	zɣ̆ t³² miŋ²¹
打卦	gieo quẻ	zɛu³³ kuɛ³¹²
杀	giết	ziet²⁴
杀（人）	giết (người)	ziet²⁴ (ŋɯɤi²¹)
杀死	giết chết	ziet²⁴ tɕet²⁴
举（手）	giơ (tay)	zɣ³³ (tă i³³)
象	giống	zoŋ²⁴
涮（衣服）	giũ (quần áo)	zu³²⁵ (kuɣ̆ n²¹ au²⁴)
保密	giữ bí mật	zɯ³²⁵ bi²⁴ mɣ̆ t³²
充当	giữ chức	zɯ³²⁵ tɕɯk²⁴
留（种子）	giữ lại (hạt giống)	zɯ³²⁵ lai³² (hat³² zoŋ²⁴)

催	giục	zuk³²
帮助	giúp đỡ	zup²⁴ dɤ³²⁵
敲	gõ	ɣɔ³²⁵
喊（人开会）	gọi (người đi họp)	ɣɔi³² (ŋɯɤi²¹ di³³ hɔp³²)
喊叫	gọi to	ɣɔi³² tɔ³³
包括	gồm	ɣom²¹
合（多少钱）	góp (tiền)	ɣɔp²⁴ (tien²¹)
削（铅笔）	gọt (bút chì)	ɣɔt³² (but²⁴ tɕi²¹)
寄存	gửi	ɣɯi³¹²
寄（信）	gửi thư	ɣɯi³¹² thɯ³³
张（嘴）	há (miệng)	ha²⁴ (mieŋ³²)
降落	hạ cánh	ha³² kɛ̌ ŋ²⁴
摘（花）	hái (hoa)	hai²⁴ (hua³³)
满意	hài lòng	hai²¹ lɔŋ²¹
炖（鸡）	hầm (gà)	hɤ̌ m²¹ (ɣa²¹)
热（剩饭）	hâm nóng (cơm)	hɤ̌ m nɔŋ²⁴ (kɤm³³)
焊	hàn	han²¹
蒸（饭）	hấp (cơm)	hɤ̌ p²⁴ (kɤm³³)
唱（歌儿）	hát	hat²⁴
唱（曲）	hát	hat²⁴
打喷嚏	hắt xì hơi	hɛ̌ t²⁴ si²¹ hɤi³³
约定	hẹn	hɛn³²
（肿）消（了）	hết (sưng rồi)	het²⁴ (ʂɯŋ³³ zɔi²¹)
（马）叫	hí	hi²⁴
希望	hi vọng	hi³³ vɔŋ³²
懂	hiểu	hieu³¹²
理解	hiểu	hieu³¹²
明白	hiểu	hieu³¹²
吸（气）	hít	hit²⁴
咳嗽	ho	hɔ³³
掺（水）	hòa (nước)	hua²¹ (nɯɣk²⁴)
融化	hòa tan	hua²¹ tan³³

骗（牛）	hoạn	huan³²
学	học	hɔk³²
背（书）	học thuộc lòng	hɔk³² thuok³² lɔŋ²¹
问	hỏi	hɔi³¹²
后悔	hối hận	hoi²⁴ hɤ̆ n³²
集会	hội họp	hoi³² hɔp³²
喘	hổn hển	hon³¹² hen³¹²
混合	hỗn hợp	hon³²⁵ hɤp³²
晾（衣服）	hong (quần áo)	hɔŋ³³ (kuɤ̆ n²¹ au²⁴)
开会	họp	hɔp³²
合拢	hợp long	hɤp³² lɔŋ³³
撇了（一层油）	hớt (một lớp dầu)	hɤt²⁴ (mot³² lɤp²⁴ zɤ̆ u²¹)
（烟）熏	hun (khói)	hun³³ (χɔi²⁴)
有用	hữu dụng	huɯu³²⁵ zuŋ³²
泻（肚子）	ia chảy	ie³¹² tʂa i³¹²
讲（故事）	kể (câu chuyện)	ke³¹² (kɤ̆ u³³ tɕuien³²)
拉	kéo	kɛu²⁴
拖（木头）	kéo (gỗ)	kɛu²⁴ (ɣo³²⁵)
拖延（时间）	kéo dài (thời gian)	kɛu²⁴ zai²¹ (thɤi²¹ zan³³)
卡住	kẹt	kɛt³²
结（果子）	kết (trái)	ket²⁴ (tʂai²⁴)
交朋友	kết bạn	ket²⁴ ban³²
结婚	kết hôn	ket²⁴ hon³³
（母鸡）叫	kêu	keu³³
（猫）叫	kêu	keu³³
（驴）叫	kêu	keu
（猪）叫	kêu	kɛu³³
（羊）叫	kêu	keu³³
（老虎）叫	kêu	keu³³
嚷	kêu	keu³³
刻	khắc	χă k²⁴
烧荒	khai hoang	χai³³ huaŋ³³

渴	khát	χat²⁴
扛（木头）	khiêng (gỗ)	χieŋ³³ (ɣo³²⁵)
干咽	khô họng	χo³³ hɔŋ³²
锁（箱子）	khóa (hòm)	χua²⁴ (hɔm²¹)
披（衣）	khoác (áo)	χuak²⁴ (au²⁴)
夸奖	khoác lác	χuak²⁴ lak²⁴
（用钻子）钻	khoan (bằng mũi khoan)	χuan³³ (bǎ ŋ²¹ mui³²⁵ χuan³³)
宽恕	khoan dung	χuan³³ zuŋ³³
哭	khóc	χɔk²⁴
夸耀	khoe khoang	χuɛ³³ χuaŋ³³
（病）痊愈	khỏi bệnh	χɔi³¹² beŋ³²
动身	khởi hành	χɤi³¹² hě ŋ²¹
顾不上	không chăm sóc được	χoŋ³³ tçǎ m³³ şɔk²⁴ duɤk³²
没有	không có	χoŋ³³ kɔ²⁴
舍不得	không nỡ	χoŋ³³ nɤ³²⁵
推托	khước từ	χuɤk²⁴ tɯ²¹
劝告	khuyên	χuien³³
惊动	kinh động	kiŋ³³ doŋ³²
烙	là, nướng	la²¹, nɯɤŋ²⁴
摇（头）	lắc (đầu)	lǎ k²⁴ (dǔ u²¹)
摆动	lắc lư	lǎ k²⁴ lɯ³³
摇晃	lắc lư	lǎ k²⁴ lɯ³³
开（车）	lái (xe)	lai²⁴ (sɛ)
锄（草）	làm (cỏ)	lam²¹ (kɔ³¹²)
杀（鸡）	làm (gà)	lam²¹ (ɣa²¹)
是	làm (gà)	lam²¹ (ɣa²¹)
熬（酱）	làm (tương)	lam²¹ (tɯɤŋ³³)
做（事情）	làm (việc)	lam²¹ (viek³²)
（将线）弄断	làm đứt (dây)	lam²¹ dɯt²⁴ (zǐ i³³)
（将棍子）弄断（折）	làm gẫy (que)	lam²¹ ɣǐ i³²⁵ (kuɛ³³)
干活儿	làm việc	lam²¹ viek³²
滚	lăn	lǎ n³³

打滚儿	lăn lộn	lă n³³ lon³²
轮流	lần lượt	lǐ n²¹ luɤt³²
糟蹋（粮食）	lãng phí (lương thực)	laŋ³²⁵ fi²⁴ (luɤŋ³³ thɯk³²)
塞（洞）	lấp (hố)	lǐ p²⁴ (ho²⁴)
填（坑）	lấp (hố)	lǐ p²⁴ (ho²⁴)
安装	lắp đặt	lă p²⁴ dă t³²
打倒	lật đổ	lǐ t³² do³¹²
（把衣服）翻过来	lật lại	lǐ t³² lai³²
擦（桌子）	lau (bàn)	lau³³ (ban²¹)
取（东西）	lấy (đồ)	lǐ i²⁴ (do²¹)
娶（妻子）	lấy (vợ)	lǐ i²⁴ (vɤ³²)
讨好	lấy lòng	lǐ i²⁴ lɔŋ²¹
传染	lây nhiễm	lǐ i³³ ɲiem³²⁵
打水	lấy nước	lǐ i²⁴ nɯɤk²⁴
取出	lấy ra	lǐ i²⁴ za³³
出（水痘）	lên (thủy đậu)	len³³ (thǔ i³¹² dǔ u³²)
爬（山）	leo (núi)	lɛu³³ (nui²⁴)
失散	li tán	li³³ tan²⁴
舔	liếm	liem²⁴
连接	liên tiếp	lien³³ tiep²⁴
赔（本）	lỗ (vốn)	lo³²⁵ (von²⁴)
着急	lo lắng	lɔ³³ lă ŋ²⁴
显露	lộ ra	lo³² za³³
乱	loạn	luan³²
滤	lọc	lɔk³²
炼（油）	lọc (dầu)	lɔk³² (zǔ u²¹)
拉	lôi, kéo	loi³³, kɛu²⁴
长（大）	lớn lên	lɤn²⁴ len³³
垫	lót	lɔt²⁴
剥（牛皮）	lột (da bò)	lot³² (za³³ bɔ²¹)
蜕（皮）	lột (xác)	lot³² (sak²⁴)
欺骗	lừa dối	lɯɤ²¹ zoi²⁴

搜（山）	lục soát	luk^{32} ʂuat^{24}
（向后）退	lùi lại	lui^{21} lai^{32}
煮	luộc	luok^{32}
煮熟	luộc chín	luok^{32} tɕin^{24}
流行	lưu hành	lɯɯ^{33} hɛ̌ ŋ^{21}
流传	lưu truyền	lɯɯ^{33} tʂuyen^{21}
练	luyện	luyen^{32}
炼（铁）	luyện (thép)	luyen^{32} (thɛp^{24})
穿（衣）	mặc (áo)	mǎ k^{32} (au^{24})
套（衣服）	mặc (quần áo)	mǎ k^{32} (kuˇ n^{21} au^{24})
套住	mặc được	mǎ k^{32} dɯɤk^{32}
磨（刀）	mài (dao)	mai^{21} (zau^{33})
带（钱）	mang (tiền)	maŋ^{33} (tien^{21})
丢失	mất	mɤ̌ t^{24}
消失	mất đi	mɤ̌ t^{24} di
缝纫	may	mai^{33}
累	mệt	met^{32}
剖	mổ	mo^{312}
（鸡）啄（米）	mổ	mo^{312}
打开	mở	mɤ^{312}
开（门）	mở (cửa)	mɤ^{312} (kɯɤ^{312})
揭（锅盖）	mở (nắp vung)	mɤ^{312} (nǎ p^{24} vuŋ)
糊涂	mơ hồ	mɤ^{33} ho^{21}
解开	mở ra	mɤ^{312} zạ^{33}
钩	móc	mɔk^{24}
发酵	mốc	mok^{24}
抠	móc, khều	mɔk^{24}, χeu^{21}
（腿）酸	mỏi (chân)	mɔi^{312} (tɕɤˇ n^{33})
瞎	mù	mu^{21}
买	mua	muo^{33}
下（雨）	mưa	mɯɤ^{33}
舀（水）	múc (nước)	muk^{24} (nɯɤk^{24})

腌（菜）	muối (dưa)	muoi²⁴ (zɯɤ³³)
借	mượn	mɯɤn³²
借（工具）	mượn (công cụ)	mɯɤn³² (koŋ³³ ku³²)
想（进城）	muốn (vào thành)	muon²⁴ (vau²¹ thĕ ŋ²¹)
打嗝儿	nấc	nỹ k²⁴
抓（东西）	nắm (đồ vật)	nă m²⁴ (do²¹ vỹ t³²)
躺（在床上）	nằm (trên giường)	nă m²¹ (tʂen³³ zɯɤŋ²¹)
捧（在手里）	nắm (trong lòng bàn tay)	nă m²⁴ (tʂɔŋ³³ lɔŋ²¹ ban²¹ tă i³³)
趴（人）	nằm sấp	nă m²¹ ʂỹ p²⁴
揪	nắm, túm	nă m²⁴, tum²⁴
解（疙瘩）	nặn (mụn)	nă n³² (mun³²)
雕塑	nặn tượng	nă n³² tɯɤŋ³²
升起	nâng lên	nỹ ŋ len³³
盖（被子）	nắp	nă p²⁴
熬（粥）	nấu (cháo)	nỹ u²⁴ (tɕau²⁴)
发芽	nảy mầm	nă i³¹² mỹ m²¹
扔	ném	nɛm²⁴
投掷	ném	nɛm²⁴
尝	ném	nem²⁴
甩（石子儿）	ném đá	nɛm²⁴ da²⁴
褶（衣服）	nếp nhăn (của quần áo)	nep²⁴ ɲă n³³ (kuo³¹² kuỹ n²¹ au²⁴)
摔（下来）	ngã (xuống)	ŋa³²⁵ (suoŋ²⁴)
畏（难）	ngại (khó)	ŋai³² (χɔ²⁴)
浸泡	ngâm	ŋỹ m³³
咬住	ngậm	ŋỹ m³²
闭（嘴）	ngậm (miệng)	ŋỹ m³² (mien³²)
含（一口水）	ngậm (một ngụm nước)	ŋỹ m³² (mot³² ŋum³² nɯɤk²⁴)
（水）浸入	ngấm (nước)	ŋỹ m²⁴ (nɯɤk²⁴)
（湿）透（了）	ngấm (ướt)	ŋỹ m²⁴ (ɯɤt²⁴)
渗入（地下）	ngấm (xuống đất)	ŋỹ m²⁴ (suoŋ²⁴ dỹ t²⁴)

瞄准	ngắm chuẩn	ŋă m²⁴ tɕuˇ nˇ³¹²
打呵欠	ngáp	ŋap²⁴
滴（往下滴）	ngắt	ŋă t²⁴
打鼾	ngáy	ŋă i²⁴
听	nghe	ŋe³³
听见	nghe thấy	ŋe³³ thˇ i²⁴
歪（了）	nghêng	ŋeŋ³³
想	nghĩ	ŋi³²⁵
放假	nghỉ	ŋi³¹²
怀疑	nghi ngờ	ŋi³³ ŋɤ²¹
休息	nghỉ ngơi	ŋi³¹² ŋɤi³³
淘气	nghịch ngợm	ŋik³² ŋɤm³²
研（药）	nghiền (thuốc)	ŋien²¹ (thuok²⁴)
掉（过头）	ngoảnh lại (đầu)	ŋɔ³³ɛˇ ŋ³¹² lai³² (dˇ u²¹)
坐	ngồi	ŋoi²¹
蹲	ngồi xổm	ŋoi²¹ som³¹²
睡	ngủ	ŋu³¹²
（使）睡	ngủ	ŋu³¹²
睡着	ngủ rồi	ŋu³¹² ʐoi²¹
痒	ngứa	ŋɯɤ²⁴
闻（嗅）	ngửi (mùi thối)	ŋɯi³¹² (mui²¹ thoi²⁴)
倒（过来）	ngược (lại)	ŋɯɤk³² (lai³²)
嚼	nhai	ɲai³³
反刍	nhai lại	ɲai³³ lai³²
闭（眼）	nhắm (mắt)	ɲă m²⁴ (mă t²⁴)
收（信）	nhận (thư)	ɲˇ n³² (thɯ³³)
捡	nhặt	ɲă t³²
跳舞	nhảy	ɲă i³¹²
（用脚）跳	nhảy (bằng chân)	ɲă i³¹² (bă ŋ²¹ tɕˇ n³³)
眨（眼）	nháy (mắt)	ɲă i²⁴ (mă t²⁴)
抿着（嘴）	nhếch (miệng)	ɲek²⁴ (mieŋ³²)
染上	nhiễm	ɲiem³²⁵

远眺	nhìn ra xa	$\text{ɲin}^{21} \text{ za}^{33} \text{sa}^{33}$
看见	nhìn thấy	$\text{ɲin}^{21} \text{thɤ̌ i}^{24}$
记得	nhớ	ɲɤ^{24}
想起	nhớ	ɲɤ^{24}
委托	nhờ	ɲɤ^{21}
耽误	nhỡ	ɲɤ^{325}
拔（草）	nhổ (cỏ)	$\text{ɲo}^{312} (\text{kɔ}^{312})$
吐（痰）	nhổ (đờm)	$\text{ɲo}^{312} (\text{dɤm}^{21})$
回忆	nhớ lại	$\text{ɲɤ}^{24} \text{lai}^{32}$
刺痛	nhói	ɲɔi^{24}
烧火（煮饭）	nhóm lửa (thổi cơm)	$\text{ɲɔm}^{24} \text{lɯɤ}^{312} (\text{thoi}^{312} \text{kɤm}^{33})$
关（羊）	nhốt (dê)	$\text{ɲot}^{24} (\text{ze})$
染（布）	nhuộm (vải)	$\text{ɲuom}^{32} (\text{vai}^{312})$
让路	nhường đường	$\text{ɲɯɤŋ}^{21} \text{dɤɤŋ}^{21}$
灰心	nhụt chí	$\text{ɲut}^{32} \text{tɕi}^{24}$
谄媚	nịnh bợ	$\text{niŋ}^{32} \text{bɤ}^{32}$
饱	no	nɔ^{33}
欠（钱）	nợ (tiền)	$\text{nɤ}^{32} (\text{tien}^{21})$
发（信）	nói	nɔi^{24}
告诉	nói	nɔi^{24}
说（话）	nói (chuyện)	$\text{nɔi}^{24} (\text{tɕuien}^{32})$
撒谎	nói dối	$\text{nɔi}^{24} \text{zoi}^{24}$
接住	nối lại	$\text{noi}^{24} \text{lai}^{32}$
呕吐	nôn	non^{33}
交	nộp	nop^{32}
养（鸡）	nuôi (gà)	$\text{nuoi}^{33} (\text{ɣa}^{21})$
烤（火）	nướng	nɯɤŋ^{24}
吞	nuốt	nuot^{24}
咽（咽口水）	nuốt (ngụm nước)	$\text{nuot}^{24} (\text{ŋum}^{32} \text{nɯɤk}^{24})$
裂（缝）	nứt	nɯt^{24}
裂开	nứt ra	$\text{nɯt}^{24} \text{za}^{33}$
居住	ở	ɤ^{312}

在	ở	γ^{312}
哄	ồ lên	o^{21} len^{33}
划拳	oẳn tù tì	uǎ n^{312} tu^{21} ti^{21}
拥抱	ôm	om^{33}
病	ốm	om^{24}
搂（在怀里）	ôm (vào lòng)	om^{33} (vau^{21} lɔŋ^{21})
炸（石头）	phá (đá)	fa^{24} (da^{24})
泡茶	pha trà	fa^{33} tʂa^{21}
必须	phải	fai^{312}
犯法	phạm pháp	fam^{32} fap^{24}
犯罪	phạm tội	fam^{32} toi^{32}
反对	phản đối	fan^{312} doi^{24}
分家	phân nhà	fɤ̌ n^{33} ɲa^{21}
发给	phát	fat^{24}
发（工资）	phát (tiền lương)	fat^{24} (tien^{21} lɯɤŋ^{33})
罚（款）	phạt (tiền)	fat^{32} (tien^{21})
发展	phát triển	fat^{24} tʂien^{312}
晒（太阳）	phơi (nắng)	fɤi^{33} (nǎ ŋ^{24})
晒（衣服）	phơi (quần áo)	fɤi^{33} (kuɤ̌ n^{21} au^{24})
晒干	phơi khô	fɤi^{33} χo^{33}
防守	phòng thủ	fɔŋ^{21} thu^{312}
符合	phù hợp	fu^{21} hɤp^{32}
（用水）冲	phun (nước)	fun (nɯɤk^{24})
过（桥）	qua (cầu)	kua^{33} (kɤ̌ u^{21})
过了（两年）	qua (hai năm)	kua^{33} (hai^{33} nǎ m^{33})
渡（河）	qua (sông)	kua^{33} (ʂoŋ^{33})
缠（线）	quấn (dây)	kuɤ̌ n^{24} (zɤ̌ i^{33})
管（学生）	quản lý (học sinh)	kuan^{312} li^{24} (hɔk^{32} ʂiŋ^{33})
扇（风）	quạt (gió)	kuat^{32} (zɔ^{24})
转（身）	quay (người)	kuǎ i^{33} (ŋɯɤi^{21})
回头	quay đầu	kuǎ i^{33} dɤ̌ u^{21}
瘸了	què rồi	kuɛ^{21} zɔi^{21}

习惯	quen	kuɛn³³
忘记	quên	kuɛn³³
扫（地）	quét (sân)	kuɛt²⁴ (ʂɤ̌ n³³)
责备	quở trách	kuɤ³¹² tʂɛ̌ k²⁴
跪	quỳ	kŭ i²¹
出去	ra	ʐa³³
出来	ra	ʐa³³
出现	ra đời	ʐa³³ dɤi²¹
打手势	ra ký hiệu tay	ʐa³³ ki²⁴ hieu³² tǎ i³³
出产	ra lò	ʐa³³ lɔ²¹
撒（种子）	rắc (hạt)	ʐǎ k²⁴ (hat³²)
打散	rải, rắc	ʐai³¹², ʐǎ k²⁴
炸（油饼）	rán (bánh)	ʐan²⁴ (bɛ̌ ŋ²⁴)
转（弯）	rẽ	ʐɛ³²⁵
扬（场）	rê (thóc)	ʐe³³ (thɔk²⁴)
打铁	rèn	ʐɛn²¹
哼（呻吟）	rên	ʐɛn³³
敷（药）	rịt (thuốc)	ʐɪt³² (thuok²⁴)
空闲	rỗi	ʐoi³²⁵
落下（东西）	rơi	ʐɤɪ³³
掉（下井去）	rơi (xuống giếng)	ʐɤɪ³³ (suoŋ²⁴ zieŋ²⁴)
（牛）叫	rống	ʐoŋ²⁴
灌（水）	rót (nước)	ʐɔt²⁴ (nɯɤk²⁴)
下垂	rủ xuống	ʐu³¹² suoŋ²⁴
洗（碗）	rửa (bát)	ʐɯɤ³¹² (bat²⁴)
洗（脸）	rửa (mặt)	ʐɯɤ³¹² (mǎ t³²)
发抖	run	ʐun
凋谢	rụng	ʐuŋ³²
震动	rung động	ʐuŋ doŋ³²
抽（出刀来）	rút (dao)	ʐut²⁴ (zau³³)
抽（烟）	rút (điếu thuốc)	ʐut²⁴ (dieu²⁴ thuok²⁴)
熬（药）	sắc (thuốc)	ʂǎ k²⁴ (thuok²⁴)

错（了）	sai (rồi)	ʂai^{33} (ʐoi^{21})
使唤	sai bảo	ʂai^{33} bau^{312}
打雷	sấm	ʂɤ̆ m^{24}
筛（米）	sàng (gạo)	ʂaŋ^{21} (ɣau^{32})
炒	sào	ʂau^{21}
醉	say	ʂă i^{33}
烘（衣服）	sấy (quần áo)	ʂɤ̆ i^{24} (kuɤ̆ n^{21} au^{24})
（把谷子）焙干	sấy khô (hạt ngũ cốc)	ʂɤ̆ i^{24} χo^{33} (hat^{32} ŋu^{325} kok^{24})
繁殖	sinh sản	ʂiŋ^{33} ʂan^{312}
生长	sinh trưởng	ʂiŋ^{33} tʂɯɤŋ^{312}
摸	sờ	ʂɤ^{21}
害怕	sợ hãi	ʂɤ^{32} hai^{325}
比	so với	ʂɔ^{33} vɤi^{24}
度（过一生）	sống	ʂoŋ^{24}
活了	sống rồi	ʂoŋ^{24} ʐoi^{21}
发烧	sốt	ʂot^{24}
（狗）叫	sủa	ʂuo^{312}
改	sửa	ʂɯɤ^{312}
修（鞋）	sửa (giày)	ʂɯɤ^{312} (ză i^{21})
修（机器）	sửa (máy)	ʂɯɤ^{312} (mă i^{24})
补（锅）	sửa (nồi)	ʂɯɤ^{312} (noi^{21})
分（粮食）	suất	ʂuɤ̆ t^{24}
漱（口）	súc (miệng)	ʂuk^{24} (mieŋ^{32})
肿	sưng	ʂɯŋ^{33}
缺（了一个口）	sứt (một miếng)	ʂɯt^{24} (mot^{32} mieŋ^{24})
衰退	suy thoái	ʂŭ i^{33} thuai^{24}
唤（狗）	suỵt (chó)	ʂuit^{32} (tɕɔ^{24})
分开（拆散）	tách	tɛ̆ k^{24}
掰开	tách ra	tɛ̆ k^{24} ʐa^{33}
洗澡	tắm	tă m^{24}
（会议）散（了）	tan (họp rồi)	tan^{33} (hɔp^{32} ʐoi^{21})
称赞	tán thành	tan^{24} thɛ̆ ŋ^{21}

送	tặng	tă ŋ³²
献	tặng	tă ŋ³²
增加	tăng thêm	tă ŋ³³ them
集合	tập hợp	tˇy p³² hγp³²
麻木	tê	te³³
泼（水）	té (nước)	tɛ²⁴ (nɯɤk²⁴)
编（辫子）	tết (tóc)	tet²⁴ (tɔk²⁴)
叮	tha	tha³³
释放	thả	tha³¹²
切（菜）	thái (rau)	thai²⁴ (ʐau³³)
贪心	tham lam	tham³³ lam³³
赢	thắng	thă ŋ²⁴
竖立	thẳng đứng	thă ŋ³¹² dɯŋ²⁴
胜利	thắng lợi	thă ŋ²⁴ lɤi³²
熟练	thành thục	thĕ ŋ²¹ thuk³²
拆（衣服）	tháo chỉ (quần áo)	thau²⁴ tɕi³¹² (kuˇy n²¹ au²⁴)
失败	thất bại	thˇy t²⁴ bai³²
失落	thất lạc	thˇy t²⁴ lak³²
代替	thay	thă i³³
变	thay đổi	thă i³³ doi³¹²
发誓	thề	the²¹
（嘴）馋	thèm	thɛm²¹
插（牌子）	thêm (quân bài)	them (kuˇy n³³ bai²¹)
馋（肉）	thèm (thịt)	thɛm²¹ (thit³²)
跟（在后面）	theo (ở đằng sau)	thɛu³³ (ɤ³¹² dă ŋ²¹ ʂau³³)
绣（花）	thêu (hoa)	theu³³ (hua³³)
考试	thi	thi³³
喜欢	thích	thik²⁴
爱（吃）	thích (ăn)	thik²⁴ (ă n³³)
劁（猪）	thiến	thien²⁴
阉（鸡）	thiến (gà)	thien²⁴ (ɣa²¹)
差（两斤）	thiếu (hai cân)	thieu²⁴ (hai³³ kˇy n³³)

伸（手）	thò (tay)	thɔ²¹ (tă i³³)
伸长	thò ra	thɔ²¹ zạ³³
满足	thỏa mãn	thɔ³¹²a³³ man³²⁵
吹（尘土）	thổi (bụi)	thoi³¹² (bui³²)
腐烂	thối nát, tham nhũng	thoi²⁴ nat²⁴, tham³³ ɲuŋ³²⁵
亲（小孩）	thơm (trẻ nhỏ)	thɤm³³ (tʂɛ³¹² ɲɔ³¹²)
通知	thông báo	thoŋ³³ bau²⁴
收	thu	thu³³
试（一试）	thử	thɯ³¹²
收拾（房子）	thu dọn (phòng)	thu³³ zɔn³² (fɔŋ²¹)
收割	thu gặt	thu³³ ɣă t³²
败	thua	thuo³³
输	thua	thuo³³
剩	thừa	thɯɤ²¹
承认	thừa nhận	thɯɤ²¹ ɲɤˇ n³²
雇	thuê	thue³³
疼（孩子）	thương (con)	thɯɤŋ³³ (kɔn³³)
积攒	tích cóp	tik²⁴ kɔp²⁴
打针	tiêm	tiem³³
继续	tiếp tục	tiep²⁴ tuk³²
省（钱）	tiết kiệm (tiền)	tiet²⁴ kiem³² (tien²¹)
消化	tiêu hóa	tieu³³ hua²⁴
寻找	tìm kiếm	tim²¹ kiem²⁴
找到	tìm thấy	tim²¹ thɤˇ i²⁴
相信	tin tưởng	tin³³ tɯɤŋ³¹²
醒	tỉnh	tiŋ³¹²
估计	tính toán	tiŋ²⁴ tuan²⁴
算	tính toán	tiŋ²⁴ tuan²⁴
（往上）够	tới (với lên trên)	tɤi²⁴ (vɤi²⁴ len³³ tʂen³³)
抓住	tóm được	tɔm²⁴ dɯɤk³²
共计	tổng cộng	toŋ³¹² koŋ³²
当（兵）	tòng quân	toŋ²¹ kuɤˇ n³³

还给	trả	tʂa³¹²
还（钢笔）	trả (bút máy)	tʂa³¹² (but²⁴ mǎ i²⁴)
退（货）	trả (hàng)	tʂa³¹² (haŋ²¹)
还（账）	trả (nợ)	tʂa³¹² (nɤ³²)
查（账）	tra (sổ sách)	tʂa³³ (ʂo³¹² ʂě k²⁴)
找（零钱）	trả lại (tiền thừa)	tʂa³¹² lai³² (tien²¹ thɯɤ²¹)
回答	trả lời	tʂa³¹² lɤi²¹
怪（你）	trách (bạn)	tʂě k²⁴ (ban³²)
铺（床）	trải (giường)	tʂai³¹² (zɯɤŋ²¹)
打扮	trang điểm	tʂaŋ³³ diem³¹²
争夺	tranh đoạt	tʂě ŋ³³ duat³²
交换	trao đổi	tʂau³³ doi³¹²
脱（臼）	trật (khớp)	tʂɤ̌ t³² (ꭓɤp²⁴)
爬（树）	trèo (cây)	tʂeu²¹ (kǎ i³³)
吊（在梁上）	treo (trên thanh dầm)	tʂeu³³ (tʂen³³ thě ŋ³³ zǎ m²¹)
挂（在墙上）	treo (trên tường)	tʂeu³³ (tʂen³³ tɯɤŋ²¹)
玩耍	trêu chọc	tʂeu³³ tɕɔk³²
召集	triệu tập	tʂieu³² tǎ p³²
（在床上）翻身	trở mình	tʂɤ³¹² miŋ²¹
绑	trói	tʂɔi²⁴
漂（在水上）	trôi (trên mặt nước)	tʂoi³³ (tʂen³³ mǎ t³² nɯɤk²⁴)
偷	trộm	tʂom³²
躲藏	trốn	tʂon²⁴
拌	trộn	tʂon³²
栽（树）	trồng (cây)	tʂoŋ²¹ (kǎ i³³)
种（麦子）	trồng (lúa mạch)	tʂoŋ²¹ (luo²⁴ mak³²)
管（家）	trông (nhà)	tʂoŋ³³ (ɲa²¹)
（狼）叫	tru	tʂu
戴（包头）	trùm (khăn)	tʂum²¹ (ꭓǎ n³³)
睁开（眼睛）	trừng (mắt)	tʂɯŋ²¹ (mǎ t²⁴)
跌倒	trượt ngã	tʂɯɤt³² ŋa³²⁵
（一代）传（一代）	truyền	tʂuyen²¹

伏（在桌子上）	tựa (vào mặt bàn)	tɯɣ³² (vau²¹ mă t³² ban²¹)
生气	giận	zɤ̌ n³²
念（经）	tụng (kinh)	tuŋ³² (kiŋ³³)
梦	tuổi	tuoi³¹²
浇（水）	tưới (nước)	tɯɣi²⁴ (nɯɣk²⁴)
挺（胸）	ưỡn (ngực)	ɯɣn³²⁵ (ŋɯk³²)
喝（茶）	uống (chè)	uoŋ²⁴ (tɕɛ²¹)
淋（雨）	ướt (nước mưa)	ɯɣt²⁴ (nɯɣk²⁴ mɯɣ³³)
补（衣服）	vá (quần áo)	va²⁴ (kuɤ̌ n²¹ au²⁴)
碰撞	va chạm	va³³ tɕam³²
背（柴火）	vác (củi)	vak²⁴ (kui³¹²)
拜（菩萨）	vái (bồ tát)	vai²⁴ (bo²¹ tat²⁴)
进（屋）	vào (phòng)	vau²¹ (fɔŋ²¹)
拧（毛巾）	vắt (khăn mặt)	vă t²⁴ (χă n³³ mă t³²)
挤（奶）	vắt (sữa)	vă t²⁴ (ʂɯɣ³²⁵)
借	vay	vă i³³
翘（尾巴）	vẫy (đuôi)	vɤ̌ i³²⁵ (duoi³³)
洒（水）	vảy (nước)	vɤ̌ i³¹² (nɯɣk²⁴)
借（钱）	vay (tiền)	vă i³³ (tieŋ²¹)
挥动	vẫy, vung	vɤ̌ i³²⁵, vuŋ
回	về	ve²¹
画（画儿）	vẽ (tranh)	vɛ³²⁵ (tʂɤ̌ ŋ³³)
奔丧	về chịu tang	ve²¹ tɕiu³² taŋ³³
打比方	ví dụ	vi²⁴ zu³²
违反	vi phạm	vi³³ fam³²
包（药）	viên (thuốc)	vien³³ (thuok²⁴)
写	viết	viet²⁴
扶（着栏杆走)	vịn	vin³²
鼓（起肚子）	vỗ (bụng)	vo³²⁵ (buŋ³²)
淘（米）	vo (gạo)	vɔ³³ (ɣau³²)
安慰	vỗ về	vo³²⁵ ve²¹
慌忙	vội vàng	voi³² vaŋ²¹

盘旋	vòng vèo	vɔŋ²¹ vɛu²¹
捞	vớt	vɤt²⁴
诬赖	vu khống	vu³³ χoŋ²⁴
堆（稻草）	vun (rơm rạ)	vun (zɤm³³ zạ³²)
越过	vượt qua	vɯɤt³² kua³³
陷（下去）	xa (xuống hố)	sa³³ (suoŋ²⁴ ho²⁴)
放水	xả nước	sa³¹² nɯɤk²⁴
拎	xách	sɛ̆ k²⁴
提（篮子）	xách (làn)	sɛ̆ k²⁴ (lan²¹)
（米粒）碎了	xát (gạo)	sat²⁴ (ɣau³²)
穿（针）	xâu (kim)	sɤ̆ u³³ (kim³³)
磨（面）	xay (bột)	sɤ̆ i³³ (bot³²)
砌（墙）	xây (tường)	sɤ̆ i³³ (tɯɤŋ²¹)
发生（了一件事）	xảy ra	sɤ̆ i³¹² zạ³³
车（水）	xe	sɛ³³
搓（绳子）	xe (thừng)	sɛ³³ (thɯŋ²¹)
搓紧	xe chặt	sɛ³³ tɕɤ̆ t³²
撕破	xé rách	sɛ²⁴ zɤ̆ k²⁴
看（书）	xem (sách)	sɛm³³ (sɤ̆ k²⁴)
排（队）	xếp (hàng)	sep²⁴ (haŋ²¹)
摞	xếp chồng	sep²⁴ tɕoŋ²¹
擤（鼻涕）	xì (mũi)	si²¹ (mui³²⁵)
把（尿）	xi tè	si³³ tɛ²¹
讨（饭）	xin (cơm)	sin³³ (kɤm³³)
擦去（脚印）	xóa (dấu chân)	sua²⁴ (zɤ̆ u²⁴ tɕɤ̆ n³³)
撑（伞）	xòe (ô)	suɛ²¹ (o³³)
盛（饭）	xới (cơm)	sɤi²⁴ (kɤm³³)
完成	xong	sɔŋ³³
完	xong	sɔŋ³³
完成	xong	sɔŋ³³
冲（在前面）	xông	soŋ³³
成了	xong rồi	sɔŋ³³ zoi²¹

赶（把牛赶上山）	xua (bò lên núi)	suo³³ (bɔ²¹ len³³ nui²⁴)
下（楼）	xuống (gác)	suoŋ²⁴ (ɣak²⁴)
放心	yên tâm	ien³³ tɣ̌ m³³
爱（她）	yêu	ieu³³
疼爱	yêu thương	ieu³³ thɯɤŋ³³

十七　其他

马上（走）	(đi) ngay	(di³³) ŋǎ i³³
（你）先（走）	(bạn đi) trước	(ban³² di³³) tʂɯɤk²⁴
（他）常常（来）	(anh ấy) thường xuyên (đến)	(ɛ̌ ŋ³³ ɣ̌ i²⁴) thɯɤŋ²¹ suien³³ (den²⁴)
慢慢（说）	(nói) từ từ	(nɔi²⁴) tɯ²¹ tɯ²¹
很（重）	rất (nặng)	zɣ̌ t²⁴ (nǎ ŋ³²)
真（好）	thật (tốt)	thɣ̌ t³² (tot²⁴)
都（来了）	đều (đến rồi)	deu²¹ (den²⁴ zɔi²¹)
一起（学习）	(học) cùng	(hɔk³²) kuŋ²¹
还（有许多）	còn (rất nhiều)	kɔn²¹ (zɣ̌ t²⁴ ɲieu²¹)
（我）也（去）	(tôi) cũng (đi)	(toi³³) kuŋ³²⁵ (di)
再（说一遍）	(nói) lại (lần nữa)	(nɔi²⁴) lai³² (lɣ̌ n²¹ nɯɤ³²⁵)
可能（下雨）	có thể	kɔ²⁴ the³¹²
（他）大概（是汉族）	(anh ấy) có thể (là người Hán)	(ɛ̌ ŋ³³ ɣ̌ i²⁴) kɔ²⁴ the³¹² (la²¹ ŋɯɤi²¹ han²⁴)
反正	dù sao	zu²¹ ʂau³³
怎么	thế nào	the²⁴ nau²¹
不（是）	không (là)	χoŋ³³ (la²¹)
不（吃）	không (ăn)	χoŋ³³ (ă n³³)
没（吃）	chưa (ăn)	tɕɯɤ³³ (ă n³³)
别（吃）	đừng (ăn)	dɯŋ²¹ (ă n³³)
从（去年）到（现在）	từ (năm ngoái) đến (năm nay)	(nă m³³ ŋuai²⁴) den²⁴ (nă m³³ nă i³³)
比（月亮大）	(to) hơn (mặt trăng)	(tɔ³³) hɤn³³ (mǎ t³² tʂǎ ŋ³³)
（哥哥）和（弟弟）	(anh trai) và (em trai)	(ɛ̌ ŋ³³ tʂai³³) va²¹ (ɛm³³ tʂai³³)

（他）的（书）	(sách) của (anh ấy)	(ʂɛ̌ k²⁴) kuo³¹² (ɛ̌ ŋ³³ ɤ̌ i²⁴)
不（是）	không (là)	χoŋ³³ (la²¹)
可能	có thể	kɔ²⁴ the³¹²
好像	giống như	zoŋ²⁴ ɲɯ³³
稍微	hơi	hɤi³³
只是	chỉ là	tɕi³¹² la²¹
非常	cực kỳ	kɯk³² ki²¹
和	và	va²¹
或者	hoặc	huǎ k³²
忽然	bỗng nhiên	boŋ³²⁵ ɲien³³
然而	nhưng mà	ɲɯŋ³³ ma²¹
偶然	tình cờ	tiŋ²¹ kɤ²¹
逐渐	dần dần	zɤ̌ n²¹ zɤ̌ n²¹
越来越	càng ngày càng	kaŋ²¹ ŋǎ i²¹ kaŋ²¹

附录三　越汉语言接触问题

一　接触过程

越南历史可分六大阶段：未建国时期（前史）、文郎国和瓯骆国时期（初史）、北属时期、独立自主时期、法属时期、现当代时期。前史时期，南方居民与中原居民已经发生联系和交往。秦末时期，赵陀在岭南称王，公元前179年侵略瓯骆国。自此至公元938年，越南被视为中国的郡县，大量吸收中国的文化。三国以降至魏晋南北朝，中国文化在越南盛行，尤其是唐诗。唐代汉语词汇系统地进入越语，称"汉越语"。在现代越语中，存在着大量汉语借词。王力先生把这类词分成三类，相当于汉语进入越南的时期：古汉越语、汉越语、汉语越化。古汉越语是指传到越南较早的古汉语借词，即盛唐之前进入的。汉语越化是指唐代以后传到越南的汉语借词。而唐代时数量最多、规模最大的传到越南的就是汉越语。盛唐时候的汉越语音系与《切韵》有着系统的对应关系。

汉越语的声母方面，有清浊合流，全浊声母并入全清声母。因有声调阴阳之分所以清浊合流不产生相混，清母表现为阴调，浊母表现为阳调。汉越语59个韵母和中古汉语61个韵母有着相当整齐的对应，尤其是鼻韵尾和塞韵尾部分。汉语的平上去入四声与汉越语声调也有对应关系。下面是声调对照表。

中古汉语、汉越语及现代汉语的声调对应关系

中古四声	中古声母	汉越语声调	现代汉语声调	例　字
平	全清	横声	阴平	ca 歌，trung 中，tai 灾，phi 飞
	次清	横声	阴平	khai 开，thân 亲，siêu 超，xung 冲
	全浊	玄声	阳平	hà 河，thường 常，thành 成，thần 神
	次浊	横声	阳平	vi 为，niên 年，văn 文，nam 南
上	全清	问声	上声	cảm 敢，chỉnh 整，ẩn 隐，bản 本
	次清	问声	上声	thổ 土，phẩm 品，khả 可，phổ 普
	全浊	重声、跌声	去声	đạo 道，tại 在，đãi 待，phẫn 愤
	次浊	跌声	上声	vũ 武，nữ 女，nhẫn 忍，lễ 礼

续表

中古四声	中古声母	汉越语声调	现代汉语声调	例　字
去	全清	锐声（去）	去声	trí 智，tái 再，thắng 胜，thuế 税
	次清	锐声（去）	去声	khí 气，phái 派，thứ 次，xướng 唱
	全浊	重声（去）	去声	cộng 共，cựu 旧，bệnh 病，tặng 赠
	次浊	重声（去）	去声	nhị 二，nhượng 让，ngộ 遇，dụng 用
入	全清	锐声（入）	阴/阳/上/去	tiếp 接，革 cách，北 bắc，chúc 祝
	次清	锐声（入）	阴/阳/上/去	xuất 出，sát 察，thiết 铁，khách 客
	全浊	重声（入）	阳平	phật 佛，cực 极，thực 实，phục 服
	次浊	重声（入）	去声	việt 越，ngạch 额，nạp 纳，dược 药

公元 938 年，越南吴权在白藤江打败中国南汉大军，越南开始自主时期。968 年，丁朝成立，国号"大瞿越"，标志着越南成为独立自主的封建国家。但中国的文化，尤其是汉字，对越南和越语言文字还影响至深。两国的交往仍十分频繁。越南人还使用汉字。不过，汉越语音系慢慢摆脱汉语演变的影响，能相当完整地保留到现在。

到 13 世纪，"字喃"趋于系统化，被文人逐渐推广。字喃是越南人在汉字的基础上模仿"六书"造字法创造出来的一种方块文字。其实从公元七八世纪，字喃已经诞生，但不太完善。按照汉语语序，字喃应称为喃字。喃（Nôm）在越语有两层意思："一是表示南方的意思"，"二是表示通俗的意思"，"喃字就是南方人通俗的文字"（花玉山 2005：6）。到 19 世纪，西方教士来越南传教，用自己的拉丁文字记音，给越语创造一种表音文字。这种表音文字后来称为"国语字"，现在已经成为越南的正式文字。

越语受汉语的影响很大。除了政治、地理、文化等原因之外，语言类型本身也起着很大的作用。越语和汉语都是孤立型语言，缺少形态变化，句子的语法关系主要依靠词序和虚词来表示，句子的基本语序为 SVO，构词法主要是语法构词而不是形态构词，一个音节既可以是词也可以是语素，一个音节是一个字，音节的结构都由声、韵、调组成。总之，"有亲属关系或类型相近的语言，相互影响有其天然的便利，影响成分易于吸收"（戴庆厦 1993：118）。

（我们已经收集整理了汉越语的读音对照表，共 3724 字，可广泛提供参考，联系方式：panwujunying@gmail.com, phanvutuananh@yahoo.com）

参 考 文 献

中文专著类

伯纳德·科里姆：《语言共性和语言类型》，沈家煊译，华夏出版社1989年版。

曹逢甫等：《主题在汉语中的功能研究》，语文出版社1995年版。

陈保亚：《20世纪中国语言学方法论》，山东教育出版社2008年版。

陈其光：《语言调查》，中央民族大学出版社1998年版。

程工、刘丹青：《汉语的形式与功能研究》，商务印书馆2009年版。

程工：《语言共性论》，上海外语教育出版社1999年版。

程琪龙：《系统功能语法导论》，汕头大学出版社1994年版。

戴庆厦、崔志超：《阿昌语简志》，民族出版社1985年版。

戴庆厦、黄布凡等：《藏缅语十五种》，北京燕山出版社1991年版。

戴庆厦、李洁：《勒期语研究》，中央民族大学出版社2007年版。

戴庆厦、罗仁地、汪锋：《到田野去——语言学田野调查的方法与实践》，民族出版社1993年版。

戴庆厦、徐悉艰：《景颇语语法》，中央民族学院出版社1992年版。

戴庆厦：《社会语言学教程》，中央民族学院出版社1993年版。

戴庆厦：《藏缅语族语言研究（一）》，云南民族出版社1990年版。

戴庆厦：《藏缅语族语言研究（二）》，云南民族出版社1998年版。

戴庆厦：《藏缅语族语言研究（三）》，云南民族出版社2004年版。

戴庆厦：《语言学基础教程》，商务印书馆2007年版。

杜诗春：《应用语言学》，湖南教育出版社2005年版。

高名凯：《普通语言学》，东方书店1955年版。

高顺全：《三个平面的语法研究》，学林出版社2004年版。

赫琳：《动词句同义句式研究》，崇文书局2004年版。

胡壮麟：《系统功能语法概论》，湖南教育出版社1989年版。

胡壮麟等：《系统功能语言学概论》，北京大学出版社2008年版。

黄伯荣、廖序东主编：《现代汉语（增订二版）》，高等教育出版社1997年版。

黄国文等：《系统功能语法入门：加的夫模式》，北京大学出版社2008年版。

黄敏中：《实用越语语法》，北京大学出版社1997年版。

霍凯特：《现代语言学教程》，索振羽、叶蜚声译，北京大学出版社 2002 年版。

蒋颖：《汉藏语系语言被动句研究》，民族出版社 2009 年版。

金立鑫：《语言研究方法导论》，上海外语教育出版社 2007 年版。

李洁：《汉藏语系语言被动句研究》，民族出版社 2008 年版。

刘丹青：《语法调查研究手册》，上海教育出版社 2008 年版。

刘丹青：《语序类型学与介词理论》，商务印书馆 2003 年版。

刘润清：《西方语言学流派》，外语教学与研究出版社 1995 年版。

刘润清：《现代语言学名著选读》，外语教学与研究出版社 2009 年版。

刘叔新：《汉语描写词汇学》（重排本），商务印书馆 2005 年版。

陆俭明、沈阳：《汉语和汉语研究十五讲》，北京大学出版社 2005 年版。

陆俭明：《八十年代中国语法研究》，商务印书馆 2006 年版。

吕叔湘：《中国文法要略》，商务印书馆 1982 年版。

吕叔湘等著：《语法研究入门》，商务印书馆 2003 年版。

吕叔湘主编：《现代汉语八百词》，商务印书馆 1999 年版。

罗安源：《发音语音学》，中央人民大学出版社 2005 年版。

罗安源：《田野语音学》，中央民族大学出版社 2000 年版。

罗常培、王均：《普通语音学纲要》，商务印书馆 2004 年版。

罗自群：《现代汉语方言持续标记的比较研究》，中央民族大学出版社 2006 年版。

骆小所主编：《现代汉语引论》，云南人民出版社 1999 年版。

马学良主编：《汉藏语概论》，民族出版社 2003 年版。

毛世桢主编：《对外汉语教学语音测试研究》，中国社会科学出版社 2002 年版。

聂仁发：《现代汉语语篇研究》，浙江大学出版社 2009 年版。

欧阳觉亚、程方、喻翠容：《京语简志》，民族出版社 1984 年版。

潘文国、谭慧敏：《对比语言学：历史与哲学思考》，上海教育出版社 2006 年版。

邵敬敏：《汉语语法的立体研究》，商务印书馆 2001 年版。

沈家煊：《不对称和标记论》，江西教育出版社 2005 年版。

沈阳、冯胜利主编：《当代语言学理论与汉语研究》，商务印书馆 2008 年版。

石毓智、李讷：《汉语语法化的历程——形态句法发展的动因和机制》，北京大学出版社 2001 年版。

石毓智：《肯定和否定的对称与不对称》，北京语言文化大学出版社 2001 年版。

石毓智：《语法的认知语义基础》，江西教育出版社 2005 年版。

石毓智：《语法的形式和理据》，江西教育出版社 2005 年版。

石毓智：《语法化的动因与机制》，北京大学出版社 2006 年版。

时建：《梁河阿昌语参考语法》，中国社会科学出版社 2009 年版。

宋文辉：《现代汉语动结式的认知研究》，北京大学出版社 2007 年版。

苏新春：《文化语言学教程》，外语教学与研究出版社 2006 年版。

孙艳：《汉藏语四音格研究》，民族出版社 2005 年版。

索振羽：《语用学教程》，北京大学出版社 2000 年版。

唐作藩：《音韵学教程》，北京大学出版社 2005 年版。

王力：《汉语史稿》（中册），中华书局 1980 年版。

韦树关：《京语研究》，广西民族出版社 2009 年版。

吴中伟：《现代汉语句子的主题研究》，北京大学出版社 2004 年版。

吴宗济：《吴宗济语言学论文集》，商务印书馆 2004 年版。

伍谦光：《语义学导论》，湖南教育出版社 2006 年版。

徐杰：《汉语研究的类型学视角》，北京语言大学出版社 2009 年版。

徐杰：《普遍语法原则与汉语语法现象》，北京大学出版社 2001 年版。

徐杰主编：《汉语研究的类型学视角》，北京语言文化大学出版社 2005 年版。

徐烈炯、刘丹青：《话题的结构与功能》，上海教育出版社 2007 年版。

徐烈炯、刘丹青：《话题与焦点新论》，上海教育出版社 2003 年版。

徐通锵：《语言论》，东北师范大学出版社 2000 年版。

徐志民：《欧美语义学导论》，复旦大学出版社 2008 年版。

叶蜚声、徐通锵：《语言学纲要》，北京大学出版社 1981 年版。

俞如珍、金顺德：《当代西方语法理论》，上海外语教育出版社 2003 年版。

俞咏梅：《汉语语义学纲要》，东北师范大学出版社 2007 年版。

袁焱：《语言接触与语言演变：阿昌语个案调查研究》，民族出版社 2001 年版。

袁毓林：《汉语动词的配价研究》，江西教育出版社 2005 年版。

张伯江、方梅：《汉语功能语法研究》，江西教育出版社 2005 年版。

张军：《汉藏语系语言判断句研究》，中央民族大学出版社 2005 年版。

张志毅、张庆云：《词汇语义学》（修订本），商务印书馆 2005 年版。

赵元任：《语言问题》，商务印书馆 2003 年版。

郑定欧主编：《现代汉语配价语法研究》，北京大学出版社 1995 年版。

朱川：《实验语音学基础》，华东师范大学出版社 1986 年版。

朱德熙：《现代汉语语法研究》，商务印书馆 2005 年版。

朱德熙：《语法讲义》，商务印书馆 2007 年版。

朱晓农：《音韵研究》，商务印书馆 2006 年版。

朱永生、严世清、苗兴伟：《功能语言学导论》，上海外语教育出版社 2005 年版。

朱永生、严世清：《系统功能语言学多维思考》，上海外语教育出版社 2001 年版。

中文学位论文

[越]花玉山：《汉越音与字喃研究》，博士学位论文，南京师范大学，2005 年。

时建:《梁河阿昌语参考语法》,博士学位论文,中央民族大学,2008 年。

赵敏:《墨江哈尼族卡多话参考语法》,博士学位论文,中央民族大学,2009 年。

赵燕珍:《赵庄白语参考语法》,博士学位论文,中央民族大学,2009 年。

中文期刊

[韩]崔凤娘:《以话题为基础的韩汉句法结构对比》,《暨南大学华文学院学报》2003 年第 2 期。

[美]Charles N. Li, Sandra A. Thompson,李谷城:《主语与主题:一种新的语言类型学》,《国外语言学》1984 年第 2 期。

姚亚平:《外语习得中的话题注重和主语注重:关于英汉句型转换的论证》《南昌大学学报》,1996 年第 1 期。

曹秀玲、杨素英、黄月圆、高立群、崔希亮:《汉语作年第二语言话题句习得研究》,《世界汉语教学》2006 年第 3 期。

陈脑冲:《主语和主位》,《现代外语》1995 年第 2 期。

陈平:《汉语双项名词句与话题—陈述结构》,《中国语文》2004 年第 6 期。

陈平,徐赳赳:《汉语中结构话题的语用解释和关系化》,《国外语言学》,1996 年第 4 期。

戴庆厦、傅爱兰:《藏缅语的述宾结构——兼与汉语比较》,《方言》2001 年第 4 期。

戴庆厦、胡素华:《凉山彝语的体词性状语助词》,《语言研究》1998 年第 1 期。

戴庆厦、蒋颖:《"参考语法"编写的几个问题》,《云南师范大学学报》2007 年版。

戴庆厦:《阿昌语的清化鼻音》,《民族语文》,1986 年版。

戴庆厦:《景颇语代词与藏缅语语法范畴》,《中央民族大学学报》,1994 年版。

戴庆厦:《景颇语的话题》,《语言研究》,2001 年第 1 期。

戴耀晶:《汉语否定句的语义确定性》,《世界汉语教学》,2004 年第 1 期。

邓思颖:《汉语方言受事话题句类型的参数分析》,《语言科学》2006 年第 6 期。

方喜军:《浅议汉语话题英译的特点》,《山西广播电视大学学报》2007 年第 3 期。

费慧彬:《不位于句子首位的主要话题——汉日话题对比研究》,《西南民族大学学报》,2006 年第 9 期。

费慧彬:《从〈「は」と「が」〉(は和が)看汉日话题》,《学术探索》2006 年第 4 期。

高芳:《从主语、主位、话题看语言类型的划分》,《新疆社会科学》2005 年第 3 期。

高顺全:《与汉语话题有关的几个问题——与徐烈炯、刘丹青二位先生商榷》,《语言教学与研究》1999 年第 4 期。

顾钢:《话题和焦点的句法分析》,《天津师范大学学报》2001 年第 1 期。

胡素华:《凉山彝语的话题结构——兼论话题与语序的关系》,《民族语文》2004 年第 3 期。

胡勇红：《汉英说明类语篇话题结构的对比研究》《同济大学学报》2004 年第 6 期。

胡裕树、范晓：《动词形容词的"名物化"和"名物化"》，《中国语文》1994 年版。

黄德玉：《汉语中的话题与主语——兼评"主语是一句话的主题"》，《安庆师范学院学报》1985 年第 2 期。

黄家红：《汉英句子对比研究》，《毕节师范高等专科学校学报》2001 年第 3 期。

金立鑫：《对一些普通语序现象的功能解释》，《当代语言学》1999 年第 4 期。

雷莉、雷华、廖扬敏、程琳：《汉语话题及其范围研究》，《西南民族学院学报》2002 年第 2 期。

雷莉：《汉语话题标记研究》，《西南民族学院学报》2001 年第 12 期。

雷莉：《汉语话题的辖域与层级》，《中央民族大学学报》2002 年第 2 期。

李大勤：《"关系化"对"话题化"的影响——汉语话题结构个案分析》，《当代语言学》2001 年第 3 期。

李国强：《英汉句子前置话题的比较研究》，《玉林师专学报》1996 年第 2 期。

李普荃：《话题连贯和述题连贯》，《语言教学与研究》1993 年第 1 期。

李泽然：《论哈尼语的话题》，《中央民族大学学报》2007 年第 5 期。

林立红：《汉语中的话题突出和英语句法变异》，《宁波大学学报》2006 年第 6 期。

刘丹青、徐烈炯：《焦点与背景、话题及汉语"连"字句》，《中国语文》1998 年第 4 期。

刘丹青、徐烈炯：《普通话与上海话的拷贝式话题结构》，《语言教学与研究》1998 年第 1 期。

刘丹青：《汉藏语言的若干语序类型学课题》，《民族语文》2002 年第 5 期。

刘丹青：《汉语给予类双及物结构的类型学考察》，《中国语文》2001 年第 5 期。

刘丹青：《汉语关系从句标记类型初探》，《中国语文》2005 年第 1 期。

刘丹青：《语义优先还是语用优先——汉语语法学体系建设断想》，《语文研究》1995 年第 2 期。

刘丹青：《重新分析的无标化解释》，《世界汉语教学》2008 年第 1 期。

刘道英：《从"管约论"的标句词看汉语话题句》，《汉语学习》2001 年第 3 期。

刘巧丽：《汉语疑问话题的生成与制约条件》，《郑州航空工业管理学院学报》2006 年第 5 期。

陆俭明：《"句式语法"理论与汉语研究》，《中国语文》2004 年第 5 期。

陆俭明：《汉语句法成分特有的套叠现象》，《中国语文》1990 年第 2 期。

陆俭明：《述补结构的复杂性》，《语言教学与研究》1990 年第 1 期。

陆镜光：《延伸句的跨语言对比》，《语言教学与研究》2004 年第 6 期。

吕可风：《话题讨论法在对外汉语教学中的运用》，《杭州大学学报》1996 年第 4 期。

骆锤炼、马贝加《诗经》代词"其"和话题的关系——兼论"其"的语法化《语文

《研究》2007 年第 1 期。

潘国良：《汉语话题句类举》，《山西大学学报》1985 年第 2 期。

潘国良：《略谈汉语话题句的主要类型》，《汉语学习》1986 年第 5 期。

沈家煊.《"有界"与"无界"》，《中国语文》1995 年第 5 期。

沈家煊.《"语法化"研究综观》，《外语教学与研究》1994 年第 4 期。

沈家煊.《"语用否定"考察》，《中国语文》1993 年第 5 期。

沈家煊：《句法的象似性问题》，《外语教学与研究》1993 年第 1 期。

沈家煊：《现代汉语"动补结构"的类型学考察》，《汉语言文字学》2003 年第 12 期。

沈家煊：《语言的"主观性"和"主观化"》，《外语教学与研究》2001 年第 4 期。

沈开木.《"不"的否定范围和否定中心的探索》，《中国语文》1984 年第 6 期。

石毓智：《汉语的主语与话题之辩》，《语言研究》2001 年第 2 期。

宋金兰：《汉藏语是非句语法形式的历史演变》，《民族语文》1995 年第 1 期。

孙宏开：《论藏缅语动词的使动语法范畴》，《民族语文》1998 年第 6 期。

谭志词：《汉语汉字对越语言文字影响至深的原因初探》，《东南亚》1998 年第 2 期。

王静：《现代汉语动态话题链的组织规律》，《语言教学与研究》2006 年第 2 期。

王静：《现代汉语静态话题链的句法组织原则》，《语言教学与研究》2004 年第 2 期。

王俊华：《主位、主语和话题——论三者在英汉翻译中的关系及其相互转换《西安外国语学院学报》2006 年第 1 期。

王寅：《从话题象似性角度谈英语句型对比》，《山东工业大学学报》1998 年第 2 期。

王寅：《主位、主语和话题的思辨——兼谈英汉核心句型》，《外语研究》1999 年第 3 期。

王银霞：《英汉语中主语和话题的区别及翻译》，《湖州师范学院学报》2006 年第 3 期。

韦忠生、胡奇勇：《汉英话题结构对比与汉英翻译》，《集美大学学报》2004 年第 1 期。

熊仲儒：《汉语式话题句的结构分析》，《安徽师范大学学报》2007 年第 2 期。

徐昌火：《主语话题问题研究从横谈》，《汉语学习》1997 年第 6 期。

徐杰：《主语成分、话题特征及相应语言类型》，《语言科学》2003 年第 1 期。

徐烈炯、沈阳：《题元理论与汉语配价问题》，《当代语言学》1998 年第 3 期。

徐烈炯：《汉语是话语概念结构化语言吗？》，《中国语文》2002 年第 5 期。

许余龙：《话题引入与语篇回指——一项基于民间故事语料的英汉对比研究》，《外国教学》2007 年第 6 期。

杨明：《汉语中的话题与翻译》，《四川外语学院学报》2002 年第 6 期。

杨石乔：《试论汉语话题结构》，《深圳职业技术学院学报》2003 年第 1 期。

杨石乔：《英汉话题结构对比研究》，《四川外语学院学报》2002 年第 3 期。

张爱玲、苏晓军：《话题突显结构与汉英中间语》，《外国语》2002 年第 4 期。

张伯江：《动趋式里宾语位置的制约因素》，《汉语学习》1991 年第 6 期。

张伯江：《现代汉语的双及物结构式》，《中国语文》1999 年第 3 期。

张德禄、刘洪民：《主位结构与语篇连贯》，《外语研究》1994 年第 3 期。

张树铮：《关于主语及话题》，《山东大学学报》1996 年第 3 期。

越文、英文专著

Alice Caffarel, J.R Martin, Christian M.I.M Matthiessen, *Language typology： A functional perspective*, Amsterdam: John Benjamins, 2004.

Bùi Mạnh Hùng, *Ngôn ngữ học đối chiếu*, Hà Nội: Nxb Giáo dục, 2008.

Cao Xuân Hạo, *Âm vị học và tuyến tính*, Hà Nội: Nxb Đại học Quốc gia Hà Nội, 2004.

Cao Xuân Hạo, *Tiếng Việt - Văn Việt - Người Việt*, Hà Nội: Nxb Trẻ, 2001.

Cao Xuân Hạo, *TIẾNG VIỆT: Sơ thảo ngữ pháp chức năng*, Hà Nội: Nxb Giáo Dục, 2004.

Croft,William, *Typology and Universals*, Cambridge:Cambridge University Press, 1990.

Diệp Quang Ban, *Ngữ pháp tiếng Việt*, Hà Nội: Nxb Giáo dục, 2005.

Diệp Quang Ban, *Ngữ pháp Việt Nam*, Hà Nội: Nxb Giáo dục, 2009.

Đào Thị Thanh Lan, *Phân tích câu đơn tiếng Việt theo cấu trúc đề - thuyết*, Hà Nội: Nxb ĐH Quốc gia Hà Nội, 2002.

Đinh Văn Đức, *Ngữ pháp tiếng Việt (Từ loại)*, Hà Nội: Nxb Đại học Quốc gia Hà Nội, 2001.

Đoàn Thiện Thuật, *Ngữ âm tiếng Việt*, Hà Nội: Nxb Đại học Quốc gia Hà Nội, 2004.

Đỗ Tiến Thắng, *Ngữ điệu tiếng Việt Sơ khảo,* Hà Nội: Nxb Đại học Quốc gia Hà Nội, 2008.

Eden Sum-hung Li, *A systemic Functional Grammar of Chinese*, London: Contiuum, 2007.

Geoff Thompson, Introducing Functional Grammar *(2ⁿᵈ edition)* , Beijing: Edward Arnold Publishers– Foreign language teaching and research Press, 2000.

Halliday M. A. K, *An Introduction to Functional Grammar (2ⁿᵈ edition)*, Beijing: Hodder Arnold Press– Foreing language teaching and research Press, 2004.

Halliday M. A. K, *An Introduction to Functional Grammar (3ʳᵈ edition)*, Beijing: Hodder Arnold Press– Foreing language teaching and research Press, 2008.

Halliday, M. A. K., *Dẫn luận ngữ pháp chức năng*, Hoàng Văn Vân dịch, Hà Nội: Nxb Đại học Quốc gia Hà Nội, 2001.

Hasan (eds), *On subject and theme: A discourse functional perspective*, Amsterdam: John Benjamins, 1995.

Hoàng Trọng Phiến, *Ngữ pháp tiếng Việt - Câu*, Hà Nội: Nxb Đại học Quốc gia Hà Nội, 2008.

Hoàng Văn Vân, Ngữ pháp kinh nghiệm của cú tiếng Việt: Mô tả theo quan điểm chức năng hệ thống, Nxb Khoa học xã hội, 2005.

Hoàng Xuân Tâm, Ngữ pháp chức năng tiếng Việt (quyển 1), Hà Nội: Nxb Giáo dục, 2003.

Ho-Dac Tuc, Vietnamese-English Bilingualism: Patterns of Code-Swithching, London: Routledge Curzon, 2003.

Hồ Lê, Vấn đề cấu tạo từ của tiếng Việt hiện đại, Hà Nội: Nxb Khoa học xã hội, 1976.

John Lyons, Ngữ nghĩa học dẫn luận, Nguyễn Văn Hiệp dịch, Hà Nội: Nxb Giáo dục, 2009.

Lê Đình Khẩn, Từ vựng gốc Hán trong tiếng Việt, Tp, Hồ Chí Minh: Nxb Đại học Quốc gia Tp, Hồ Chí Minh, 2002.

Lê Quang Thiêm, Nghiên cứu đối chiếu các ngôn ngữ, Hà Nội: Nxb Đại học Quốc gia Hà Nội, 2008.

Lê Xuân Thại, Câu chủ vị trong tiếng Việt, Hà Nội: Nxb Khoa học Xã hội, 1995.

Li, Ch. N. & Thompson, S. A, Subject and Topic: A new typology of language. In Li (ed): Subject and Topic. Academic Press, New York, 1976.

Lindasay J.Whaley, Introduction to Typology, Beijing: Sage Publications Inc, 2009.

Lý Toàn Thắng, Lý thuyết trật tự từ trong cú pháp, Hà Nội: Nxb Đại học Quốc gia Hà Nội, 2004.

Lý Toàn Thắng, Ngôn ngữ học tri nhận : Từ lí thuyết đại cương đến thực tiễn tiếng Việt, Cà Mau: Nxb Phương Đông, 2009.

Mai Ngọc Chừ,Vũ Đức Nghiệu, Hoàng Trọng Phiến, Cơ sở ngôn ngữ học và tiếng Việt, Hà Nội: Nxb Giáo dục, 1997.

Marybeth Clark, Coverb and Case in Vietnamese, Caberra: The Australian National University, 1978.

Moira Yip, Tone, Beijing: Peiking Univesity Press, 2005.

Nguyễn Cao Đàm, Ngữ pháp tiếng Việt (Câu đơn hai thành phần), Hà Nội: Nxb Đại học Quốc gia Hà Nội, 2008.

Nguyễn Đại Bằng, Quy luật âm nghĩa và những đơn vị gốc tiếng Việt, Hà Nội: Nxb Văn hóa thông tin, 2006.

Nguyễn Hữu Quỳnh, Ngữ pháp tiếng Việt, Hà Nội: Nxb Từ điển Bách khoa, 2001.

Nguyễn Khánh Hà, Câu điều kiện tiếng Việt nhìn từ góc độ ngôn ngữ học tri nhận, Hà Nội: Nxb Khoa học xã hội, 2009.

Nguyễn Phú Phong, Những vấn đề ngữ pháp tiếng Việt: Loại từ và Chỉ thị từ, Hà Nội: Nxb Đại học Quốc gia Hà Nội, 2002.

Nguyễn Quang Hồng, *Âm tiết và loại hình ngôn ngữ*, Hà Nội: Nxb Khoa học Xã hội, 1994.

Nguyễn Tài Cẩn, *Giáo trình lịch sử ngữ âm tiếng Việt (sơ thảo)*, Hà Nội: Nxb Giáo dục, 1997.

Nguyễn Tài Cẩn, *Nguồn gốc và quá trình hình thành cách đọc Hán Việt*, Hà Nội: Nxb Đại học Quốc gia Hà Nội, 2004.

Nguyễn Thiện Giáp (chủ biên), *Dẫn luận Ngôn ngữ học*, Hà Nội: Nxb Giáo dục, 1998.

Nguyễn Thiện Giáp chủ biên, *Lược sử Việt ngữ học*, Hà Nội: Nxb Giáo dục, 2005.

Nguyễn Thiện Giáp, *Các phương pháp nghiên cứu ngôn ngữ*, Hà Nội: Nxb Giáo dục, 2009.

Nguyễn Thiện Giáp, *Dụng học Việt ngữ*, Hà Nội: Nxb Đại học Quốc gia Hà Nội, 2009.

Nguyễn Văn Hiệp, *Cơ sở ngữ nghĩa phân tích cú pháp*, Hà Nội: Nxb Giáo dục, 2008.

Phạm Văn Tuyên, *Mô tả âm vị học một số biến đổi ngữ âm trong các phương ngữ tiếng Việt*, Hà Nội: ĐH Khoa học Xã hội và Nhân văn, 2003.

Robin P. Fawcett, *The Many Types of 'Theme' in English: their Syntax, Semantics and Discourse Functions*, www.isfla.org, 2009.

Sapir E, (1921), *Ngôn ngữ: Dẫn luận vào việc nghiên cứu lời nói*, Tp, Hồ Chí Minh: Trường ĐH Khoa học Xã hội & Nhân văn thành phố Hồ Chí Minh, 2000.

Saussure F. de *Giáo trình ngôn ngữ học đại cương*, Cao Xuân Hạo dịch, Hà Nội: Nxb Khoa học Xã hội, 1973.

Simon C. Dik. , *Functional Grammar*, Nguyễn Vân Phổ dịch, Tp. Hồ Chí Minh: Nxb Đại học Quốc gia Tp. Hồ Chí Minh, 2005.

Suzanne Eggins, *An Introduction to Systemic Functional Linguistics (2nd edition)*, New York: Continuum, 2004.

Thai Minh Duc, *Metafunctional profile of the grammar of Vietnamese*. In: Alice Caffarel (eds), *Language typology: A functional perspective*, Amsterdam: John Benjamins, 2004.

Thompson L. C., *A Vietnamese grammar*. Seattle: University of Washington Press, 1965.

Trần Trí Dõi, *Giáo trình lịch sử tiếng Việt*, Hà Nội: Nxb Đại học Quốc gia Hà Nội, 2005.

William Croft, *Typology and Universals*, London: Cambrigde University Press, 2000.

Yule, G. , *Dụng học: Một số dẫn luận nghiên cứu ngôn ngữ*, Hà Nội: Nxb Đại học Quốc gia Hà Nội, 2003.

越文、英文学位论文

Amy C. Neale, *More Delicate TRANSITIVITY:Extending the PROCESS TYPE system* networks for English to include full semantic classifications [Ph.D Thesis]. Cardiff: Carrdiff University, 2002.

Anna M. McCabe, *Theme and Thematic Patterns in Spanish and English history texts* [Ph.D Thesis] , Birmingham: Aston University, 1999.

Đào Thị Hà Ninh, *Phương vị từ tiếng Hán hiện đại và những biểu hiện từ vựng, ngữ pháp tương đương trong tiếng Việt* [Ph.D Thesis], Hà Nội: Đại học Khoa học Xã hội và Nhân văn, 2006.

Đào Thị Thanh Lan, *Phân tích câu đơn hai thành phần tiếng Việt theo cấu trúc đề thuyết* [Ph.D Thesis], Hà Nội: ĐHBKHN, 1994.

Đỗ Tuấn Minh, *Cấu trúc đề - thuyết trong tiếng Anh và tiếng Việt: nghiên cứu so sánh theo mô hình ngôn ngữ học chức năng hệ thống* [Ph. D Thesis], Hà Nội: Đại học Quốc gia Hà Nội, 2007.

Hoàng Tất Thắng, *Hoạt động của các loại từ tiếng Việt trong các phong cách ngôn ngữ* [Ph.D Thesis], Hà Nội: Đại học Khoa học Xã hội và Nhân văn, 1996.

Nguyễn Thượng Hùng, *Đối chiếu phần đề câu tiếng Anh với phần đề câu tiếng Việt* [Ph.D Thesis], Hà Nội: Viện ngôn ngữ, 1994.

Vũ Thanh Phương, *The acoustic and perceptual nature of tone in Vietnamese* [Ph.D Thesis], Australia: Australian National University, 1981.

越文、英文期刊

Diệp Quang Ban, "Lựa chọn một lý thuyết loại hình sự thể thích hợp với ngữ pháp chức năng tiếng Việt", Tạp chí *Ngôn ngữ*, 2006 (10).

Diệp Quang Ban, "Phân biệt ba bình diện văn bản, giao tiếp, biểu hiện trong ngữ pháp câu", Tạp chí *Ngôn ngữ*, 2003 (7).

Đào Thanh Lan, "Phương pháp phân tích để xác định đề và thuyết của câu đơn hai thành phần tiếng Việt trên bình diện cú pháp", *Tạp chí Ngôn ngữ*, 1996 (1).

Đào Thị Hà Ninh, "George Lakoff và một số vấn đề về lí luận ngôn ngữ học tri nhận", *Tạp chí Ngôn ngữ*, 2005 (5).

Đỗ Tuấn Minh, "Khái niệm đề ngữ trong ngôn ngữ học chức năng hệ thống", *Tạp chí Khoa học Đại học Quốc gia Hà Nội -Ngoại ngữ*, 2004 (4).

Haudricourt A. G. (1954) *Về nguồn gốc các thanh của tiếng Việt Tạp chí Ngôn ngữ. Hoàng Tuệ dịch*, 1991 (1).

Haudricourt, A. G, "Vị trí của tiếng Việt trong các ngôn ngữ Nam Á", *Tạp chí Ngôn ngữ. Hoàng Tuệ dịch*, 1991 (1).

Hoàng Dũng, Bùi Mạnh Hùng, "Vấn đề phạm trù "Thì" trong tiếng Việt (Qua một cuộc đối thoại)", *Tạp chí Ngôn ngữ*, 2003 (7).

Hoàng Văn Vân, "Chuyển tác và khiến tác: Hai mô hình giải thích thế giới kinh nghiệm trong ngôn ngữ", *Tạp chí Ngôn ngữ*, 2006 (9).

Hồng Vân, "Phần đề trong câu ghép tiếng Việt", *Tạp chí Ngôn ngữ*, 2006 (9).

HUANG Guo-wen, "On Conflated Theme in Systemic Functional Grammar", *China Modern Foreign Languages* (Quarterly) 2001 (2).Vol.24.

Lê Đông, Nguyễn Văn Hiệp, "Cấu trúc đề thuyết của một kiểu câu tiếng Việt", *Tạp chí Ngôn ngữ*, 1996 (3).

Lưu Vân Lăng, "Nghiên cứu tiếng Việt theo quan điểm ngữ đoạn tầng bậc có hạt nhân", *Tạp chí Ngôn ngữ*, 1970 (3).

Lý Toàn Thắng, "Giới thiệu lý thuyết phân đoạn câu", *Tạp chí Ngôn ngữ*, 1981 (1).

Nguyễn Hồng Cổn, Bùi Thị Diên, "Dạng bị động và vấn đề câu bị động trong tiếng Việt", *Tạp chí Ngôn ngữ*, 2004 (7) và (8).

Nguyễn Hồng Cổn, "Bàn thêm về cấu trúc thông báo của câu tiếng Việt", *Tạp chí Ngôn ngữ*, 2001 (5).

Nguyễn Minh Thuyết, Nguyễn Văn Hiệp, *Thành phần câu tiếng Việt*, Hà Nội: Nxb Đại học Quốc gia Hà Nội, 1998.

Nguyễn Minh Thuyết, Nguyễn Văn Hiệp, "Về khái niệm nòng cốt câu", *Tạp chí Ngôn ngữ*, 1994 (4).

Nguyễn Thị Thìn, "Các từ thì, mà, nhưng ở đầu câu trong chức năng liên kết nghĩa học", *Tạp chí Ngôn ngữ*, 2002 (5).

后　记

　　本书是在《实用越语语法》和 *Ngữ pháp tiếng Việt* 之后对越语语法进行新角度和多思维研究的著作。三年前，我的恩师戴庆厦教授建议我研究此课题。我犹豫了很久，不知道该如何着手，因为越语语法已经有不少学者做过深入的研究。在做另一个课题《越语话题》的时候，我意外地"醒悟"——我完全可以从新的角度去研究越语！我将参考语法的描写宗旨——"语料翔实"和系统功能语法的分析方法——"系统性"两者结合在一起。这样，我的研究就不会只停留在传统功能的层面上，也不会重复前人的研究套路。在征得了恩师的同意之后，我开始着手研究，越做越大，越写越长。有时真想把它放到一边，但一想到宝贵的来华学习机会和自己的学术目标，又鼓起精神来继续做。碰到难题的时候，我常常会去找恩师交流探讨，恩师深厚的学术造诣和悉心的鼓励关怀总使我轻松而顺利地找到解决问题的途径，蛮有收获。

　　三年的学习研究时光如白驹过隙，在完成这一课题的时候，我深深知道，我今天取得的成绩远非我一个人努力就可以达到，我研究过程的每一步都离不开我周围的领导、老师、同学、朋友的关心和帮助，这里恕我不一一列出。衷心感谢！

　　同时我还要感谢中国社会科学出版社的大力支持，使得本书顺利付梓。书中难免存在疏漏和不当之处，恳请各位专家指正！

　　最后，谨以此书献给我所挚爱的远在故乡的父母！

潘武俊英（PHAN VU TUAN ANH）

2010 年 7 月 1 日于北京魏公村